钟永圣 著

中國經典經濟學

——对中国本土经济学
关于自然、人生和财富的本质及其关系的
贯通式总结

（第2版）

中国财经出版传媒集团
中国财政经济出版社

图书在版编目（CIP）数据

中国经典经济学／钟永圣著．--2 版．-- 北京：中国财政经济出版社，2023.8
ISBN 978-7-5223-2405-0

Ⅰ.①中… Ⅱ.①钟… Ⅲ.①中国经济－研究 Ⅳ.①F12

中国国家版本馆 CIP 数据核字（2023）第 148959 号

责任编辑：陆宗祥 董小烨 　　　责任印制：张 健
封面设计：卜建辰 　　　　　　　责任校对：徐艳丽

中国财政经济出版社 出版

URL：http://www.cfeph.cn
E-mail：cfeph@cfeph.cn

（版权所有　翻印必究）

社址：北京市海淀区阜成路甲 28 号　邮政编码：100142
营销中心电话：010-88191522
天猫网店：中国财政经济出版社旗舰店
网址：https://zgczjjcbs.tmall.com
北京密兴印刷有限公司印刷　各地新华书店经销
成品尺寸：170mm×240mm　16 开　29 印张　459 000 字
2023 年 9 月第 2 版　2023 年 9 月北京第 1 次印刷
定价：118.00 元
ISBN 978-7-5223-2405-0
（图书出现印装问题，本社负责调换，电话：010-88190548）
本社质量投诉电话：010-88190744
打击盗版举报热线：010-88191661　QQ：2242791300

中国本土经济学

什么是中国本土经济学，他应该是扎根的中国悠久灿烂建立起儒释道及内经等浸润以形成经济学的著作，如果用四个字并根据中国本土经济学，那就是事以和来，用四个字就可以表达。如果只为来用三个字那就是义人和一德则相应，归根结底是做人的学问是文程至诚德天下至公通行道天下彰显题目文化中华儿的至善圆满的本征。

庚寅冬绕永敏

中国经典经济学

　　此书是对中国本土经济学的总结,是地道的中国传统智慧,是把儒释道及内经学说体现为经济学的著作。如果用两个字来概括,中国本土经济学就是"善财"。如果用四个字,就可以说是"德本财末"。如果用八个字概括,就是"天人本一、德财相应"。归根结底是做人的学问,是先祖在"言满天下无口过、行满天下无怨恶"的文化中悟得的至善圆满的真理。

庚寅冬　钟永圣

中国东方有传统经济学是对中华优秀传统文化中的经济智慧进行现代范式总结的学科，其哲学基础是"天人合一"观，基本宗旨是倡导天下安的中道经济文明发展。

癸卯秋探化写

作者手迹

中国本土有传统经济学，是对中华优秀传统文化中的经济学智慧进行现代范式总结的学科性称呼，以天人合一观为哲学基础，秉持德本财末价值观，提倡主明下安的中道管理模式。

癸卯夏　钟永圣

第2版序言

"纸上得来终觉浅,绝知此事要躬行"。

在第1版出版以后的这十多年间,《中国经典经济学》受到了许多工作在经济一线的公务员、企业家和个体实业者的欢迎,似乎越是有经济实践经验或人生磨砺经验的同仁就越有共鸣,这也似乎证明了被无数先人筛选留传下来的传统文化经典在经世致用上的价值。正是他们的支持和喜爱,使这部本来很冷僻的学术著作至今八次印刷,卖出三万多册,成了畅销书。

除了被部分实业界的同仁所应用之外,本书也在理论界获得了一定程度的认同,为有关中国传统经济学诸学科的构建奠定了基础。我在北京大学哲学系访学期间,时任东北财经大学副校长的王维国教授专门探望,在校园里告诉我说,在上一轮教育部学科评估中增加"社会影响力"指标的情况下,《中国经典经济学》为东北财经大学理论经济学学科的评估结果"起了重要作用"。

回想起当初在出版过程中所遭受的质疑和鄙夷,这些令人振奋的结果确实给了我努力坚持做下去的动力。

那些质疑的出发点,基本上是按照西方经济学的范式和逻辑体系来衡量"中国有没有自己的经济学",如此衡量那当然是没有的;但是我不认为拿"物理学还分中国的和外国的吗"这种诘问来帮助论证是有说服力的质疑。

鄙夷的出发点大致上有两种,第一种是认为即使中国本土有自己的传统经济学也不过是"农耕社会的产物",完全指导不了今天已经工业化和信息化的社会经济运行;这种观点显然是不知道"变易"当中有"不易"的断见。第二种是即使承认中国有自己的传统经济学,可是这种经济学连个像样的数学模型都没有,是哪门子的经济学?这显然又是先入为主、执着范式、不谙大道无形的看法。

即使有这样那样的怀疑和轻视,中国经典经济学作为第一本阐述中华优秀传统文化本土经济学智慧的作品还是走出了国门。2012年10月,德国法兰克福秋冬季国际书展上,英国帕斯国际出版公司购买了本书的英文版权,经过北京大学经济学院2002级校友、中国科学院数学与系统科学研究院鲍勤博士的三年翻译,于2015年12月向外方出版社交稿,本书英文版很快于2016年7月在伦敦上市,面向全球发行,目前在北美、欧盟、澳大利亚等地都有印刷。不管评价如何,是高是低,是精微还是粗俗,向世界讲好中国理论这件事情,还是在不知不觉中已经开始了。

2016年5月17日,北京哲学社会科学座谈会的召开和总书记重要讲话的发表,为中国传统经济学智慧的学科建设送来了东风。2016年10月,东北财经大学党委宣传部以书名命名机构名称,成立东北财经大学"中国经典经济学研究中心",加快中国特色社会主义政治经济学学科建设,构建具有完全自主知识产权的"三大体系"，为中华优秀传统文化经济学智慧的创造性转化和创新性发展开辟道路。这是世界上第一家以总结、梳理和复兴中华优秀传统文化经济学智慧为宗旨的大学研究机构。

2018年9月，已经关门不再招收弟子的北京大学哲学系教授楼宇烈先生，鉴于我在总结、梳理和弘扬中华优秀传统文化经典方面所做的基础性工作，欣然打开已经关闭的楼门，允诺我去北京大学哲学系做访问学者，访学研究选题定为"中国传统经济学的哲学基础"，为中国传统经济学在学科建设上进一步夯实文化基础。

2019年3月，在北京大学博雅大讲堂会见2007年诺贝尔经济学奖得主、哈佛大学教授马斯金先生时，楼宇烈先生建议我在前期总结中国传统经济学的工作基础之上，再筹建一个名为"中国经济文化史"的新专业，向社会大众讲述清楚中国经济文化发展的历史脉络和中华文化的根本精神，使学子们自然而然地坚定历史自信和文化自信。

2019年6月末，英国女王教育奖得主、伦敦大学学院的制度经济学教授克劳斯·尼尔森先生带着《中国经典经济学》英文版，专程从伦敦飞往北京，来到北京大学，专门向作者"请教"关于中国传统经济学和中国经济发展的十二个问题。这是西方主流经济学界学者第一次主动请教关于中国传统经济学的理论。

"子规夜半犹啼血，不信东风唤不回"。

党的二十大报告指出，只有把马克思主义基本原理同中国具体实际相结合、同中华优秀传统文化相结合，坚持运用辩证唯物主义和历史唯物主义，才能正确回答时代和实践提出的重大问题。在中国的历史实践中诞生的中华优秀传统文化经济学智慧，以现代大学学科建设的方式回归主流教育，将改变世界高等财经教育的格局，在中国式现代化建设当中发挥重要的作用。这样来看，迄今为止，人类至少产生了三种经济学：一是奉亚当·斯密为鼻祖的市场自由主义经济学，为资本所有者求利益；二是以马克思为创始人的马克思主义政治经济学，为全世界无产者谋幸福；三是孕育于中华优秀传统文化经典中的中国传统经济学，为"天下"取善财。其中，马克思主义政治经济学中国化为中国特色社会主义政治经济学，是中国共产党通过百年实践，综合吸收计划经济和市场经济两种经济学理论精华的结果。为使中国特色社会主义政治经济学在中华民族伟大复兴过程中更具有理论一般性和实践指导性，不但要继续借鉴西方市场经济学发展成果，更要在文化自信的基础上全面继承中国传统经济学的思想精华并进行理论创新。

  2023年3月，为了全面贯彻落实党的二十大报告"两个结合"的精神，加快构建和完善对哲学社会科学具有支撑作用的学科，东北财经大学党委审时度势、抢抓机遇，决定将中国经典经济学研究中心升级扩建为"中国经典经济学研究院"，着力发展中国传统经济学和中国经济文化史相关专业，为落实习近平总书记"5·17"讲话，解决培养什么人、怎么培养人和为谁培养人的教育根本问题。目前，"中国传统经济学"和"中国经济文化史"已经作为专业方向写入研究生招生专业目录，它标志着中国高等财经教育开始向中华优秀传统文化回归，中国人开始用自己的经济学智慧教育和培养学生，为中国式现代化塑造可靠的经济人才。

  "星星之火，可以燎原"。

  在第1版当中，作者心目中的中国本土经济学就是指中国传统中的经典经济学。在第2版的修订中，一个比较重要的说明就是厘清概念：把中国本土经济学根据历史阶段更准确地界定为包括中国

第 2 版序言

传统经济学（1840 年以前）和中国特色社会主义政治经济学（1921 年中国共产党成立以后）两个部分，因为有学者认为马克思主义政治经济学传入中国以后所产生的中国特色社会主义政治经济学，也是中国本土经济学。不过本书中的论述对象仍然是中国传统经济学部分。

接下来说明，提到"传统"和"经典"，人们很自然地会产生两个概念，传统里的"经典"和"非经典"。也就是说，在中华优秀传统文化当中所产生的经济学智慧，有一部分是出自中华原创经典并且是万古长青的，所以是"中国经典经济学"，而另外一部分，未必出于中华经典且未必能够穿越历史时空，在过去、现在和未来社会经济活动中一直有不朽的意义。因此，在本书所使用的词汇当中，大体上中国本土经济学涵盖着中国传统经济学，而中国传统经济学又涵盖着或者特指中国经典经济学。不过，中国经典经济学同时具有传承传统又超越传统的永恒意义。我们的着重点在于揭示最核心、最经典、最永恒的那一部分华夏经济学智慧。

2008 年，美国爆发席卷全世界的金融危机，惊醒了一部分学人：30 多年来，我们抱着仰望的态度、几乎没有反思地学习美国经济理论，如果这种经济理论不能够预防和妥善地化解经济危机，那么作为学习者、追随者和模仿者，一旦中国发生类似性质的金融危机，我们能否妥善地应对？

美国限制华尔街高管薪酬和接管两房的一系列经济治理动作，分明是吸取了 1929 年大萧条时期政府天真地相信市场会自动地配置好资源而不干预的标准经济理论，从而导致国家经济崩溃的惨痛教训，及时出手避免了更大规模的危机和更不可承受的经济崩溃。

美国的经济危机反映的是西方自由主义市场经济学的危机，而西方自由主义市场经济学的危机反映的又是西方文化的生存危机。

既然这种经济理论存在着明显的应用隐患和指导现实的短板，那么出于未雨绸缪的考虑，我们是不是该寻找一种能够预防和及时治理国家经济危机的经济理论？

顺着这样的思路，我把目光收回，反观中华文明的发展历史，突然意识到：如果我们没有自己的本土经济学，那么周代的成康之治、汉代的文景之治、唐代的贞观之治和宋朝的仁宗盛世，是在什么理论、什么学说、什么智慧指导下完成的？当时并没有现代化的经济技术、基础设施和通信设备，如果没有一种堪称完备的经济学理论或者经济文化理论，怎么可能在几十年间甚至上百年间管理好甚至比今天还要大的国土和众多的百姓？按照一些德国和日本经济学者的统计，认为中国在宋代已经接近现代化，2000多万户，人口规模达到1亿多人，这在今天也算是一个规模庞大的国家，如果没有一种可靠的经济理论，怎么实现的繁荣富庶？

于是一个明确的结论是：中国本土有自己的传统经济学，只不过在西方势力和西方文化入侵以前，以与自己的文化基础、文化背景和文化发展相适应的方式存在着，根本不必要按照现在大家已经习惯了的西方分科的方式和表达方式来展示自己的存在。

当历史的来路被观察清楚，那么未来的发展方向也就更加明晰了。

"休对故人说故国，且将新火试新茶"。

钟永圣

农历癸卯年六月初八

于中国经典经济学研究院

经济的意义

刘力红

经济的意义是什么？今人有今人的说法，古人有古人的意见。记得小时候看《三国》，依稀就有经济的字眼。如谓某某具经济之才。那何谓经济呢？经济就是经邦济国，所以经济之才，也就是治国之才。这是从大的方面来看经济。

具体言之，经济的意义需要分开看，经者，概言中国文化的经典，亦即圣人的述作。曾文正公云：经以言理。理是什么？就是所以然，万事万物之所以会发生，就是因为有这个理。所以经讲的是大根大本。那么济呢？济为作用。大根大本如果只是埋藏在地底下，那么她就只是大根大本而已，没有什么其他。如果要冒出来，发生万物，为天下之道，那就有作用的问题了。就像《中庸》一样，中也者，天下之大本。中为真实，真实就是真实，永远是真实。真实处于不动，我们看不到她的作用，所以子思言：喜怒哀乐之未发，谓之中。但若要看到她的作用，就必须发之，所以又有：发而皆中节，谓之和。故中庸者，实为"中用"也，即中之作用。而这个作用概言之，就是"和"。

所以，经济的意义概括起来说，就是经的不同作用。为什么这个作用要以"济"来表达呢？济为水，水善利万物而不争，故几于道也。也就是说，经世之用要以合道为标准，合道者为经济，不合道者不为经济。综之，既可以经致用于国，亦可以经致用于人，亦可以经致用于身，亦可以经致用于心；或用于财，或用于兵，百用千用，不一而足。曾文正公云：史以言事。二十四史、二十五史，乃至千史万史，所言者何？经济之事也。当然这里有正史反史之别，合于道者为正史，不合于道乃反史。亦经济和非经济之事也。

回看今日，将经济局于钱财之中，已是小了，小了！天下熙熙，皆为财来，天下攘攘，皆为利往。财者，利者，非为不善，财足可以富国，可以养道，可以强兵，可以安身，可以休心，亦不一而足。然财之可富，可养，可强，可安，可休否，非在于财，在于人也，亦非在于人，在于德也。此曾子所以言：德本而财末也。故以财利之经济言之，曾子此言，即为根本。是以经济财利或财利经济者，乃言全体也，何谓全体？以德为本，是谓全体！盖德厚而载物，德厚而财足，以其德厚，则财能富之，养之，强之，安之，休之，盖能受用也。观今之财，若不具厚德之本，则鲜能受用。俗云：财者，水也。此不能受用之财，直为覆舟之水，淹道之水，葬身之水，争赚此财，又何益焉？！诸君可为三思。

余本中医，不谙经济，读永圣大作，故有上思，故有上感。永圣先生嘱余作序，以余之浅陋何敢言序，不过聊表随喜赞叹而已。

庚寅十一月初一心平日，草于南宁青山

大学从《大学》开始[1]

钟 永 圣

1997年大学毕业,我发现自己仍然没有明白什么是"大学",因缘际会,友人邀约,遂写了一篇短文《大学从毕业开始》以自勉。刚刚工作,我的主管处长问我:"你多大了?"答曰:"二十四。""唉呀,你这年龄太好了,我要是有你这个年龄,我从文盲开始都赶趟儿!"我立即警觉:人家从文盲开始都来得及,那我呢? 如果给我机会,重新回到大学的起点,我如何开始? 如果我将来到了他的年纪而没有取得他所谓"赶趟儿"的成就,我是不是就连文盲都不如了? 不用扬鞭自奋蹄,从此我一路狂奔。午夜繁星、凌晨霞光都曾见证我笨拙的拼搏;春草夏荷、秋叶冬雪,也曾伴我时而轻灵的努力。

今天的我已经清楚地知道,如果有重新选

---

[1] 本文原为应《东财大学生》主编段志锦老师的约稿而作,写给东北财经大学2010级新生的"心里话",刊于特别专辑《启航》的"师心师语"栏目。这里用作代自序。

择的机会，我的大学将从《大学》开始。尤其是在国家经济由计划向市场转型的时代，尤其是财经专业的大学生，一定要吃透《大学》的宗旨，才能避免"差之毫厘，谬以千里"。因为，那里揭示的不仅仅是经济现象的本质，而是人类一切现象的根本，甚至连诸如"财富的密码"这样的天机也被曾子泄露无遗。问题往往是：天理昭彰，人们为什么视而不见、听而不闻？

也不奇怪，2005年是"国际物理年"，以纪念相对论诞生100周年，可是时至今日，有几人思量爱因斯坦的相对论的结论，对我们理解中国古代经典、现实人生和财富追求具有醍醐灌顶的意义？"他山之石可以攻玉"。我们可以"我不是搞物理的"为由拒绝诸如洛伦茨变换、黎曼几何、四维空间、空间弯曲这样的内容，但是广义相对论的结论"时间和空间是运动着的物体的存在形式，物质决定了时空"不就是"依报随着正报转""天人合一""德本财末"这些中国古代经典含义的现代物理学解释吗？运动中的物质决定了自己的时空，意味着人的心理和行为决定了经济现象，所以层层深入研究经济现象，终究有一天会"反过来"追寻到人本身：由生理而心理，由心理而自性。

西方经济学号称自2002年以后发生所谓的"行为学转向"，是因为当年的诺贝尔经济学奖授予了代表行为经济学的心理学家卡尼曼和代表实验经济学的史密斯。正大行其道的行为经济学就是经济学研究的心理层次的产物，而弗农·史密斯说他不过是把哈耶克（1974年诺贝尔经济学奖得主）50年前的想法付诸实践。哈耶克的什么想法呢？在《感觉的秩序——理论心理学原理》这本书中，哈耶克试图通过生理系统、思维的运作机制研究来解释经济机制，

自序　大学从《大学》开始

他在序言中说自己很早就体悟到一个重要的答案,但是却不知道回答的是什么问题!为什么会这样?我的答案是:哈耶克所在的西方社会中没有知识的体悟传统,他不知道自己悟到的是什么,如果哈耶克生在中国,中国的体悟传统会给他圆满的解释,告诉他自己到底回答了什么问题。

也就是说,如果我们跟着西方经济学,"朝扣富儿门,暮随肥马尘"的结果,我们只能深入到经济学的心理层次,因为他们分科的学术体系和分析式的研究方法只能达到心理层次。而如果我们于中国经典沉潜熏陶,反观自照,采用中国传统上一脉相承的体悟感知途径,就能破除表象的迷茫和障碍,就能摆脱研究工具和手段的局限,认识到经济现象最终本质的自性层次。一个集中而方便的途径,就是从曾子《大学》入手,秉本执要,常勤精进,终致一通百通的时刻,悟得中国本土经济学的神髓,以此理身、理家、理国,一如张良运筹帷幄之中,决胜千里之外,或如董仲舒般从容淡定、游刃有余。

话说从头吧。1998年,我拿到了刚刚出版的《原本大学微言》,这一读,就是十年,牛皮纸包的书皮,已经抚摩得轻薄破损,不禁想起孔子读《易》而韦编三绝的情形,令人神往倾慕,亦有见贤思齐之思。据说,《原本大学微言》是一代宗师南怀瑾先生写给两岸领导人的,我很好奇,想知道老人家到底说什么,所以读得很痴迷。"苦心人,天不负,百二秦关终属楚",终于在2008年底,就在跟随刘有生、刘力红等几位老师践习中国经典课程的过程中,我突然之间释然贯通了以前的疑惑,明白了孔子传曾子的"吾道一以贯之"指的是什么,明白了为什么先贤可以"不为良相就为良医"（现代的西方学术传统，医学就是医学，和政治学、经济学格格不入。而中国的文化学术不是这样，是贯通的，谓之"取类比象"的知识获取途径），也深深领会到曾子写作《大学》对于中国文化意味着什么。当时自己愧疚地号啕大哭：36年过去，为什么你才明白！那一年，我重新定义自己生命的开始。遽伯玉日知昨非，行年50岁尤觉前49年之非。先贤自我反省之真、之诚、之切如此，怎不令吾辈汗颜惭愧！

　　曾子《大学》蕴含的，是中国文化的"心法"，是为人处世、安身立命、齐家治国、安定天下的根本原则。换句话说，是自然秩序，是物质世界和精神世界的公理，是人人可以通过人生体验而自证的伦理常道。一本散为万殊，大学之道，就是经济之道，就是生财之道，也蕴含着后来子思总结的中国文化的另一浓缩版本：中庸之道。对于我们财经专业的学人更为重要的是，曾子《大学》中蕴含着中国本土经济学的核心法则：一是物有本末；二是德本财末；三是道善则得之，不善则失之；四是货悖而入者，亦悖而出。凭借着对《大学》等经典的10年阅读心得和近来700个日夜，我尝试着系统总结了"中国本土经济学"，成书一册，因全部主旨出自中国传统经典，遂名之曰《中国经典经济学》，近日付梓，只是唯恐疏漏，愧对先哲。不过，这一次，"自反而缩，虽千万人吾往矣！"在1998年上海财富论坛上，基辛格说："中国有5000年的历史，而美国只有200年，中国至少有4800年不需要听美国人说三道四！"此时此刻，面对你们这一届将近3000位中国经济界未来的脊梁，作为师兄的我情何以寄？正是贯休的名联："满堂花醉三千客，一剑霜寒十四州！"

自序　大学从《大学》开始

腾蛟起凤，紫电青霜。各位师弟和师妹们，你们来得正是地方，你们来得正是时候！什么地方呢？中国本土经济学开创的地方，大家共襄其盛；什么时候呢？彻底结束中国经济学术界唯西方马首是瞻的时候，开启中国本土经济学原创智慧浴火重生的时候，大家生逢其时。

按照索罗斯在《超越金融》中的判断，2008 年的美国金融危机，明确地宣告了西方经济学市场有效性假说被结论性地否定。西方经济学已经"亢龙有悔"，而中国经济学的"一阳来复"就在眼前。说现代西方经济学起源于西方没有错，但是说中国没有自己的经济学就是对中国文化历史传统的无知和污蔑！记得南先生说过：第一等智慧的人领导潮流变化；第二等人随着潮流变化；第三等人，是潮流过去了还不知道！蝴蝶已经振动翅膀，风已起于青萍之末，当下这一脚，您如何迈出？

宋儒有言："教学者如扶醉人，扶得东来西又倒"。学得技能，旋又忘记宏旨，唯有与经典为伴，方能得其中正而行之。经典，不是纸上的文字，是生活中的笃行，是古圣先贤生命体验的自然流露，意诚心正，理直文简，洁净精微，值得服膺一回，值得身体力行一回。白驹过隙，机不可失，一旦错过，徒唤奈何！

"焚香静夜批文句，掩卷回光印自家。大意观来无半满，文言之外有拈花。"

2010 年 8 月 29 日于井外天书屋

第一章 导论：中国有自己的本土经济学 / 1

第一节 凭什么说中国有自己的本土经济学？ | 3
  一、理事相应，有其事必有其理 / 3
  二、数理相应，有其数必有其理 / 4
  三、学究天人之际，理称精妙之极 / 6

第二节 为什么国人不知道有本土经济学？ | 13
  一、历史原因 / 13
  二、文化体系原因 / 15
  三、治学方法原因 / 16

第三节 本土经济学和西方经济学有什么不同？ | 19
  一、本土经济学和西方经济学的区别 / 19
  二、本土经济学对当下时代的意义 / 21
  三、本土经济学参照系下对"西方经济学常识"的反思 / 25
  四、建立中国本土经济学需要解决的理论问题 / 33

第四节 本书的主要观点 | 35
  一、何谓"经济"学？/ 35
  二、中国经典经济学的主要理论脉络 / 39
  三、中国经典经济学的基本观点 / 42

第五节　关于本书的阅读建议 | 49

第二章　中国经典经济学赖以建立的基本观念 / 53

第一节　自性变现的宇宙观 | 55
一、自性的经典解释 / 57
二、自性的现代物理学解释 / 60
三、自性变现宇宙观的广义相对论解释 / 70
四、"一本散为万殊"的历史文化脉络 / 74

第二节　天人本一的人生观 | 77
一、自我塑造的人生 / 78
二、"道德仁义礼智信勇强和"十者一体 / 84
三、身外伦理关系就是身内的五行关系 / 105
四、人生的积分学解释 / 111

第三节　德本财末的价值观 | 112
一、德本财末：财富是德行的孪生物 / 113
二、崇高莫大乎富贵：被后世误解的财富观念 / 116
三、"义利之辨"：本不存在的伪命题 / 118

第三章　中国经典经济学关于财富的基本公理 / 122

第一节　关于财富本质的公理 | 124
一、伦理天然论 / 124
二、道德本质论 / 125
三、德财相应论 / 128

第二节　关于财富生发的公理 | 131
一、自性具足论 / 131
二、心念决定论 / 133

三、布施财报论 / 141
四、积善改运论 / 142
五、天道酬勤论 / 143
六、和气生财论 / 144

第三节 关于财富现象的公理 | 148
一、财富种类论 / 148
二、富无经业论 / 150
三、悖入悖出论 / 151
四、三世迁流论 / 154
五、祖德余荫论 / 156

第四节 关于财富运用的公理 | 157
一、奢侈折寿论 / 157
二、积财丧道论 / 157
三、布施自得论 / 158

第四章 中国经典经济学理论框架和研究范式的构建 / 160

第一节 逻辑前提和分析的起点：他利的动机、行为和实现 | 161
一、自他不二：自利、他利和互利 / 161
二、产权私有、他利动机和社会公平 / 169
三、市场交易价格的本质：他利和自利的实现点 / 172

第二节 经济资源的根本性质：德行相应 | 176
一、"天人相应"和"依报随着正报转" / 176
二、非其人不遇的时代、技术和资源 / 178

第三节 政府行为和市场行为：互根互生的两种自然秩序 | 180
一、政府和市场的本质 / 180
二、市场的动力不是竞争而是自强不息 / 183
三、政府的界限在于"治道之要，贵在不扰" / 185
四、"看不见的手"不是市场而是伦理道德 / 193

五、市场风险的根本原因在于"宿德有亏"和当下"行险以侥幸" / 194

第四节 道德资本：实物资本和人力资本之后的第三种资本 | 196
一、实物资本：道德资本的实物形态 / 196
二、人力资本：道德资本的转化形态 / 197
三、道德资本：善行累积作为资本 / 198

第五节 内证与实证合一的方法论：阴阳变化、五行运转和八卦推衍 | 200
一、《黄帝内经》的经济学意蕴 / 200
二、《易经》的经济数理 / 208
三、《皇极经世》的经济运势推衍 / 211
四、内证、贯通和解行相应的研究态度与方法 / 216

第五章 中国经典经济学基本理论对经济现象的解构 / 217

第一节 心理意识、行为方式和经济现象 | 217
一、伦理、心理和生理 / 219
二、道法自然、自生秩序和经济制度 / 225
三、经典经济学的层级结构 / 228

第二节 经济现象的"体相用因果缘事理"八个方面 | 230
一、本体、现相和功用 / 231
二、前因、结果和缘起 / 234
三、事件和道理 / 235

第三节 伦理道德境界决定经济制度的交易费用 | 235
一、四种境界：合道、合德、合理和合法 / 235
二、合约是对伦理的替代 / 237

第四节 中国古代的经济制度和用工制度 | 239
一、仪礼规范，以守其位：伦理合约 / 239

二、家学渊源，以传其密：专利合约 / 242
　　三、物勒工名，以考其诚：件工合约 / 243

第六章　经典经济学在中国本土的验证（上）：道德的感通 / 245

第一节　中国历史上"盛世"的特点和经验总结 | 246
　　一、传说圣人治世的特点：以德而立 / 248
　　二、文景之治：俭朴谦恭，造福百代 / 250
　　三、贞观之治：屈己从谏，力行善政 / 254

第二节　中国历史上"中兴"的特点和总结 | 262
　　一、伊尹与太甲：君行自省，臣行自诚 / 262
　　二、勾践复国：卧薪尝胆，励精图治 / 265
　　三、光武中兴：偃武修文，光大祖德 / 267

第三节　中国历史上改革图强事例的伦理评鉴 | 268
　　一、商鞅变法：兴国运，犯人情 / 269
　　二、王安石变法：得天时，失人和 / 271

第四节　中国经典经济学意义上的经济学家及其理论 | 275
　　一、管仲：事理相应，垂万世之法 / 276
　　二、范蠡：谦退自处，成商家之圣 / 289
　　三、白圭：智仁勇强，号治生之祖 / 294
　　四、晏婴：救民百姓而不夸，行补三君而不有 / 297
　　五、萧何与曹参：萧规曹随，同得治道之要 / 299

第五节　仁者寿：百年老店的道德出发点对企业生存的作用 / 301

第七章　经典经济学在中国本土的验证（下）：败德的相应 / 305

第一节　末代君王的德行有亏和国破家亡的关系 | 306
　　一、末代君王德行有亏的主要方面 / 306

二、几位典型的末代君王的事例 / 309
三、朝代由盛转衰君王的事例 / 315

第二节 权臣德行有亏和社会经济动荡的关系 | 318
一、赵高与秦朝覆亡 / 319
二、杨国忠、李林甫和安史之乱 / 320

第三节 个人德行优劣与家道、企业兴衰 | 321
一、不义而行，破身败家 / 321
二、百年老店倾覆败亡的失德根源 / 323

第八章 中国经典经济学参照系下的西方经济学危机及其拯救 / 328

第一节 为什么说西方经济学穷途末路？| 329
一、似是而非的前提假设 / 330
二、自相矛盾的逻辑体系 / 332
三、自以为是的模型设计 / 335
四、一知半解的现象解释 / 336
五、宏微分裂的经济分析 / 339
六、缺乏诚意的理论辩护 / 340

第二节 西方经济学危机的内部因素分析：伦理分裂和远离真实 | 344
一、马歇尔：皇家学会讲话对经济学伦理分离倾向的担忧 / 345
二、哈耶克：理性人不会以经济目的为最终目标 / 347
三、科斯、张五常："经济学"已经成为与真实毫无关系的学科 / 348
四、阿马蒂亚·森：呼唤伦理考量回归经济学研究 / 351
五、阿克洛夫和希勒：《动物精神》"新认识" / 351
六、索罗斯：提出"反射理论"结论性地否定市场有效性假说 / 354
七、何新：反国家主义经济学 / 358

第三节 西方经济学原旨探微：伦理经济学的本来面目 | 360
一、西方思想史上的美德财富观 / 360

二、亚当·斯密的原意与局限 / 362
三、承认亚当·斯密以两本书开创西方经济学 / 366

第四节 中国本土经济学和西方经济学的贯通、融合与发展 | 368
一、东方经济学的复兴和西方经济学的拯救 / 368
二、西方经济学需要借鉴的基本方法论：东方的贯通式、体悟式和践行式研究 / 372
三、从孔子到哈耶克："从心所欲不逾矩"和"通过自律达到自由" / 377
四、从老子到亚当·斯密：中国的"为无为"和西方的"守夜人" / 379
五、从管子到阿马蒂亚·森："仓廪实而知礼节"和"伦理缺乏导致经济学分裂" / 382

第九章 中和经济：通往和谐之路 / 384

第一节 中和经济的中道伦理本质 | 386
一、大道自然为无为的经济 / 387
二、伦理体现为物质的中和经济 / 390

第二节 中和经济的四要素 | 393
一、道德自律的经济 / 393
二、合约自由的经济 / 396
三、政府自觉的经济 / 398
四、藏富于民的经济 / 401

第三节 "社会主义市场经济"的实质是中和经济：中国改革开放30年实践的本土经济学解读 | 405
一、解放思想、释放活力：从计划走向市场 / 409
二、矫枉过正、问题涌现：警惕市场的极端 / 409
三、反思历史、科学发展：中道经济的和谐 / 411

第十章　结语：新经济学、新学派和新财经教育 / 414

第一节　春去春又回：中国本土经济学的重生 | 415
一、中国经典经济学的主要内容回顾 / 416
二、本书未尽之处 / 418

第二节　自觉自立、救世兴邦：中国本土经济学派的崛起 | 418
一、中国本土学派的"建立" / 419
二、中国本土学派的任务 / 421

第三节　知行合一、解行相应：财经教育的"本土经济学改革" | 423
一、财经教育目前存在的问题 / 423
二、知行合一的财经大学教育导向 / 426
三、具体的措施建议 / 428

后记　未济之生，作为开始的结束 / 431

第一章 导论：中国有自己的本土经济学

> 故主明则下安，以此养生则寿，殁世不殆，以为天下则大昌。
> ——《黄帝内经·灵兰秘典论》
> 富有之谓大业，日新之谓盛德。
> ——《易经·系辞上传》
> 上医以德治国，中医以礼齐人，下医以刑治病。
> ——唐·孙思邈

○《黄帝内经》
《汉书·艺文志》载《内经》十八卷。为中国医学圣典，成书于战国初期。本书认为《内经》不但医身，亦是医学医国的宝典。

○《易经》
自古"不知《易》者不可为医"，"不知《易》者不可行兵"，本书认为不知《易》者不足以经济天下。

○ 治国、齐人和治病
皆可以"医"学视角观之，由此可入孔子所言"吾道一以贯之"的贯通之门。

中国有自己的本土经济学。

中国本土经济学是中国文化精神与人文智慧在经济方面的体现与总结。中国文化精神是中国先祖对自然、社会和人生等一切领域的经验与智慧的总结。所以中国本土经济学是对真实世界的智慧体悟和经济实践总结，而不是远离真实世界

> ○ **西方经济学**
> 世界公认起源亚当·斯密的《国富论》，时至今日已成流布天下的显学，但难掩危机重重。
>
> ○ **中国本土经济学**
> 是一个尚未确立或为中国学界所承认的概念。本书的主旨就是把隐身于中国各家经典中的本土经济学意蕴挖掘、整理、初步总结出来。

的假设式研究，它揭示的根本原则是每一个人都可以亲身实证的自然伦理法则。

"中国本土经济学"是相对于"西方经济学"而言的名称，它不是西方经济学在中国的"本土化"，也不是中国本土经济学的西方概念化，而是地地道道的中国本土经济学。中国古代的先哲们，对当今世界所谓的经济学问的探究和积累，已然超出了当代人所能想象的程度。从轩辕黄帝开始距今约5000年的历史文化中，中国人开创、实践并积累了人类历史上最彻底的经济智慧，记录了时间跨度最长的经济发展数据。不了解中国的经典，对中国人来说是不可饶恕的数典忘祖，对外国人来说，是巨大的遗憾，少了一次得闻大道、觉明慧命的机会。"善述人之志，善继人之事，孝道也"，唯有能够传承黄帝以来中国先祖迭代相传的文化精神，我们才能称得上是炎黄子孙。

基于人性本质角度，中国本土经济学是自性经济学；基于文化载体角度，是经典经济学；基于实质应用的规范角度，是中道经济学；基于文化形态和价值观角度，是道德伦理经济学；基于认知和实践的角度，是解行相应、知行合一经济学；基于人际关系与社会功能的角度，是和谐经济学；基于人文追求的角度，是"为天地立心、为生民立命、为往圣继绝学、为万世开太平"的"四为"经济学。基于对中华优秀传统文化中的经济学智慧的总结，是中国传统经济学。

本书所研究的中国传统经济学，是一门精妙的"显"学，在中国数千年的历史中，以经济之道的方式在各部原创经典中自成一体，分则为万，合则为一。因此，也可称为中国经典经济学。中国经典经济学是在中国古代"洁净精微","言满天下无口过"的文化传统里孕育出来的，不会使了解其本然的学人误入歧途；是中国历朝历代先贤体察自然与人类本身所获得的自性智慧，不是西学规范下可以公说公有理、婆说婆有理的理论；是直达世界真相的人生实践的总结，因此可用"自性经济学""伦理经济学""美德经济学""中道经济学"等来表述。所有的名称都指向同一个事实：中国经典经济学是实相学问，不是理论学科，是大学之道、中庸之道，而不仅仅是一时一地的发财之术。

《易经》《老子》等中国经典揭示，世界的生成过程是"一化万象"的过程，文明的过程也是"一化万象"的过程。一者，道之生也；所以化成者，文也。文者，天理也。天理者，自然之理也。自然之理者，常道也。道也者，自然之本也，可知而不可名也，可合而不可离也，可觉而不可易也。天下万象皆具自然之理，皆在常道之中，未曾须臾离也。所以"总结"中国本土经济学的说法，名义上是"创新"，但本质上不是创造，是道理的阐明而不是内容的发明，是把古代传统中关于自性的智慧用经济领域的视角表达出来，把中国历史上财政经济的学问和实践用现代的观点"系统化""体系化""学术化"，使其进入"现代学术的视野"。因为不如此今人就难以认识到它的存在，并非所要表达的内容原来没有系统、没有体系、不具备学术的形式。中国的传统，是祖先为了后代生计幸福，把先祖的智慧精练再精练，用千古不变的文言文表达出来，以备子孙后代学习，是谓经典文化精神的保留和传承，自有其自在、自由、自立的文化形态和体系。全部中国文化经典，凝结起来就是中国古人圆满的自性智慧，每本经典的侧重虽有不同，但是主旨大意贯通不悖。

第一节 凭什么说中国有自己的本土经济学？

一、理事相应，有其事必有其理

"凭什么说中国有自己的本土经济学？"

这是一个时代的病态认识产生的病态问题。在回答这个问题前，我们可以先反思一下历史，再反问一个问题：且不说大汉盛唐，"宋代经济远较唐代发达，城市繁荣，商业兴盛，生产力更有了前所未有的发展，一些日本学者和西方学者都认为中国在宋代已接近现代化，只是由于种种不利因素的影响，使这一发展势头未能继续下去。"①

据推算，到了徽宗继位时的北宋人口已达到1亿，坐拥全世界70%以上的财富；《东京梦华录》载首都开封最繁华的金融中心潘楼街一带"每一交易，动即千万，骇人闻见"②；"有学者认为，从明中期一直到清中期即19世纪前，我国社会经济整体水平仍处于世界领先的地位，而且是亚洲乃至世界贸易的主要中心之一"③，明清时巨大的商人资本已经有达到数百万两白银的水平，甚至有资料显示，到了康熙、乾隆年间，世界富豪的前300名都是中国人。有心的读者会问：这些显赫的经济成就是依何取得的？指导我们先祖创造财富、安家、立国、平天下的是什么学问？

中国《易经》揭示的道理，世间一切事情都是理、象、数一体，理事相应，有其事必有其理。很显然，我们必定有自己的经济学，只是它的形态不被我们今天的读者所熟悉。对应于中国经济成就这件事的"理"就是"中国本土经济学"。因为这些理主要记录在经典中，所以本书称其为中国经典经济学。

二、数理相应，有其数必有其理

中国历代经济之数，从司马迁创作《史记》的《货殖列传》和《平准书》到班固著《汉书·食货志》开始，就逐渐从无到有，从粗到细，从寥寥数语到分门别类，卷帙浩繁。《货殖列传》之"货殖"即是"生财"之义，列传是史书记述历史的一种体裁，所以《货殖列传》其实就是"发财史"，是经济史的一部分，是直接关于物质生产的历史；自《汉书》开始历代史书

---

① 马克垚主编：《世界文明史》，北京大学出版社2004年9月第1版，第301页。
② 袁行霈主编：《中华文明史》第3卷，北京大学出版社2006年4月第1版，第111页。
③ 楼宇烈主编：《中华文明史》第4卷，北京大学出版社2006年4月第1版，第3页。

皆有《食货志》。《食货志》中的"食货"是物质产品的代表，是关于生产情况的统计数据，历代《食货志》就是历代"中国经济统计年鉴"。

当今有人通过指证《食货志》只是经济数据纪录而不是经济学，以此否认中国本土经济学的存在。这显然是逻辑错误的推论，说《食货志》不是经济学没有错，可是怎么能就此得出中国没有经济学的结论呢？当代有哪一个人拿着《统计年鉴》就说因为这里面没有西方经济学，所以西方经济学不存在？有哪一个当代人还会要求历史书里面必须有整套的经济学？

中国历史上的经济本身是"事"，记录其"数"的是《食货志》，记录其"理"的是中国的经典，"四书五经"提供了更加专门化的理论基础。及至《管子》《商君书》以及姜尚、范蠡、白圭等人的实践，更表明中国本土经济学理论总结和经济实践都达到了事理相应的阶段。此为中国经典经济学的"象"。明其理，未曾观察到现象，说明经验不够；经历现象，却不能解释，未明其理，说明智慧不够；经历现象，明白道理，如果不能细知其数，是所知尚不圆融透彻。当一门学问具足了"理、象、数"三方面的内容统一时，就说明该学问是成熟的了。① 理象数完备的中国文化，是迄今为止世界上唯一还有远古传承的文明。虽然经典的名称和侧重各异，但是由于中国文化的贯通性质，使得经典之间是"一以贯之"的，也就是后世常说的儒释道本来是一家，而中国本土经济学原理就贯穿其中。

○《食货志》

"食""货"语出《尚书·洪范》，司马迁著《史记》开食货志史书体例之先河，明确称《食货志》自《汉书》始。《食货志》是研究我国古代经济发展变化的基本史料。为了便于检索，日本人松崎鹤雄于伪满时期整理了《食货志汇编》。2008年12月，国家图书馆出版社出版了影印本。

---

① 南怀瑾：《易经杂说》，载《南怀瑾选集》第3卷，复旦大学出版社2005年1月第1版，第10页。

为什么史书只记载"有形"的"食货",而没有"无形"的"经济学"或者"经济之道"呢?这是中国文化的特点和有司分工的自然结果。关于经济之道的论述早已经高度成熟并记述在经典中了,而史官的责任就是记述历史的真实状况。就一如今天统计年鉴中只有经济数据的记载,至于西方经济学的原理和内容则要到专门的经济学著作中了解。但是看到统计年鉴的人,绝不可以说因为在年鉴中看不到经济学的理论内容就否认经济学的存在。

三、学究天人之际,理称精妙之极

从文化层面上说,中国古代的经典积累了一整套完备的指导强国富民、安身立命的经济智慧;从理论体系上说,建立在天人本一观念基础上的贯通式、体悟式和形象类比的认知文化具有不朽的学术价值。从实践上说,中国在有文字记载的历史中无数次创造了无比的经济繁荣。

光说有中国本土经济学这个"理",拿不出来还不行;拿出来大家看不见还不行。所以本书就相当于一个"显化装置",总结出一个"有形"的中国本土经济学让大家看见。下面从独有的经济观念、独特的理论体系和独立的历史实践三个方面来简要说明中国确实有自己的本土经济学。

1. 独有的经济观念。财富为德行的依报,是中国自古已有的经济观念。到底有多"古"尚不得而知,到了春秋末期,曾子在《大学》中明确总结为:"德者,本也;财者,末也。外本内末,争民施夺。是故财聚则民散,财散则民聚。"西方经济学在衡量"最大化"的时候,用上了财富

○《大学》是一切人文学术共通法则的经典。

（Wealth）、收入（Income）、盈利（Profit）、租值（Rent）和功用（Utility）五个指标，中国本土的衡量概念是福、禄、寿、喜、财五福，可以看出，中国的"经济"概念更广大，更人性，更以人为本。中国人的福报观，是自性德行的相应。有什么样的德行，就有什么样的人生。五伦圆满，六亲和睦，财富丰足，是德行的结果。虽然有"为富不仁"的现象，使大众怀疑"德本财末"的真实性和可信性，但是如果明白"富"有必然使其富的德行前因的道理，明白"不仁"有其必然招致不良后果的道理，就不会怀疑了。截止到近代，中国社会大众的"主流"世界观，还是人有前生后世，今生的际遇是前生的行为的结果；今生富有是前生曾经积功累德、广修财布施的结果；今生聪明伶俐，是前生修法布施的结果；今生健康长寿，是修无畏施的结果。不但个人有前世今生的关联，家庭的代际传承也息息相关，《易经》上说"积善之家必有余庆，积不善之家必有余殃"。但是这并不是"宿命论"，宿命论是民众的误解，真正的道理是《老子》所说的"福祸无门，唯人自召"，福祸自己求，如理如法，有求必应，等于和曾子的观念"英雄所见略同"。这在明代袁了凡先生所著的《了凡四训》中有详细的实例说明，"有百世之德者，百世子孙保之"；"有千金之产者，必是千金人物"。当今之世，虽然科学发达，可是不可能改变经典揭示的自然规律。任何人诚意正心、勤奋刻苦、积功累德，通常都会正面改变自己的境遇，家境都会逐渐殷实，所谓"天道酬勤"，这就是现世改变命运对"德本财末"规律的证明。

○《老子》通过贯通自然与人生的方式，指明了一切行为的道德基础、道德原则和道德方法。无道不明，无德不昌。

○《了凡四训》明袁黄所著，通过自己一生的真实经历，阐述了人如何明理、改过、迁善和改造命运的方法。

德为本，财为末，绝不是轻视财富为"细枝末节"，而是强调德行的根本作用。有一分财德，就有一分财运，一一相应。人的一切境遇都是自己行为的结果，不但是身行的结果，还是心行的结果，穷通富贵全部都是"自作自受"，半点不由人。积德就聚福，败德就是散财。寒士将达，必有一段谦德可掬；富家没落，必有一段败德可察。所以，积德者有白手起家而致于富豪者，骄纵者也有亿万身价而败落到不名一文者。财富如流水，德行不具，纵有万般经营智慧，也只是竹篮打水一场空。

中国经典强调身心相应，心行决定身行。一个人的身心行为，决定了自己的命运；影响了家庭的境遇；影响了社会组织的命运乃至国家世界的命运。所以曾子所论述的"修齐治平"这样的大学问从诚意正心、修身正德开始。

经济是整体的智慧关照，不仅仅是衣食住行的提供。要想把握住整体的经济，既要国泰，也要民安；既要歌舞升平，也必须兵强马壮；既要"夕惕若厉"[①]，也要游刃有余。故必须履中道而行，阴阳平衡，上下同心，各司其职，素位而行，保持国家处于良性运转的和谐状态，才是真经济。不能错解"道德"为软弱说教，武王伐纣是道德，孔子杀少正卯是道德，中国人民抗击日本侵略战争、保家卫国是道德，中央政府于1997年亚洲金融危机期间力挺香港特区政府保持金融稳定也是道德。周公说"凡文事者，必以武事备之"，

○ 当代对道德与财富的认识严重脱节，所以利令智昏、谋财害命的现象屡见不鲜，从政府到市场危机不断。

---

① 见《易经·乾卦·文言》。子曰："君子进德修业。""故乾乾因其时而惕，虽危无咎矣。"

是真道德，是真经济。

2. 独特的理论体系。中国本土经济学是中华文化原生智慧，非彼西洋之"Economics"。日本学者神田孝平将"Economics"翻译为"经济学"，100多年来国人误会从之，以为经济学纯粹是舶来品，殊不知"一方水土一方人"，东方自有东方的经济学。中国本土经学以《黄帝内经》等经典揭示的"天人本一"理论为基础，运用《易经》理象数的推衍方法，构成贯通经济现象、心理和自性三个层次的大化无形的认知体系。

《易经》起源于伏羲画卦，《黄帝内经》记载了宇宙天时和人体脏象之间的自然贯通关系，这两本经典都以"天人本一"为主旨开启了中华文化的源头。经文中所达到的智慧高度，至今让后世子孙佩服得五体投地。我们的先祖，不知从何时起，就将自己人生实践的最高体悟表达为文化，并在完善和认证的历史中形成自己的传统，借由这种真实的验证结果形成的认知，才有了我们世代相传的道德传统，使我们能够在节制私欲和丑行的基础上，亲身体认这种传统，明了宇宙人生的真正本质，认识自己的本性，依照自然伦理，创造出无数次的经济繁荣。真正按照经典实行的，就一定会改变自己、家庭、国家的命运；如果不身体力行，只是空口说说文字，那永远得不到真实且长久的经济利益。

中国本土经济学的根本原理发轫并成熟于黄帝时期，当时的主要成就记录在《黄帝内经》当中，表达了顺应天时变化、天人相应、道法自然的认识。问题在于古往今来（主要是唐代以后，

○把"主明下安"四个字的全部意蕴由"医学"贯通到"经济学"，则有关治国平天下的学问大略备矣。

把医列为技艺①）大家皆把《黄帝内经》当做医学著作，没有领悟之所以名为"内经"，主旨是要解决"六合之内"的问题，而六合之外有什么？"圣人存而不论"。六合之内，包罗万象，不单是人之生老病死，还包括天之春夏秋冬，地之生长收藏，乃至国家、组织、事业的兴成衰败。圣人只是撮其要旨，取其根本，以人体生命为例，阐扬大道，一通则百通。《黄帝内经》明训：主明下安、十二官和谐互保的道理，不但是养生的大道，而且是"以为天下则大昌"的经邦济世的大道。

2008年金融危机之后，西方经济学者虽然对《黄帝内经》的经济主旨一窍不通，可是仍然在不知不觉中声称要给中国经济乃至世界经济"把脉"，要给世界经济"开方"，一会儿说经济"不平衡"，一会儿说经济"感冒"，如果把这些医学词汇抽走，您看他们还能说出什么合乎自然伦理的道理？尽管不知所云，可是他们仍然在不自知的表达状态中表明经济学和中医学同出一源。我们称国家领导人为"元首"，我们称政府为"首脑"，为什么？把国家当作人体来类比。《素书》中说"足寒伤心，民困国残"，为什么？还是把国家当作人体。所以学习本土经济学一定要适应中国经典"直达本性，一即一切"的特点，必须具有触类旁通的慧眼，方能得其门而入。比类取象的方法论不但可以应用于本土经济学，也可以应用于人类的一切其他领域。

今天崇尚西学的学者往往批评中国古代文化

○《素书》为秦末隐士黄石公传张良的秘宝，虽不过一千二百字，但文约义奥，为中国古代儒、道、墨法各家思想贯通浓缩的精华。

---

① 楼宇烈："中医与中国传统人文文化精神"，载《中医影响世界论坛》，第54页，博爱堂名医馆编纂。

没有"系统",不客气地说,这是无知因而无畏的表现。其实中国的文化学术有自己的"完整体系",但是因为它是与自然相应的、完整的、开放式的体悟文化,所以这个体系是分析式思维"看不见的"。师徒之间最重要的文化传承是"心传",而不是图书知识条文的传授。只有得到老师"心法"的学生,才是完整的学问体系(尽管当时没有这样的称呼)的真正的继承人,否则,就是在形式上抢得衣钵也没有用。例如,孔子曰:"参乎!吾道一以贯之!"曾子曰:"唯。"师徒之间在这一问一答中,就已经完成了心法的传承。似乎是不经意之间,但是却是经年累月的学习、体察之后的火候把握,是量变的积累到特定时刻,自然发生质变的完成。犹如释迦拈花,迦叶会心一笑,只是在恰当的时刻、恰当的地点由恰当的师徒表演完成而已。

3. 独立的历史实践。

首先,中国经济史能够印证本土经济学。读遍二十四史,就国家经济整体观之,无非两条脉络:一条是因德而兴;另一条就是败德而亡。两条脉络印证同一条自然伦理:经济的本质是伦理德行的外化,遵守自然伦理,就兴旺发达;悖逆自然伦理,就动乱衰亡。

中国本土经济学是经过中国历史实际验证的经济理论,是经济之道、治生之法和生财之术。她揭示了财富的自然伦理本质,并建立起人的心念言行和财富境遇穷通祸福之间的本质联系,真正地把伦理道德和经济利益之间的因果关系揭示出来。理通法自明,认识到这个本质关系的个体,就会明白人生天地之间应该遵循怎样的经济行为规范,起心动念、言语造作莫不追求君子爱财、取之有道的中正法则,是"通过自律达到自由"的基本途径。明白不义之财,虽可一时曲尽能事而取之,但是"金玉满堂,莫之能守",必然为"水火王贼兵"或被自身、或被子孙败掉。

中国经典揭示的核心道理是人人可以内证的公理,是对自然宇宙人生本质认识的结果,不是人为的主观臆测构建,所以为天地经纬,非是时移世异的风俗规范。所以自古以来,君子乐得做君子,小人冤枉做小人。因为真正圆满的德行是福慧双足,衣食无忧,乐天知命。所以不妄取,义而后得乃至不思而得;道理不明者,机巧奸诈、巧取豪夺,不但自损阴德,而且当世即败身毁家。

其次,本土经济学塑造了中国经济的成功历史。当今学习经济学,人们

○ **希克斯**（Hicks, John Richard），英国人，代表作有《价值与资本》（1939）和《经济史理论》（1969）。

○ **阿罗**（Kenneth Joseph Arrow），美国人，"阿罗不可能性定理"的创立者和证明者，代表作有《社会选择和个人价值》（1951）。

都把目光投向西方。现在我们强调把视线留在东方，其原因并不是如希克斯（1972年诺贝尔经济学奖联合得主，另一位是阿罗）说"对本民族和本民族的生息之地所怀的深厚的感情，往往使人过分美化那些美好的东西而使人不愿意让它消逝。"[①]本书无意于单纯美化本民族的文化，也无意于排斥、轻视和厌恶外来的文化，而是作者真切地认识到中国本土经济学的存在，并且观察到中国从古到今生活中的经济现象就是按照她所揭示的规律变化着，可以毫无疑问地说：本土经济学塑造了中国经济的成功历史，凡是按照中国本土经济学原理行事的朝代、君主和个人，都能够富国强兵，财富自由；凡是违反中国本土经济学原理行事的朝代、君主和个人，都避免不了国破家亡、身败名裂的下场。本书将在第六章、第七章从正反两个方面验证这两个"凡是"。经济学在本质上是做人的学问，是人实践道德伦理而感得财富境遇的学问。任何人，如果拥有了中国本土经济学观察的视角，就会发现人们站在西方经济学角度难以发现和相信的规律存在。

后世史书从《汉书》开始皆保有《食货志》，直至清代康熙年间编纂《古今图书集成》，汇集《食货典》，中国本土经济学的法脉一直未断。明白了这一段长长的历史，才能知晓什么叫"为往圣继绝学"；明白了中国经典中的德本财末、和气生财和富有之谓大业等自然经济伦理，才能明白为什么中国历经兴衰但是却没有像其他三个文明古国古埃及、古印度、古巴比伦那样中途作古，

---

① ［英］约翰·希克斯（厉以平译）：《经济史理论》，商务印书馆1987年7月第1版，第145页。

才能明白中国的经典确实蕴涵着"为万世开太平"的经济学问。

中国本土经济学不但塑造了过去中国经济的成功历史,而且成功塑造了改革开放30年的成功历史。本书也将在第九章从理论和古今中外史实两方面证明,中国改革开放30年的经济成就,是中国政府和人民创造性地运用中国本土经济智慧的结果,而不是听从西方经济学的结果。根据中国经典揭示的经济原理和中国5000年的历史实践经验总结,真正造福世界、导致社会和谐的经济形态,既不是偏向计划的经济,也不是执着市场的经济(如同邓小平所说的,二者都是手段),而是"治道之要、贵在不扰"的中和经济,是"为无为"的中和经济。中国"社会主义市场经济"的经济形态实质就是"中和经济",是使中国社会通往和谐的"中道"道路。

第二节 为什么国人不知道有本土经济学?

既然有其"理",为什么现代人不知道本土经济学的存在?原因有三:

一、历史原因

1840年以前,没有这个问题,没有外来的侵略和对照,中国本土的经济生活依照自己的运势自然地运行着,人民也不可能产生"西方经济

○ 国运不济,非中国文化之失,实是为人之咎。

学"的概念，也没有"本土经济学"的概念，只是一如既往地"天下熙熙，皆为利来，天下攘攘，皆为利往"，所谓"百姓日用而不知"。犹如鱼相忘于江湖，人亦相忘于自身所处的文化传统。

1840年鸦片战争以后，外强入侵，国势衰颓，中国一百多年积贫积弱，唯见西方船坚炮利、科技发达、国民富贵，为了对应"千年未有之变局"，为了救亡图存，遂有"师夷长技以制夷"的主张，唯西方学术马首是瞻，人民大众长时间处于西方思维笼罩之内，若无跳出来回光返照的眼光，自然会受到既有学术框架与思维范式的束缚，囿于"本土学术落后"的偏见之中。

一方面，1902年，严复节译《国富论》，中国人始知有西方经济学，误以为西方列强是因为有"经济学"才强大，殊不知各大资本主义强国的崛起和西方经济学没有因果关系，不是有了西方经济学他们才强大，西方经济学无论在英国还是美国，延续的是一种"马后课"的解释传统，出来一个问题，就来一个解释，出来一次危机，就来一个对策，犹如打补丁，时至今日已经把西方经济学打成百衲衣，仍然捉襟见肘，漏洞百出。另一方面，五四白话文运动以来，学人被授以西学传统，本来应该是适应时代变化兼收并蓄的优良举措，然而矫枉过正，胡适上书民国政府取消文言教育，切断了中国人学习本民族文化经典的纽带，导致几代大部分受教育的中国人不知道本民族的经典蕴含着怎样的智慧，不但不知自家经济学，甚至对整个传统文化都抱有无知的态度和虚无的主义。这就是文化误导和灭绝的可怕。

○《国富论》全名为 An Inquiry into the Nature and Causes of the Wealth of Nations。严复的节译本名为《原富》。

二、文化体系原因

东西方文化体系在精神本质上的差异,导致现代人一方面习惯了以西方的分科式学术思维看问题,另一方面对大化无形的中华经典文化精神缺乏认识和体悟,看不到以整体体悟式思维为特点的中华文化的系统性和贯通性。所以,看不出中国的经济智慧和典籍的学术体系,也就无从认同中国的本土经济学。

如果按照中国自己本来的传统,在学问体系上没有必要非要"总结"出一门"经济学"来,因为对于思想上真正属于中国文化的人来说,他本来就不需要总结,那套学问本身就好好地存在于我们的经典之中,得之于心、应之于身、用之于世就好了。正如清代总纂了《四库全书》的纪晓岚所说的:老祖宗已经解决了所有的问题,到书中查去好了。如果查不到,是书没有读到;读到了不懂,是心未明理;读懂了不能够施行,是勇气胆略和执行力不行。所以被尊为"治生之祖"的白圭才会说自己的治生之术"仁、智、勇、强"缺一不可。但是事有必至,理有固然,当今西学东渐百年之世,国人怀明珠而乞讨,本人就只好不揣冒昧,以眉毛扫地之举,将其怀中宝珠掂出示人,以证其本具之资。

中国的文化传统,对于今天某一学科领域的技能学问不称"××学",而是叫作"××道"或者"××术",如商道、医道、武术等;在道与术两方面有独得之见的学派,称为"××家",例如儒家、道家、墨家等。所以古代没有现代学科意义上的"经济学"这样的称呼,同一个中国文化精神或者内核应用在哪方面,就成为哪方面的学问。在中国古代,经济学并不被称为"经济学",而是名为"经济之道"和"治生之术",《易经》中称为"理财"①,或者用"食货"指代,或者以"货殖"来表达,但是不论名词如何,实质是相同的。经济之道在国家层面通常简称"治道",是十方贯通的经济法则,而治生之术是专门用于发财致富的方法和途径,或称"商道"。经济之道涵盖商道,今天的财经大学包含商学院的设置似乎与之类似。经济一道,关系到国计民生,国家兴亡,民众生死,原本就不应有什么可以固定的理论体

---

① 《易经·系辞下传》:"天地之大德曰生,圣人之大宝曰位。何以守位?曰仁。何以聚人?曰财。理财正辞,禁民为非,曰义。"

系，也不应有可以固定的政策，"兵无常势，水无常形"，全看现实是否需要，即毛泽东主席说的"以万变应万变"，要对日常经营有真实的把握，收支、盛衰、盈亏，都要有真实的认识和准确的判断，"无所住而生其心"，才能随机应变而不僵化教条。

中国的学问的继承方式是"传道不传学，传本不传末"，以免后世在舍本逐末上白费功夫，所谓"真传一句话，假传万卷书"，真传的"心法"往往就是一句话或者一首偈语，但是就这一句话就点破了宇宙人生的真相或者学问的关键，使精髓得以圆满无漏地流传后世，未央绝灭。这是事半功倍的做法。前者如孔子传曾子的"吾道一以贯之"，后者如各家独传之秘的口诀或者印证心法的诗作。但是只有足够堪称"法器"的弟子才能得到这样的传承。其他程度不够的弟子，执着万卷经书，也是挂一漏万，因为只要"有数"，就是"有限"公司，掌握再多也有局限，而心法的继承是十方遍满，没有局限的。高明的学问，不会预先设计好一套固定的条条来处理已经变化了的时代问题。所以历代史书作《食货志》只是记载一世的经济成果，而不会陈述运化无方的经济之道，因为那是在经典中已经解决和记录好的。

这种传统，保证了历代政治经济的主事者都不会生搬硬套。但是都会在"同一框架"下考虑当世的经济事物的处理。刻舟求剑的故事，就说明了在环境已经变化了的情况下，仍然以不变的思路寻求问题的解决，"岂可得乎"？正确的方法是："法本法无法，无法法亦法。今付无法时，法法何曾法。"

三、治学方法原因

西方分析式的方法"着相"，都执着必须有一个类似"体系"这样有形的存在才能叫作"学"，所以，着相的学者们才不知道中国的本土经济学。既然中国的本土经济学是以"经济之道"的形态存在着，而"道"本来是无名无相的，当然没有一般学人所谓的固定的体系了。想通过词汇、文字、体系、框架这些名相来分析了解中国的经济之道是办不到的。除非自己体悟贯通，才能在无形中发现有形的存在。现代学人既缺乏师承传统，又被西学的体系所束缚，想要解缚明道，难上加难。

天地宇宙整体的伦理是依照自然如此的轨道运转的，简称为"道"。既然是整体的德能规律，就不能通过局部分析式的方法和语言来表达。所以作为伦理的道是用来遵守的，不是用来说的。一旦把"道"之理说出来成为"道理"，无穷的麻烦就来了，几乎人人变成讲道理的专家，众说纷纭，莫衷一是。经济之道是用来"行"的，不是用来学术争论或者理论探讨的，这里面没有创造，也没有争论。而且如《黄帝内经》所说："非其人不传，非其真不授"。

中国的道学传统和心法传承是独特的文化表现形式，强调"授人以渔"而不是"授人以鱼"，强调掌握钥匙的方法而不是给一把定型的钥匙，强调对本质伦理的整体悟通而不是一招一式的机械记忆，强调法无定法、随机应变的"无我"，而不是法有定式的"有我"。正是这种"君子不器""圣人无常形""神龙见首不见尾"的文化内涵决定了治学方法的特殊性，就是比类取象、体悟贯通的方法，但是它也会使没有真正入门的学人始终莫名其妙，见不到它的真实义。一切受形式拘束的，都不是最精妙的中国文化。所以，在中国的文化体系内，没有学科界限，道理是"一通百通"。孔子如此，老子如此，后世大德大贤大善亦复如此，无一例外。所以，千古传承的文化精义，从黄帝的"天地四时不相保，与道相失，则未央绝灭"到庄子的"天地与我并生，而万物与我为一"，从老子的"道生一乃至万物"到唐代玄奘、窥基师徒"唯心所现、唯时所变"的法相唯识，从春秋时期孔子的"一以贯之"到宋代张载的"理一分殊"再到清末民初王凤仪的"家庭五伦就是身内五行"，从秦末隐士黄石公传张良的"道德仁义礼五者一体"到汉代董仲舒的"天人感应"再到释印光的"欲拯救世界，先断自己的

○ 中国千古传承的文化精义，形式上有变化，本质上没有创造。

烦恼习气"，从来都是一体贯通的，从来没有创造、从来没有遗漏、从来没有歪曲、从来没有断绝。历代圣贤大德如护眼命，使中华文化的精髓得以代代相传。5000年的国学传承就是这样来的，5000年的华夏文化就是这样流传的，这也是中国文化自黄帝以来历经5000年的朝代更迭而延续不绝的真正原因。

认为"中国只有经济思想而没有经济学"的观点，从现代所谓学术体系来看，好像也不错，但却恰恰显示了局部分析式思维的局限和对中国学术文化的道统不能得其门而入。"思想"和"学"有什么区别？可能答曰："思想"是零星式的感悟，而"学"有框架体系；但是中国的经济智慧没有体系吗？有。不过因为这个文化是"道学文化"，是比类取象、一以贯之的整体感悟文化，所以它的体系是"活"的，是十方洞开的，说似一物不中，说有一个框架就"死"了。它是有明确的原则、概念、公理、定理、前提、逻辑、分析手段等等一切所谓的学术所需要的全部形式，只是一切"法无定法"，刻舟求剑似的思维方式是看不见的，个中道理如同不能因看不见周遍的空气就说空气不存在一样，如同即便作者现在不懂得量子力学，也不能否认它在相当一部分物理学家的思维里作为"科学假设"存在一样。

科学的方法（the methodology of science）就是逻辑哲学。20世纪维也纳学派认为"科学不是求对，也不是求错，而是求可以被事实推翻。可以被事实推翻但没有被推翻，科学理论就算是被验证认可了（confirmed）。（A theory can not be proven, it can only be confirmed.）"proving 与 confirming 不同，在实证科学中有着微妙而重要的分别。前者是证实了，不可能错，正如数学上证实了的定理。后者呢？译作中文也可说是证实。换言之，验证了是对的，没有错，但验证了的对，还可能错，对了无数次还可能错。可以被事实推翻（可以错）但没有被推翻，confirm 还可能是错的证实。文化不同，严格来说，中文没有这个字。"①

张五常教授的这段话对科学的传统和逻辑法则的解释十分重要。但是，中国经典经济学的基础，是建立在一个不可能错的"自性认证"的传统上。或者说自《黄帝内经》以来（据相关考证，该书流传于世距今至少已有3700年）的事实验证，没有错过，从验证的结果看，是"confirming"，也就是说

---

① 张五常："经济学要怎样才对"，载《五常学经济》，中信出版社2010年1月第1版，第214页。

未来的验证可能会错；但是从体认的传统上说，历代祖师心心相印的"本体""真相"，不可能错，是"proving"。这是中国的"道"的传统和治学方法。

第三节 本土经济学和西方经济学有什么不同？

一、本土经济学和西方经济学的区别

西方经济学更多的是积累知识，中国经典经济学则完全是自然伦理智慧的总结，所以前者"有形"，后者"无形"。更重要的是，中国经典经济学不但是揭示自性生发财富这个自然法则的经济学，还是符合大众的期望的那种本来应该是的那种经济学，是想象中可以坐言起行、发财致富、兴邦强国的经济学，并且是不需要"原罪"的经济学。大家可以注意到身边这样的事实：无论是西方经济学教授还是西方经济学博士，都整体表现为赚钱乏术、治国乏术；在世界富豪当中，很少有是经济学专业的人，掌握西方经济学对于致富没有什么助益。

就中国的文化来说，不能够真正助益国计民生的任何学问，不论冠以何名，都不会是"经济学"，经邦济世是悲天悯人的达道人士的真正的利他抱负。中国经典经济学所谓的"经济"，是在中文语境中的原意，与西文翻译过来的学科名称"经济"不是同一所指。就"经济"的实质和"经济学"的研究对象、甚至研究目的而言，中国本土的经济学和西方的"Economics"本来不应该有什么区别，但是由于文化土壤的不同，使二者在层次、境界和通达方面产生了本质差异。简单地说，中国本土经济学是义利并重、伦理贯通、性相不二、道术兼备的体悟式、践行式学问，西方经济学是偏重自利、伦理薄弱甚至缺乏、执着事相的分科解释性学问。相对于西方经济学，中国本土经典经济学的特点至少可以约略总结为如下八点：

1. 经典经济学主张节俭，绝不刺激消费。刺激消费必导致浪费，浪费必

导致贫穷。

2. 经典经济学主张财富随取随用，绝不单纯为了财富而累积财富，"多藏必厚亡"。

3. 经典经济学认为政府与市场同是伦理秩序，互根互生、和谐互补。主张政府"为无为"，这是最精妙的"中道经济"原理，不干扰经济运行，但是也决不会放任市场，不会对不合情、不合理、不合法、不合道的市场现象袖手旁观。天子（国家领导人）需明大学之道、具备大学之德，恭俭勤政，做到君之本分，否则就会越中道而履劳民。从汉文帝到唐太宗到康熙帝，明君圣主无不遵守"治道之要，贵在不扰。"

4. 经典经济学主张德本财末。由内证而外化，从安身立命的根本上修聚财之德、善财之大用。

5. 经典经济学主张和气生财，不事竞争。

6. 经典经济学主张"自强不息"，"与时逐而不责于人"。

7. 经典经济学主张诚信为本，童叟无欺。世代相传，精益求精。

8. 经典经济学主张明码实价，适当得利，不取暴利，得利最大。

这些特点将在下文相关部分详细剖析对比。

中国历史上诗分唐宋，世界历史上学分东西。经济学分东西，也犹如"诗分唐宋"[①]。钱钟书认为，唐诗宋诗，并非仅仅是朝代之别，而是体格性分之殊。同样道理，天下有两种认知方式，西方的分析式和中国的贯通式，据以可推知有两种

○ **诗分唐宋，学分东西。** 二者不是因时代、地域不同而有区别，而是体例与理念上的本质差别而不同。

---

① 钱钟书：《"谈艺录"之"诗分唐宋"》，三联书店1984年9月第1版，第1—5页。

经济学。非是东方人所做必是东方经济学，西方经济学就是西方人独有的思维，东方人可能阐发西方经济学，西方人的研究也可能表达了东方经济学。西方人同样有东方人的智慧。"中国本土经济学"的称谓，不单指是中国人的思想；主要是因为这种学问是建立在贯通式的认知方法上，有别于西方的分析式方法；而且，把这种整体贯通方法表达得透彻并形成悠久的文化传统的是中国人，是以称之为中国本土经济学。一如文学史上的"唐诗"称谓，是因为唐人在写那样一类诗的成就上是代表。如果宋人乃至今人写出那样一类诗，也是归类为唐诗。① 也就是说，如果西方学者能够运用同样的贯通认知方法上来研究经济问题，其所研究的学问亦可称为中国本土经济学。一如当今土生土长的中国人齐齐地以西方的分析实证方法研究经济学，其著作成果一概被称为"西方经济学"一样。

二、本土经济学对当下时代的意义

中国本土经济学揭示的原理要求世人转变观念，认识到经济问题的本质就是道德行为问题，是伦理问题。千万不要以为经济问题只是真金白银的现实问题，而道德伦理是虚无缥缈的虚幻问题，只有真正洞悉曾子"德本财末"的人，才是真正窥探了经济之道"天机"的人。

人的一切正、邪、善、恶的思想和行为，必然会引致出相应的吉、凶、福、祸的现象，所以

○ 改变经济观念，可以改变人们牟利的方式，由此可以良性地改变世界。

---

① 钱钟书：《"谈艺录"之"诗分唐宋"》，三联书店1984年9月第1版，第1—5页。

经济学其实就是改正自己的不良习气以实现美好生活的学问。这是中国自古习为常识的"行为经济学"。不仅仅是获得物质的回报，还有心灵的宁静和本性的清净，它意味着身心健康、人际和谐、天下太平。所以经济学的教育，首先要让大家知道经济规律的本质真相，然后引导大家善顺自然之理，善从自然之序，善取自然之利，就会"从心所欲不逾矩"，无不合于天道自然，无往不利，吉祥自在，造福天下万世，恩泽天下万民。使大众了解财富的伦理本质和德财相应的诸般法则，挽救世道人心。

财富既然是善德的结果，那么经济的风险的规避，就是一个弃恶扬善的伦理道德行为问题。一方面作恶多端，一方面想要吉祥如意；一方面奢侈、浪费、懒惰、欺诈，一方面想要富足、成功，是从来没有的事情。那是违反自然定律的想法、做法，即使表面上一时得逞，身后也会祸患不断。要想事业顺遂、驱除风险、规避不确定性，首先自己的心性必须定下来，不做恶事，不造恶因、自性清净无染、自心坦荡无私、自身中正无邪，久久做去，日积月累，则"得道者多助"，好运常在，经济事业的风险就消除了，不确定转变为确定性了。说白了，就是善恶两个出发点，通往盈亏、益损、成败、福祸这相对着的两个终点。不要怨天尤人，一切是自己决定的。

西方经济学家的一些学术观念会让人因自私而丑恶，因竞争而困厄，因为这些教唆违反了人类的天性，破坏生命的美好形态，污染社会的文明环境。看当今之世，卡内基、福特、洛克菲勒、松下幸之助、盛田昭夫、王永庆、李嘉诚、任正非、曹德旺、李彦宏等，哪一个引领时代经济发展的企业家是学习了、遵照了西方经济学的理论获得成功的？没有一个。但是无一例外的，他们全都是在有意无意中遵循了中国经典揭示的经济之道：他们勤奋、他们专一、他们锲而不舍、他们节俭、他们精进、他们没有绯闻，他们热爱学习、善于学习却不被书本束缚……他们为什么能够有那么好的"运气"？他们为什么总能领导潮流？他们为什么精益求精不断突破？他们为什么总能在不断变换的市场中立于不败之地？如果不体会曾子的"德本财末"学说，我们永远找不到满意的答案。

"君子慎始，差之毫厘，谬以千里"（《礼记·经解》）。对西方经济学的盲目跟从和对本土经济学的视而不见，已经在社会经济现实中产生巨大的流弊。一方面，西方经济学的基因缺陷导致了三次对世界影响深远、破坏严重的经济危机,对此缺乏足够的重视和觉醒式总结,将会误导中国逐渐深入的改革[①],所谓拾人牙慧、作茧自缚;另一方面,中华民族的伟大复兴,绝非仅仅是物质财富的积累,若不能发扬黄帝以来的历史文化智慧的精神,就不会有整个社会文明的复兴。既是复兴,就一定是中华固有文化的"春去春又回",就一定是她的"一阳来复",就一定是"我犹昔我,实非昔我",是中华文化在特定的历史潮流中浴火重生的更新和再造。

西方资本主义200年的工业化道路,为人类文明作出了巨大的贡献,但是他的发展方式却存在根本性的基因缺陷,原始积累的掠夺性,增加生产的破坏性,涸泽而渔,杀鸡取卵,贪得无厌,不可持续。当其资源耗尽,当其遭到环境的报复,当其反省到自身为了物质财富而犯下的罪恶,当其经济模式出现不可避免的危机,就到了中国文化揭示的"亢龙有悔"(《易经·乾卦》)的境地。就必须向中国的经典智慧寻求救助。广为西方学术界熟知的汤恩比博士于20世纪70年代就断言,欲挽回世界的危机,必须要向大乘佛法和孔孟儒学寻求帮助。是什么样的帮助呢?必是自我灵魂净化的帮助,是伦理回归的帮助,是既蓬勃向上又不被物欲所困的解脱帮助。

所有的"问题""危机""灾难",其本质的根源在于错误的心念。心念形成思想,思想形成观念,观念表达出来是"看法""评论""认识",构成人类的思想文化;观念落实为行动就是行为,构成人类的历史。所以,我们所谓的文明的起点就在人类的心里。凯恩斯说过:"与思想的侵蚀作用相比,利益归属的力量被过分夸大了。错误的思想使人看不清自己的利益归属。""对形成善良或丑恶的观念而言,更危险的是思想,而不是利益的归属。"

为了人类的生活(其实就是我们自己的生活)我们有必要了解一下曾经使我们的先辈们过着心灵宁静愉悦生活的思想,以反省、对比、改进和改造我们自己的生活。我们努力追求幸福的生活,我们渴望拥有财富,我们希望居者有其屋,我们希望人民安居乐业,我们想要赡养老人,我们想要给孩子以幸福的成长环境和最适当的教育,我们想满足心爱的人的一个

[①] 关于经济学三次危机和世界三次经济危机的联动关系可详见本人拙文"关于财政的本质",载《财政研究》2009年第7期。

正当的愿望……这些都需要一定的物质财富，所以我们想办法"经济"。而这个时候，我们是否想过，我们的"想办法"想对了吗？我们需要钱的想法是符合伦理的吗？我们所期望的数量是适当的还是非分之想？赚钱的方法有一定吗？决定我们事业成败的根本原因是什么？为什么有些人总能在恰当的时机买进或者卖出？为什么有些人费尽心力却竹篮打水一场空？天地间有没有一种力量控制着人的财富分配？

○ 经济危机的根源在于错误的心念。

本土经济学的智慧，能够给我们明确而清晰的答案。能够让我们明白关于人生的穷通富贵，能够让我们知道财富的密码。但是，和任何学问的入门都有"门槛"一样，本土经济学的门槛不是概念的理解和基础知识的了解，而是谦卑诚敬的心态。否则永远徘徊在她的大门之外。因为她是关于做人的学问，是美德的学问。没有这样的心态，等于一个不肯倒空的杯子，那个营养的果汁是倒不进来的。熟读西方经济学的读者如果不能够接受这个观点，建议您思考以下三点：（1）西方经济学鼻祖、古典经济学的创始人亚当·斯密原本就是道德哲学教授。（2）新古典经学的创始人马歇尔在《经济学原理》中的第一章第一节写道："经济学是研究财富的学问，同时也是研究人的学问。"（3）被称为"经济学的良心"的阿马蒂亚·森则认为伦理的缺失导致了福利经济学的贫困。

本土经济学的核心理念就是德本财末，财富是德行的附属品；生财有大道，通过利他甚至大利天下的方式或者途径来实现个人的财富自由，通过把握天时、地利、人和的全部自然伦理机遇来实现经济梦想，与人为善而不与人争，与时逐而不责于人，"苟非吾之利，虽一毫而莫取"，所以这样的经济学普及，将大利天下万世万民。

三、本土经济学参照系下对"西方经济学常识"的反思

2008年美国金融危机，在一定程度上帮助了世界人民破除市场有效性假说的迷信。全世界都马首是瞻的美国金融制度，原来充满了道德欺诈和监管漏洞，再不肯学习东方的智慧，再让自利的西方经济学指导下去，恐怕"指导"的意义就是"只能倒下去"了。南怀瑾先生说：一百年前的中国，坏在留日留学生手上，一百年后的今天，坏在留美留学生手上。所以然者何？因地不真、见地不通。张五常教授说中国改革开放凡是听从西方的经济政策，事后证明都错了。如真如此，西方经济学连"鸡肋"都算不上，弃之而后快。

但是曾仕强先生通过讲解《易经》的智慧告诉大家："中西文化，各有不同的取向和内涵，合乎阴阳互动共存的道理。有时'东风压倒西风'，有时'西风压倒东风'，才符合'风水轮流转'的法则。现代出现某些'西方文化消灭东方文化'或者'东方文化融合西方文化'的主张，不符合'多元互动'的需求，显然不可能"。①

"昨夜西风凋碧树，独上高楼，望断天涯路。"作为西风的西方经济学凋零了一个世纪的繁华，为其所困的东方世界，如何寻找通往光明的方向？昨夜，已经过去。虽然黎明前总有黑暗，但是"青山遮不住，毕竟东流去"。

"东风夜放花千树，更吹落，星如雨。"作为东风的中国本土经典经济学在漫漫200年长夜里，暗暗守护花期，如《素书》所言："贤人君子，明于盛衰之道，通乎成败之数；审乎治乱之势，达乎去就之理。故潜居抱道以待其时。若时至而行，则能极人臣之位；得机而动，则能成绝代之功。如其不遇，没身而已。"期间几多先贤时机不遇、抱道没身如长空划过如雨的星光？他们可曾长叹？他们可曾遗憾？他们明通审达之际可曾呐喊？还是内心如止水不起波澜，充满清净的笑意往返人间？回想思考写作本书主要内容时那些犹如闭关的日日夜夜，每每独自一人反复吟咏先贤的经典话语，竟常常不期然地

---

① 曾仕强、刘君政：《易经真的很容易》，陕西师大出版社2009年4月第1版，第4页。

泪流满面！5000年就在眼前，5000年就在心间，为什么我们向外持求不息、狂心不止？泰戈尔说："谬误与真理比邻而居，所以我们常分辨不清。"（Mistakes live in the neighbourhood of truth and there delude us.）王曙光先生曾经这样评价西方经济学："经济学告诉我们的并且我们认为正确的，往往就是我们凭借常识就已经知道的；经济学告诉我们的并且我们凭借常识不知道的，则往往就是将被证明是错误的。"[1] 从中国本土经济学的立场看，西方经济学的现状是：形式遮蔽了本质，方法取代了内容。分析现象，不得现象由行为变现的要领；分析行为，不知行为是心理的外显；分析心理，不知心理是心识的妄想；分析市场，不知市场就是人性。

○ 学习、理解和使用经济学，要"依义不依语"。

本书基于中国本土经济学的立场，系统而简要地反思西方"经济学常识"，得到如下十种经不起推敲的观念：

1. 经济学产生于西方，中国没有自己的经济学。严复在1902年出版了《国富论》的中文节译本，国人开始知道在西方有一种已经流传了100多年的关于财富性质和原因的学问。当时中国处于一个数典忘祖、积贫积弱的羸弱时代，人们对自己的国家、文化没有信心，对朝廷憎恶，对时局不满，引入《国富论》，就很容易使人们相信"只有西方才有经济学"这样的对历史无知之见。108年来，这种认识居然成为学术界的"常识"，真是中国学术界的奇耻大辱，无异于怀着宝珠沿街乞讨。

---

[1] 王曙光：《理性与信仰——经济学反思札记》，香港新世界出版社2002年1月第1版。

2. 经济学的起点在于"自利假设"。被人们奉为理所当然的"自利假设",是西方经济学学术的逻辑起点。斯密书中关于"我们能够吃到面包、猪肉,或者能够喝到酒,绝不是因为面包师、屠户和酿酒师的仁慈"这样的观点被奉为至理名言,同时也被后世学者尊奉为经济学的金科玉律。由此出发,就有诸如人是自利的、资源是有限的、市场是自由的、竞争是应该鼓励的这样的"经济学的基本观点"。真的如此吗?依照中国经典经济学的观点,这些基本观点,没有一个是靠得住的。日本物理史学家广重彻认为:"当科学家觉察到所研究的问题以前并不作为一个问题存在,这时科学变革就开始了。"经济学是造福自己、家庭、社会、天下的大道,怎会是宣扬自利乃至自私的学说?怎么会是鼓励人与人争利的学说?

○ 西方经济学偏颇地以自利为分析起点,世界深受其害。

3. 经济学的必要性来自"资源的稀缺性"。西方经济学认为,因为资源稀缺,满足不了人的欲望,所以要资源配置。这个逻辑似乎没有问题,可实际上这是祸国殃民、贻害世界的浅见、断见和错见。谓之"浅",是因为持这种观点的人不能深达诸法实相;谓之"断",是因为持这种观点的人不能了解人与自然相应的真理;谓之"错",是因为基于错误的认识就会导致灾难性的后果,如果人们相信这种学说的教导,就会为抢夺有限资源而无所不用其极,甚至不择手段、伤天害理,社会无宁日,世界无和平。近200年的历史已经让世界看到了这样的后果,并且,在一段时间内,还要继续下去。中国本土经济学认为资源具有"德行相应性",能够消除对资源匮乏的恐惧和在错误观念指导下的争夺,通过改变自

○ 自然资源本身在自然系统中存在,并没有"稀缺",稀缺是人类一部分人的贪婪创造出来的概念。

身的行为和提高新能源利用技术来实现良性发展。

4. 市场是有效的。这是人们至今对市场的性质抱有错误的理解，如果不是美国 2008 年金融危机的爆发，仍然不能够让一部分人觉醒。如果非要推诿有一只"看不见的手"指挥着人的行为，分配资源，造成人的穷通祸福，那绝不是市场，而是道德。道德并不是纸上的文字教条，是客观的伦理，是自然规律，是中国古代称为"天理"或者"天道"的公理，也就是纯善纯净的自然本质。市场有效性假说的被结论性否定，标志着西方经济学在主旨思想上的解构。中国经典经济学将根据物极必反、阴阳平衡、中道自然的认识，提出涵盖了计划经济和市场经济的中道经济形态。并在学术理论上论证：社会主义市场经济的提法其实就是综合了计划与市场双重优点、不懈不亢的中道经济，也是改革开放 30 多年来取得巨大成就的根本原因。当前出现的经济问题，是有些过于相信市场经济理论而导致的自由放任的后果。中国自古就知道发展经济的要旨是"贵在不扰"，而不是西方主张的"自由放任"。自由放任的结果一定会导致经济危机、贫富分化、损害公正等严重社会问题，正确的方法或者经济之道是"治而不扰"的中道原则，不放任，也不干扰。其道理一如种庄稼，什么时候要田间管理，什么阶段只需要让庄稼自己自然生长成熟，有一定的法则和制度。师法自然，法无定法，是经济之道的最高法则。如果有一个拘死的原则，一定违反了自然法则，就一定有危机或者灾祸发生。

5. 政府对市场的行为不能指手画脚，否则就是"国家干预"。《国富论》发表于 1776 年，同年发表的还有《美国独立宣言》，这两份历史文献，前者被认为是人类对经济自由的要求，后者是对政治自由的呐喊。可是 234 年来，人们还没有确切了解关于国家政府与市场经济之间的关系，计划与市场被对立起来，并在相当长的时间里，甚至被强化为政治意识形态的代言，两个阵营中的国家和人民都曾经深受其害。中国的《黄帝内经》等诸多经典告诉我们：平衡、协调、各司其职、本位成就等，是自然大道，顺其变化就会疴疾不起、平安吉祥。以中国比类取象的思维方式观之，一个国家，一个世界，就是合在一起的"一合相"，和一个人的身体没有区别。如果身体自由（好比市场）但是不受意识控制（好比政府），会怎样？反过来，过于紧张、刻板、冷漠或者暴虐的思想意识（好比政府）会对身体（好比市场）造成怎样的伤害？一切身病皆是心病，一切心病必表现为身病，所以孔子能够入其国而知其教，而通音律者能够闻弦音而知雅意。国家政府和市场同是自然秩序，功用不同而已。观市场状况可知政府行为；观政府行为可知市场状况，二者一体两面，本不可分，偏向任何一方，都会脱离中道，走入极端。偏向计划，今天大家大体上可以接受哈耶克"通往奴役之路"的论证；偏向市场，经历经济危机的全世界人民都受害于缺乏监管的市场欺骗行为。

○ 用中医学的观念去理解政府和市场。

6. 市场经济才是造福人类的经济形式。20世纪以来直到2008年的美国金融危机的多次经济危机已经告诉大家事实不是这样，市场的泛滥和过度，也会给社会带来灾难。中国历史证明，真正能够造福社会的是中和经济、伦理经济。任由市场恣意发展，必然会使社会贫富分化、矛盾加深，甚至在金属货币时代也会"物价飞涨，怨声载道"。《史记·平准书第八》记载汉初："不轨逐利之民，蓄积馀业以稽市物，物踊腾粜，米至石万钱，马一匹则百金。"无论计划经济还是市场经济，顾名思义，已经知道他们必然是偏向一方的，所以计划难免僵化，市场难免无常，唯有回到中和，把市场和计划的作用和谐地统一起来，才能既解放经济活力，又避免市场恣意泛滥，履中道而常新。这就是1979年改革开放成就取得的根本原因。至于人才培养、技术进步、制度创新等等都是对这一根本原因的遵从和落实。

7. 价格反映价值。什么是价值？真有颠扑不破的价值吗？西方经济学认为价格波动是对价值的偏离，价格是供求关系的反映。而按照中国经典经济学的视角，这都是表象，每一个交易形成的价格，完成的是每一个人或企业的"业"和

○《鹖冠子》为先秦"居深山，以鹖为冠"的楚国隐士所作的著作，主要体现的是黄老道家思想。

"缘"，以今天大家熟悉的词汇表达，是每一个人都是自己的无量多的社会关系联结点中的体现者，一一相应。没有所谓固定的价值，只有价格，只有一时的价格。同一件商品，不同的人得到的价格就可能不同。在不同的时间价格也不同，即使在同一时间的同一个市场里，同一种商品都会有不同的价格，价值如何谈起？

道家著作《鹖冠子》认为"贵贱无常，时使物然"，把市场中物品价格的变化无常的原因归结为时间变化。例如 2010 年 8 月 17 日中央电视台的一则报道称，由于股市楼市低迷，一些投资者把玉石翡翠的价格在一年的时间里提高了一倍以上。同一块石头，为什么去年 5 万元今年 10 万元？只因为去年和今年的时间变化？当然，时间变化其实代表着一切都在变化，如果这样理解，这个观点没错。但是如果"时"仅仅按照"时间"解释，那么它所揭示的，就还不彻底。因为根据爱因斯坦的相对论，时间和空间不是独立于物质存在的，而是决定于物质。既然时间不能独立决定价格，那么价格是由什么决定的呢？当然是能够决定时间和空间的物质了。在经济世界中，人是决定时间和空间的"物质"，所以决定价格的是人。而决定人的，是他来到这个世界的"业因"，所以是社会大众共同的业因决定了价格。一切经济现象都是共业和别业决定的。在中国经典经济学中，没有什么叫作"价值"，一切在变化中，只有倒过来念的"值价"，也就是一件对当事人有用的物品或者服务"值什么价"，是主客观合二为一的结果。

另外，西方经济学中天下皆知的需求定律

（价格上升，需求量下降；价格下降，需求量上升）对得有限。这个定律在打折促销时能够看到，然而在更多的时候，不是这样。在金融市场、在股票市场、在房地产市场，人们更多的是这样做：价格上涨时，拼命抢，唯恐买不到；价格下跌时，要么拼命跑（抛售），要么持币观望。而持币观望的结果有两种，一种是价格下跌，继续观望；另一种是一旦发现价格上涨，就迅速出手购买。股票价格、楼市价格，都是反需求定律的价格现象，或者，需求定律只是在有限定的情况下有效。

在中国经典经济学的领域内，劳动价值论、相对价格等概念都需要重新解释。例如，张大千的一幅泼彩画作，拍卖价过1亿元人民币，怎么解释？那里凝结了多少劳动？爱因斯坦写有质能方程的一页手稿价格几何？其劳动如何计算？正如西方经济学内部的有识之士说的：西方经济学不能一旦面临现实的挑战，就顾左右而言他。

8. 竞争是经济发展的动力。在西方经济学传播的过程中，"竞争"的观念深入人心。但是在经济学界内部，还没有反思到竞争思想是与"经济"的原旨背道而驰的，也是造成社会动荡不安的主要思想祸害根源之一。中国经典《易经》告诉大家："天行健，君子以自强不息"，进步的动力来自于觉悟者对自身的超越和对他利伟大目标的追求，不需要和人争。道德者生命的过程是追求自我完善的过程，不需要监督和强制，自觉者会"不用扬鞭自奋蹄"。只有社会的伦理道德水准下降到一定程度，如近现代社会，大多数人才会只有依靠外在强制和刺激才能"刻苦"追求进步，由自觉降为外在强制；而国家政府也不得不

○放弃竞争，才会有真正的经济学。

以法律来强制维持社会的稳定与公平,由以德治国降为依法治国。本质上,与人争是错误的,会放大丑恶的心理行为,导致社会的不和谐,感应自然的灾难,完全背离"经济"的初衷。

在市场上,认为同行彼此之间存在竞争也是错觉,因为做不好被淘汰本质上是"自取灭亡",做得好导致产品热销、市场份额扩大也不是竞争的结果,是自我实现的感应过程。真正起作用的,是当事人自己的自强不息。我们通过类比来解释这个现象:每一株花草,个个自在,按照自己"基因"决定的样子生长,并没有彼此竞争生长,实际上各不相干。至于妍媸美丑,是人心的分别作用,是人心里有高有低、喜欢或者不喜欢、好看或者不好看这样的分别,才会生出"比较"。放弃竞争,自强不息,是经济学的真正内涵,因为那是道德的体现,因为天道酬勤。

9. 数学模型可以分析经济现象。逻辑论证使用哪一种语言,并不增加论述本身的"科学性"。"思想"和"见识"才是决定智慧程度的"标尺"。采用数学论证的经济学并不能解决经济学必须要解决的认识问题。世界演化的路径不是线性的,不是数学逻辑,是易经揭示的路径。易数的变化规律,是对事实的归纳,是自然本来如此的秩序,是经济现象的物理定律的发现和总结。物理学的研究是对自然本来如此的秩序和规则的发现,经济学也应该是这样,而只能是这样,而且必须是这样,否则它就失去了存在的意义。

10. 经济行为和人的生理、道德行为无关。彼此分科的西方学术规范,使得人们在根本的认识上犯了错误。人的心理影响经济行为,已经被

○仁者寿,是公理。真正不求回报地做一件大善事,人体气脉会发生改变。

西方经济学界认识到,这就是近来大为流行的行为经济学的实质。但是最为严重的就是市场经济中的人对道德和经济关系的理解,认为道德意味着软弱,惟有与人争才能强大。实际上正是没有领会曾子"德本财末"的大学之道。因地不真,果遭迂曲,舍本逐末,怎么会有好日子过?只有明白自己的起心动念和外在一切德行就是经济学最根本的因素,才能彻底改变命运。在我们人体内,看上去任何一个脏器都是独立的,可是怎么可能会和其他脏器无关?怎么能够把"道德行为"和"经济行为"分开?哪种行为不涉及"经济"的含义?道德圆满的人,绝对健康长寿;导致健康长寿的行为,意味着最小的经济成本,怎么会不是经济行为?大家心目中那种直接的、纯粹的经济行为,其实只是一种自我想象的"黑板经济学"意义上的行为。

在最本质的层次上,经济的良性发展来自自性产生的心理和可以归结于美德的行为。投资的伦理正当性、消费的适度性、出口的互利性才是能够产生"利益"的实质根源。任何合理的投资都可以获得回报,但是缺乏伦理正当性的投资,必将受损:财富损失、健康损失或者慧命损失。鼓励消费的政策存在着很大的危险性,在伦理教育不匹配的社会条件下,鼓励消费很容易演变为纵容奢侈浪费。如果政府追求 GDP 的数据增长,而没有考虑国民生活的实质幸福实质上可以表现在很多方面,就容易为日后的凋敝埋下隐患,加剧波动的幅度。本质上,国内市场和国际市场没有区别,惟有互利才能和谐长久。转嫁论、掠夺论、占便宜论都显得缺乏文明意义。孔子说:"己所不欲,勿施于人"。违反人情的,也就不合天理。纵然一时得逞,也必然是得之东篱,失之桑榆。所谓"出来混总是要还的"。

四、建立中国本土经济学需要解决的理论问题

观其大略而言,中国文化是"贯通"的文化,而西方文化是"分析"的文化。中国的文化传统,本有独立的精神,不必依傍他学所构建的体系而存在。李炳南先生曾说"宇宙问学,凡体系不紊者,皆曰科学,不过于头上冠以符号以别之而已,岂必物质研究,方名科学"。中国诸般经典"体系尤精,亦是科学,禅净唯识,都不在科学外也。"但是如果不把中国经典经济学以现代人习惯的"概念体系"总结梳理一下,人们已经视而不见听而不闻了。

在中国当代西方经济学界,学者们始终难以摆脱以"经济学的'本土化'

实验"为路径来构建一种独立形态的经济学的思想局限。其实,通过西方经济学本土化来构建独立的经济学,是一种错误的思考路径。即使人为构建了这样的"独立形态的经济学",也可能仅仅是西方经济学投下的一个阴影,一个附属品,而不可能是独立的。斯密是对英国的经济现实的分析写出的《国富论》,本土经济学也是中国历史总结和实践的结果。它不是个人刻意的创造,而是历史发展的必然。

诸如"除了西方自由主义经济学和马克思主义经济学之外,中国现在还不曾有第三种成体系的、有独立的理论范式和分析框架的经济学"这样的认识和见解,应该说代表了现在中国经济学界的"主流"观点。我们只能说,大家还处于新文化救亡运动以来,对本土文化和时代运势矫枉过正的西学思维中,所以不能以中国本具的文化视角去看待问题。关于国计民生的经济问题的探讨,无论是理论范式还是分析框架,中国都有自己的独立体系,而且高度完备、精微和成熟,乃至于习惯了现代科技思维的学人无法理解和相信。

本书的任务,是以中国经典所蕴含的道理为基础,在现代学术背景下构建中国本土经济学的概念体系、逻辑前提、基本公理、分析范式和框架;并用以解析古今中外的经济史实,用以剖析西方经济学所遭遇的危机,进而思考将二者贯通、融合的可能;最终得出能够真正通往和谐的路径——中和经济,是为本书的核心贡献;据以可进一步探索中国的新经济学、新经济学派和新财经教育。

中国现代的经济学术研究,到目前为止,论及中国古代经济全是"史实",各种经济专门史或者

○中国本土经济学其实不必"创立",充其量是用现代语言和观念"总结"一次。她本身已经高度完备、十分圆融。

经济思想史,无非是把历代经济史实进行资料式的分类整理。却未曾从历代卷帙浩繁的经济措施中搜求出可以贯通古今的"经济学",当然也就没有发现或者总结出可以贯穿中国 5000 年史实的本土经济学,使世人无从一窥中国古代先祖表现于经济方面的智慧,无从解释何以创造光辉灿烂的华夏文明。从黄帝到尧、舜、禹,从伊尹到文、武、周公,从汉文帝到唐太宗,能够富国强兵者,皆出自同一原因:明道修德,恭俭谦约,克己复礼,与民休息,贵在不扰。这些原因隐含着同一套学问:包含十种德行,分别是道、德、仁、义、礼、智、信、勇、强、和;八个方面,分别是体、相、用、因、果、缘、事、理;三个表达,大学之道、中庸之道和经济之道;经济之道有三个层次:自性、心理和行为。人类行为构成经济现象,其实就是世间万象。个人因身体力行的侧重点不同而表现出时代的差别,但是都不出离顺应伦理道德要求的一致性规范,所谓"一切贤圣皆以无为法而有差别"。

中国本土经济学独立的理论范式和理论框架来自独特的中国文化土壤,她赖以建立的理论包括:宇宙世界生成的自性变现论;包括心物一元、自他不二、能所双亡、自性因果缘具足等观念的天人本一论;人生穷通祸福的道德相应论;事物变化规律的阴阳术数论;事物属性关系的五行生克论等等。她以"八识论"为基础来看待和研究人的行为,而西方经济学只能认识到第六意识,第七识与第八识还认识不到。所以,关于人类心识的最本质研究,保存在中国的经典和仍未断绝的师承传统中,会为将来的行为经济学研究打开广阔无垠的空间。自性经济学、心识经济学、心理经济学(即晚近在西方兴起的行为经济学)和新制度经济学的一体联结,或许会给我们理解世界经济学现象和人类经济行为提供人人信服并可以自证的真实解释。

第四节　本书的主要观点

一、何谓"经济"学?

何谓经济?以浅言之,在中文语境中,"经济"就是帮助人的意思。本身就是"他利"之义。根据《汉字源流字典》的解释,"济"的本义有三者:一者,水名,《说文·水部》:"济,水。从水,齐声",济水发源于河南,流经山东注入渤海;二者,摆渡,《广韵·霁韵》:"济,渡也";三者,救助、帮助,《字汇·水部》:"济,周救也"。① 在《王力古汉语字典》的"ji"(去声)字条下,"济"字有七个字义,可用于"经济"一词中的意义,就是第五条"救助"之义。② 中国语言中有"接济""周济""同舟共济"等词汇,都是帮助别人或者互相帮助的意思。《康熙字典》解释"济"字有"利用"、"周救"和"相助"之义,分别出自《易·系辞》"臼杵之利,万民以济"、《易·系辞》"知周乎万物而道济天下"和《易·谦卦》"天道下济而光明"。自古有"不知《易》者不可为医"的观念,所以后来产生专门用来形容医生职业特点和操守的"悬壶济世"的说法。根据《黄帝内经》的揭示,人体经络中的阳气称为"营"气,营气在经络中周流全身,补益各个组织器官的过程叫"经营"或"营养"。经营使周身得到补益叫"经济"。而《灵兰秘典论》进一步揭示,人体经济管理的道理就是经济国家天下的道理。简而言之,自微而大言之,由内而外言之,"经济"就是救助人、扶助国家、安定天下的行为。而"经"字本义是指织布机上的纵线,与纬线相对,引申为"主要""主干""准则""常道""权威性著作或者根本性著作"等义,专门用在"经济"上,是"以经济世"的简称,通常指运用自然恒常大道之理安邦定国的宏图大略及其实践。如自汉代末年以来逐渐就有"文章西汉两司马,经济南阳一卧龙"的说法,就是如何以明天道大经而转化为治世政策造福世界的学问。人类文化,不论什么学问,如果与生命问题无关,这个学问不成立的。③《天地八阳经》云:"八识名为经,八阳名为纬,经纬相交,以成经教"。"经"是常理,是穿越时空的不变法则。易经有"变易""简易"和"不易",不易就是"经",是宇宙间恒常的道理。近100年来的西方影响,现在"经济"一词在中文语境中绝大多数情况下就是古代的"食货"或者"货殖"的含义,语义狭窄得多,层次也至少低了一层,而"经济学"更是一个似是而非的概念,人们会不知不觉地把想当然的中国语境中"经济"含义赋

---

① 谷衍奎:《汉字源流字典》,语文出版社2008年1月第1版,第936页。
② 王力:《王力古汉语字典》,中华书局2000年6月第1版,第639页。
③ 南怀瑾:《人生的起点和终站》,上海人民出版社2008年4月第1版,第11页。

予西方经济学，结果往往是指鹿为马，情非所愿。

不管"接济"还是"周济"，也不论"同舟共济"还是"悬壶济世"，无论哪一种"济"，关键是如何"济"、以何"济"、"济"何人？关键是拿什么东西或者用何种手段来帮助谁以及怎么帮的问题。这个发心和出发点，本质上就是如何他利的问题。所以在中国的经典文化中，不论是文安邦还是武定国，不论是悬壶之术还是货殖之法，均统一于同一个目的：大利天下。有容为大，所以心怀天下，不苟且，不幽鄙，光明磊落，襟怀坦荡，不因私害公，不因怨而见死不救，医道和经济之道，体貌殊而其理同，医道其实是"经济"人体的经济学，经济是医治社会贫乏困顿凋敝的医学。国家繁荣就是人体气血丰盈、精神焕发的类比取象。所以，自古"不为良相，就为良医"是顺其自然、顺理成章的事情，完全不是现在分科判类，彼此互不搭界的医学和经济学之间的隔阂关系。

人类的道德伦理不因科技进步和网络的发达就变化了，经典不会因为时代的变迁就失去指导意义了。只有以这样的万世恒常之"经"济世，才能真正地造福个人、家庭和社会。除此以外，没有"经济学"。满足衣食住行的"经济"，是解决身体的物质需求，更高层级的经济学是救助和解决人类整体的物质和精神问题。

国内的西方经济学分为"理论经济学"和"应用经济学"，已经导致了经济学的人为分裂，势必造成"屠龙术"或者"马尾巴的功能"这样的"学术"。不知天地经义而称言，其实是不知所云。例如，如果在 Other things being eqeal（其他条件不变）的情况下，就说 A 与 B 具有某种相关性就是经济学研究的课题，那么我们不能指望这种经济学来改造我们的生活，增加我们的福祉。

就历史上的中文原意来说，经济一词并不是今天的西方经济学所谓的经济，不仅仅是"货币""财富""收入"，更是天经地义的伦理规律的应用，主要是治国。西方经济学所表现出来的"帝国主义倾向"和"跨学科倾向"，其实是向经济学的初原本质回归。

时至今日，世人心目中的经济学大概有以下几种：

1. 作为学术的经济学，特指西方的经济学，包括西方自由主义经济学、西方马克思主义经济学、西方凯恩斯主义经济学等，其中还有各种学派，如德国历史学派、剑桥学派、奥地利学派、芝加哥学派、亚利桑那学派等。

2. 作为发财致富规律的经济学，误以为西方经济学是这种经济学，可是一旦到了实践环节，发现其实往往纸上谈兵。

3. 能够指导政府制定合适的经济政策的经济学，事后也发现往往事与愿违。

4. 除了以上几种，就是中国传统经典经济学了，大家每天都在用，却不知道或者不承认它的存在。

中国经典经济学中的"学"是"学问"，是使"万物不知其所由"的"道"。因为是学问，就具备整体的内证追求，可以贯通世间万象，可以打破学科界限，可以摒弃门户之见；因为是"经济之道"，所以善利万物而不争，善济万世而不害。养而不争，利而不害，普济天下群伦而无"帝国主义倾向"。这样的学问，才叫"经济"，值得正直的人、善良的人、追求个人幸福、社会和谐、国家富强的人投入毕生的精力去领悟和实践。

虽然"经济之道"上可富国强兵，下可安身立命，但是在中国的传统语境中"经济"通常专指达则兼济天下的学问。见于各部史书、文集中的文人墨士的"策论"或者"对策"就是经济之道的运用和体现。散见于目前各种"中国经济思想史"著作中的经济思想，不过是当时的经济之士对经济之道的运用和实践。因为时代不同，国家境遇不同，所以在具体的处理上有表象上不尽相同的策略和办法，其实仔细阅读不难发现，古往今来的经济名士所遵循的全部是中国经典中所阐扬的经济之道，有共同的"理论依据"。

总结以上对"经济"的认识，顾名思义，经为公理，济为应用，经济学问是把师法天地、道法自然的公理智慧应用于造福黎民百姓、天下苍生的学问。经为理，济为事，经济学问是理事无碍、相得益彰的学问。经为学，济为习，经济学问是"学而时习之、不亦悦乎"的学问。经为经，济为纬，经济学问是经纬相交、以成经教的学问。经为阳，济为阴，经济学问是阴阳互生、和谐平衡的学问。经为圆觉，济为普行，经济学问是智慧圆满圆融、普被万业万行的学问。经为性，济为相，经济学问是性相不二的学问。经为体，济为用，经济学问是体用一如的学问。能够部分施行，谓有经济之德；能够全部施行，谓有经济之道。明其明德者，得大学之道，知财富之本；率其天性者，得中庸之道，知素位之利。兼融大学之道与中庸之道者，已融通性相、贯通经典，得经济之道。得经济之道者，具备十德：道、德、仁、义、礼、智、信、勇、强、和；具备十德者，必得财富自由、所愿顺遂、吉祥如意。

二、中国经典经济学的主要理论脉络

中国经典经济学的逻辑前提是自他不二、利他为先、自利利他；它的概念体系可分为自然、人生和财富三个层次；它的经济分析分为现象、心理和自性伦理三个层次；分析方法和理论框架建立在中国原创的天人感应、阴阳五行、卦象数统一的基础上，实际上就是用整套方法来观察、预测经济现象和经济事务，采取措施达到趋吉避凶的目的，现代西方经济学叫"风险规避"，根本的规避风险的方法是诚意正心修身齐家。欲达此目的，首要的是明明德。

爱因斯坦的广义相对论说的是中国古代的"天人本一"观。基于天人本一的世界观，中国先祖认为自然和人类都在本来如此的天道规律中。人与自然息息相关，遂有天人感应之论，非其人不受，非其人不遇，有阴德者自然感得福事，谓之天报，遂有得道者多助之论；损阴德者自然感得灾祸，谓之天谴，遂有天灾亦是人祸之说。福祸无门，唯人自召。积善之家必有余庆，积不善之家必有余殃。善恶之报，如影随形，因缘际会，自作自受。非其神圣，自然所钟。

人类自性具足一切，所以也具足财富；自性能生万法，所以能生生财之法；万法唯心所现、唯识所变，所以财富生发之法，发于本性自心。所以经济一事，有心理、行为和现象三个层次。

○ 爱因斯坦的广义相对论可以帮助我们理解中国古代的"天人本一"观或者"天人合一"观。

就是首先要有发展经济的雄心壮志,有发财致富的梦想,然后脚踏实地付诸实践,日积月累,必能如其所愿。

本来具足一切德能财富的人,为什么不得受用、徒遭困苦贫穷呢?皆因其自迷本心、恣意妄为、背离天道伦理、违反自然之理。须知,一切财富福德的本质是道德伦理。春不种,则秋不收。自心变化,德本财末,修德者即是修财富法。因为修行的境界不同,得财的境界也不同:一心向善,不求而得;有心向善,求而有得;善恶之间,有失有得,患失患得;不善而求,求而不得,得亦失之,非但财富得亦失之,健康的身体、宁静的心境和身后的吉顺,尽皆失之。西学谓之"原罪"。中国经典经济学教人生财之法不存在原罪之咎,因为做之前结果自己就已经清楚。

财富得失与人的德行善恶相对应。因果关系与生命轮回"假说"可以圆融地解释人的德行与穷通际遇的关系。为了阐明现代人不易理解的"天人合一""生命轮回""三世因果"之间的关系,本书引入爱因斯坦的广义相对论,以"物质决定时空"和"时空并不独立存在,而是随着物质变化而变化"的观点,来解释人的依报(环境,相当于相对论中的"时空")随着人的正报(相当于相对论中的"物质")而变化的事实。爱因斯坦的广义相对论和中国古代的"天人本一"观是"同一事件的不同表达版本",这是物理学的相对论在解释人类社会现象方面的应用。

由于相对论的结论,我们得出这样的"德财相应论":要想变得富有,首先要"使自己成为富有的人",就是要在性格上、习惯上、思想上、德行上改变自己,使自己先具有富人的特征和特性,具有富人的修养和德行,然后会具有富人的智慧和判断力,最后"自然地变得富有",如《了凡四训》中所说"凡天将发斯人,未发其福,先发其慧"。这就是曾子在《大学》中论述的"德本财末"的道理,是伦理自然的发财路径,是生财之大道,是光明磊落的大学之道,是可以理身、理家、理国的经济之道。由此道德就是一种资本,是中国经典经济学天然如此的资本形态。是继实物资本、人力资本之后,"经济学"认识到的第三种"资本"形态。

所以,"有千金之产者必是千金人物"。要想成为亿万富翁,就必须首先改变自己、锻炼自己、提高自己,使自己成为"千金人物",然后有千金之产。这样做,是"本立而道生",大德之本既立,则生财之大道自生,而"得道者多助",所以杰出的企业领导人总会在身边聚集一大批各类贤能人士,集体的智慧助其成功。古今中外的人杰、富豪莫非如此。

大学之道就是经济之道,而经济之道必是中庸之道。中道最直接有效、最精致微妙的应用在于医学,所以"中医"就是在医学领域应用中道的学问。而医学的发心和思维方式,就是经济之道。把医道应用于治理国家,就是经济之道。所以中道的思想可以帮助为政者治理国家社稷:既不放任,也不干扰,为政以德,垂拱而治;德既不修,范之以法,先威慑,后惩治。倡导并教育民众"君子爱财,取之有道",绝对禁止"上下交征利",以防后世大患。

总结而言,在中国本土经典经济学中,天人本一、天人感应是公理;比类取象、一以贯之是思维方式;道法自然、阴阳互根是方法路径;四相六气、五行八卦是推算演化的工具。由公理出发,运用独特的思维方式推演出德本财末、德行感应这样的定理,用方法和演化工具就可以分析和推测事物的发展变化规律,当然包括经济发展的态势把握。

自从1840年鸦片战争以来,中国人救亡图存的努力进行了109年,才在政治上摆脱了西方列强的侵略和控制;由于100多年来经济水平一直落后于西方,让一些学者在文化学术观念上产生了类似"西方强大是因为西方文化科技发达,中国落后是因为中国文化观念落后,尤其是儒家思想制约了现代经济的发展"这样的错误认识。我们知道,宇宙自有其运转的规则,所谓"天行有常,不为尧存,不为桀亡"。不知"道"者,往往自以为是、信口雌黄。当北半球处于夏天,花草繁茂,而南半球的澳大利亚却白雪皑皑,即使喜欢夏天繁盛的人此时又怎能够埋怨澳大利亚的地理位置不好、时运不济呢?同理,世界各国运势的变化也是一种自然变化过程,就像四季的更替一样,时运如此,时势如此,不能以一己之成见去要求天道自然顺从自己的愿望,就像不会有人在傍晚的时刻要求太阳升起来一样,也不能要求一国的国运发展符合自己的学术观点。从中国经典的智慧来说,例如根据邵康节易学术数推断,中国的国运在清末衰颓是"数之必然","势"所难免,犹如一天有清晨、正午和傍晚一样不可避免。就此把"罪责"归因于文化,是不明天时的糊涂看法。同样的文化,为什么在元朝就能创造让马可波罗艳羡不已的经济繁荣,而在清末就成了导致国家没落的罪因?

三、中国经典经济学的基本观点

本书所进行的工作,深明中国经典者大概无意为之,无需为之,亦无暇为之;不谙经典者游身事外,无从为之;单嗜西学者"不知有汉,无论魏晋",不以为然,既无能为之又不屑为之。作者虽勉为其难,强力为之,虽有救世之心,尚无拯溺之德;虽力求深入经藏,然目不暇接,所述不免挂一漏万,诚所谓"古道微茫致曲全,由来学术污先贤。"① 鲁迅先生曾经说过,清澈见底的小溪远胜于污不见底的臭泥塘。此处先行明示本书的主要观点,能够认同的读者,读到此处即可会心一笑、了知所述,释卷而行,不必再浪费时间。其实在前文所述,至反思西方经济学常识的时候,这些观点已经"犹抱琵琶半遮面"了。

1. 德本财末,德财相应,财富的本质是道德伦理的自然回报。财富从自性中生发出来。这个道德伦理不是人为的主观建立,而是和天体运行一样的客观存在。说"主观和客观",是顺应时代社会认知习惯的说法,其实在本质上,没有主观和客观的分别。在中国的传统中能够认证"能所双亡、自他不二"的读者,自然会明白所指。每个人的人生都是对它的证明,而不是违反。当我们认为"没有天理"的时候,恰恰是我们自己蒙昧天理的时候。

人生本身就是自己心行的结果;人生存在不确定性是因为人类自己的心识和行为不确定,人生无常是因为人的心念无常;财富的业因因心中的善念而加,因心中的恶念而减。善恶的标准即是否符合客观的天道伦理。西方经济学称之为"获利",经典经济学称之为"感得"。获利是人心设计使然,感得是德行具足自然而来。合乎自然伦理道德的行为能够改变财富的运势;一切成功是自性的成就。在道德行为上有过人之处,就有相应的财富回报。

积阴德者一定得到天报,损阴德者必遭天谴;天并非实有,而是"自然规律",但也绝不是虚构,"动辄得咎"。归根结底,是人自作自受;好的行为会变成好的名声,好的名声就是"信誉",就是"商誉",就能转化为利润。"若要人不知,除非己莫为"。在信息时代,在网络时代,想通过"神不知,鬼不觉"的非正常方式取得利润是痴心妄想,自取灭亡。所以根本上没有"运气"

---

① 南怀瑾:《论语别裁》,复旦大学出版社 2005 年 12 月第 1 版,序言。

或者"风险",做生意只要问自己的良心是否过得去。

生财的大道就是做人的大道,经济的学问就是做人的学问。洁身自好就是经济,而且是确定的经济。摒除邪念就是投资,而且是稳赚的投资。经济中最大的不确定性是自己的秉性;投资中最大的风险是自己在道德行为上的铤而走险。修身就是经营,断恶就是"风险控制",为善就是稳赚不赔的"稳健投资",道德提高就是事业发展,福德积聚就是财富积累。表面上看,企业经营有赚有赔,实质是道德人伦笃行程度的经济反映。不是经营有成功和失败,而是德行的成与败。一切财富境遇、机会、运气与德行相应,没有例外。一切赔赚,全部是自己决定的。祸因恶积,福源善庆。得道者多助,失道者寡助;最高的求财境界是"不思而得";其次是"仁智而得";再次是"机巧而得";最次是"争抢而得"。

○ 经济的学问就是做人的学问。

义利之辨是错觉。利就是义,义就是利。不义取财是在自性心灵蒙蔽下的自取其咎、自取其辱、自取灭亡,古往今来,没有一个人可以逃脱这个法则,所谓"天网恢恢,疏而不漏",从来没有一个人漏掉,只是结果要因缘际会,对于心灵蒙蔽内格之人过于复杂,不得而知罢了。比照曾子的"货悖而入者,亦悖而出",若非其人而强求,非其义而强利,必受其害,近在自身,远在子孙。

"君子固穷",多被当代错解。《易经》和孔子《易传》等经典都反映了古代先贤对财富的重视;但关键是,重视却并不被财富所拘,无挂碍、不沾染。素位而行,"素富贵行乎富贵,素贫贱行

○ 只有实现他利,才能真正地自利。

乎贫贱",是不忘本,不奢求,不做非分之想,心地清净安然。

2. 经济学的起点是他利,而且是"自他不二"的他利。只有实现他利,才能真正实现自利,在市场上不能他利就不能自利。市场销售量就是对他利的衡量:购买者真实出价,购买它所期望或者能够购买的数量,他利程度越高,自利程度也越大,因为在正常的范围内,销售量越大,利润就越多。

3. 经济资源的特点不是"有限性",而是具有"德行相应性"。上天有好生之德,天地生人自然有足够的生存资源。德行越高,资源越大;德行越高,智慧越开,就会表现为更多的利用、创造新能源的技术。思维局限在"有限性"上,就会争,甚至通过战争来抢,所以鼓吹竞争的经济学是祸害世界的学说。

4. 道德是资本。不管有形无形,不管能够衡量还是无法衡量,道德都是真实的资本。若不承认道德资本是继实物资本、人力资本之后的第三种资本形态,世界将远离真正的经济学。道德资本概念能够解释"运气""偶然""机会"等西方经济学无法解释的人生现象。

5. 市场的真正动力在于"天行健,君子以自强不息",不在于竞争。市场需要竞争才能有活力是一种错觉,是人对自己的惰性缺乏能够控制的信心而产生的投降式的判断,是没有能够彻底认识人性才会有的见解。从中国经典经济学的视角观察,未能明心见性、不了解自他不二、能所双亡才会有竞争的观点。凡是需要出现竞争对手才辛勤工作的人,都是未明自性而屈服于自己欲望的人。市场上的英雄可以打败竞争对手,但是如果无法战胜自己的欲望,最终会败亡。古今中外成功的领导人、企业家都是在德行上有过人之处才会笑到最后。所以英雄征服世界,而圣人征服自己。征服世界的人会因为战胜不了自己而失去世界。所有成功后在权力、美色和金钱方面被自己的欲望吞噬的"英雄们",不但失去了得来不易的"江山",还将背负千古骂名。征服自己的人却可因不为所动、不为所惑而赢得了世界,例如"不二过"的颜回,功成名就身退的范蠡、张良,恭俭谦约的汉文帝等。

6. 西方经济学所说的"看不见的手"不是市场机制,而是自然道德伦理。西方经济学说"看不见的手",表明西方经济学对经济现象的规律根本就没有认识清楚,只好"摸瞎糊"地葫芦僧判断葫芦案。如果真的认识清楚了经济规律,怎会看不见?真是如唐代张打油所作的"打油诗":"江山一笼统,井上黑窟窿"!引力看不见,牛顿给出了计算公式,让大家"看见";"引力场"看不见,爱因斯坦给出了计算公式,让大家"看见";经络看不见,中国先祖通过活体内证画出来,让大家"看见";肉眼看不见,圣人"观乎人文以化成天下",让大家用"慧眼"看见。可西方经济学竟公然打着"看不见的手"这个幌子在世界上招摇撞骗两百年,真是岂有此理!不是慧眼蒙蔽是什么?

"见见之时,见非是见,见犹离见,见不能及"。大道至简,凡是不能"如是"一句话概括清楚的,他的见识就不可靠。

中国经典经济学认为人类社会的个体行为和群体行为,都有精确的运行规则。个人违反这个规则,轻则身心不安,中则患病痛苦,重则罹患绝症、遇灾祸而灭身。群体违反这个规律,轻则社会穷困多事,中则危机动荡,重则天灾人祸频仍,暴乱战争不息,民不聊生,大规模灭绝。以"经"济"世"之学,经是天地大经,天地大经就是宇宙世界的运行规律,在物质世界是天体运行的规律,每一星体皆有既定的轨道。在人类社会就是伦理运转的规律,每一个人、组织也都像天体一样,有自己的轨道,"出轨"就是背道而驰,自取灭亡。人必须在五伦伦理中尽到义务责任,才会合其道而安。让世间人真正明白什么是"经",才能真正济世,单求物质财富的"经济学",是把人扔进永远没有

○"看不见的手"不是市场机制,是自然存在的道德伦理,或者叫因果定律。

安宁、快乐和觉醒的深渊。

整个世界就是一合相,依照某一轨道自然而精密地运行。这个"轨道",在物质世界叫"物理",在人类社会叫"伦理道德"。道德就是"得道",得道就是"进入轨道运行",世间所有人、事、物各自的轨道并行不悖,就是"真相",就是"真理"。市场是人性,他的机制毫无例外地遵循这种自然伦理轨道的规范,所以不是看不见。要说看不见也可以,但是在其中做主的就是自然道德伦理,每个人、组织领受自己的业因结果,绝不是什么笼而统之的"看不见的手"。那是把愚痴当智慧。

7. 如果公认亚当·斯密是西方经济学的鼻祖,那么应该承认他以《道德情操论》和《国富论》两本书创建西方经济学。亚当·斯密的时代,根本没有独立的"经济学"。其本人是道德哲学教授,这一身份,其实揭示着西方经济学的本质属性和本来面目。这样的自我反省,西方经济学才会给自己重生的机会。或者,西方可以从亚里士多德开始,按照"因为给予他人信任,所以自己获得信任"的伦理学观念重建自己的经济学理论基础。

社会经济现象决定于经济行为,经济行为决定于心理意识,心理意识决定于对本性的觉悟程度。所以经济现象在根本上决定于人的智慧福德。迄今为止的经济危机实质上是人的道德伦理的危机,宣扬自利而漠视利他,必然要引发危机,因为这样违反客观的自然道德伦理。

8. 政府和市场都是自然秩序,都是经济之道的体现,都是自然伦理的表现形式:政府是伦理自觉,市场是伦理自由。

伦理自觉意味着政府要"中"、要"德"、要"正",所以名之为"政府",就是"正"之府,所以政府有扶正祛邪的责任,有纠偏差保持中道的责任,抚恤孤寡维持道德社会的责任。伦理自由意味着市场可以在自然伦理的范围内率性行事,但是不能超出伦理轨道,否则就由率性堕落为任性,自由变成恣肆,必然引致危机乃至消亡。把政府行为笼统地称为"国家干预"阻碍了经济发展的必须条件。政府财政的逻辑前提不是"市场失灵",而是"市场需要"。"政府"或者"财政"所代表的监管力量是市场自生力量的"孪生",政府和市场是一个物体的"阴面"和"阳面"。必要阴阳平和才能天下大安。

认识上的一个关键是要破除西方经济学的一个根本性错误的思路:政府

和市场是分开的，哪些政府该管，哪些不该管。政府要明白自己如何"为无为"，政府工作人员就必须进行"经典教育"明理，这是中国古代社会从正反两方面都已经实践证明了的客观规律，它不因是自给自足的农业经济社会还是社会化大生产的工业经济社会而有所不同。

9. 合约是对伦理的替代。混沌初开后，有规则和秩序产生。社会有伦理社会（大同）、专制社会（独裁）和法制社会（法律和合约）。伦理社会是交易费用最低的社会；合约构成的制度和法律是对伦理缺失的补充乃至替代。"家和"意味着家庭的交易费用低，"万事兴"；"社会和谐"意味着社会交易费用降低，繁荣昌盛。

社会需要根据伦理界定规则和秩序。血缘关系是天然的伦理关系。父子有亲是一切关系的基础。长幼尊卑是一切制度的秩序基础。伦理之义可以使秩序无交易费用地运转。但是当有人沉迷大道，蒙昧伦理，不忠不孝、不仁不义、不慈不敬，社会就会失去公正。为了弥补伦理的缺失，法律就出现了。伦理社会，君子一言，驷马难追，君子协定，一诺千金。可是当社会被没有诚信的人充斥利用时，就只好签订合约来强制约束双方的行为。当合约被撕毁，就只有对簿公堂，依靠法律的强力执行，或者国与国之间刀兵相见。伦理基础上的分工是效率的根本源泉。分工是对伦理的遵从，合约是对伦理的强制保护，所以效率的根本源自伦理。

10. 中国经典经济学所认为最理想的经济形态，既不是计划经济，也不是市场经济，而是"中道经济"，或者称为"中和经济"，即"为无为"的经济，是道法自然的经济，是既不干扰市场、也不放任市场的一种经济形态。

以往的西方经济学认为，从配置资源的角度出发，认为经济形态有计划经济和市场经济两种基本形式。但是在中国经典经济学看来，这种认识无疑武断，无疑是一种断见，是没有彻底了解经济本质的偏见，是迷于社会现象本质的僵化的、静止的看法。不用太长，仅仅回顾过去的20世纪100年的历史，我们就可以轻而易举地知道：在世界范围内，单独的、纯粹的、标准的计划经济或者单独的、纯粹的、标准的市场经济都曾经给世界人民带来巨大的痛苦和灾难。例如，20世纪50年代到90年代的计划经济实验过于僵化，市场经济则通过30年代的大萧条、70年代的滞胀和世纪之交频繁的金融危机

○ **凯恩斯**（John Maynard Keynes，1883—1946），西方经济学中宏观经济学创立者。代表作为《就业、利息和货币通论》（1936）。

○ **弗里德曼**（Milton Friedman，1912—2006），20世纪最著名的西方经济学家之一，自由资本主义学说的代表者。代表作为《资本主义与自由》（1962）。

特别是2008年的金融危机给世界带来重创。

世界在两种观念中摇摆、动荡和争吵，在市场经济失灵的时刻，倡导国家计划甚至宏观赤字政策的经济学家走红全球，例如凯恩斯（《就业、利息和货币通论》的作者）；在计划经济遏制自然生长的自由，导致财富匮乏、民生凋敝的时刻，倡导市场经济的自由、摒弃国家干预的经济学家名闻天下，例如米尔顿·弗里德曼（《货币数量理论研究》的作者，1976年诺贝尔经济学纪念奖获得者）。

正确的做法是遵循中道，即中庸之道，致中和，不偏不倚，法本无法，随机应变。既不抱定一种观念守株待兔，也不迷于幻象举足失措，具体来说就是该用计划调整时就用计划手段，该用市场生发时就用市场机制。绝不是搞计划经济就一切计划，也不是搞市场经济就事事市场。不走极端，不偏执一见，时时处于中道，又没有一个固定的所谓"中道"可得，一切应对全是应机之对策，一切做法全是应时之办法。时至而行，得机而动，绝不轻举妄动，一如《黄帝内经》所言："不妄作劳"。

要理解中国的经济之道，就要格物致知，诚意正心，修身齐家，这是明明德的过程。有了修德的基础，才能做到"秉本执要，常勤精进"，才能上解君亲之忧，下解贫贱之困，中以安身立命，达到张载所标榜的"为天地立心，为生民立命，为往圣继绝学，为万世开太平"。

1978年来的改革开放实践中，中国政府对过度的计划经济形态进行纠正，提倡市场经济，经过一段时间的实验和总结，到1994年明确"社会主义市场经济",恰好使经济形态由"左"向"右"转型过程中,达到了"中"的状态,解放了思想,激发了活力,所以取得了辉煌的成就。但是,由于西方经济学片面鼓吹"自由市场",20多年的"自由市场"教育和宣传使人们的认识和潜意识只注重"市场",有偏向"右"的危险,苗头已经非常明显。

第五节　关于本书的阅读建议

　　导论中将时代背景、概念体系、逻辑前提、基本概念、基本公理、分析范式、历史证明、与西方经济学的比较、融通、对当代社会的分析等现代对建立一门学问的基本要求做简明的阐述。这也就是本书的框架和论述过程。能够在中国传统经典文化中深入经藏,不着文字相,直达本性、得之于心、证之于身的读者其实就不必要阅读完本书了。这本书主旨之所以有必要阐述,是为了那些囿于西方思维又想了解"经济学"的读者能够有一个"中国特色的认知方式",认出自己文化中经济的真面目。

　　所以对本书的阅读有如下三点建议:

　　(一)随时停下阅读转身实践的原则

　　本书所谓的经典包括三类:一是文化原典,包括《黄帝内经》《易经》《易传》《论语》《老子》《庄子》《尚书》《大学》《中庸》《孟子》《礼记》《天地八阳经》《心经》《楞严经》《坛经》《了凡四训》等。二是历史原典,《史记》《汉书》《资治通鉴》等二十四史。三是科学原典,《狭义和广义相对论》等。《坛经》指出,世出世间真理,非关文字;《天地八阳经》说明,人的身心就是经典;孟子指出"尽信书,不如无书"。所以,阅读经典要"人经合一",就是自性发明,圆觉贯通,不必拘执学说与文字。

　　贯通中国经典的读者,看完题目就可以知道本书的全部内容,不必细读下去;熟读中国典籍的读者,看完全部目录就可以知道本书的全部内容,细节可以在自己头脑中提取和形成,也不必细读全书;不熟悉中国典籍而认同中国文化核心理念的读者，其实读完导论部分就可以了；不熟悉中国文化典籍又深受西学影响的读者，建议您读完全书，不论褒贬，也许本书是您西学研究的"他山之石"；不熟悉西方经济学又以为西方经济学可以指导人们发财的读者，也请您阅读全书，可以借此了解在现实中有一部分想当然的观念害人不浅；厌烦经济学术又想实现自己的财富自由的读者，请您仔细阅读全书，如果读到任何一页、任何一句话提醒了您沉睡的自性智慧，就马上停下来，转而投入到实干当中，诚意正心的功夫行得真实，应该在三年之内，彻底改变自己的人生，并祝您成为当代的陶朱公或者"治生之祖"，随您心量大小，成为千万富翁、亿万富翁还是大富豪，"悉听尊便"。

如果用两个字来概括中国本土经济学，就是：善财。

如果用四个字来概括中国本土经济学，就是：德本财末。

如果用八个字来概括中国本土经济学，就是：天人本一、德财相应。

如果用一本经典来概括中国本土经济学，就是：《大学》。

如果用一个人的实践代表中国本土经济学家的成就，就是：范蠡。

在刚刚过去的几秒钟，如果您看到对中国本土经济学两个字的概括，就立刻停下阅读转身去实践，那您就是"善财童子"；如果您看到对中国本土经济学四个字的概括，就立刻停下阅读转身去实践，那您就是"财首菩萨"；如果您看到八个字的概括，就立刻停下阅读转身去实践，那

○ 本书所论不是纸上学术，而是体悟的报告。

您就是"财神爷";如果现在您仍然没有"放下",仍然在阅读本书,那么您和我一样,大概需要下十年的经典阅读功夫,然后期望搭上中国国运昌隆的大潮,"十年一个亿"或许可以梦想成真;最低限度,也要像香港股神"我老曹"那样花四十年的投资功夫,保证自己在退休的时候资产过亿。然后专门从事慈善工作,或者开馆收徒,著书立说,传道授业。而身处公职的政府公务员,也能够运用相同的原理,"为官一任,造福一方"。为官者即使自己清廉而百姓清贫,也是耻辱,苟不闻《易传》云"富有之谓大业,日新之谓盛德"?什么叫"日新之谓盛德"?就是邓小平他老人家说的"发展是硬道理",让人民的生活水平一天比一天强,汤之《盘铭》曰:"苟日新,日日新,又日新",是自然伦理法则,也就是盛德。

(二) 坐言起行的财富路径

1. 存心善良。经济学其实是做人的学问,想发财先发慧,想发慧先发心。一念善是一切幸福和财富的基础起源。

2. 锻炼身体。强健的体魄是实现梦想和享受幸福的基础。强健的体魄不意味着"肌肉男",不要"更高、更快、更强"地奔向早衰和死亡,锻炼要随顺自然,不过分。最好阁下可以背诵《黄帝内经·素问·四气调神大论篇第二》,并身体力行,安享天年寿数(120岁无疾而终)是必然结果。已经年少轻狂、挥霍青春无度的,此时悬崖勒马、亡羊补牢也不为太晚,打个六折,活到先师孔子的年龄寿终正寝,也算对得起天地父母的生养;如果能够打七折,活到孟子84岁的寿数含笑而逝,您就"青出于蓝而胜于蓝"了。

3. 化掉性格。命都是好命,都是因为脾气秉性的作怪而坏事,永远记住(其实是让我自己记住):和气生财是万世不易的公理;同气相感,坏脾气一定感应挫折之事,"世间事不如意者十有八九"不是因为世事无常,都是因为自己性识无定的坏脾气感召来的,如果这个判断错了,那么老子将不成其为老子。

4. 立下志愿。有志者事竟成,这就是心愿的力量,这是宇宙的根本力量,如果您愿力宏深,世界会因之改变。

5. 付诸行动。与其临渊羡鱼,不如退而结网,默默的行动永远比说出来的愿望更接近目标。

6. 坚持不懈。锲而不舍是成就一切目标的共同路径,学习流水的智慧,拐弯也是为了到达大海；《孟子》说"天将降大任于斯人也，必先苦其心志"，横有多长，竖有多高，要挺住，永远不要有功亏一篑的遗憾。

7. 成就之后的快乐、从容与淡定。"功成、名遂、身退，天之道"，不留恋，不挂碍，不贪染，不思索，不忧伤，不自欺，不后悔，远离颠倒梦想。让心地光明磊落，让自己快乐，也让别人快乐，通过制造别人的快乐而收获自己的快乐。

8. 放下一切欲望，随机应变，随缘自处，获得彻底的太平清福，所谓"太平绅士"是也。到此则"经济之事"毕矣，"成就之事"毕矣。

（三）即使不愿发财，也要转变活法

我要对读书不多又想改变自己命运的读者说：发财致富，非关学术；心地善良，犹如沃土，精耕细作，秋后万谷；我要对大学毕业的读者说：大学之道，德本财末；贡高我慢，自召其辱；诚敬用心，喜事连珠；我要对硕士博士读者说：掩卷回光印自家；我要对深入中国历史经典的读者说：文言之外有拈花；我要对迷恋西方经济学的读者说：换一个角度，景色可能更美。

毛主席说"我们不但善于破坏一个旧世界，我们还善于建设一个新世界"。批评容易构建难。难在哪里？难在我们眼里总是看别人的毛病，心里总是挑世界的毛病。转变活法，让自己真正幸福的途径，不是改变世界，而是改变自己的内心。如果人人自省，人人"日三省吾身"，由指着世界说三道四变成"观自在"，内心常思天地、父母、国家、大众之恩，两眼常观他人与世界的美好，就会把浊恶的世界变成和谐世界。正是"任处池塘，水荷清香，郁郁污泥，养我其芳！"

拥有世界的人，还需要刻意追求财富吗？

第二章 中国经典经济学赖以建立的基本观念

> 道生一，一生二，二生三，三生万物。
> ——《老子》
>
> 易有太极，是生两仪，两仪生四象，四象生八卦，八卦定吉凶，吉凶生大业。
> ——《易传》
>
> 把所有自然和精神的事物作为一个有意义的整体来经历时得到的经验，作为对宇宙的意识来源。
> ——爱因斯坦
>
> If the Milky way were not within me how should I have seen it or known it?
> ——Gibran, *Sand and Foam*[①]
>
> That a change of ideas, and the force of human will, have made the world what it is now.
> ——Hayek[②]

○ 完全理解本章开篇引用的五句话的读者，可以略过本章。

[①] 如果银河不存在于我的内心深处，我又怎能看到或者知晓它呢？——纪伯伦《沙与沫》

[②] 观念的转变和人类意志的力量使世界形成现在的状况。——哈耶克

当习惯了西学思维的读者打开本书，可能会满腹狐疑：论述经济和财富的书，和自然有什么关系？中国经典经济学建立在中国本土的世界观、人生观和价值观基础上。不管这些观念在今天的所谓科学背景下有怎样的评价，它们是在古代指导本土中国人人生实践的思想指南。所以要想了解中国的本土经济学，就必须要了解这些涉及中国文化观念的基本概念。在西学东渐的100多年里，世人已经习惯了"以专业的科学眼光看问题"，殊不知中国古老的经典揭示的自然公理："物极必反"，过于专业化的眼光往往一叶障目不见泰山。就像问一个人活着，和大气有什么关系？怎么回答呢？

回答从思考如下四个判断开始：（1）财富是自然伦理的物质体现；（2）经济是人类对自然的本质另一种角度的观察；（3）顺应自然的人、组织和国家才可以平安致富；（4）违反自然的人类行为会感应到灾难，无论"天灾"还是"人祸"，都是生命违反自然的结果。"天灾即是人祸"是中国古老的箴言。凡是对自然有深切体验的文明，都会透彻地认识到灾难是人类违反自然的结果。在过去的三年中，大家熟悉了"金融风暴""金融地震""金融海啸""资产泡沫"这样不伦不类、似是而非的"西方经济学词汇"，想必对英文"disaster"也耳熟能详，英文中"灾难"一词来自拉丁文"dis"和"astro"，就是违反自然的事。在整个自然界中，只有有智生命才能干出违反自然的事，所以，一切灾难皆由人起。任何人所做的违反自然的事，都会演变为灾难。

本书将通过贯通的视角，说明一切是人类自己感应而来。其实就是汉代董仲舒真正名动朝野的"天人感应"论。如果您更愿意相信物理学的表达方式，那么请您仔细思考斯提芬·霍金说的"宇宙中没有偶然"这句话，它意味着随机事件都隐含着不为人知的"既定的"前因后果。如果您既相信上帝也相信物理学家的结论，那么请您思考爱因斯坦所深信的"上帝不是在掷骰子"[①]这句话，它同样意味着任何宇宙中的事件都有着确定的决定因素，"随机性"如果放在更广阔的时空里或者足够庞大的宇宙数据中，就会是"必然性"，一如古代诸多的"神秘性"进入现代社会就会变成"科学性"。例如，

---

① ［美］爱因斯坦（杨润殷译，胡刚复校）：《狭义和广义相对论浅说》，北京大学出版社2006年1月第1版，第88—91页，关于爱因斯坦和玻尔就量子力学论战的图片解说。

乘坐飞机可以一日万里，朝发夕至；电视机的"现场直播"让"千里眼"和"顺风耳"变成人人可以具备的"功能"。如果个人的心理活动、生活行为违反自然，灾难的表现形式是疾病甚至绝症，所谓"同气相感"，恶不积不足以灭身；如果群体行为的心理活动和社会行为违反自然，灾难的表现形式就是社会动荡和自然灾害。例如，己所不欲而施于人就是不仁，不仁就是违反了自然，2008年美国的金融危机就是这样来的。起初是众多银行暗地操作，实质是欺诈行为，把客户资质较差的次级贷款证券化，包装成"高回报债券"推向市场，让更多的公司来分摊风险，本质上无异于嫁祸于人，最后导致席卷全球的金融危机。一场巨大的灾难，无非起源于一个违反人道伦理的卑鄙想法。而人道伦理不过是天道自然的表现。所以，要想真正了解经济和财富的庐山真面目，必须搞清楚自然的真面目。

中国的经典揭示了这个真相：财富在每个人的自性中具足，每个人的自性财富都是等量的，都是无量无边不可计数的，财富的多少因为个人的心识德行而起变现，因合乎天道伦理而增，因逆天道伦理而减，人生财富的多少和自己的智慧德行完全相应，就其细微处讲，所能获得的财富数量每时每刻都因心头意念的善与恶发生增减变动；为富不仁终将败亡，为富不奢可保长久，勤俭精进必将大富。人们因一时一地的异象（为富者不仁还能富贵长寿和善良者辛苦还受穷短命）而怨天尤人，实在是不明宇宙的根本法则，所见的范围太小，慧眼不开，实际上穷通富贵与人的德行相匹配，无一丝一毫例外。作恶不见恶，以前有余德；行善不见善，以前有亏欠。这个以前，包括前世今生。这就是中国古代的"世界观""人生观""财富观"。

第一节 自性变现的宇宙观

20世纪初，卢瑟福建立了原子的"行星"模型。我们是不是可以这样考虑：整个太阳系是不是一个更大的"宇宙人体"里的一个原子呢？如果我们假设自己可以微缩到自己身体里的一个原子结构里，反过来观测我们自己，

○ 人体有一百万亿个细胞，细胞中的原子"看"人体，犹如人类观察宇宙。

那么相对来说"巨大无垠的人体"是不是就像我们现在观测宇宙空间的感觉呢？我们的身体是不是"有限但无界"呢？这样比类取象的结果，我们不是明显地感觉到了现代物理学在思考上的局限吗？

一般看来，人类的认知能力是有限的，不能够完全理解我们所生存的世界的复杂性。但是中国的先祖通过内证体悟的方式，已经认识到了世界的本质，无论是世界是"唯心所现、唯识所变"，还是"道生一乃至于万物"，无论是"其大无外，其小无内"，还是"自性圆觉"，都是对世界复杂性的本质认识和对不可知观念的破除。就像爱因斯坦的相对论诞生100年了，仍然有绝大部分受过高等教育的学子不明所以一样，尽管历代中国先祖都有人以不同的方式向世人揭示世界的本质，但是相当多数人仍然在蒙昧之中。道、心、本体、自性这些词汇概念，都是"本体"的名称。不管怎样，虽然不被大多数人正确理解，那光耀千秋万世的中国的文化就建立在这样的整体认知的基础上。这是西方学术和现代学术所难以理解的，他们坚持认为世界的复杂性超过了人类的认知能力。

○ 大卫·休谟（David Hume，1711—1776）是苏格兰启蒙运动的主要哲学家。休谟在世时不承认自己是《人性论》的作者。他认为人们相信因果关系不是因为它是自然的本质，而是人类自己的习惯和人性造成的。

当不能明心见性的学人对自己的欲望无可奈何时，就认为"本来如此"，理性是战胜不了欲望的激情的，于是大卫·休谟（David Hume）的名言"理性是激情的奴隶"就被错误地当作真知灼见而广为传颂了。当自负的现代人不屑于了解中国经典中揭示的真理时，他们并不知道自己舍弃的是什么。号称以探寻真理为标榜的人们，竟然会因表达形式和语言的古老而拒绝了解人类最彻底的关于自然世界的认知。这不能不让人想起叶公好龙。现代的脑科学越来越发达，认为人类大脑中同时充斥着千百万感官冲动，而人类意识只能处理七八个主题，所以人类的认识和行为不可避免地发生扭曲和错误。真的是不可避免吗？答案当然不是。通过适当的修养修学过程，我们就能够使自己的狂心歇息下来，使自己的行为和人生轨迹具有可预知的确定性，就像我们可以预知时令变化，是因为"天行有常"，如果经过修学的人改变了自己的"性识无定"，也变得"行有常"，不就是人与天道相合，不就是天人合一吗，有什么好奇怪的呢？

修行就是修正自己的心理行为乃至身体行为。就是通过自律达到自由的过程。修正的法则和依据就是"自然伦理"，就是对自性的体证认识。道并行不悖是中国的说法，西方的表达是：个人自由必须与公众利益和其他人的自由和谐共存，这也就是为人指出了一条"道"。修养、修身和修行，本质上没有什么不同。

○《弟子规》就是"学生守则"，是为人起码的标准。

一、自性的经典解释

所有的天体都在虚空中存在和运行。无量的星体和物质各行其道，人类已经可以计算能够观测到的部分星体的运行轨道。是什么力量使他们"飘浮"在太空中？现代物理学和天文学的概念是"引力"。那么引力是什么？多到几乎不可计数的星体之间被看不见但确实存在的"引力"联系在一起，构成我们所观测的世界，它们怎么就能团结一致，月亮绕地球，地球绕太阳，太阳绕银河系的中心，银河系与河外星系仍然具有类似

○ **量子理论** 在经典力学和电动力学无法令人满意地描述微观系统时，一大批物理学家诸如普朗克、玻尔、费米等共同创立了量子理论，革命性地改变了人们对物质结构和物质相互作用的观念。

的关系，这个整体运转的能量是什么？从哪里来的？宇宙开始是什么时候？毁灭是什么时候？

类似的"天问"，很可能古今一致。现代科学发展到广义相对论、量子理论和宇宙学的建立，也没有令人满意和信服的结论。中国古代的探索有答案吗？有，那就是宇宙没有开始，也不会有结束，但是在人类可感知的现象上确实有成、住、坏、空的过程。身在这个过程中，难免会有时间和空间的感觉，在时间上有古往今来，在空间上有横涯无际，可这是错觉，是着相的结果，古代圣贤体悟的结果是：真相是只有一个无名无相的本性性能，说它真空，它又能生出万有；说它真有，它又生生不息，刹那流变，如烟如雾，如梦如幻，没有一瞬间的究竟可得。所谓"梦里明明有六趣，觉后空空无大千"。《老子》四十章云："反者道之动，弱者道之用。天下万物生於有，有生於无。"现在科学证明，一粒沙子里面至少有37324800兆个原子，这个庞大的数字是不是意味着一粒沙子里面存在着一个科学不可想象的大千世界？而量子物理学观点是，物质都是波动的现象，是空的，不是实有的。在这一点上，是不是让深入经藏的学者和深入科学的学者不期而遇、胜利会师了？

古代科学家以身体实验到的自然真相虽然无名无相，但是它能变现一切这个过程，现代物理学的认识，叫作能量转化与守恒。转化的过程和结果可以观测，但是那个被称为能量的本身看不见。中国古代不叫能量，勉强名之为"道"，可以悟到"道"的存在，但是你就是拿不出来让那些没有悟到的人知"道"或者见"道"，就像你可以打开开关让电灯亮起来,让人感觉到"电"的存在,但是你就是没有办法让人看到"电",能够看到的是电发出的光,电这种能量的本身是不可见的。

宇宙本来是和谐的。中国古代的认识,把宇宙的本体称之为"道"。中国从伏羲画卦开始,太极生两仪(阴阳),两仪生四相,四相生八卦,八卦生万物。把宇宙起源的过程说了出来。老子描述的过程是"道生一,一生二,二生三,三生万物。万物负阴而抱阳,冲气以为和"。而这个"道"是不可道的。其实就相当于你永远无法用语言描述来让那些不喝茶的人知道茶的味道,而那些不喝茶的人偏偏要你把茶的味道给他"说清楚"。不是不能说茶的味道,而是没有人可以通过别人的口说知道茶的味道,是谓"不可说"。

体是本体,是自性,没有生灭,圆满光明,光明是智慧,没有欠缺,一切具足。这个圆满光明中,讲的就是我们的伦理道德。还包括福报,或者按照佛法的称呼叫"相好"。其中因果缘具足,但是没有缘起它不现。人类的眼耳鼻舌身意接触不到,看不见,听不到,摸不到,用心想也想不到,所以用"空"代表。但是这个"空"还是"有",它能够生出宇宙。宇宙是从这个自性变现出来的。怎么变现出来的呢?起心动念。

在《法苑珠林》第八卷中说,一弹指有三十二兆的念头,"念念成形",就是物质现象现前,就是宇宙现前,"形皆有识",就是生命现前,几乎是同时的。而一秒钟大概四弹指,这个速度是一千两百八十兆分之一秒,这是宇宙的真相。所以物质和精神和因果同时起源,迷后念念迷。所以大家看的现象是"相似相续相",不是真的,"万法皆空"。如果悟入就自然跟自性合而为一,无量智慧,无量德能,无量才艺,无量相好,美不胜收。此时已经超出但求人世物质财富的阶段,不求福报而福报自来,一一具足,无量珍宝。这是人人可以求证到的境界。能够回归到天性的人,不但对一切众生感恩,而且对花草树木、山河大地乃至整个宇宙感恩,真正是爱心遍法界,善意满人间。因这种传统的教育已经断了一百多年了,现代人"不知有汉,无论魏晋",自然丢掉了这样的真相认识。所以文化传承至关重要,今天的社会状况,正是"不识道德,无有语者"的结果。物质享受唯有和精神伦理道德相应,才能相得益彰,所谓福慧双足,否则只求物质财富,甚至不择手段,必定沉溺于物质深渊而不能自拔。

中国在进入"现代社会"以前,这个文化传承是显性的,不像今天,谈起来好像神秘兮兮见不得人,朱熹曰:"尧以是传之舜,舜以是传之禹,禹以是传之汤,汤以是传之文、武、周公,文、武、周公传之孔子,孔子传之孟轲,轲之死不得其传焉。荀与扬也,择焉而不精,语焉而不详。"

"孔子之道大而能博,门弟子不能遍观而尽识也,故学焉而皆得其性之所近。其后离散,分处诸侯之国,又各以其所能授弟子,源远而末益分。惟孟轲师子思,而子思之学出于曾子。自孔子没,独孟轲氏之传得其宗。故求观圣人之道者,必自孟子始。"

"杨氏曰:'孟子一书,只是要正人心,教人存心养性,收其放心。至论仁、义、礼、智,则以恻隐、善恶、辞让、是非之心为之端。'论邪说之害,则曰:'生于其心,害于其政。'论事君,则曰:'格君心之非','一正君而国定'。千变万化,只说从心上来。人能正心,则事无足为者矣。大学之修身、齐家、治国、平天下,其本只是正心、诚意而已。心得其正,然后知性之善。故孟子遇人便道性善。欧阳永叔却言'圣人之教人,性非所先',可谓误矣。人性上不可添一物,尧舜所以为万世法,亦是率性而已。所谓率性,循天理是也。外边用计用数,假饶立得功业,只是人欲之私。与圣贤作处,天地悬隔。"《中庸》曰:"性之德也,合外内之道也,故时措之宜也"。

二、自性的现代物理学解释

中国经典关于自性和世界生成的答案"科学"吗?这个问题既反映了这个时代的病症,也是这个时代的进步。说病症是说,时代总有自己的局限,科学不代表正当性,局限于科学的思维很可能错失真知,因为科学的逻辑论证都起源于非逻辑灵感;说进步是说,总要拿出有说服力的证据让大家信服,这是平等的智慧追求。

中国科学院院士甘子钊教授在《世纪之交的物理学》一文中对宇宙自然的生成有这样的描述:"在大致150多亿年前,宇宙从一个具有无限大的密度和具有无限大的时空曲率的点开始了。人们猜想,在宇宙膨胀、密度和温度降低中,到10^{-44}秒时,重力相互作用和其他相互作用分离开来;到10^{-36}秒时,强相互作用和电弱相互作用分离;直到10^{-10}秒时,弱相互作用才与电磁相互作用分离，世界变成了我们现在所处的有四种基本相互作用的世界。到 10^{-6} 秒时，夸克开始结合成强子，也许应当说，只有从此之后的物理才是当代物理学家可以比较有把握来谈论的。直到 10^{12} 秒（也就是 3 万多年）后，原子才开始出现。这样一个综合了亚核子尺度（小于 10^{-14} 厘米）的物理和宇观尺度（大于 10^{24} 厘米）的物理的宇宙演化模型的建立，可以说是人类认识史上一个最具有革命性的、划时代的伟大事件，当代人还难以全部理解它的意义。……如何理解这样有限而无界的时空和他的奇点？什么是在这样演化中的物质和运动规律？为什么宇宙学中有那么多'巧合'？"

下面，请大家和作者一起思考如下的系列问题：

1. 如果按照甘院士所说的时间，那么 150 亿年前的世界是什么样子？时空是"突然"开始的？那么时间开始以前的"空"是什么呢？

2. 我们身处的自然界来自一个"点"的膨胀，那么这个点是哪里来的呢？这个"点"就是中国人所说的"太极"吗？就是《法苑珠林》里所说的导致物质现前的一"念"吗？那么宇宙就是从我们心中的一念开始的!？

3. 注意上段话中"人们猜想"这个用词，如甘院士自己所说，现代物理学家没有把握谈论 10^{-6} 秒以前的宇宙；我想请问"猜想的科学性"有多大？没有现代科学以前的古代，各位先贤大德如何知道 1280 兆分之一秒"宇宙的真相"?!

4. 现代宇宙学所谓的四种基本相互作用不断而及其迅速的"分离"，是不是就是中国老祖宗认识到的宇宙生成过程："太极生两仪（阴阳），两仪生四相，四相生八卦"？或者如老子描述的"另一版本"："道生一，一生二，二生三，三生万物。万物负阴而抱阳，冲气以为和。"恰巧甘院士提到了"三次分离"，恰巧三次分离之后产生"四种基本相互作用的世界"，这就是"四相"吗？四种基本相互作用有没有进一步演化为八种"亚相互作用"呢？孔子在《易传》中提到"刚柔相摩、八卦相荡"有没有现代物理学解释呢？

5. 现代物理学猜想的宇宙生成的时间和过程怎么和《法苑珠林》里说的宇宙现前的时间和过程那么相像？

6. 古代的修行人（探索世界和人生奥秘的"前沿科学家"）描述证到自性的那一刻是"虚空粉碎、大地平沉，空无所有"，是不是就是一下子回到了 10^{-44} 秒前？刘力红老师曾经告诉我：那一刻是人脑中"一个结点"的打开，这不就是和甘院士文中描述宇宙生成的过程一样吗？这个点就是南怀瑾先生所说的"意识结使"或者"心灵结使"吗？那么这不是意味着我们每一个人都在自己的心中生成了世界!？

7. 丁肇中教授领导近500位科学家发射探测器到宇宙中寻找"反物质"，以揭示宇宙起源的原因，难道他们要找的东西就在我们心里？我们向外探索世界的秘密其实都是南辕北辙、骑驴找驴？这就是我们的先贤提醒大家"反求诸己"的真正原因?！

8. 最后，再度试问：为什么宇宙学中有那么多"巧合"？

每一个人成就，就是成就一个世界。心改变，时空就改变，时空改变，就是宇宙的改变。人的改变，意味着世界的变化。所以，印光大师说："欲拯救世界，从断自己的烦恼习气开始"。正如王凤仪先生说"去习性、化秉性、圆满天性"。

宇宙的起始点在哪里？在心中一念。人类拼命到"宇宙深处"寻找宇宙的秘密，可是如果我们做一个爱因斯坦那样的"思想实验"，设想自己站在"宇宙深处"，反观地球，我们不也是在"宇宙深处"吗？——宇宙的秘密，其实就在我们每个人的心里！只是我们错误颠倒，习惯了心向外持求，怎么会不骑驴找驴、南辕北辙呢！所以，我们就是宇宙的深处。我就在你的心灵深处。你也在我的心里从未离开："彼此人人定里身"。子曰："道不远人，人之为道而远人，不可以为道。"

任何领域中，都有南郭先生。任何学科中，都可能有"亚里士多德落体定律"的存在。所不同的是，有的领域多一些，有的少一些。也许经济学、哲学属于特别多的学科。张五常教授说在自己的文章中不会说半句自己不相信的话。这是科学的精神。这是学者的本分。这是为人的本分。这是曾子《大学》诚意正心纲领的要求。那么，在我们阅读经典，发出"天问"，并比较了经典对世界本源的解释和现代前沿物理学对世界生成的解释后，我认为得出下面的结论是可以接受的：对于现代物理学家没有把握谈论的 10^{-6} 秒以前的宇宙，我相信《法苑珠林》的解释，因为那其实是一种更加清晰的物理学解释；10^{-6} 秒以后的宇宙，物理学家很有把握，那么我们就暂时相信他们的解释，并等待更加进步的解释。

现代物理学对宇宙的理解有一个致命的弱点：在逻辑上无法解释150亿

年前的世界。由于那一点开始以前，没有时间和空间，所以没有世界。这样就存在一个明显错误的断见：宇宙开始以前"没有"，这是被中国古代圣贤早就通过生命实践抛弃了的错误见解，即"着空"。和"着有"一样，"着空"也是执着物质色相的断见，不是正知正见。经典的核心追求，就是要学人自己亲身证到那个宇宙和生命的本源。现代物理学追溯到原子生成，进而再向前追溯3万多年，追溯到一个"极点"，却不能想象和解释"极点"之前。说严重一点，是庸人自扰，故步自封。如果物理学家能够"放下"，能够在方法论的认识上放下"对物质实在的执着"，或许能够重新解释已经被放弃的"以太"观念，进而在物理学解释方法上真正解开宇宙和生命的生成奥秘。大家注意到了吗？物理学中曾经有遍布宇宙空间的"以太"概念，又有一个令人无限猜想的导致宇宙生成的"点"，高等数学中有最基本的"极限"概念，这些概念的名称与理论内涵，和中国经典中所讲的"太极"何其相似乃尔！

古代没有爱因斯坦的相对论，也没有生命科学的基因序列研究，所以古代的世界观、人生观是用另一套语言系统表达的，要想了解经典经济学，我们必须对此有基本的了解。我们来看古代经典中使用的一个时间单位：劫，应该对我们有所启迪。劫分大、中、小三个层次，一个大劫包括四个中劫，一个中劫包括二十个小劫。也就是说，一个大劫包含八十个小劫，第八十一个小劫重新开始的时候，等于一个循环结束，新的循环开始。这非常符合中国古代"九九归一"的数理循环。一个小劫是人从84000岁过100年减一岁，减到十岁，这叫减劫；然后物极必反，再从100年长一岁，再长到84000岁，这叫增劫。这一增一减就是一个小劫。一小劫是16798000年，乘以20就是一个中劫335960000年，将近3.4亿年；再乘以4，就是一个大劫的时间，将近1343840000年。

看过《红楼梦》的读者或许会记得开篇中有这样一句话："不知过了几世几劫"，当年的绛珠仙草和女娲补天的弃石落生凡尘，演绎出一段红尘故事。13亿年不过一个大劫，几个大劫过去，不就是几十亿年吗？如果一切人生和彼此的关系，都有前缘，是不是就是当代物理学家所说的"宇宙中没有偶然"。

有先贤大德一再声明释迦牟尼的教育不是宗教，不是哲学，而是对人生宇宙真相真正科学的解释，但是由于人们听到的不是印象中科学语言的说明，就无法接受。其实问题出在语言系统上，需要把被误解为宗教的语言翻译成科学语言，误会多半就会解除了。释迦牟尼的解释是说，生命有不同的形态，完全是自己的本性的变现，变现的枢纽就是人的心行，根据对宇宙真相的解悟程度可以分为十种层次，称为"十法界"，"法"的含义在古代文言中比用来指物质的"色"字含义要广，除了物质之外，还包括思维、精神、意识等含义。而每一个体生命其实是本体能量的分体，但是都是自己的自性的显现，随着自己的心行、语言和行为的不同，而自然转化生命的形态，时空就因自己的生命形态变化而变化，也就是在不同的世界中出入流转。我们现在能够理解的"生物的共同特性"在他们的语言系统中叫作"共业"，共业所感就会"投生"到同一个世界，每个个体感受到的时空是相似的，好像相同，其实因人而异，绝没有相同的，实际上说，同一个人前一秒和后一秒的时空就不同了，只是一般人的心念相对于 10^{-44} 秒或者 1280 兆分之一秒的时间概念来说就太粗大了，难以觉察到那么细微的变化。我们现在一般人所知道的，我们同时看到一种颜色，意识上以为是"相同"的颜色，其实多多少少会有差别，只是这差别可能太细微而不被自己的肉眼识别。明显的例子是人对色彩的识别能力有色盲和非色盲的差别，而且色盲也有不同种类，这其实证明了每个人的世界是不同的。还有在爱因斯坦揭示的现象中，有"钟慢尺缩"的现象，根据经典记载，在兜率天，一天相当于人生 300 年。爱因斯坦未创立相对论以前，我们无法理解这一现象，现在起码在理论的想象中可以很好地理解了，虽然还不能够被科学证明，但是至今科学界不是仍然在越来越精密的层次上验证着相对论吗？所以，时空不同，就是世界不同。"世"就是时间，"界"就是空间。每个物质，每种生物，包括人，自己决定了自己的时空，自己决定了自己的世界。

根据以上论述，我们得出结论：既然每一个人决定了自己的世界，也就决定了自己的一切，包括财富的多少和一生的穷通困达。这样说可能仍然有人怀疑结论的"科学性"，那么再让我们暂时离开爱因斯坦的相对论和现代物理学，来现代生物学的领地参观一番。基因研究被认为是生物学或者生命科学最前沿的领域，了解了基因序列，就可以知道人一生的状况，何时得病，得哪一种病，何时生命结束。如果不是以基因为旗帜，说出这些话的人一定被认为是街头算命的骗子。这个基因科学的结论，和中国的《易经》推演世界的运转和人生的际遇有什么本质区别吗？《易经》揭示的是宇宙人生的演化规律，当然可以推算人生的情况，只是那不是《易经》的大用，它的大用就是掌握宇宙人生的演变规律，比如前面论证过的或者说猜想过的宇宙生成变化过程，是不是就被《易经》揭示出来了呢？您看，伏羲画卦从阳爻"—"开始，表示"混沌初开"的一横，是不是可以和物理学描述的那个"具有无限大的密度和具有无限大的时空曲率的点"具有同样的解释力呢？然后有对立的阴爻"- -"，是不是表示"重力相互作用和其他相互作用分离开来"呢，因为古代对"阴性物质"的特征描述就是"凝结下沉"，和有形物质的重力特性非常吻合。所以，我们可以推断：《易经》所描述的变化过程，就是宇宙的生成变化规律，因为它能使人们正确地把握世界、人生的变化过程，所以中国文化能够在长长的历史中留存不灭。

换一个角度，换一种语言系统，也许原来被当作古董的经典，其实就是自性物理学、自性心理学、自性生理学、自性经济学和自性教育学。把中国从《黄帝内经》、《易经》开始的传统世界观、人生观、感应观和现代的信息科学、网络科学、物理学等进行"翻译"和比较，也许双方会相见恨晚，有"大水冲了龙王庙，自家人不认自家人"的感觉。例如，在诸如"宇宙的起源""宇宙的边界""宇宙的演变""能量守恒"等科学问题上，现代物理学的发现不见得比古代圣贤通过内证的方式揭示的结果更令人信服。双方碍于文字的障碍，和文化心理的成见，不能互相沟通，实在是人类智慧和品格的遗憾。

中国自春秋以来，儒墨道法等诸子百家学说异彩纷呈，但是一些学说的根本内容在传播过程中以讹传讹，一知半解甚至完全不知所云的人也随声附和、道听途说、添枝加叶，以至于谬种流传、令后人雌雄莫辨。

首先，后世学人多以为儒家学说是先师孔子一厢情愿的美好愿望，却不知那是宇宙自然规律应之于人类的根本伦理，人的五伦关系就是与自然秩序对应的法则，五伦不和谐就会使五行不调、五气不和，从而伤及自身五脏，也就是说伦理问题就是生理问题，就是物理问题，即"心物一元"，五伦之外没有大道；其次，道家学说也不是今人所以为的那种单单画符念咒、降妖除魔的那一套，仔细阅读道家鼻祖老子的原著和道家思想集大成者庄子的原著，完全是对宇宙的实相体证和对世间生活的透彻体察，毫无神怪可言。而且，《论语》中孔子传曾子之贯通之道，《庄子》中孔子和颜回讨论"坐忘"与"大通"，不但表明儒道两家贯通不悖，而且为后世释迦教育传入中国打下文化基础，具有"一家人"的文化相通性。汉代以来，佛经的翻译莫不得益于中国各家学说的文化贡献。最后，流传久远的学问难免产生流弊，现代人对于"道""气""一""空""元""经""神""心识""自性""阴阳""五行"这些概念往往以现代的知识框框去曲解，致使中国经典文化沉冤莫辩。大家只熟悉和接受"本质""能量""电""波""微粒子""基因""量子""二进制""元素"这些"科学"概念，其实两者就像语言不通的人，本质上是没有什么不同的。只是各自有各自的语言系统，缺少了可以贯通两种语言体系的翻译，才使两者互相隔绝。在互相了解之后，多半会"英雄所见略同"。所以，今后一定要注意"经典概念"和"科学概念"之间的沟通和翻译。好在这个时代已经来临。本书以爱因斯坦的相对论来沟通东西方文化观念上的隔阂，用大家相信甚至迷信的科学研究成果来解读尘封已久的中国文化核心观念，从而让彼此试着了解彼此，给各自的发展打开一条光明之门。就算彼此仍然心存芥蒂，但是别忘了"他山之石可以攻玉"，往往说者无心听者有意，一句话点醒梦中人也未可知。

请问大家，谁见过"能量"的样子？谁见过"力"的庐山真面目？我们很自然地相信"能量"，相信"力"这些概念，到今天却无法理解古人所说的"道"为何物，"气"为何物。我们相信和接受"生物场"的概念，却无法理解"中阴身"的说法。其实一切是自然现象，只是人类对自己不理解的事物总是心存神秘，敬而远之。

物理定律通用于人类世界，但绝不是机械地

○ 经典文化与现代科学之间需要翻译。

照搬，是"贯通类比式"的：物体的周围有引力场，人呢？相当于人的"引力场"是什么？有两种解释情况：一种是物理的，一种是伦理的。

首先，第一种解释是作为物质的人的时空存在。从人体内某个原子的立场上看（这似乎要假设体内原子"有知"，但是在现代社会，让人们理解细菌那样大小的物体是有生命的并不困难），也许人体这个超大的"天体"的运行就像我们观测我们眼中的宇宙天体运行一样，那些宇宙规律其实也适用于人类，只是科学家的技术设备还不够精密到可以测量出这种数量关系的程度，由此可以推断，爱因斯坦的"质量足够大"应该也是可以相对处理的。这在"取象比类"的知识哲学中，是不难理解的逻辑思路。其次，第二种解释就是伦理关系。这个伦理关系使一个人和社会中的其他人（血亲、朋友、同事等）联系在一起；看不见又真实存在，并吸引着人的行为，而且"身外五伦就是身内五行"是一个人人可以验证的"公理"，这是"天人合一"的物理学表现，不论人是否理解是否相信，真相的本质就是如此。

本书确定如下对应关系来用物理研究成果"理解"人类世界：

物体——人（其实是人体，但是人体在语言中特指物质的人，不包含精神；也就是说，物质仅仅有"阴性"特征，而人因为有生命精神，所以同时有"阳性"特征）；

物体的运动——人类的行为；

物体运动的定律——人类行为的法则；

引力场——伦理关系；

电场——体能？其实这就已经"归一"到本质了，物体的电和人体的电，是同一个"电"；

磁场——魅力（我们都承认，人都会受到如磁力般的吸引，否则眼球和心念怎么会那么容易地跟着美女或者帅哥转）；

直线运动（曲线运动的特例）——目标专一，持之以恒（目标专一不等于没有迂回，流水奔向大海的目的是直的，但是过程是弯曲的）；

布朗运动——盲无目的，不知生为何，死为何，活着为何，茫然无措就是未明宇宙人生真相的人的人生写照；

光明——智慧、灵感；

黑暗——蒙昧、愚钝；

○ 通过物理世界的法则来破解财富的密码。

力——意念力。

这样，把物理世界和生物世界"统一起来"理解，不难得出"一致的结论"：时空是物质和人类共同的存在形式，是"沟通连接点"：真金白银的财富，一定要和具有同样时空的人对应，才会发生人和财富相遇的情况，也就是人类立场上的"发财"。这是中国古代"非其人不遇"观点的现代物理学解释。科学的发展和学术的进步，在一定程度上说，就是把以前已经有的观念，用通行于当代的另一套语言体系或者逻辑体系重新解释一遍；或者，把有些观念证实或者证伪。

物理学结论，是引力质量和惯性质量相等。爱因斯坦认为，要解释这个定律，"唯有承认一个事实才能得到满意的解释，这个事实就是：物体的同一个性质按照不同的处境或表现为'惯性'，或表现为'重量'（字面意义是'重性'）"[①]，《素书》中说："同声相应，同气相感，同类相依，同义相亲，同难相济，同道相成，同艺相规，同巧相胜，此乃数之所得，不可与理违。"结合现代科学知识，我们可以这样理解：人的意念会形成"引力场"，把具备同种频率的物体吸引过来，或者把人自己引向意念所指的物质时空：想升官会升官，想发财会发财，想生男就生男，但是能否一定实现，要看这个意念"引力场"的强大程度，以及时空是否能够实现对接。意念会形成一个"吸引力"，可以是直接把意念所指向的物体吸引过来，也可以是把意念发出的行为主体引向

---

① 爱因斯坦（杨润殷译，胡刚复校）：《狭义和广义相对论浅说》，北京大学出版社 2006 年第 1 版，第 51 页。

意念所指的物体。这其实是力的相互作用。举例来说，当一个人发出我要赚 100 万元的意念时，可以理解为意念力把 100 万元吸引过来，也可以理解为这种意念把当事人引向 100 万元的财富。其他目标也是如此。意念的发出意味着人生的展开，但是只有持续或者足够"当量"才能奏效，所谓"有志者事竟成"。

"与电场和磁场对比，引力场显示出一种十分显著的性质，这种性质对于下面的论述具有很重要的意义。在一个引力场的唯一影响下运动着的物体得到了一个加速度，这个加速度与物体的材料和物理状态毫无关系。"① 这段话的原理应用于人生的解释就是：当一个人强烈地希望实现某个目标时，等于施加于目标一个加速度，也就是实现目标的速度，它和目标的性质和类别毫无关系。例如目标可以是一项事业，一个官位，一个学位，一个男人或者女人，一个盈利目标，甚至是一个复仇的目的，实现的速度和目标本身是什么"材料"和"状态"无关。

自性能量遍满宇宙，每一个物质个体都是这个能量的"分子"，能量会在各个能量分子之间转化。"天地与我并生，而万物与我为一"，所有物质都是自性能量的表现形式。散之可以气化无形，聚之可以化气成形，随之而有相应的时空世界和自然环境，对于人来说就是生到不同的国家、地区、阶层和家庭，有与生俱来的财富环境，也会有因自心变现的穷通祸福，不能改变与生俱来的环境和性格，就是标准的凡夫，为命所定，为数所拘；能够改变天生的性格和境遇，就是化性格天。按照《大学》所揭示的原理，非格物致知、诚意正心者而不能为。这样的人能够为自己做主，把握命运而不是被命运所困。明白这一道理，是获得了真正的济世救人的大经良方，才不会是"泥菩萨过河，自身难保"。没有意识到自性能量，纵然富可敌国，纵然一世豪雄，也是"盲人骑瞎马，夜半临深池"。

世间所有问题全在自性中，答案也在自性中。只要格物致知，诚意正心，修身齐家，凝神庄重，洁净精微，答案就会以灵感的形式或者巧遇的形式出现。这一点古今中外通用，连所有的科学发现都不例外。所以中国自古以来有"求之不得，反求诸己"的训诫，探求真理的过程，就是诚意正心的修身

---

① 爱因斯坦（杨润殷译，胡刚复校）：《狭义和广义相对论浅说》，北京大学出版社 2006 年第 1 版，第 50 页。

过程。从来没有诚意正心、持之以恒而所愿最终不顺遂者。经济的策略，财富的密码，也不例外，全都在自性中，取之不尽，用之不竭，懂得了道理，了解了规则，无往不利。不用向外求，不用违背自己的良心，不必用自己的什么去换取什么，只要你信得过，行得真，求得切，把模糊的心愿化作明确的目标和清晰的行动计划，达成目的指日可待。

三、自性变现宇宙观的广义相对论解释

其实在上一小节中已经隐含地应用了爱因斯坦广义相对论的结论，此处概述相对论的内容，进一步增进对自性变现宇宙观的理解。

到目前为止，我们认识的物理世界只是四维，即三维空间加一维时间，四维时空是构成"真实世界"的最低维度。狭义相对论是建立在四维时空观上的理论，四维时空的意义是：时间是第四维坐标，它与空间坐标是有联系的，说明时空是不可分割的统一整体。在三维空间里，一把尺子转动，其长度不变，但旋转它时，它的各坐标值均发生了变化，且坐标之间是有联系的。

四维时空的物理定律比牛顿力学三维定律要完美。在相对论中，时间与空间不再是独立的存在，它们构成了一个不可分割的整体；能量与动量也构成了一个不可分割的整体。这说明自然界一些看似毫不相干的量之间存在深刻的联系。这个物理学的认识对于我们理解传统经典中所说的一些观念极为重要！甚至意味着前沿科学的结论和儒释道对世界的看法走向统一！

物质在相互作用中作永恒的运动，没有不运动的物质，也没有无物质的运动。因此，必须在物质的相互关系中描述运动，而不可能孤立地描述运动。也就是说，运动必须有一个参照物，这个参照物就是参照系。伽利略的相对性指出：在运动的船上与在静止的船上的运动不可区分。当一个人在完全封闭的船舱里，他无从感知船是匀速运动，还是静止，因为没有参照系。现代物理学认为"宇宙是封闭的"，所以人类不知道整个宇宙的整体运动状态是什么。我想从中国经典文化的立场，这里的"人类"不包括那部分"粉碎虚空的人"。

爱因斯坦把伽利略的相对性作为狭义相对论的第一个基本原理：狭义相

对性原理。即"惯性系之间完全等价,不可区分"。著名的"麦克尔逊—莫雷实验"彻底否定了光的以太学说,得出了光与参考系无关的结论。该结论称,无论你站在地上,还是站在飞奔的火车上,测得的光速都是一样的。这就是狭义相对论的第二个基本原理:光速不变原理。由这两条基本原理可以直接推导出相对论的坐标变换式、速度变换式等所有的狭义相对论内容。

1916 年,爱因斯坦在德国《物理学杂志》上发表《广义相对论基础》,广义相对论诞生。它把狭义相对论和牛顿的万有引力定律统一起来,将引力场描述成因时空中的物质与能量而弯曲的时空,以取代传统对于引力是一种力的看法。因此,狭义相对论和万有引力定律,都只是广义相对论在特殊情况之下的特例。狭义相对论是在没有重力时的情况;而万有引力定律则是在距离近、引力小和速度慢时的情况。物体的运动方程即该参照系中的测地线方程,测地线方程与物体自身固有性质无关,只取决于时空局域几何性质。而引力正是时空局域几何性质的表现。物质质量的存在会造成时空的弯曲,在弯曲的时空中,物体仍然顺着最短距离进行运动,如地球在太阳造成的弯曲时空中的测地线运动,实际是绕着太阳转,造成引力作用效应。正如在弯曲的地球表面上,如果以直线运动,实际是绕着地球表面"直着走一个大圆"。早在 1911 年,爱因斯坦就预言光线在经过质量巨大的物体所造成的引力场时会发生弯曲。这个预言在 1919 年 5 月 29 日被爱丁顿领导的观测队证实,当天在西非普林西比岛上拍摄的日全食时太阳附近的星空照片表明,光线确实

○ **麦克尔逊—莫雷实验**

1887 年,麦克尔逊和莫雷在美国麦克夫兰进行了测量地球在以太中的速度的实验,结果证明光速在不同惯性系和不同方向上都是相同的。光速不变原理由此确定,并使伽利略变换"升级"为洛伦兹变换,为爱因斯坦提出狭义相对论提供了必要的理论支持。

发生了弯曲。爱因斯坦一夜之间名扬天下，距离 1905 年发表狭义相对论和光量子理论已经过去了 14 年。

从 1922 年开始，研究者们就发现场方程式所得出的解答会是一个膨胀中的宇宙，而爱因斯坦在场方程式中加入了一个宇宙常数，自然不相信宇宙是在膨胀。1929 年，哈伯发现了宇宙其实是在膨胀的，这个实验结果使得爱因斯坦放弃了宇宙常数，并宣称"这是我一生最大的错误（the biggest blunder in my career）"。但是宇宙物理学的最新进展表明宇宙膨胀正在加速，所以宇宙常数有"复活"的可能性，部分物理学家认为宇宙中存在的"暗能量"或者"反物质"可能就必须用宇宙常数来解释。

爱因斯坦的广义相对性原理可以简单地表述为：所有参考物体 KK' 不论它们的运动状态如何，对于描述自然现象（表述普遍的自然界定律）都是等效的。[①] 在广义相对论中，不再有脱离物质独立存在的绝对时间和绝对空间，时间和空间都会因物质而改变，没有物质就没有空间，也没有时间。是物质创造了时间和空间。

相对论的结论对我们本书的论述结论至关重要，那就是：作为一种存在的物质现象，每一个个体的生物，决定了自己的时间和空间，时空"因人而异"。前面说过，宇宙的真相是看不见的自性本体能量的变现，既变现物质世界（包括生物世界），也变现精神世界，无论是已知世界还是未知世界，无论是有生命的世界还是死寂的世界，爱因斯坦的结论都具有普遍性，就是每一物质决定了自己的时间和空间，也就是决定了自己的世界。当我们有相似的物质特性或者生命心理特性，我们就共同构成了我们自己的"同一个世界"，但是即使在同一个世界，在同一块土地上，在同一片天空下，我们每一个人乃至每一个物体的时空仍然不同，也就是每一人的境遇都会不同，"一花一世界，一叶一时空"。

既然物质存在决定了时空，时空会随着物质的变化而改变，那么什么决定了物质呢？经典揭示：世界是自性心识的变现，心识决定了物质。这个推断（其实是公理）可以解释一切世界变化现象。它意味着：一个人的心理变化会改变自己的环境（时空），一群人的心理会共同感应一个地区、一个城市

[①] 爱因斯坦（杨润殷译，胡刚复校）：《狭义和广义相对论浅说》，北京大学出版社 2006 年第 1 版，第 50 页。

的气候、风貌甚至天气。这就是中国古代"天人感应"的现代物理学解释。它可以说明，当人心不古的时候，气候会变坏，天灾不断，其实不是天灾，是人祸，是人的心理身行感应而来的自然现象。发怒嗔恨感得火灾，贪婪感得水灾，嫉妒不平感得地震，愚痴顽冥感得风灾。一地之共业，还可能有别业，所以天灾之中，往往有"幸存者"，有人甚至毫发无损。并非是他（她）足够走运，要知道"宇宙之中没有偶然""上帝不是在掷骰子"，而善恶之报，如影随形，一饮一啄，莫非前定。当人心思善，乃至诸上善之人聚会一处，世界将变得无比美好，风声鸟语，妙音无限。爱因斯坦相对论的研究，可以令人信服地帮助我们了解中国古代经典中关于宇宙世界的认识，广义相对论，是"天人合一"的现代物理学版本。

另外，需要说明：相对论的物质决定时空观，说明"客观性"不是客观的，而是根据主体变化而变化的。现代学术界所谓的"主体间客观性"的观点在认识论上是错误的。只有在牛顿的绝对静止的时空观中，"主体间客观性"才有意义。而在爱因斯坦的广义相对论框架下，"主体间客观性"是无意义的。

现代物理学观念下的人类世界和以现代物理学解释的中国经典经济学原理，并不是中国以外的人士就不能感知的垄断性知识，"天道无亲，常与善人"，每一位合乎规律的学者都可以得到。例如，研究总结了卡内基、福特、爱迪生等人的财富经历而开创西方成功学的拿破仑·希尔曾经说："有一种力量或者说原动力，渗透在每种物质的原

○拿破仑·希尔"创立"的成功学及其"秘诀"，

> 以中国经典文化立场看，就是"心能转物"的体证。但是确实是他们在不了解中国文化的情况下自我悟得的，这种情况（无师自通）在中国文化中称为"缘觉"。其具体内容可参见中信出版社出版的《思考致富》，曹爱菊译。

子之中，拥抱着人们感受到的每个能量单位。有了这种力量，橡树种子可以成长为橡树，泉水遵循重力原理流下山坡，四季更迭，日夜循环，万物各得其所，相得益彰。"无独有偶，多夫·塞德曼（Dov Seidman）2007年出版《How时代：方式决定一切》[How: Why How We Do Anything Means Everything in Business (and in life)]一书，提出在高度联网和透明的全球经济中，在道德上"胜出"竞争对手的公司，也将在收入上胜过对手。所有这一切表明，中国经典文化的智慧虽然还没有恢复到"春风又绿江南岸"的程度，但是说是到了"草色遥看近却无"的初春，已经不为过了。

四、"一本散为万殊"的历史文化脉络

宇宙生成过程在中国经典里被精炼地概括为"一本散为万殊"，并据此形成中国历史文化的基本框架。

1. 一理：对宇宙自然本体的概括。在认识宇宙的真相方面，中国传统经典积累了如下概念：道、气、一、心、本性、如来、自性、能量等。"一时道理"即古代经典所说的"天理"，也就是儒家所倡伦常之理，可被认知或感知，类似今天所说的"不以人的意志为转移的规律"。"一"即是"道生一"的"一"，不是数字的一；"时"是无差别之时，即通古今之变；不昧一时道理就是懂得了天地造化、社会玄机的道理，方可以处理国家社会政事，造福天下苍生，泽及万民。一时道理也就是"自然秩序"，产生一切伦理、道德、制度。综合《尚书·洪范》《四书五经》《史记·

货殖列传》《古今图书集成·食货典》等经典著作,古往今来的资政理念集中到一点就是把"民生福祉,天地良心"作为道德之本、为政之首、治生之根和发展之要。国家兴由此兴,朝代灭由此灭,表现在经济上就是财政富足国家兴,财政衰败国家亡。《洪范》曰:"洪范九畴,彝伦攸叙"。《鹖冠子》曰:"天之不违,以不离一;天若离一,反还为物;不创不做,与天地合德"。《老子》曰:"天得一以清。地得一以宁。神得一以灵。谷得一以盈。万物得一以生。侯王得一以为天下贞。"

2. 两仪:两类根本的变化力量,两仪即指阴阳,是万物变化的最基本力量的形态概括。《易传》云:"一阴一阳谓之道",是孔子解释了老子认为"不可道"的"道"。以后的一切变化过程的解说都不出阴阳的范围,无论是四季、五行、八卦、十天干、十二地支,概莫能外。子曰:"夫易何为者也?夫易开物成务,冒天下之道,如斯而已者也。是故,圣人以通天下之志,以定天下之业,以断天下之疑。"是故,易有太极,是生两仪,两仪生四象,四象生八卦,八卦定吉凶,吉凶生大业。

可以说不理解中国古代的阴阳理论,就无法进入真正的中国文化,也始终在"国学"的大门之外。阴阳两类力量就是两类符号,"一生二",不论有形无形,皆谓之阴阳。"阴阳"理论在时下的中国被错解和歪曲,跟算命看相摆地摊迷信骗人联系在一起,实质上它是中国古代的科学符号,是中国古代的哲学符号,是中国古代的辩证法和矛盾论,是中国古代就发展成熟的社会演化

○《洪范》
现在所见《洪范》为《尚书》中的一篇,原本是商代统治者总结的根本性治国理念。武王灭商后,专用请教箕子如何经济天下,始有"洪范九畴"传世。宋代大师邵康节的巨著《皇极经世》中的"皇极",即源自《洪范》之第五畴。**另有资料指明,《洪范》起源于大禹对河图洛书的总结。**

理论，是贯通天地人和五行生克变化的两类基本力量的概括。中国经济的起源与发展变化就是"财"与"政"两种力量依据阴阳理论的规律发展变化的过程。"财"的概念是对"善""道德"的物质载体的概括，"政"的概念是对体现于物的"秩序""伦理"的概括。

3. 三才：天、地、人的贯通关系。阴阳两仪化生三种物象天时、地利、人和，它们是古代分析事物状态和成败规律的基本模型。钱穆先生认为中国文化对世界最大的贡献就是"天人合一"思想。"天人合一"的现代误解和歪曲主要是由于对"天"的不理解。"天"在中文语境中至少有五种解释：①（1）指自然的天；（2）形而上的本体，也叫"道"，二者常合用，也可以说是哲学符号，与地相对，道理同阴阳理论；（3）神话中想象的天堂；（4）时间，也叫天时；（5）迷信中可以管理人间的神等。由于古文的用字精炼的特点，学人不能融汇贯通常常断章取义，所以错讹特别多。"天人合一"思想中的天泛指自然，相当于现代"人与自然和谐"。天、地、人若分开理解，就会失掉中国传统文化的核心与精髓。天理、地理和人类社会的道理是贯通不悖的。达天时，因地貌，识人材，是古代学者和国家管理者共同的"文化常识"，类似现代学术语言的"conmon sense"。

4. 四时：自然变化的基本阶段。"法象莫大乎天地；变通莫大乎四时"。事物发展变化的阶段，通常有"四相"：宇宙有成住坏空，天有春夏秋冬，地有生长收藏，人有生老病死。但是中国文化的伟大之处，是不持有"断见"，认为人其实只是一种能量形态在不断地变化之中，一切都是周而复始、生生不息的。《易经》最后一卦是"未济"，预示着即将重新开始乾卦的"一阳来复"。

5. 五行：阴阳变化的不同状态。五行其实是对阴阳变化不同阶段的描述，分别用水、木、火、土、金来代表，揭示事物之间相生相克、发展变化的基本关系。也可以说是"气"的五种不同的特性。中国古代用以计时的单位是"干支"，干支的根本含义就是五行，也是对阴阳不同状态的刻度与标记。

"天布五行，以运万类"，五行贯通世间，相对应的事物有：肝、心、脾、

---

① 南怀瑾：《原本大学微言》，世界知识出版社1998年版，第36页。

肺、肾五脏；角、徵、宫、商、羽五音；青、赤、黄、白、黑五色；东、南、中、西、北五方；酸、苦、甘、辛、咸五味等。

6. 六气：天人相应的渠道。六气指风、寒、暑、湿、燥、火，是人与外界所感的六种自然变化现象。人体有各六阳经、六阴经，三百六十五络，与自然一年12月、365天相应；古代十二时辰，每一时辰相当于现在2小时，与人体十二经一一相应。亦有六律和六经之说，同样为自然之数。

7. 七数：自然变化的周期。现代生理学观察显示胎儿七天一个变化；《黄帝内经·上古天真论篇第一》揭示女子每七年一个变化，直至七七四十九岁天癸竭。现代一周七天，周而复始；和《易经》重卦六爻之后重新开始一样，第七爻也是周而复始。

8. 八卦：自然事物演化的过程和规律。八卦有单卦和复卦，非常细致地描摹事物的变化规律，由太极开始，两仪、四相、八卦乃至六十四卦，洁净精微，优美雅致。

9. 九宫：自然数理的奥秘。九宫之数是河图、洛书的数理位置。《易传》云："天生神物，圣人执之。天地变化，圣人效之。天垂象，见吉凶，圣人象之。河出图，洛出书，圣人则之。易有四象，所以示也。系辞焉，所以告也。定之以吉凶，所以断也。"

10. 十义：自然均衡的伦理要求。即"五伦十义"：君仁臣忠、父慈子孝、夫敬妻贞、兄友弟恭、朋友信义。《黄帝内经》和《易经》涵盖了以上全部内容。

一理、两仪、三才、四时、五行、六气、七数、八卦、九宫、十义，这个从一开始发散的过程，很像一个膨胀的宇宙过程。

第二节　天人帀一的人生观

纪伯伦说"你若能明白自己，就能明白所有人"。那么我们自己的人生根本是什么呢？

○ 建议读者仔细地、反复地吟诵这段话，并将其与爱因斯坦广义相对论的结论合参，看看会有什么样的结果。

《楞严经》[①]有言："色心诸缘。及心所使。诸所缘法。惟心所现。汝身汝心。皆是妙明真精妙心中所现物"。"不知色身。外洎山河虚空大地。咸是妙明真心中物。"《易传》第一章中说："在天成象，在地成形，变化见矣。鼓之以雷霆，润之以风雨，日月运行，一寒一暑，乾道成男，坤道成女。"《庄子》云："天地与我并生，而万物与我为一。既已为一矣，且得有言乎？既已谓之一矣，且得无言乎？一与言为二，二与一为三。自此以往，巧历不能得，而况其凡乎！故自无适有，以至于三，而况自有适有乎！无适焉，因是已！"

如钱穆先生所说，经典中诸如此类"自性变现、天人合一"的论述，是对世界文明的最大贡献。

一、自我塑造的人生

1. 行为决定人生。一理贯通，一脉相承。既然宇宙世界是自性变现的，那么人生也自然是自我塑造的。

孟子曰："不仁者可与言哉？安其危而利其灾，乐其所以亡者。不仁而可与言，则何亡国败家之有？有孺子歌曰：'沧浪之水清兮，可以濯我缨；沧浪之水浊兮，可以濯我足。'孔子曰：'小子听之！清斯濯缨，浊斯濯足矣，自取之也。'夫人必自侮，然后人侮之；家必自毁，而后人毁之；国必自伐，而后人伐之。太甲曰：'天作孽，犹可违；自作孽，不可活。'此之谓也。"

---

① 南怀瑾：《南怀瑾选集（第八卷）》，复旦大学出版社2003年版，第394页。

"自暴者,不可与有言也;自弃者,不可与有为也。言非礼义,谓之自暴也;吾身不能居仁由义,谓之自弃也。仁,人之安宅也;义,人之正路也。旷安宅而弗居,舍正路而不由,哀哉!"

孟子引用孔子、太甲的话,加上自己的见识,无非想要告诉世人:安乐还是败亡,整个人生其实都是自我塑造的,路是自己走出来的,脚上的泡也是自己踩出来的,何必怨天尤人。

《天地八阳经》云:"夫天地之间,为人最胜最上者,贵于一切万物,人者真也,正也,心无虚妄,身行正真,左'丿'为真,右'㇏'为正,常行正真,故名为人,是知人能弘道以润身,依道依人,皆成圣道。"

每一个生命体,皆是一个化身,一个待化之身,一个可化之身。化者,谓与天地大道化合,谓天人合一,即"人与道合上"、"人与天合上",所以佛法传入中国后,并不是对所有职业修行人都称"和尚",而是单单对修行有道有德的法师称"和尚",是一种敬称,类似于今天的"首席科学家"之意,即表明此人与道相合之义,也就是孔子"七十而从心所欲不逾矩"之境。天人合一,是说人行正道,与人道合,与地道合,与天道和,谓之真正的人,谓之"大人"。《易经·乾卦·文言》:"夫大人者,与天地合其德,与日月合其明,与四时合其序,与鬼神合其吉凶。先天而天弗违,后天而奉天时。天且弗违,而况於人乎?况於鬼神乎?";如果人的智识心性没能与天地运行之道相应的伦理道德合上,胡作非为,倒行逆施,就是人天分离,就是醉生梦死,行尸走肉。

未化之身,是为内格,不能体察道之为物,刚强固执,迷惑颠倒,轮回受生,徒遭苦难。未化之人,是为执着,不能悟明物我性空,见相为实,自以为是,蒙昧相因,求苦自受。例如《天地八阳经》中,对人类生存状态的描述是:"有识者少,无识者多。持戒者少,破戒者多。精进者少,懈怠者多。智慧者少,愚痴者多。长寿者少,短命者多。禅定者少,散乱者多。富贵者少,贫贱者多。柔软者少,刚强者多。兴盛者少,荣独者多。正直者少,曲谄者多。清慎者少,贪浊者多。布施者少,悭贪者多。信实者少,虚妄者多。被使世俗浅薄,官法荼毒,贼役烦重,百姓穷苦,取求难得"。这一切是谁造成的?自己。自己不善的念头塑造了自己恶劣的人生,这也是"天人合一"啊!如果人人皆上古天真,质朴无为,道并行不悖,辄相安无事，天下太平。

医圣张仲景在《金匮要略》序言中说："余每览越人入虢之诊，望齐侯之色，未尝不慨然叹其才秀也。怪当今居世之士，曾不留神医药，精究方术，上以疗君亲之疾，下以救贫贱之厄，中以保身长全，以养其生；但竞逐荣势，企踵权豪，孜孜汲汲，惟名利是务；崇饰其末，忽弃其本，华其外而悴其内。皮之不存毛将安附焉？卒然遭斜风之气，婴非常之疾，患及祸至，而方震栗，降志屈节，钦望巫祝，告穷归天，束手受败。赍百年之寿命，持至贵之重器，委付凡医，恣其所措。咄嗟呜呼！厥身已毙，神明消灭，变为异物，幽潜重泉，徒为啼泣。痛夫！举世昏迷，莫能觉悟，不惜其命，若是轻生，彼何荣势之云哉？而进不能爱人知人，退不能爱身知己，遇灾值祸，身居厄地，蒙蒙昧昧，蠢若游魂。哀乎！趋世之士，驰竞浮华，不固根本，忘躯徇物，危若冰谷，至于是也！"医圣为那些糟践自己人生的人慨然而叹，徒唤奈何！

2. 心念改变世界。美国前副总统戈尔拍摄《难以忽视的真相》，讲解气候变化对人类的影响，其实是反省人类自己的心念；日本江本胜博士出版《水知道答案》，实验验证人类思想对物质结构形态的影响。这是现代技术手段与认识对天人感应的佐证。我们可以从《水知道答案》一书揭示的结果印证，道德心念的力量不但可以改变水这一种物质，还可以改变人类社会，当然也可以改变经济现象。

拿破仑·希尔说："人们即使拥有显赫的文化与教育背景，却仍然很少或完全不了解思想的无形力量。对于有形大脑以及可用来将思想转化为物质等的庞大网络，他所知的也只有一点点，但现在人类正进入一个启蒙思想的新时代。科学家已经开始将注意力转向被称为'大脑'的这个惊人的物体。虽然仍处于研究的启蒙阶段，但科学家已经发现足够的知识，证明人脑的中央配电盘中，连接脑细胞的线路数目等于数字 1 后面再加上 1500 万个'0'"。[①] 从中国经典文化传统看来，正是由于忽略了内证体悟的求知传统，才使得人们"很少或完全不了解思想的无形力量"，也无法领会通过内证可以达到的不可思议的智慧境界。其实，"1 后面再加上 1500 万个'0'"这个不

[①] 拿破仑·希尔：《思考致富》，中信出版社 2010 年 5 月第 4 版，第 154 页。

可思议的数字,恰恰说明人类智慧具有"不可思议"的可能。美国芝加哥大学的 C. 贾德森·赫里克博士认为,人类的大脑皮层中有 100 亿~140 亿个神经细胞,按照井然有序的方式排列,通过电生理学方法测定的精确定位的细胞中,电流的潜在差异达到了百万分之一伏特。① 让西方人感到不可思议的就是,如此复杂的网络系统,唯一的存在目的就是"延续身体成长和维持身体功能"。

"任何已知形式的放射能量都会随着距离的加大而减弱,但心灵感应和超感觉却不是这样,它们的确会依实际目标而改变,正如其他精神力量一样。"莱恩博士及其同事在美国杜克大学进行了 10 万次以上的试验,证实了"心灵感应"和"超感视觉"的存在。这些实验的结果说明,不论你是否相信或者接受试验研究者的观点,人类具有这种心灵感应现实的能力,也就是心念改变世界的能力,每一个人都有这种天赋,只是它沉睡着,被埋没着和被掩盖着。

这里的任何论述,都不意味着读者必须接受或者相信,作者引用西方的科学研究数据,也不是出于"说服"的目的,而是表达作者自己的体悟:人类通过不同的方式通向真理。用经典的话说,"是法平等,无有高下"。需要指出的是:西方人眼中的人类"大脑",只是心识的载体,如果他们不能到东方的智慧传统中寻找自我认识的途径,想通过有形的逻辑分析来揭示大脑"心识"的秘密,是缘木求鱼。

天人感应的事例,无处不在。远者如西汉时,董仲舒治国,"以《春秋》灾异之变推阴阳所以错行,故求雨,闭诸阳,纵诸阴,其止雨反是;行之一国,未尝不得所欲。"后"辽东高庙、长陵高园殿灾,仲舒居家推说其意,草稿未上,主父偃侯仲舒,私见,嫉之,窃其书而奏焉。上召视诸儒,仲舒弟子吕步舒不知其师书,以为大愚。于是下仲舒吏,当死,诏赦之,仲舒遂不敢复言灾异。"② 近者如 2008 年 5 月初,释净空大师突然在安徽汤池镇发起"护国息灾法会",六次提醒大众避免灾难。5 月 9 日特别说明灾难的原因,特别是地震是怎么发生的。但是有人在大地震之后不解,问为什么不可以直

---

① 拿破仑·希尔:《思考致富》,中信出版社 2010 年 5 月第 4 版,第 154 页。
② 班固:《汉书·董仲舒传》,浙江古籍出版社 2000 年 1 月第 1 版,第 801 页。

接把讯息讲给大众，讲给媒体，回曰："不可以（直接讲出来），为什么？社会大众会说你妖言惑众，会起反效果。"因心路幽微，无始茫茫，实在是难以穷尽的无量无边的宿因。只有真正明白宇宙世界自然之理，才会由内心消除可感应灾祸的前因，从而消除外在之灾。

古人通过感应论，设卦观象，得出"国之将兴，必有瑞象；国之将亡，必有灾孽"的结论。当然，流弊也时有发生，有昧道无德者为了取悦统治者，而故弄玄虚。以至于不明就里的大众泾渭难分，真假莫辨。其实，普通民众只要看看自己周围的环境，就可以知道个大概。例如，习字者可以通过颜真卿书体的堂皇典雅，望之如盛德君子，判断其与忠臣孝子一脉相承；而倪元璐的扭曲颤抖，正是国破家亡的写照。"一叶落而知秋"，《素书》有言："非其神圣，自然所钟。"

《中庸》曰："至诚之道，可以前知。国家将兴，必有祯祥；国家将亡，必有妖孽。见乎蓍龟，动乎四体。祸福将至，善，必先知之；不善，必先知之。故至诚如神。"

圣人与常人的区别，只在用心不同。一个普通人，如果能够放下一己私见、成见、邪见，把自己的思想和精神与经典记载的圣贤思想与精神合上，同心同德，同愿同行，可以当体成真，则凡人就是圣人。

3. 天人本一，天人一气。人本先天一气而生，自然是天人本一，一气贯注。自生障碍以来，人天隔绝，人气失之源头大补，虚耗不禁，不足百年人之气渐弱渐绝。非天气有私，人自私耳。天

○ 内心宁静、清净、空灵，可以体证不可思议的灵感和力量。

道无亲，常与善人。与善人什么？气也。气充实，则神完气足，神闲气定，正气存内，邪气不干，百害不伤，百邪不侵。

怎么才能打开天地滋补人气的管道呢？心空。唯意念清净，恬淡虚无，精神内守，真气从之。外着色象，心逸神驰，随六尘飘荡，轻者精神涣散，重者元精外泄。一个气球，针孔大的漏眼儿也能很快使其气泄尽，干瘪得剩下球皮。所以修行讲究"无漏"，才能如孟子所说"我善养吾浩然之气"，"其为气也，至大至刚；以直养而无害，则塞于天地之间。其为气也，配义与道；无是，馁也。是集义所生者，非义袭而取之也。行有不慊于心，则馁矣。"

任何不良习性，都是我们人生的漏气针眼儿；任何不良欲念，都是我们人生的漏气针眼儿。我们的气不足，则精力不足，精力不足则智力不足，智力不足则识人断事不足，一切事业受损。预为富有大业，必须养气。

"气，体之充也"。养气是养财的根本。养心是养气的根本。"夫志，气之帅也"，"所以任物者谓之心，心有所忆谓之意，意之所存谓之志。"立志而后以德行于世间，是养志。所以，养财需要养气，养气需要养心，养心需要养志，养志需要养德。养德即是培德，培德需要戒除一切不良习性，是为不漏。心地有一丝沾染，有一丝挂碍，就不能心空解脱。色生香味触法，与生俱来，为自性清净光明无染之贼，一旦照破消灭，如丽日当空，万里青天。浩然之气充塞天地，浩瀚无涯。

《黄帝内经·灵枢·本神第八》岐伯答曰："天之在我者德也；地之在我者气也，德流气薄而生者也"。所以"天人合一"就是"德人合一"，就是人完全按照德行行事，没有一丝一毫违反自然伦理，就是与天德合一。孔子70岁"从心所欲不逾矩"，就是身心达到了完全遵守自然道德的境界，就是天人合一。其后三年，孔子没。"没"之意，世俗之人，确切地说是道德没有达到"天人合一"境界的人，谓之"死亡"；通达人与自然天然一体的人，谓之"返回先天"，就是说返回纯粹的道德，恢复清净光明的纯阳本体。古义"归天"是说其人道德高尚，"人道尽，天道返"。王凤仪先生说，读书的修行人长时间没有成就，就是因为专看人毛病，把自己当成了垃圾桶，心里收阴，阴气不除，就不能成就。所以，不仅仅吕洞宾一人纯阳，所有成就的圣贤都是纯阳境界。

中国古代经典物理学的认识，天是清轻上浮的，纯阳无阴，地是凝重下沉的，纯阴无阳，人是秉天德地气所生，半阴半阳。德行高的人，是言行合德、清净无染的人，也就是天的成分多些，阳气充足，因为清轻上浮的自然特性，所以这样的人感受到身心轻快，五脏六腑周身百骸，好像飘浮在空中，好像游在水中，犹如虚空，所以有灾难也会"授而不受"，就是经历其事，但是逢凶化吉，没有苦报。例如地震、车祸、空难、海啸等灾难中的幸存者，有的可以毫发无损。而德行差的人，地的特性就多一些，阴气盛，凝重下沉，所以这样的人常常感到身心沉重，如泰山压顶，疲惫不堪。有这样感觉的人要小心了，任你位镇江山，权倾天下，任你亿万家财，富可敌国，一旦到达一个"沉重的临界点"，阳气不存，自然在物理上就变成"纯阴无阳"了，也就是大众通常说的死亡。汉语中有一个形容词叫"死沉"，其实是客观描述阴阳之自然特性，没有了上浮的力量，自然就会感觉到"死沉死沉的"。其他多数人，居于"中间"，半阴半阳，有德行，也有劣行，有公心，也有私心，有志气，也有泄气的时候，有理智，也有感情用事的时候，性识无定。总之如《坛经》所云："自性具足，能生万法"，善法也能生，恶法也能生。所以西方一知半解的《人性论》，误导了西方经济学两百年，误导了世界两百年。

《易经》言："天地氤氲，万物化醇"，天地阴阳气交，人与万物化生。这就是要合德行善的根本原因。

德行深厚的人，虽然身形不过八尺，但是德行的"气象"与天地贯通，犹如无线电，千里应之。"水深波浪静，德厚人自亲"。孟子曰"得道者多助"，人气旺，财源自然滚滚而来。所以老板谦卑节俭、和气待人，是生财的根本，这样的老板"有道"。有道必有德，有德必有财，财富的本质是道德，财富的来源是道德。那些颐指气使、鄙视顾客的老板，早晚会自食其果、树倒猢狲散。

二、"道德仁义礼智信勇强和"十者一体

得经济之道者，具备十德：道、德、仁、义、礼、智、信、勇、强、和；具备十德者，必得财富自由。十德就是从事经济的人所需要的素质。

《中庸》曰："凡事豫则立，不豫则废。言前定则不跲，事前定则不困，

行前定则不疚，道前定则不穷。在下位不获乎上，民不可得而治矣。获乎上有道，不信乎朋友，不获乎上矣；信乎朋友有道，不顺乎亲，不信乎朋友矣；顺乎亲有道，反诸身不诚，不顺乎亲矣；诚身有道，不明乎善，不诚乎身矣。诚者，天之道也；诚之者，人之道也。诚者不勉而中，不思而得，从容中道，圣人也。诚之者，择善而固执之者也。"

1. 道的内涵。在世人心中，"道"有多种涵义，且常常赋予其"玄学"、神秘学的色彩，进而因自迷反而将之归入迷信之流。"道"字在《汉字源流字典》中，有名词35条、量词5条、助词3条、动词4条。另外有"导"义6条。① 其中除了道路这一本义之外，与本文论述主题相关且重要者有八：（1）方法途径；（2）以老子和庄子为代表的思想流派；（3）宇宙万物的本源本体；（4）法则规律；（5）道德正义；（6）主张学说；（7）良好的治国措施；（8）技艺技术。

南怀瑾先生在讲解《大学》时将"道"的涵义归纳为五类②：一是道路，二是方法上的原理，三是形而上哲学代号，四是讲话，五是某个宗教或者学术流派的最高主旨。《管子·形势篇》中说："得天之道，其事若自然。"中国经济思想史学科的创建人胡寄窗教授指出管子书中的"道"是"代表对待一切事物的原则和方法"，和春秋时代的天道观念相一致，是朴素唯物主义的范畴。③

以中国的经典来说，本书所说的"道"是《易经》一阴一阳之道，老子之道，孔子一以贯之之道，曾子大学之道及其生财大道，子思中庸之道，内经阴阳四时之道，并且与"法"字在"最高宗旨"的意义上通用。

"合道"的状态就是"中"，"中国"原系文化发达地区称谓。经济即是以"中道"（常道、大道、天道、自然秩序、自然规律、自然道理、自然法则、伦常之理、伦理）帮助天下百姓，治理国家，小则安身立命，中则发家致富，大则富国强兵，普利天下六合之内的"信愿行"。

《老子》言道，一化万象。《素书》言道，五者一体。孔子言道，一以贯

---

① 谷衍奎：《汉字源流字典》，语文出版社2008年1月第1版，第1490页。
② 南怀瑾：《原本大学微言》，复旦大学出版社2003年4月第1版，第30页。
③ 胡寄窗：《中国经济思想史》，上海财经大学出版社1998年12月第1版，第369页注解11。

之,化为五伦。《中庸》曰:"天地之道,可一言而尽也。其为物不贰,则其生物不测。"《四库全书总目提要》说:"易之为书,推天道以明人事者也。"不明天道规律而行人事,自然是"盲人骑瞎马,夜半临深池"。

《易经》说明,"道"有天道、人道和地道,人居其中。有一种说法,说人的上半身要依从"天道",下半身倚重"地道",[①] 这是没有参透人身乃阴阳合一之体、人身上下无一处不是阴阳合一之道的错误说法。若一定要从天道与地道合一于人道的角度解释,其实是人的精神、思想、意识、脾气、秉性这些"无形的存在"要顺从天道,所谓养性、养心、养神、养意、养气,《黄帝内经》所谓"法于阴阳,合于术数",统称为养阳;而人的血肉之躯四肢百骸这些"有形的存在"要遵循地道规律,所谓养身、养血、养骨、养筋、养肉,《黄帝内经》所谓"食饮有节,起居有常,不妄作劳"统称为养阴,阴阳二者合养,才能"形与神俱"。天道清轻上浮,清明、灵妙、公正,地道厚重下沉,凝结、涵养、无私,二者共同决定了居中的人道必是"中庸之道",也决定了"大学之道"和"经济之道"的共同特点:道、德、仁、义、礼、智、信、勇、强、和十者一体,综合了《易经·乾卦·文言》所指"天行健,君子以自强不息;地势坤,君子以厚德载物"的全部内涵。从汉字造字法上推究,人道之主称"王",上面一横"一"表示天,下面一横"一"表示地,中间的"十"表示人在天地之间,承接着古往今来,贯通着横涯无际,平和中正乃具王者之气,是以人王是指这样的智慧德行通达之人,犹如孟子所说的"浩然之气充塞天地之间"。不论天道、地道还是人道,都是"道"的分店,分而不分,相上有分,性上无分,正是庄子所谓"天地与我并生,而万物与我为一"。现象上有分别是为了说明和表达的方便,真到了见道之时,无分无别,无去无来,无取无舍。

也有观点把道分为三个层次,谓最高者不可说,其次很难说,最下者可以说,可以说的部分,被称为"秩序、规矩、制度、法则"。[②] 这也是不合适的说法。道无高下之分,也无"不可说"、"难说"和"可说"的区别,其实

[①] 曾仕强、刘君政:《易经真的很容易》,陕西师范大学出版社2009年4月第1版,前言。

[②] 曾仕强、刘君政:《易经真的很容易》,陕西师范大学出版社2009年4月第1版,前言。

是人有智慧认识上的高下层次之分，是人自己以为有"不可说"、"难说"和"可说"的区别。从道的根本上讲，"秩序、规矩、制度、法则"也不可说，也是道的体现，一切说法，皆是因缘生起，因缘生灭，因缘说法，应机设教，没有一个固定可说的道，没有一个固定可说的"秩序、规矩、制度、法则"，着一相不是道，着一法不是易。

宇宙规律或者自然秩序、人生道德或者人身伦理、经济之道或者经济制度，是贯通无碍的，不是说道德只是观念上的文化要求，而经济只是真金白银的实践，这是本末倒置的说法，其实经济之道就是道德实践，就是伦理的施行，就是自然秩序的体现，有一点没有满足，经济运行不会和谐顺畅，就会产生动荡和危机。荀子曰："国者，天下之利势也。得道以持之，则大安也，大荣也，积美之源也。不得道以持之，则大危也，大累也，有之不如无之。及其綦也，索为匹夫，不可得也。齐湣、宋献是也。故用国者义立而王，信立而霸，权谋立而亡"。

《大学》有言"本立而道生"，道生什么呢？包罗万象，无穷无尽。一本万殊，君道、臣道、组织道、妇道、夫道、家道、父道、子道、兄道、悌道、友道，这一切都是道千变万化的"分店"。就其某一"分店"而言，原本大通无碍的"道"就有"界限"了，"道"理就变成"科"学。所以大学强调"知本"，正因为曾子强调知本，才能成就"知之至"的"大学"。"大学"是什么？是没有边际的学问，没有边际的学问是什么？"道"学。所以《大学》破空而来的第一句就是"大学之道"！

《易经·系辞上传》曰："一阴一阳之谓道，继之者善也，成之者性也。"《素书》曰："道者，人之所蹈，使万物不知其所由。"《黄帝内经·四气调神大论》曰："夫阴阳四时者，天地万物之根本也，是以圣人春夏养阳，秋冬养阴，逆之则灾害生，从之则苛疾不起，返逆为顺，是为得道。"阴阳谓之两仪；阴者有形，阳者无形；或天与地之分别。与道术相对应，遂有性与相、形而上与形而下、阴与阳的说法。一方面从有形者谓之，另一方面从无形者谓之，其实二者是合一的。那么落实在"经济学"中如何表达有形无形此一对矛盾统一体呢？曰：财与政。财者，有形之谓也，政者，无形之谓也。政以财显，财以政活。在地道的中国本土文化中，以阴阳两仪的角度出发，经济之道就是一财一政之道，经济学就是"财政学"。

○ 经济一道，济身易，济性难。富贵之后修身养性者因难能而可贵。

经济一道，不难于济身，而难于济心；亦不难于济心，而尤难于济性。济人身者，衣食住行无非自古食货之用；济人心者，衣食无虞之上的和乐安宁、志有所属；济人性者，明不去如来之自性圆觉，明"身如聚沫心如风"，明道法自然、法本无法，身在万境而不迷不染不牵挂，济人之境以此为最为极，一救万古万世。此就个人言之。于国家社会而言，经济一途，不难于生财致富，难于生财有道互利互惠；亦不难于互利互惠生财有道，而尤难于使天下万民明了德本财末、与人相应、一切自求，苟能一教而天下化之，则万民各行其道，互不倾慕、嫉妒、竞争，安居乐业，天下和谐，垂拱而治。究其极致，经济之道，虽牟利之属，而实教化之旨也。

经济之理，世人皆谓可触可摸之真金白银之谋取勾当，殊不知一切经济现象不过是行为的构成，一切行为是人之心理的外化。心理展现为行为，行为构成经济现象，心理多变，则行为莫测，行为莫测，则经济现象无端。所以经济之道，实质是人心善恶明暗之道。世间论经济之作，汗牛充栋，每多各逞己见，动辄彪炳创新，殊不知此事并非公说公理婆说婆理，实在是有一个同一的标准和境界，或言经济危机而不明危机之所以然，或言经济政策而不探其政策之所以效，不知一切皆出于人之内心本性。

济人者，有道者为之。济人者，明天地大经者为之。济人者，明明德者为之。否则，自误误他，迷上加迷，以讹传讹，为患无穷。不知水性者不可教人游泳，不谙音律者不可以教人抚琴，不知经济之道者不可以教人经济之事。一个人如

第二章　中国经典经济学赖以建立的基本观念

果不知自性具足、不知心地光明、不知身体无争不染嗜好之义，是不能够真正以经济世的，非但不能自济济他，难免自误误人。

中国经济文化中，除了经济之道，还有商道一词。其实"商道"就是大学之道在商业行为上的落实；就是中庸之道在取利方面的落实；就是经济之道在流通货物过程中的落实。有多大的德行，能够聚多大的财富；财富如流水，向德者汇聚如百川归海；如浮云，向德者涌动如随风凝聚。所以，有财富者德行有亏，必定转向衰败，上至皇帝总统，下至黎民百姓，盖莫能逃，史书明训，天理昭彰，不是客观存在的不以人的意志为转移的科学定律吗？贵为天子，心内、身上德行有失，身外必失国之富强，此为"相应"，古印度称"瑜伽"。如唐玄宗李隆基见色起意，夺寿王妃，内有家庭纲常伦理之乱，遂有外感安史之乱，国家由盛转衰。说一人担负国家兴衰，岂是虚言！再如宋徽宗流连青楼，是以九五之尊行贱人之行，遂感得国破家亡，被金人掠夺去、置于枯井之中，卑贱至极。至于平民百姓、地方富豪一类得意忘形，反天时、逆地理、欺暗室、昧良心，导致事业家道由盛而衰，就更加数不胜数。但凡家道中落，但凡生意突然遭遇失败，主事者德行必有亏欠。人碍于情面不肯承认，但是天理既是客观规律，识者自然心中知晓。对于庖丁来说，目无全牛，牛的身体结构是透明的；对于汽车工程师来说，目无全车，汽车的构造是透明的；对于地道的中医来说，人的身体是透明的，是否健康、何时得病、因何得病，一目了然。同理，

○ 家道中落，生意突遭意外，主事者德行必有亏欠。

有道之士、明德之人，观察天地情状、人生境遇，心知肚明。所以有良知者可以前知。这同当今研究基因的学者宣称只要得到一个人的基因序列就能知其一生命运的观点相比，只是名词表达的不同，本质上没有不同。由此可知，商道就是人道，就是天道，就是医道，可是一旦不守伦理之道，自己就会把"商道"变成"殇道"，变成"伤到"！应切记"恶不积不足以灭身"的古训。

《素书》，既然是可以理身、理家、理国的学问，当然可以是一部完整的可操作的"经济学"；《大学》，既然指出"德本财末"和"生财有大道"，当然也是一部完整的可操作的"经济学"；这就是中国古代"经济学"的特点：面貌不同，但是实质相同，同归于道。孟子曰："天下溺，援之以道"。今天下沉溺物欲，也必须令天下明道，方可救溺。曾子另言："物有本末，事有终始，知所先后，则近道矣。"两千多年来，"道"在中国文化中几乎无处不在，但是时至今日，尤其在中国传统经典文化的真髓长期隐没、现代科技文化百年昌行的时代，"道"几近失矣。其不知道者皆谓之"玄"，谓之"妙"，谓之"神秘"，谓之"迷信"，谓之"不科学"，谓之"不可知"，每每语义神情带有鄙视、嘲讽和不屑。此种境况，虽然令人扼腕，但是也是时代的必然。《老子》曰："上士闻道，勤而行之；中士闻道，若存若亡；下士闻道，大笑之。不笑不足以为道。"观今时之人，不知本末，不识终始，不辨先后，若强求其知，岂不谬乎！

孔子曰："其人存，则其政举；其人亡，则其政息。""故为政在人，取人以身，修身以道，修道以仁。"

2. 德的分类。德者，得也。得何？一切。包括人身、人生在内，一切是有得而来。《素书》曰："德者，人之所得，使万物各得其所欲。"本书总结历史典籍的论述，将"德"分为十类：一是宿德，指个人宿世累积之德；二是祖德，指先祖世代累积之德；三是现德，指当世心行累积之德；四是公德，与共业相对；五是私德，与别业相对；六是上德；七是中德；八是下德；九是阳德；十是阴德。

上中下三德就是划分层次，不用解释。《老子》四十一章曰："上德若谷，大白若辱，广德若不足，建德若偷，质真若渝。"阳德指众人皆知的德行；阴德指其他人不知道的德行，即现在的"做好事不留姓名"。上德若谷很好理解，为什么"建德若偷"呢？就是"为人深厚，不伐善"，全是暗地里做的，大张旗鼓地做好事就像熊瞎子掰苞米，随有随丢，当时就报掉了。以观音法门观之，"道"者，盗也，是从天地里"偷"得一个好东西，怎么偷呢？"盗亦有道"。都说经济学是选择的学问，选择"偷"什么会有天地之别，"偷"道的人有德，得的是道，所以有"道德"；偷错了，成了偷人钱财的"偷盗"，就是"偷倒"了，偷反了，拿错了，倒行逆施，得的是"倒"，颠倒，就把自己偷到牢里去了。同样是偷，人家建德，他却建牢，发心不同而已。

"阴德"一事古来流传，今人已经淡漠。兹举汉宣帝丙吉之事（原文摘录自《资治通鉴·汉纪十七》），与读者共思之：

丙吉为人深厚，不伐善。自曾孙遭遇，吉绝口不道前恩，故朝廷莫能明其功也。会掖庭宫婢则令民夫上书，自陈尝有阿保之功，章下掖庭令考问，则辞引使者丙吉知状。掖庭令将则诣御史府以视吉，吉识，谓则曰："汝尝坐养皇曾孙不谨，督笞汝，汝安得有功！独渭城胡组、淮阳郭征卿有恩耳。"分别奏组等共养劳苦状。诏吉求组、征卿；已死，有子孙，皆受厚赏。诏免则为庶人，赐钱十万。上亲见问，然后知吉有旧恩而终不言，上大贤之。中宗孝宣皇帝上之下元康三年（戊午，公元前六三年）春，三月，乙未，诏曰："朕微眇时，御史大夫丙吉，中郎将史曾、史玄，长乐卫尉许舜，侍中、光禄大夫许延寿，皆与朕有旧恩，及故掖庭令张贺，辅导朕躬，修文学经术，恩惠卓异，厥功茂焉。《诗》云：'无德不报'，封贺所子弟子侍中、中郎将彭祖为阳都侯，追赐贺谥曰阳都哀侯，吉为博阳侯，曾为将陵侯，玄为平台侯，舜为博望侯，延寿为乐成侯。"贺有孤孙霸，年七岁，拜为散骑、中郎将，赐爵关内侯。故人下至郡邸狱复作尝有阿保之功者，皆受官禄、田宅、财物，各以恩深浅报之。吉临当封，病；上忧其不起，将使人就加印绂而封之，及其生存也。太子太傅夏侯胜曰："此未死也！臣闻有阴德者必飨其乐，以及子孙。今吉未获报而疾甚，非其死疾也。"后病果愈。

曾子《大学》谓："是故君子先慎乎德。有德此有人，有人此有土，有土此有财，有财此有用。德者本也，财者末也。"如今人们不相信德行，只相信金钱的力量，正是舍本逐末，本末倒置，所以灾祸不断，生活辛苦，不得安宁。

○ 代理问题是道德问题。

在 2008 年金融危机之后，投资大师索罗斯发现的"不对称代理问题"其实是人的道德水平下降才产生的。这些违反了"德""信""义"的人的行为自然是不符合道德伦理的行为准则的。所以人的行为最终会感得天灾人祸和经济危机。索罗斯本人也已经认识到这个问题其实是道德问题。他说"实际上，代理问题更多的是道德问题。而从合同及经济动机角度分析，其实更加剧了道德问题。认为人的行为受合同及经济动机主宰的原则，其效果是取消或至少减少了道德因素的考量。""在最近的金融危机中，代理问题被证实是金融体制失灵的原因。当金融工程师通过发行债务抵押债券将房屋抵押贷款变为证券时，他们以为是在通过地域多元化降低风险，而事实上是将创造和发行合成证券的代理人的利益与证券所有人的利益分割开来，从而制造了一种新的风险。代理人更感兴趣的是赚取手续费，而不是保护其委托人的利益。"①

《尚书·咸有一德》曰"非天私我有商，惟天佑于一德；非商求于下民，惟民归于一德"。德行如大地，生育一切万物，涵养一切万物，包括财富和智慧。所以欲有成就，必须有德，才能成事。所以德如土，是为"土德"。在中国古代，有土德者，就是有容纳一切、涵养天下的胸怀，土在五行中属中，在五色中属黄色，所以轩辕氏被尊称为"黄帝"。后世称"皇帝"，虽然字不同，但是同音，也是寓意德行深厚；后来皇帝的龙袍定为黄色，也是提醒为人君者要有土德，要有容纳天下的大量，是为大德。有大德者不享其国，则必享其名。

---

① ［美］乔治·索罗斯：《超越金融：索罗斯的哲学》，中信出版社 2010 年 4 月版，第 56 页。

有做生意的企业家或者私营业主,在某一阶段,会感觉钱财来得莫名奇妙,似乎天上掉馅饼一样就来了运气,订单主动找上门来,发财发到让自己"不好意思"。在这个阶段内,财运非常旺,而且旺得自己不知所措。这就是祖德、阴德作用的结果,所谓"积阴德者必得其乐"。相反,也有人会在某一阶段"喝凉水都塞牙",处处不顺受阻,到手的发财机会也会鸡飞蛋打。而又找不出明显的缘由,那么就是亏阴德所致。

由于人的心念过于庞杂,难以计数,起心动念之间就如海上波浪,造成了人生的穷通富贵的过于庞杂的干扰因素。如果心如止水,清静无染,正道而行,必定平和一生,少有逆事,常逢好事,好运常在。只因得道多助,命运在念念积德之间就逐渐转化了。如果再能够心存慈善,广行布施,解危扶困,必定当生得大富贵。

3. 仁的本质。孔子曰:"己所不欲,勿施于人。"《中庸》曰:"成己,仁也。"《孟子》曰:"人者,仁也。"《素书》曰:"仁者,人之所亲,有慈惠恻隐之心,以遂其生成。"中国的经典是圣贤经邦济世之心的文化记录,能够使任何依照奉行的人"遂其生成"。不但给人以精神上的指引和慰藉,而且还可以让人体证"书中自有千钟粟",实现物质财富的自由。仁慈的发心,乃万德之源,是为人必须具备的德行,人之所以为人,就在于"仁"。

现在的人们习惯"定义",因为不思考,不体悟,所以心思在文化之外。对仁的理解是典型的例子。人们常说孔子未给"仁"下一个明确的定义,这是误解。甚至还有好事者以"仁"在论语中出现37次的统计,得出结论"说明仁在孔子学说中如何如何重要"云云,非常可笑。以字词的数量来说明重要性,真是没文化到极点了。翻遍《国富论》,斯密提到"看不见的手"没有超过三次,却被后世奉为金科玉律;翻遍《国富论》,斯密未提到"理性",可是后来的所谓的经济学理性害惨了全世界。谁干的?为什么这么干?居心不仁,己所不欲,"务"施与人!

"仁",就像"道""心""真如""自性"这样的概念,其实是为了方便说法而起的名词,如果执着在文字上,就永远不能体会文字所要表达的真实义。真正的老师,具格的上师,得道的高人,都是因机设教,因材施教,宇宙万物莫非教材,全看当时的情景、机缘和弟子的根性,而灵活作答。如果执于文字,作谁谁在某时说的是一定的想法,就是颠倒执着妄想。

从造字法上,"仁"首先是单人旁,说明与人相关;右上横"一"表示天,右下横"一"表示地,中间一片光明坦荡,说明心地纯净,没有私心的阴暗,没有阴沉凝结的阴性物质,如果在人与人之间做到这样的光明磊落,就是"仁"。孔子对弟子或者旁人的提问,回答一定是根据问话者的根器、学识、品格、经历等千差万别的因素应机作答,所以回答绝非人们想象那样的千篇一律。这正说明高明的教法是没有定法的。我本无心,因问生心;物来则应,过去不留。非要执着一个定义的"仁",岂不是死在学术文字里了吗!

仁也并非是大家持贬义的"老好人",这里面是"道、德、仁、义、礼、智、信、勇、强、和"齐备的涵义。不可刻板呆滞地理解。仁者,执法严谨,并非懦弱而循私情,仁者可以雷厉风行,可以大义参天。例如子贡问孔子,管仲没有为原来的主人公子纠殉葬,而是投降小白又作了宰相,这算是仁者吗?孔子说管子相齐桓公,"霸诸侯,一匡天下,民到于今受其赐",乃是大仁大义,不能以匹夫匹妇的小节小信来求全责备。

千年以来,唐太宗是施行仁政的明君典型,但是也有因其发动玄武门之变于悌道大亏而诟病。历史无法假设,评人未可求全,有人自称是儒家学派,指责太宗的过失,可是从孔子看待管子的见识上,可知孔子绝非腐儒,后世宣称是孔门学人的,恐怕有扛着红旗反红旗的嫌疑;也有人从佛家因缘果报的角度说太宗与李建成之间有"杀人者被人杀"的宿缘,这是很深的道理了。但是毕竟唐太宗身兼开创和守成双重任务,泽被后世,惠及万民。若时空倒转,孔子未必会批评唐太宗吧。

○ 如何评价唐太宗的悌道大亏与贞观之治?

《孟子》也说过："有不虞之誉，有求全之毁"。求一个完全的评价，天下没有好人。

"完人"的定义往往让人望而生畏，人们又往往自甘凡夫俗子，以为完人圣人的作为与己无关。其实这是对圣人和完人的错误理解，是求全责备的推卸。仁，就是处理人与人之间的关系的天道伦理。推己及人就是仁，就是无上美德。世人断章取义，望文生义，一知半解，遂下邪佞粗鄙之断语，实在是于圣人无损，而于自家身命有伤也。任何道德伦理都是活泼泼的大道体现，怎么能够理解得僵化死板呢？后世知行不一、解行不应的读书人，执着文字，不懂实行，不肯实行，空口空谈，实在是打着圣人的旗号杀圣人啊！我们看现代的例子：李亚鹏和王菲设立嫣然基金，专门治疗天生唇腭裂儿童，就是出于己所不欲、免于人受的恻隐之心，即"仁"。真的"仁"，不是为"仁"而行"仁"，而是不为求"仁"而自然地行"仁"。现在的世界，其实也坏在那些有心为善的"好人"身上，自以为善，眼里全是世界的毛病，全世界就自己是好人？这是修养的大忌，心理阴暗，黑漆漆一片，怎么能够成为"人"（仁）呢？

如果您还能看到别人的毛病，对不起，您还得修；如果您眼中全是圣人，那就恭喜您了！——我老钟也"请从其后"！

4. 义的伦理。《素书》曰："义者，人之所宜，赏善罚恶，以立功立事。"孔子在了解公叔文子时，公明贾说："夫子时然后言，人不厌其言，乐然后笑，人不厌其笑；义然后取，人不厌其取。"每个人摆正自己的位置，素位而行就是义，就是符合伦理之义。例如网友们对杂交水稻之父袁隆平的买车打算大加支持，即"义然后取，人不厌其取"的实例。而一个贫困县的检察官开着近百万的途锐SUV上班，就会激起网民的怀疑、谩骂和愤慨。原因是不当取利，身处不义，必有"逆事"——非是逆事，而是"自作自受"，有是因有是果，非其人不受。孔子所谓"道之将行也，命也；道之将废也，命也。"

子路问怎样成人，孔子说若具备"臧武仲之知，公绰之不欲，卞庄子之勇，冉求之艺"，再文之以礼乐，即可成人。孔子认为"今之成人者何必然？见利思义，见危受命，久要不忘平生之言，亦可以成为成人矣。"可见，看到财利时能够不忘义，就是君子爱财取之有道。

天人本一和财富相应两条公理，决定了"义"。一切生命形式及其所需的物质条件丰足充沛，是天经地义的事。农业生产要"务尽地力"，个人要勤奋劳作"苦身戮力"，商人有流通有无和余缺的义务，工匠有精益求精、物尽其材的义务。义字定义了规则，定义了行为的规范，不义之事，虽万金之利不可做。这是一个美好人类世界的德行基础。例如，不能一方面制造财富，同时使世界的某一方面造成伤害，这就是不义之举，这就是不义之财。违反了这个义，就会遭到自然的惩罚，因为这个"义"不是哪个人规定的，是客观规律。"非其神圣，自然所钟"。从这一点上反思资本主义的资本积累史，我们就会明白为什么今天环境保护和可持续发展在资本主义发展了几百年后，成为迫切的人类主题。

义不但是人之所宜，也是国之所宜，失去了"义"，君主和民主都不可靠。现在有人把民主制作为"政治先进"的代名词，把君主制作为"政治落后"的代名词。君主制不意味着落后，民主制不意味着先进。有德行操守的君主可以给国家带来繁荣，没有义的民主也不会带来理想的发达。现今世界200多个国家，实行"民主制"的国家占绝大多数，都是和平和谐平安的富裕国家吗？民众的文明素质低下，不宜而行，"民主"恰恰是最危险动荡的制度。《贞观政要》中，君臣之义得到充分的展现，国家迅速繁荣兴盛。越王勾践和范蠡、文种君臣之义得到充分展现，居然可以在灭国后历经二十二年雪耻称霸。也有学者认为皇权就是皇帝恣意妄为，由于没有制度的约束，造成体制多变，因而2000多年来培养了中国的"投机文化"，投机行为又反过来作用于体制。解决的根本方法是市场化、制度化和增加透明度。因为预期的不稳定，就要寻求制度的建设，为长期行为决策打下基础。这不但是逻辑错误的推断，而且是不了解中国历史的无知，不了解皇帝也有德行操守，也有行为规范和制度制约，不了解没有道德中国不会流传到今天。

《大国崛起》这部电视片掀起了一阵热潮，人们希望从历史脉络中寻找自己崛起的简捷路径。但是九个资本主义大国为什么轮流坐庄如走马灯？为什么不能像中国的一些朝代那样在几百年间的漫长历史中保持繁荣稳定？答案就在生财之道上，就在取财是否遵义上面。靠海上掠夺和殖民掠夺这样的方式取得的财富，通常富不过三代，不会超过100年，就风光不再了。

《资治通鉴·周纪四中》把国家行义之伦理关乎生死存亡说得透彻清楚："挈国以呼功利，不务张其义，齐其信，唯利之求；内则不惮诈其民而求小利焉，外则不惮诈其与而求大利焉。内不修正其所以有，然常欲人之有，如是，则臣下百姓莫不以诈心待其上矣。上诈其下，下诈其上，则是上下析也。如是，则敌国轻之，与国疑之，权谋日行而国不免危削，綦之而亡，齐湣、薛公是也。故用强齐，非以修礼义也，非以本政教也，非以一天下也，绵绵常以结引驰外为务。故强，南足以破楚，西足以诎秦，北足以败燕，中足以举宋。及以燕、赵起而攻之，若振槁然，而身死国亡，为天下大戮，后世言恶则必稽焉。是无他故焉，唯其不由礼义而由权谋也。"

司马光在《资治通鉴·秦纪》中评论燕丹使荆轲刺秦失其大义时说："夫为国家者，任官以才，立政以礼，怀民以仁，交邻以信。是以官得其人，政得其节，百姓怀其德，四邻亲其义。夫如是，则国家安如磐石，炽如焱火。触之者碎，犯之者焦，虽有强暴之国，尚何足畏哉！丹释此不为，顾以万乘之国，决匹夫之怒，逞盗贼之谋，功隳身戮，社稷为墟，不亦悲哉！"在《资治通鉴·汉纪三》中，司马光认为"大义"是安定国家的伦理，不可不申："当群雄角逐之际，民无定主，来者受之，固其宜也。及贵为天子，四海之内，无不为臣；苟不明礼义以示之，使为臣者，人怀贰心以徼大利，则国家其能久安乎！是故断以大义，使天下晓然皆知为臣不忠者无所自容；而怀私结恩者，虽至于活己，犹以义不与也。戮一人而千万人惧，其虑事岂不深且远哉！子孙享有天禄四百馀年，宜矣！"

"义"的经济效率含义要从"道德伦理"和"社会分工"两个层面来理解。义，《素书》有云"人之所宜"，在本质上是对自然伦理的遵从，每个人认同自己的社会角色，尽职尽责，就是素位而行，就是天然的分工，就是尽到了"义"，形成了自己的人生道路。道并行不悖，君臣有义，君仁臣忠；父子有义，父慈子孝；夫妻有义，夫敬妻贞；兄弟有义，兄友弟恭；朋友有义，信实笃诚。五伦之义尽到，即是人道尽到，即符合天道，也就是符合自然伦理。在这个意义上，社会运行的交易成本最低。如果假设人人诚意正心，笃尽伦常，那么社会成本无限接近于零。所以，道德伦理是社会效率的根本。毫无疑问，道德伦理也是社会公平的根本。由此，可知道德伦理是整个人类社会的根本。回想宇宙从混沌初开的一个"点"开始膨胀，其变化绝不会是杂乱无章的，这一点也得到了霍金和爱因斯坦等严谨的大科学家的支持。这个变化的规律，就是古代中国人所说的"天道"和"天行有常"，伦理的文字学本义是指事物自然开裂的纹理,后来逐渐演变为代指事物必然要那样发展演变的过程和必然要遵守的法则(或者叫运行轨道)。一旦人认识到这个天道伦理自然规律,就是把握了事物变化的发展方向,自然会趋利避害,规避风险的行为,堵死风险的路径,把扑朔迷离的不确定性转化为可预见的确定性。但是"知易行难",绝大多数人败在"行"。

所以"仁"说的是为人的本性,"义"说的是人际关系,五伦说的是合作、和睦、和谐,是社会这个宇宙中的"引力场",五伦决定了人际关系的状态,就像引力决定了星际关系的状态一样。

中国本土经典经济学关于利益关系、收入分配和行为机制的认识,全部是基于对自然伦理的认识。当然5000年的文化中也有"不经典""负经典""反经典"的经济学认识,不论怎样千差万别、五花八门,只要不是对人道伦理、天道常理的透彻认证,就不足为凭。唯有履中道而行,才是正知、正见、正觉、正道、正理、正行、正义、正经、正典。伦理关系就是经济关系,五伦决定了经济分工,决定了收入分配比例,决定了决策主体,也同时界定了产权关系。经济组织的文化体现在五伦关系中。社会分工是对自然伦理的遵守。所以,伦理是决定效率的根本因素。

5. 礼的实质。《礼记·礼运第九》"夫礼,先王以承天之道,以治人之情,"礼,是上承天道以下治人情的措施或者规范,是社会秩序的保障和来源。"圣人以礼示之,故天下国家可得而正也。"

古人讲克己复礼。礼是什么呢?礼是人与人的关系和态度;礼节礼节,节是什么呢?节就是节制,讲分寸,讲周期,讲节制,遵从自然规律。星体按照轨道运行,人依礼而行,就是遵守自己的运行轨道。《素书》云:"礼者,人之所履,夙兴夜寐,以成人伦之序。"司马光认为:"何谓礼?纪纲是也。""礼之为物大矣!用之于身,则动静有法而百行备焉;用之于家,则内外有别而九族睦焉;用之于乡,则长幼有伦而俗化美焉;用之于国,则君臣有叙而政治成焉;用之于天下,则诸侯顺服而纪纲正焉;岂直几席之上、户庭之间得之而不乱哉!"所以,人无论行何种行为,都要遵从道德伦理,否则就是"出轨"了,无论天体还是人生,脱离轨道运行都一定意味着摩擦、撞击和毁灭。其实,这就是说,财富的本质是伦理的根本原因,也是生财有大道的自然解释。就像基因序列规定了人体的轨道一样,伦理自然的秩序和因果律规定了经济规律。

6. 智的运用。《黄帝内经·灵枢·本神第八》,"所以任物者谓之心,心有所忆谓之意,意之所存谓之志,因志而存变谓之思,因思而远慕谓之虑,因虑而处物谓之智。故智者之养生也,必顺四时而适寒暑,和喜怒而安居处,节阴阳而调刚柔。如是,则僻邪不至,长生久视"。智慧是德行的果报。现代物理学发展到量子理论,认识到宇宙没有实在的物质,都是"波",都是"粒子"。智慧,包括耳聪目明,都是德行的结果。简单地说,德行会和宇宙中一种电波、一种频率的能量发生和谐共震,使人的生理和分子结构发生排列上的改变。有大德的人不教而善,心态平和,常行正真,常行饶益,心中常有欢喜和感恩,这些情绪就是一种频率的波动和宇宙发生和谐的震动,这样的人心胸开阔,心中常生智慧,头脑中常常灵光迸发,没有蒙昧和昏聩。当人们以为事情可以智取,与德行无关时;当人们以为可以神不知鬼不觉地行事时,其实是自我心灵的蒙蔽。所以,智慧是德行的显现,所有智取的,其实在本质上是因"德"而得,否则任你"神通第一"也得不到。

经商致富的,需要第一流的头脑和真正的勇气与胆识。这些都是从哪里来的呢?都是从德行上来的。心智、机智都是分析趋势、判断局势、理解天时、分析地利、促进人和的关键,中国古代把头脑的聪慧称为"天赋",就是说明人生中有一部分才能不是靠后天勤能补拙就可以追赶和弥补的。

《老子》二十七章云:"善行无辙迹。善言无瑕谪。善数不用筹策。善闭无关楗而不可开。善结

○ 头脑、勇气和胆识都是从德行上来的。

无绳约而不可解。是以圣人常善救人，故无弃人。常善救物，故无弃物。是谓袭明。故善人者不善人之师。不善人者善人之资。不贵其师、不爱其资，虽智大迷，是谓要妙。"经济学本应该是常善救人、常善救物的学问，把天下间的人、财、物运用好，就是最大的经济。看看现在的西方经济学"主流"，难道不是老子所说的"虽智大迷"吗？

7. 强的施展。谈道德者不知其强，终究不知道德。《素书》有言："失其强者弱"。《老子》三十三章："知人者智，自知者明。胜人者有力，自胜者强。知足者富。强行者有志。"孔夫子温、良、恭、俭、让，但是不意味着夫子没有勇、强、健的一面。不能理解为何孔子为政 15 天就杀掉少正卯的人，不会真正懂得孔子，也不会理解儒家学说。大舜以孝顺感得天下，但是在鲧治水不利、性情倔扭、后患严重的情况下，依然要杀掉他；可是这又不妨碍禅让天下于鲧之子大禹。

司马光曰："君子之养士，以为民也。"《易经》曰："圣人养贤，以及万民。"夫贤者，其德足以敦化正俗，其才足以顿纲振纪，其明足以烛微虑远，其强足以结仁固义。大则利天下，小则利一国。是以君子丰禄以富之，隆爵以尊之。养一人而及万人者，养贤之道也。"强的施展绝非逞匹夫之勇，而是"大则利天下，小则利一国"，这才是"经济"。

8. 信的意义。浩生不害问曰："乐正子，何人也？"孟子曰："善人也，信人也。""何谓善？何谓信？"

曰："可欲之谓善，有诸己之谓信。充实之谓美，充实而有光辉之谓大，大而化之之谓圣，圣而不可知之之谓神。乐正子，二之中，四之下也。"

《老子》四十九章曰："圣人无常心。以百姓心为心。善者吾善之。不善者吾亦善之、德善。信者吾信之。不信者吾亦信之、德信。"《素书》曰："信可以使守约"。"信"既是合约履行的道德基础，也意味着合约履行本身。制定合约是为了双方守"义"，遵守相应的义务，目的不就是为了"守信"吗？信守合约，就是降低交易费用和制度费用的手段。能够信守合约的人就是讲求诚信之人，就是有道之人，"有道则吉，无道则凶"。信守合约就是使人得，就是有德，就是正常得利，正是"生财有大道"。《素书》开篇第一句就是"夫道德仁义礼，五者一体也。"一个"信"就可以把道德仁义礼五者与现代经济学豁然贯通。

自信者不疑人；坚定的信念是成就任何事业的最重要因素。信对自己是诚意正心，是信心；对他人也是诚意正心，确是信用。用信心积累信用，会形成信誉。而信誉，是无价之宝。在信用上，守时、守约比什么都重要。做到的事情，哪怕很小，很细微，也比豪言壮语有说服力，有吸引力，有冲击力。李嘉诚说"做不到的，宁可不说"；李彦宏把"许诺少，兑现多"作为做人的原则之一，很有说服力。《史记·季布栾布列传第四十》记载，楚国人季布在当时有名于楚，楚国谚语曰："得黄金百，不如得季布一诺"，足见为人信守承诺的影响力。信的意义，包含着勇气和魄力，真诚和睿智。信言不美。美言不信。季布有两件事足以证明他的"实事求是""不唯上、只唯实"的刚直不阿的勇气。

○ 千金一诺。

第一件事：西汉孝惠帝时，季布为中郎将。匈奴单于亵渎轻慢吕后，吕后大怒，召诸将讨论这件事，要出击匈奴。上将军樊哙信口大话，说"臣愿得十万众，横行匈奴中。"诸将都对吕后阿谀奉承，众口说好。然而季布此时力排众议，说：樊哙可以推出斩首了！当年高祖率领四十万大军抗击匈奴，还有平城之困，现在你樊哙凭什么领十万兵就可以横行匈奴中？这不是当面撒谎欺骗吗？而且当年秦朝内政横暴，外与匈奴动兵，陈胜吴广因之起义暴乱，天下才大乱。现在天下未定，旧伤未愈，樊哙又当面阿谀，简直是要动摇汉家天下大业。当季布这样说的时候，大殿上的群臣都很担心惊恐，唯恐吕后发怒，然而吕后听了季布的分析，就罢朝再也不提出兵匈奴的事了。

第二件事：孝文帝时，季布为河东太守，有人向文帝说季布的贤能，孝文帝因此召见季布，打算让他担任御史大夫。然而又有人向文帝说季布的小话，说季布任勇任侠，酒后无德。季布到了都城，留在府邸一个月，文帝才见了他一面。季布就向文帝说：陛下无缘无故要召见我，一定是有人以我为由头来欺骗陛下邀功；我来了以后，没有分配新的工作任务，就让我回去，这一定是有人在陛下面前诋毁我。"夫陛下以一人之誉而召臣，一人之毁而去臣，臣恐天下有识闻之有以窥陛下也。"听了季布这番信实入理的分析，"上默然惭"。

《老子》曰："太上，下知有之。其次，亲而誉之。其次，畏之。其次，侮之。信不足焉，有不信焉。悠兮其贵言，功成事遂，百姓皆谓：我自然。"司马光在《资治通鉴·周纪二》中指出，"夫信者，人君之大宝也。国保于民，民保于信。非信无以使民，非民无以守国。是故古之王者不欺四海，霸者不欺四邻，善为国者不欺其民，善为家者不欺其亲。不善者反之：欺其邻国，欺其百姓，甚者欺其兄弟，欺其父子。上不信下，下不信上，上下离心，以至于败。所利不能药其所伤，所获不能补其所亡，岂不哀哉！昔齐桓公不背曹沫之盟，晋文公不贪伐原之利，魏文侯不弃虞人之期，秦孝公不废徙木之赏。此四君者，道非粹白，而商君尤称刻薄，又处战攻之世，天下趋于诈力，犹且不敢忘信以畜其民，况为四海治平之政者哉！"

9. 勇的魄力。孔子曰："见义不为，无勇也。"《老子》七十三章曰："勇於敢则杀。勇於不敢则活。此两者或利或害。"《中庸》曰："天下之达道五，所以行之者三。曰：君臣也，父子也，夫妇也，昆弟也，朋友之交也，五者天下之达道也。知，仁，勇，三者天下之达德也，所以行之者一也。或生而知之，或学而知之，或困而知之，及其知之，一也。或安而行之，或利而行之，或勉强而行之，及其成功，一也。"子曰："好学近乎知，力行近乎仁，知耻近乎勇。知斯三者，则知所以修身；知所以修身，则知所以治人；知所以治人，则知所以治天下国家矣。"

《孟子·梁惠王章句下》记载：

齐宣王曰："大哉言矣！寡人有疾，寡人好勇。"

孟子对曰："王请无好小勇。夫抚剑疾视曰，'彼恶敢当我哉'！此匹夫之勇，敌一人者也。王请大之！诗云：'王赫斯怒，爰整其旅，以遏徂莒，以笃周祜，以对于天下。'此文王之勇也。文王一怒而安天下之民。书曰：'天降下民,作之君,作之师。惟曰其助上帝,宠之四方。有罪无罪,惟我在,天下曷敢有越厥志?'一人衡行于天下,武王耻之。此武王之勇也。而武王亦一怒而安天下之民。今王亦一怒而安天下之民,民惟恐王之不好勇也。"

自中国经典文化精神的角度说,勇是为天下担当的"大勇",是大德大智的表现,不是任侠任性的匹夫之勇,不是抚剑疾视恶言相向的小勇。文王一怒安天下,武王一怒天下安,德之至也,勇之至也。不但安定天下经济国家需要勇气,修身齐家、改过自新需要勇气,经营企业同样需要非凡的勇气。福特当年打算制造八缸发动机时,所有的工程师都认为不可能,但是他凭着坚定的勇气力排众议终于造出了八缸发动机。当代的李书福(吉利集团董事长)坚持请徐滨宽(原天津齿轮厂总工程师)自主制造自动变速箱直至成功,都是企业领导者具有勇敢魄力的典范。制定方向和目标,然后大胆而坚韧地礼聘杰出人才在专业领域内自由发挥,需要勇气,需要智慧。

秦朝末年,楚汉相争。萧何向汉王刘邦力荐韩信为大将军,奠定了军事指挥的胜利基础。萧何识人何来那么大的把握?有识人之智还要有信人的勇气;汉王拜"无名小卒"韩信为大将军,委以军事指挥权,等于把前途押在韩信身上,需不需要勇气?韩信身为大将军,面对力拔山兮气盖世的项羽作战,勇气从何而生?其中皆有奥妙!且观史书一一道来:

王曰:"吾亦欲东耳,安能郁郁久居此乎!"何曰:"计必欲东,能用信,信即留;不能用信,终亡耳。"王曰:"吾为公以为将。"何曰:"虽为将,信不留。"王曰:"以为大将。"何曰:"幸甚!"于是王欲召信拜之。何曰:"王素慢无礼。今拜大将,如呼小儿,此乃信所以去也。王必欲拜之,择良日,斋戒,设坛场,具礼,乃可耳。"王许之。诸将皆喜,人人各自以为得大将。至拜大将,乃韩信也,一军皆惊。

信拜礼毕,上坐。王曰:"丞相数言将军,将军何以教寡人计策?"信辞谢,因问王曰:"今东乡争权天下,岂非项王耶?"汉王曰:"然。"曰:"大王自料勇悍仁强孰与项王?"汉王默然良久,曰:"不如也。"信再拜贺曰:"惟信亦以为大王不如也。然臣尝事之,请言项王之为人也。项王喑噁叱咤,千人皆废,然不能任属贤将,此特匹夫之勇耳。项王见人,恭敬慈爱,言语呕呕,人有疾病,涕泣分食饮;至使人,有功当封爵者,印刓敝,忍不能予,此所谓妇人之仁也。项王虽霸天下而臣诸侯,不居关中而都彭城;背义帝之约,而以亲爱王诸侯,不平;逐其故主而王其将相,又迁逐义帝置江南;所过无不残灭,百姓不亲附,特劫于威强耳。名虽为霸,实失天下心,故其强易弱。今大王诚能反其道,任天下武勇,何所不诛!以天下城邑封功臣,何所不服!以义兵从思东归之士,何所不散!且三秦王为秦将,将秦子弟数岁矣,所杀亡不可胜计;又欺其众降诸侯,至新安,项王诈坑秦降卒二十馀万,唯独邯、欣、翳得脱。秦父兄怨此三人,痛入骨髓。今楚强以威王此三人,秦民莫爱也。大王之入武关,秋毫无所害;除秦苛法,与秦民约法三章;秦民无不欲得大王王秦者。于诸侯之约,大王当王关中,民咸知之;大王失职入汉中,秦民无不恨者。今大王举而东,三秦可传檄而定也。"于是汉王大喜,自以为得信晚,遂听信计,部署诸将所击。留萧何收巴、蜀租,给军粮食。

10. 和的境界。中国本土经济学是把人类社会时刻置于天地的大环境中认识的,处理经济问题必须同时考察天时、地利与人和的状况。而自古有"天时不如地利,地利不如人和"的说法,什么道理呢?我们前面已经说明世界的本原在于心识自性的变现,在天人相应的自然伦理中,人和必然感得天时与地利与之相应相和,是世间最根本的决定力量和源泉。此心识绝非西方心理学所谓的心理,而是超越有无对立、可以变现万象的本体能量。

《老子》四十二章曰:"万物负阴而抱阳,冲气以为和。"五十五章曰:"含德之厚比於赤子。毒虫不螫,猛兽不据,攫鸟不抟。骨弱筋柔而握固。未知牝牡之合而全作,精之至也。终日号而不嗄,和之至也。知和曰常。知常曰明。益生曰祥。

○ 和气能生财,是客观规律。

心使气曰强。"《中庸》曰:"喜怒哀乐之未发,谓之中;发而皆中节,谓之和;中也者,天下之大本也;和也者,天下之达道也。致中和,天地位焉,万物育焉。"《黄帝内经·上古天真论》中说:"上古之人,其知道者,法于阴阳,和于术数",五行调和,则身体健康;五伦调和则家业兴旺;五业调和则国家昌盛。《资治通鉴·汉纪十》记载,川人公孙弘对策曰:"气同则从,声比则应。今人主和德于上,百姓和合于下,故心和则气和,气和则形和,形和则声和,声和则天地之和应矣。故阴阳和,风雨时,甘露降,五谷登,六畜蕃,嘉禾兴,硃草生,山不童,泽不涸,此和之至也。"

经济之道可分"道"与"术"两个层面,即今时"理论"与"应用"之意。明"道"就是要明理,从本质上明白财富的本质、财富与伦理的关系、财富与人生的关系、财富的生成规律等;学"术"就是要学"技术",从应用层面掌握可以将自性财富变现的技能、技术、工艺、手艺等。由于富无经业,所以最便捷、最方便、最经济的术就是要"本位成就"或者"天性成就"。即,天生是块什么材料就依靠施展己之所长来致富。这就是"率性",就是《中庸》所谓的"道";切莫以己之短教人之长,最不经济,最难成功,最为困苦。这叫"倒行逆施,背天而行",结果只能是自讨苦吃。所以,勤苦求发财者,同样的努力,有成功者,有徒劳无功者,非天不公,非人幸运与倒霉殊途,而是个人自行选择的结果,一切"自作自受"。能够自知者明,所以欲明自己如何发财致富,必须先自知而明;知人者智,身有公职者,理身之外,尚需具备知人之智,才能调配得当、物尽其材、人尽其用,带领企业、国家之经济蒸蒸日上。所以,与从事经济者,必须是具备十德的智明人士。缺一项,事业必有不圆融之处。

在分说了十德之后,再涵咏老子的箴言,或许对古往今来社会的"发展和进步"别有一番认识:"上德不德是以有德。下德不失德是以无德。上德无为而无以为。下德无为而有以为。上仁为之而无以为。上义为之而有以为。上礼为之而莫之以应,则攘臂而扔之。故失道而后德。失德而后仁。失仁而后义。失义而后礼。夫礼者忠信之薄而乱之首。前识者,道之华而愚之始。是以大丈夫,处其厚不居其薄。处其实,不居其华。故去彼取此。"

三、身外伦理关系就是身内的五行关系

爱因斯坦关于科学具有"客观性、可知性、统一性、和谐性、因果性、

不变性"等的科学思想被认为是科学哲学和科学方法论的巅峰。道德同样具备但还不限于这几种性质。道德绝不是主观的，是灵妙的客观存在，其运行规律犹如天体运行或者如原子内部的微粒子运行，丝毫不差。人类认识自然，展现了科学的奇观，但是对于自身的存在、道德的运行、命运的规律却不知详查，以至于背道而驰，不得幸福快乐，不得圆融自在。道德伦理不是人为建立的，是客观存在。是圣人观天象、悟天道而发现的客观存在，绝不是出自人的主观创造，就像牛顿发现万有引力定律，哥白尼发现日心说，开普勒发现行星运行定律一样。道德伦理是自然的法则，只可认知、觉察和遵循。能够认知、觉察和遵循，就自然身心轻安，家庭和睦，事业顺遂。

"天布五行，以运万类；人禀五气，以有五脏"。天地自然与人类身心，本是一体。欲认识世界，必须认识世界的本源。自然、人生和财富的本质及其关系是什么？只有明白了他们的本质，才能追根溯源，登堂入室，探宝而归。马歇尔指出"经济学是研究财富的学问，同时也是研究人的学问"，这个认识决定了他在西方经济学历史中的地位。但是正如历史展现给大家知道的，马歇尔没有在"研究人的学问"上更上一层楼，他的经济学业就停留在"一道白云横谷口，几多飞鸟迷归途"的半山腰上。

1. 天有五行，人有五脏：荣华富贵的生理资本。

中国的中道医学已经通过内证方法彻证彻知，男女有性意念或者性行为时分泌的肾精，男子的叫精液，女子的叫白浊。肾精由形、气、神构成，因而得以滋养、荣华五脏。世间人所求的荣华富贵，现代人已多半不懂其义了。"富贵"是指外在物质幸福：升官为出贵、发财为致富。"荣华"本指人的五脏被滋养得非常好、肾精常固不失。"荣华富贵"应当是"既健康又发财"之意。

人大脑的下面是脊髓，脊髓下面是肾精。肾精、脊髓和脑髓由督脉相连，是最宝贵的生命能量。西医证明，精液、白浊的成分和脑脊液、脊髓的成分完全一致。中国千年古语"精生髓，髓生海"，即阐明肾精坚固会滋生骨髓，骨髓充盈饱满可滋养脑海。若不纵欲，肾精不会大量流失，人一定是身健脑灵、智慧大开。若是修为不够，未能恪守自然天道伦理而纵欲色情，虽一时快意"幸福"，却无异于饮鸩止渴，赔尽人生幸福的根本。肾精大量流失，脊髓就自然往下流补充肾精的亏空；脊髓因此大量流失，需要脑髓下流来补充脊髓的亏空。所以纵欲过度的人会脑萎缩、记忆力减退、眼神无光、反应迟钝、昏愦等等。如此"拆上墙，补下墙"，流失的不是精液，而是脊髓和脑髓，是智慧精神，是"荣华富贵"。宋徽宗的富贵江山就是这样流失掉的。

中国先贤把动性的念头称作"下流"，其实是说破了"天道"，旨在警醒和教育而非骂人。心念一动，脑髓、脊髓就跟着动，往下流。什么人经得起这样的"下流"呢？没有了肾精滋养，木、火、土、金、水对应的肝、心、脾、肺、肾五脏何来能量？所以根本的养生是心地清净，根本的养生是道德。胡思乱想、恣意妄为是"伐其本、坏其真"，所谓的食补和药补都是舍本逐末的办法。这就是孔子"仁者寿"的天道伦理所在。"君子好色而不淫"，"发乎情，止乎礼"，才是"仁"，才能成"人"，才能"仁者寿"。西学的传统观点亦是如此。《新约·马太福音》明示，一个男人看见女子动了淫念，就是犯了奸淫罪。据以评判，西方某些国家在某些时候是不是也在背离其传统呢？

真正的幸福，没有代价，没有任何副作用。

2. 贯通的五行：身外五伦、身内五脏和性中五行。

有什么样的性格，就会有什么样的人生际遇。老子说"福祸无门，唯人自招"。王凤仪先生以木、火、土、金、水五个字来说明人的禀性，并指出和佛家的五戒、道家的五元、儒家的五常是一样的。木性、火性、土性、金性和水性，与自然的五气相应，心行产生的这五种性格影响着人生的穷通富贵和财富的多少、顺逆。木性人招难，火性人受苦，土性人受累，金性人受贫，水性人受气。人的心思和性格就像聚宝盆，内里有什么，就聚什么。① 其实这就是"天人感应说"的解释和运用。王先生认为常人的脾气禀性都有所偏，偏于火的争理，偏于土的欺人，偏于金的伤人，偏于水的淹人，偏于木的顶撞人。能够化除这一偏的性格，自然得道。

当人能够化除自己禀性中的不良，就会和气对人，就会得到众人的敬佩和帮助，就会感得善缘，常逢好时，常逢好事，常逢好人，财富会不求而来，境遇会不求而改。

---

① 王凤仪：《诚明录》，中国华侨出版社2010年1月第1版，第223页。

创立事业，开办企业，发展经济，全是做人修德的外延。办企业就是做人。守五伦，养五脏；五脏得养，即是"荣华"，荣华者必富贵，富贵者必有财运。富在道德，贫在悖德；贵在明理，贱在昧理。

越过中道，"八佾舞于庭"，"锦城丝管日纷纷"，不守本位，就是越出身外五伦，非义行事，非礼行事。于义有亏就是败德，败德就是败财；多言耗气，耗气就是耗财，气充则财足；难行能行，难忍能忍，能者示其不能，谦恭自守，心存善念，就是积德；积德就是积财。默而成之，存乎德行，就是纳气，纳气就是聚财。看人长处，得其人之道，得其道者多助，为生金的根本心行；聚人气即是聚财；认自己不是，至诚感天，自诚而明，为生真阳水之根本心行。先天之本足必感得命足，命足则必财运足。

3. 家庭五伦。家和万事兴。一家之内充满和气，才能家道兴旺。《易经·家人卦》之《象》曰："富家大吉，顺在位也。"那么家庭的位如何才能顺转呢？王凤仪先生在讲述家庭伦理和谐时说，在家庭中，祖父母（老人）居中央土位。土主元气，要常提家人好处，这是在补气。如果总是不能够放心，好挑剔人家的毛病，就是泄气。孔子说"少年人血气未定，戒之在色；中年人血气方刚，戒之在斗；老年人血气已衰，戒之在得。"所以圣人所见略同，老年人在家中不要管事，人生进入冬季，主藏，要像冬眠一样，如如不动，清净从容，和乐淡定，不与时逐，不与人争。像大地一样涵容一切，则必定生出一切德行。正和《大学》英雄所见略同："是故君子先慎乎德。

○ 曾子《大学》可以在身体上验证。

有德此有人，有人此有土，有土此有财，有财此有用。"

父亲（当家人）居南方火位，主元神，当家主事，要公正无私，循礼守分；家里有不明礼的，自己认不是，反省自己没有教明白，不能责人，不能骂人，更不能打人，要行不言之教，像太阳一样普照全家，温暖全家，化育全家。遇到逆境难事，要勇于承认自己无能，敢于承当，敢于自我批评，是自己对不住一家老小。如果家长不能定住位，打孩子骂媳妇，就是在家庭五行中以火克金，伤害感情，家里准有病人。俗语说"有啥别有病，没啥别没钱"，病一来，必定五行缺位，乱上加乱，花钱遭罪，还影响事业。由此也可以证明，一念发动脾气，于身心健康、家庭和谐、社会事业有莫大的负面影响。所以曾子著《大学》指明修身与齐家的本质连带关系。

母亲居北方水位，得承担全家的不是，免得家人不和，容易出事。长子居东方木位，得能够立事，欢喜劳作，赚钱养活全家。还要以身作则，家里人有不会做的事，要自己检讨，不可抱屈，抱屈伤心。其他子女属西方金位，金主圆情，心里要长存感恩的念头，念着全家人的好处，遇事说好话，化解事端。若是传闲话，就伤感情，主败家。

兄居木位尚仁，弟居金位尚义，不论兄长叫做什么家务事或者有意他人社会的事，也不可有丝毫抱怨，才算有义气，符合悌道。哥哥要像父亲对待子女那样怜爱，兄友弟恭，才算是仁。老人居土位主安静，不可瞎操心，多管闲事。能这样就是性随命转，就是子思在《中庸》中说的"率性之谓道"了。

家道的五行要怎样才能相生呢？做家长的（火位）常向妻子儿女讲祖先的德行、老人的好处，是火生土；做祖父母的，不要管事，愿意做就做点，不愿动就领孙子孙女（金位）玩耍、讲故事，教导他们尽孝，告诉他们父母的好处，是土生金。小孩们玩得高兴，做母亲的心里愉快，这是金生水。主妇精神愉快，便尽心料理家务，注意丈夫（木位）的吃喝等一切，是水生木，丈夫得到安慰，更加尽心做工，不用家长操心，这是木生火。家里一团和气，家自然就齐了。家和万事兴，家齐国可治。想发家致富只需要时间证明而已。

○ 家不和之人，身体必定有不适处。

时代变换，现今的家庭结构发生了变化。但是基本的道理没有变，三口之家也可以通过补位而达到五行推转，和谐顺畅，其乐融融的境地。如果五行逆转，则骨肉乖戾，德行有亏，财运必受其损。欧莱雅财富继承人贝当古夫人以非法窃听、作伪证等罪名把女儿告上法庭，母女对簿公堂，毫无骨肉亲情，纵然坐拥亿万家财，何来人生幸福？哪里来家庭温暖？

4. 社会行业五行定位。一国之内，各行业、各地区之间的关系就像人体器官之间的关系，要相合不相失才能"殁世不怠"。若"上下交争利"，则民乱而国危。要想社会和谐，国家必须摒弃鼓吹竞争的经济学。王凤仪先生说："国家要想清平，士农工商官五行，都得有道德，各守本分才行。五行要是乱了，天下准乱。"农工商学兵，各就其位，各司其职，不越位，不错位，一旦错位有补位，就是《黄帝内经》所说的"十二官不得相失"的道理。

"天理是有的，商人的天命，是运转有无。少沾点利，够生活就中。众人都感便利才维护他，若是占奸取巧，损人利己，只知赚钱，不择手段。不是生败家子，就是本身吃喝嫖赌无所不为，再不就是遭意外灾祸。现在的人，只知向前妄贪，不知往后着想，全被财物迷惑了本性。所以我说，钱多大孽多大。劝人各守本分，不争不贪，才能福禄无边。可惜人都不知道，还苦苦向前贪求，早晚把自己的性命送掉，这种人不是在做生意，简直就是自己去寻死路！你要记住人有千条妙计，天有一定之规，哪能没天理呢？"[①]

---

① 王凤仪：《王凤仪讲人生》，中国华侨出版社2009年6月第1版，第307页。

四、人生的积分学解释

目前在高校中学习经济学的,绝大多数专业都要学习数学。而且,仿佛没有数学的经济学就不是经济学,就是不入流的经济学,这又是典型的舍本逐末的病态。数学是方法,是工具,怎么能翻仆作主呢?本节是想说如何以数学思维理解人生。

积分学上,可以精确计算一个"不规则"物体的体积。人的身体,是不是可以看作是人自己的心念的一个连续积分?完全可以。人的境遇,是不是也可以看作是人自己的心念的一个连续积分?完全可以。数学法则告诉我们:如果一个函数连续有界,那么它一定收敛。就相当于一个人在既定的目标内持续不断地努力,那么它一定会达成目标。一个人相当于一个点,在它的"邻域内"有无数个点,这些点就相当于是同时代的人,他在这个时限内的变化,取决于什么?最根本地取决于心念是否持久连续。如果人本身是一个"积分表达式",那么会有三种情况:离散的、连续的和特例。离散的人生相当于"人无长志",做什么事情都是三分钟的热度,三天打鱼两天晒网,自然一事无成,倏忽之间,老之将至;连续型的人生则是有流水之智的人仍然"一条道走到黑",抱着"不到长城非好汉"的心态,精诚所至,金石为开,铁杵磨成针,终究功成名就。

从古到今,所有成功人士没有不是锲而不舍地坚持目标的人。勾践复国用了22年,司马迁作《史记》20年;曹仁超40年只对投资下功夫,百度李彦宏从上大学开始就没有离开过信息领域,等等,不胜枚举。离散的积分发散,不会有"极限"的结果,人生也一样;连续单调的积分收敛,一定有一个极限数值,人生也是如此。古人说:"但得流传不在多",诸葛亮被后人称道的,除了前后《出师表》,还有简短而深刻的《诫子篇》:"君子之行,静以修身,俭以养德。非淡泊无以明志,非宁静无以致远。夫学须静也,才须学也。非学无以广才,非静无以成学。怠慢则不能研精,险躁则不能理性。年与时驰,意与岁去,遂成枯落,悲叹穷庐,将复何及!"诸葛亮分别指出了连续型和离散型两种人生的"积分"结果。

行为的连续性至关重要,能够产生惊人的结果。在我和孩子谈论连续性

> ○ 您有没有确立终生为之奋斗的目标？有没有每天为了自己的目标而努力？

的"可怕"时，年仅十岁的儿子告诉我：如果一个人每天取得1%的进步，那么他一生可以至少实现180个"大目标"！我听后很震惊，也很惭愧！这个道理由自己的孩子讲出来还是令我有些震惊。惭愧的是我已经不知道错过多少个1%！在大学学习《微积分》时，连续增长给我留下了非常深刻的印象：在大自然中，如果一件事物的增长率是10%，那么七年后就会翻番。爱因斯坦曾经说过：宇宙中唯一可怕的事件就是复利。复利的连续积累，几何级数的增长，都是"可怕"的事件。大家对发明国际象棋的人要麦粒为赏赐的故事非常熟悉，但是对集中全国的麦子也放不满棋盘这件事实难以置信。

在一个合理的目标下经年地努力，一定会有惊人的回报。这就好比自变量在一个方向上单调增加，就一定能够收敛于一个特定的结果一样。当自变量（心念）单调连续时，函数的极值为无穷大。这相当于一个人功夫成片时，善念所累积的财富也可以无穷大，无法用数量计算。"破一品无明证一分法身"。当达到一个临界点时，突破之后，人就可以突破境界维次，达到另一个高度。正反善恶皆是如此。

第三节 德本财末的价值观

甘子钊院士谈及物理学的发展，认为"历史的发展将越来越有力地证明，正是这种非功利的追求给人类带来最大的收益。"① 物理学家在不经意中表达出了经济学最本质的伦理：非功利追求带来最大的利益，印证了只有德行才是财富最根本的源泉。

一、德本财末：财富是德行的孪生物

"德者本也，财者末也"。大道至简。大德至微。大行至真。心中有半点私，财富就有限，纵然个人拥有千亿万亿也是有限；心中有半点愤恨，事业就受阻；心中有半点疑惑，就不是自性圆满；心中有半点牵挂，就无法返回先天的纯善纯净。"所谓修身在正其心者：身有所忿懥，则不得其正；有所恐惧，则不得其正；有所好乐，则不得其正；有所忧患，则不得其正。"一个字行得真，终究衣食丰足、富贵有余；学富五车做得假，终究败运虚耗、受穷有份。倒闭的店面一定是店主店员德行有亏，发达的企业必定是和谐有序的组织。一篇《大学》，区区几千字，胜于万卷经书；一篇《素书》，短短六章，修身齐家治国有余。就看学人是否能够"行"出来，真正地做到，否则光说不做，磨破嘴，也是个穷命鬼。

物质决定时空，没有物质就没有时空。人作为一种物质体，也遵循物理定律的规律，就是说，没有独立于人而存在的时间和空间，也就没有独立于人而存在的财富。人生就是财富存在的一种形式。没有人生就没有财富。时间和空间是物质的存在形式，而在时空点上出现多大的"财富"现象，取决于个人的根本德行，因为一切是匹配相应的，非其人不遇，非其人不受，不是那样的人就一定不会在特定的时间空间中把握特定的财富机会。每一个因素都取决于当事人自己的心念德行，一切在统一场中有序运行。我们人类，其他生物，还有物质世界，精神世界都是自性能量生成和演化的结果，是永恒存在的能量的幻化形式，能量形式本身就是能量的本质。

虽然按照人类称为"物理"和"化学"两门学科揭示的规则，所有的物质和生物都是按照特定的方式排列组合和既定的轨道运行，但是一切都是始于那种无形无相的能量。心理的欲念是这种能量变化和发动的机关，当你心中产生对财富的欲求时，能量产生的微波会向整个世界扩散，当你的意念十分强大而持久时，表现为你周围的环境的能量就会按照你的设想进行演变，

---

① 俞允强：《广义相对论引论》，北京大学出版社1997年2月第2版，第9页，甘子钊为北京大学物理学丛书所做的序言。

只要你的信念足够强大和持久,现实的行为就会按照特定的方式向你的构想变化,直至实现。所以,我们的世界就是我们的意念创造的,我们世界的变化就是我们的意念变动造成的。上天入地,幸福苦闷,全部始于我们的心头一念。伦理道德不是圣贤的学术思想,不是学术发明,而是客观规律的发现。

　　财富的增长,就在每一分、每一秒的心念言行当中;财富的消减,也在每一分、每一秒的心念言行当中。增减的枢纽,在于是"奉经合道"还是"离经叛道"。节俭、勤奋、明理、清廉、奉献等就是合乎天道伦理规范,奢侈、怠惰、愚昧、贪腐、自私等就是逆天而行自取灭亡。自古经验观察,节俭者致富,奢侈者衰败;勤奋者得财,懒惰者无财;朴素者增寿,穿戴过分者损寿。例如,世界上最大的宝石做成首饰,价值连城,其拥有或者穿戴者往往短命,就是这一规律的证明。因为绝大多数的人没有承担的德行。人们往往把这样的事情传得邪乎而神秘,以为有什么魔咒,其实只是没有明白这是一条客观的物理定律:非其人不受,否则反受其殃。中国古人懂得"无福消受"的道理,凡事忍让退后一步,留有余地,无论是高官职位还是万贯财富,无论是拱璧珍宝还是绝色美人,都不是可以轻易"消费"的。有的事业中途败落,有的伤身害命,有的丢了国家社稷的繁荣。亡国之君多奢侈败德、好色乃至乱伦,古今中外,概莫能外。有大德者不为亡国之君,有大德者不受亡国之辱。有大德者可能一时受困,但是终究发达;有大德者可能当生不报,然而万古留名,福荫子孙。功不唐捐,善不招恶。

○ 有大德者不为亡国之君,不受亡国之辱。

人们往往短视心急，是不明理的表现，果能静心留意，自然可以印证"宇宙中没有偶然"的道理。明理之后，自然品行端节，甚至起心动念都在洁净精微的范围之内，自然感得一切善缘、善行和善境。

中国本土经济学是内求而得的财富之道。道德道德，倒过来才能得到（得道）。如何才能倒过来呢？由观察他人变成观察自己的存在（观自在），由心向外驰求变成向内寻找安宁，由挑他人的毛病变成反省自己的过错，由自私变成无私，由狭隘变得宽容，性格既改，财富命运随之而改。古今中外的通则，富翁成为富翁的根本原因，在于其有富翁的性格而不在于有富翁的财富。范蠡、爱迪生、福特、盖茨都不是因先有财富之实才而成为富翁的。

任何学术的发展根本在于人，而人的根本在于心灵，唯有德行可以净化心灵。心灵净化则行为端正，行为端正则世界和谐。单单追求物质财富的富足不能为人带来真正的幸福。经济的发展，绝不仅仅是GDP的增长和消费品的富足，还意味着人们心灵的舒适程度增加和行为的自觉性，所谓"仓廪实而知礼节"。依赖于资本投资、技术进步、劳动力增加而来的经济增长，如果没有正确的伦理智慧作为指引，很可能是饮鸩止渴式的发展。

经济大发展，意味着物质文明的大大提高，如果心灵的觉悟程度没有配套跟上，则不当取利、朝富夕亡的悲惨事件将困扰每一个在市场的汹涌大潮中谋生的人。怎么才能立于安稳之地？怎么才能既获得财富自由又不违反自然秩序？那就是从此坚信德本财末的公理，本着君子爱财取之有道的原则，先从净化自己的心灵开始，先从化去自己的脾气禀性开始，首先成为具有"千金之产"德行的人，财富会如期而至。"但得本，莫愁末"。

发财显荣一事，必须同时具备德行、智慧和因缘三个条件，缺一而不可得。能够有机会发财，能够把握机会发财致富，一定需要因缘具足、智慧具足、德行具足才可以。巧妇难为无米之炊，只有德行、智慧，但是因缘不具备，也就是时机不到，也不能得偿所愿。如同非要在秋天种谷子、冬天耕耘、春天收获的举动一样，皆是不达天时，所以贤人君子要潜居抱道以待其时。比如2003年的中国A股市场，时机是对的，可是若没有足够的智慧，盲目杀入，虽可能一时赚到钱，却未必都能够在2007年10月以后全身而退。

根据中国经典的总结，人类遭受贫穷、疾病、痛苦大致可归因为如下六种毛病：

1. 悭贪。不肯布施，不肯与人分享，不肯与人合作，小气。财气财气，小气怎么能发大财！有多大心胸成就多大事业。

2. 恶习。比如仗势欺人，比如浪费奢侈，比如发脾气，等等。

3. 嫉妒嗔恚。见不得别人好，眼睛就像一个收脏的锉子，专看人毛病。

4. 懒惰懈怠。不能勇猛精进，"明日复明日"，终究"朽木不可雕也"。

5. 心思散乱。做什么都是三天打鱼两天晒网。

6. 愚痴。

这六种毛病，纵有金山也终会贫穷衰败。与之一一对应，对治法开方如下：

1. 布施。分三种：财布施、法布施、无畏布施。敬人者人恒敬之。不图回报，回报自然来。

2. 遵守圣人教诲，遵守法令戒律，遵守天道伦理。终究会"从心所欲不逾矩"。

3. 忍让，宽恕，不计较。威仪不失，操守不失。

4. 精进勤奋。勤能补拙，天道酬勤。效率高者得更多回报。

5. 专心致志。意志集中，一业精勤，终为翘楚。

6. 学习明理，获得智慧。建立学习型家庭，学习型企业，学习型社会。俗话说上梁不正下梁歪，家长在外胡混回家呵斥孩子学习，呵斥不如教育，领导人不学习让下属用功，是不可能的事情。中国自古圣贤明君都能够从我做起，从自我的诚意正心做起，而天下自化。教育不如引导，引导不如熏陶。

当前最颠倒、最能混淆视听的认识，就是以为"德本财末"是"远离物质利益，空谈道德高尚"的观念，以为"德本财末"不是一种科学的世界观，乃至抹杀了人对物质利益的正当需求。这是真正不懂得本末关系的糊涂论调。道德既不抽象也不空洞，是实实在在的生活方式、工作方式和生产方式。强调德为本是强调主要矛盾的主要方面，只有一体联结的事物才能谈"本末"，谁说二者是分离的了？班固赞曰："是故古人以宴安为鸩毒，无德而富贵谓之不幸。"（《资治通鉴·汉纪十》）无德而富为什么不幸？因为意味着灾难即将来临。没有道德哪里会有财富！

二、崇高莫大乎富贵：被后世误解的财富观念

读书人不能富贵，是莫大的耻辱。这是从曾子《大学》"德本财末"主旨推论必然得出的道理。《易传》云："崇高莫大乎富贵；备物致用，立成器以为天下利，莫大乎圣人"；"显诸仁，藏诸用，鼓万物而不与圣人同忧，盛德大业至矣哉！富有之谓大业，日新之谓盛德。"读书人在社会分工上负有明理、盛德和兴大业的责任，以备时至而行，得机而动，大利天下。然而世人读书，往往多些叶公好龙之辈，说是喜欢经典，人前附庸风雅而已，不但不用功读诵，更不修持，种种颠倒，不思圣贤真义，竟常常自命不凡，断章取义，自误误他。

近年来，传统文化复兴，但是我们在多种场合多见畅谈传统文化之人，贪、争、痴、慢、疑，一点不少；仁、义、礼、智、信，一点不多，谬言文化，大言不惭；错解经义，自命创新；至为可怜可笑。自古尊《易经》为群经之首，易经的道理为何不被正确阐扬？读书人之过也。孔子被尊为万世师表，读易致韦编三绝，有几个读书人跟着老师见贤思齐了？别说三绝，一绝都做不到，读书人之过也。孔子作《易传》阐发心得，弘扬天下至道，有几个至心领会了？读书人之过也。真正领会的人，都是孔门的真传，曾子作《大学》、子思作《中庸》、孟子成就《孟子》，皆如北宋叶适所说"未有不善理财而成圣者"。

也许有人怀疑，他们既然掌握生财大道，他们富可敌国了吗？问得好呀！其一，为圣者不贪；其二，德本财末，为圣者不舍本逐末；其三，举而措诸民谓之事业，为圣者取"得天下英才而教之"的教化大业。谓之"慈悲喜舍"，谓之"显诸仁，藏诸用"。独富贵不若与人富贵，也就是今天社会主义最终要达到"共同富裕"的目标。

○ 富可敌国者都非常节俭。

"君子爱财，取之有道"。《易传》云："何以守位，曰仁；何以聚人，曰财。"国家的凝聚力就是在富强的过程中凝聚起来的。德本财末，是强调事实，是指出财富一事的根本原因，并非鄙视财富为细枝末节，说鄙视财富为"粪土"的，若非愤青，就是沽名钓誉，自视清高。一方面，富贵者视财富如粪土，是德行有漏，富贵必不长久。我们观察当今富豪，绝少有轻视财富的，莫不精打细算，收支有据、花销有度。如巴菲特，1元钱都不可随意处置。如陈光标，一张餐巾纸都舍不得用。当然，如果是视财富如粪土、视粪土为金银的情形，则是发平等智，无染无着，乃大英雄、大丈夫。另一方面，贫穷者说视财富如粪土，是吃不着葡萄说葡萄酸，是嫉妒心理作祟的扭曲心态的暴露。当然也有例外，就是表面贫穷的人，也有一类高人，如古代众多隐士，如颜回，外不劳形于世，内无思想之患，恬然自娱，安然自乐，真正地"素富贵行乎富贵，素贫贱行乎贫贱"，直接超脱了物质表象，得大自在，其富贵形式与程度已经不能以有形的物质来衡量，而是尘根迥脱、横出三际，是一步登天的境界。只有这种修养的人，才可以说君子固穷、安贫乐道。但实际上，他并非贫穷，心里也没有贫穷的意念。

贫穷，本身就是罪恶的结果。这个道理惟有识心见性者所能彻知。人只有放下自我的贪染，才能逐渐明白贫穷是不道德的结果。如果没有颜回那样的修养（忘礼乐，忘仁义，堕肢体，黜聪明，离形去知，同于大通）贫穷而不知反省悔改，是怙恶不悛，自甘堕落。因为心修净行，身行正道，净财自然来，是谓"义利一体"。"不义而富且贵，于我如浮云"，是说应该摒弃的是非义取富、背道而驰，绝不是说财富不好，这和生财有大道是异曲同工。

三、"义利之辨"：本不存在的伪命题

"义利之辨"的问题，是一直以来未能被澄清的一个"千古冤案"。"利者，义之和也"。义利本来就是一家，有何可辨？义利分离其实是错解经意的书生之见。例如绝大多数人误认为孔子所说的"君子喻于义，小人喻于利"（《论语·里仁》）是最早提出的义利对立的主张，孔子他老人家真是冤死了！其实这是读书割裂本末关系、望文生义、支离破碎地曲解经义的表现。同样，也存在对荀子的"先义而后利者荣，先利而后义者辱"（《荀子·荣辱》）的

第二章 中国经典经济学赖以建立的基本观念

误解。若仔细体会文义，通读孔子、荀子、曾子和孟子等经文原典，可知其无一例外地都是要说明"义利一体、义本利末、得义利来"的意思。如果非要用语言说明，就只能强调根本，警告大家不要舍本逐末：君子务本，所以君子喻于义；小人忘本，所以逐末，因而小人喻于利。这不是明明白白吗？怎么非得理解为义和利是对立的呢？本末是一体的，但是舍本逐末是"赔本的买卖"，所以圣人告诉大家正确的方法；义利也是一体的，舍义逐利犹如缘木求鱼，圣人告诉大家要务本，本立则道生，纲举则目张，无异于"打蛇打七寸，擒贼先擒王"，怎么那么笨呢？真是"依文解义，三世佛冤"！韩愈曰："自孔子没，独孟轲氏之传得其宗。故求观圣人之道者，必自孟子始。"最有名的"义利之辨"典出《孟子》，我们看一下原文：

《孟子·梁惠王章句上》：孟子见梁惠王。王曰："叟不远千里而来，亦将有以利吾国乎？"孟子对曰："王何必曰利？亦有仁义而已矣。王曰'何以利吾国'？大夫曰'何以利吾家'？士庶人曰'何以利吾身'？上下交征利而国危矣。万乘之国弑其君者，必千乘之家；千乘之国弑其君者，必百乘之家。万取千焉，千取百焉，不为不多矣。苟为后义而先利，不夺不餍。未有仁而遗其亲者也，未有义而后其君者也。王亦曰仁义而已矣，何必曰利？"

正因为未能准确把握孟子与梁惠王的对话，才出现了"义利之辨"的伪命题。殊不知孟子早已言明："未有仁而遗其亲者也，未有义而后其君者也。王亦曰仁义而已矣，何必曰利？"这同曾子在《大学》中的论述是一脉相承的："是故君子

○上下交征利而国危矣。

不是市场经济需要"道德基础"，而是经济本身就是道德的体现。

先慎乎德。有德此有人，有人此有土，有土此有财，有财此有用。德者本也，财者末也。外本内末，争民施夺。是故财聚则民散，财散则民聚。是故言悖而出者，亦悖而入；货悖而入者，亦悖而出。"

可见，义与利在根本上是不能分离的，否则就是倒行逆施，得的不是利而是无穷的祸害。本书一再强调，中国经典经济学是造福万民万世的经济学，是在人的自性上一救救万古的经济学，绝不会教人需要"秋后算账"的生财法则。《老子》有言："三十辐共一毂，当其无，有车之用。埏埴以为器，当其无，有器之用。凿户牖以为室，当其无，有室之用。故有之以为利，无之以为用。"不论天下何物，当其义有，随之有其利，事物之义与事物之利何曾分离！孔子曰："饭疏食饮水，曲肱而枕之，乐亦在其中矣。不义而富且贵，於我如浮云。"

根据财富德行感应论，义利是同一的，是统一的，"不义之财"不是利，是恶行的表象，早晚要还的。无财不养道，所以最节俭的吃饭穿衣也需要钱财，没有财富如何供应修学过程中所发生的一切费用！可是世间不明道理的众人，往往舍本逐末，义利分离，犹如自己之人天分离，而后见利忘义，以至于眼中只有利没有义，人还活着就已经开始像畜牲一样活着，至为可怜，所以古圣先贤为了给这些管束不住自己欲望的民众做清苦的榜样，永绝后患，而并没有说财富不好。《易传》第五章曰："一阴一阳之谓道，继之者善也，成之者性也。仁者见之谓之仁，知者见之谓之知，百姓日用不知；故君子之道鲜矣！"所以说，君子之道就是盛德之道，就是大业之道，就是富有之道。一旦做了守财奴，一念之间净财也会变成不义之财，不义之财不单指不是好道来的财富。上事君亲，下养幼小，周济同伦，都是人间大义，都是天经地义，都要花出去，花钱花钱，钱花出去才会结果，结一个什么样的果实，全看自己是否合乎仁义伦理。所以，赚钱证明道德能力，花钱检验道德智慧。一旦掉下道来，凶多吉少。

真正的圣贤教诲，是"义而富"，就是曾子所说的"生财有大道"，非道不谋，非义不取，像范蠡那样"苦身戮力"依靠智慧、勤奋的劳动致富，从来都是受到赞赏而鼓励。只是天下十有八九的人过不了金钱关，一旦有钱反而伤身害命，明道的祖师当然知道后果的严重，所以很多时候干脆就告诉大家"君子固穷"，百年人生乐陶陶，穷也逍遥，富也逍遥。这才是"自由"，这才是"自在",这才是"解脱",这才是"一尘不染",富也好穷也好不改道德本色,拿得起放得下。然而,说来潇洒轻巧,试问:古往今来天下几人有此修养和定力?真正的觉者,是让天下万民过富足的生活。大彻大悟的圣贤,没有不满足群生愿望的,都发愿希望大家身心健康安乐,衣食丰足。所以,慈悲之心就是经济之心。

《资治通鉴》记载,孟子师从子思,曾经请问"牧民之道何先"。子思曰:"先利之。"孟子曰:"君子所以教民,亦仁义而已矣,何必利?"子思曰:"仁义固所以利之也。上不仁则下不得其所,上不义则下乐为诈也。此为不利大矣。故《易》曰:'利者,义之和也。'又曰:'利用安身,以崇德也。'此皆利之大者也。"司马光评论道:"子思、孟子之言,一也。夫唯仁者为知仁义之利,不仁者不知。故孟子对梁王直以仁义而不及利者,所与言之人异故也。"(《资治通鉴·周纪二》)

老子有言:"圣人常善救人,故无弃人,常善救物,故无弃物。"天下没有废物,只有把原本可用的人和物当成废物的人才是真正的"废物"。所以,经济,不单是要生产发展;还要让人尽其才,物尽其用。这才是最大的经济,才是能实现"老有所养、壮有所用、各得其所"的和谐愿景的经济学。各得其所,即就其义而用其利,同样是格物致知,知人善任,知物善用。

第三章 中国经典经济学关于财富的基本公理

○ 经济资源若不是出于人类的需求,也不会成为财富。

> Life finds its wealth by the claims of the world.
> ——Tagore[①]
>
> 从那些看来同直接可见的真理十分不同的各种复杂的现象中认识到它们的统一性,那是一种壮丽的感觉。
> ——爱因斯坦

张五常教授认为:"一般而言,科学的起点是一些武断的假设,称公理(postulate or axiom)。通常不真实,往往抽象。所谓公理,是参

---

① 生命因尘世的需求而发现自身的财富。——泰戈尔

与人不准在公理上争辩。经济学的第一个公理是所有人的行为都是个人选择的结果。跟着的第二个公理，是每个人的所有行为，都是在局限条件的约束下争取最大的利益（constrained maximization）"。中国经典经济学的公理与上述西方经济学公理的最大不同之处，不是不准参与人质疑、争辩，而是每一个人都能最终验证它。中国的经典学问是"学而时习之"的学问，要不断学习，不断实践，不断检验。就是思想上的心得，要不断地在实践中实习并获得印证，才会产生由内而外的喜悦，这种"法喜充满"和"有朋自远方来"而产生的情绪上的"乐"是不同的。因为他获得和印证的是"公理"——天下为公之理，而我们知道，在古代经典关于"天"的几种含义中，最具本质意义的是"自然"。所谓公理，就是自然如此的天理。

索罗斯认为："代理人应该代表其代理人的利益，但事实上他们趋于将自己的利益放在其所应代表的人的利益之上。代理问题已经被经济学家广泛分析过，但完全是从合同和经济动机的角度出发，很大程度上忽略了伦理和价值观问题。而剔除伦理因素，问题就变得很难驾驭。如果诚实和正直取向在人们的行为中失去控制地位，人就会日益变得只受经济动机的驱使。市场原教旨主义宣称的'价值中立'，实际上是削弱了道德价值观。"① 人们之所以一错再错，总是重蹈覆辙，就是因为没有认识清楚

○ 索罗斯一语道破西方经济学的问题所在，指明市场出现危机的原因所在。

---

① ［美］乔治·索罗斯：《超越金融：索罗斯的哲学》，中信出版社2010年4月第1版，第53页。

"天行有常"。看不破表现形式的人，就认识不到本质的内涵。本章将分别说明中国古代经典中所载的关于财富本质、生发、现象和运用的公理，理通法自明，如何做就看个人的选择了。

现代物理学原理告诉我们，当我们迈步走时，如果参照物是人，那么就位移来说，也相当于山走过来。所以，只要开始改变自己，世界就会向着你所期望的目标转变，只是你要读懂世界为你而转变的方式。其实不是财富远离我们，而绝大多数情况是我们拒绝走向财富。当我们决定走向财富的时候，财富也在走向我们。世界归根结底是按照我们想象的方式存在和变化的，只要我们意志坚决、心中宁静，就一定会发现"隐藏"着的实质。说是隐藏，其实是我们自己蒙蔽了心眼所致，才误以为那原本宛然立于面前的实质被隐藏了。

第一节 关于财富本质的公理

一、伦理天然论

《太上感应篇》曰："福祸无门，唯人自招"。福由自求，咎由自取。世间万象，人生百态，穷通祸福，一切一切，伦理天然。

爱因斯坦坚信"上帝不是在掷骰子"，意味着在宇宙中没有偶然，一切都在"统一场"中按部就班地运行着。《易经》传达的最基本的信念，就是整个宇宙都井然有序，如此这般地变化着。那么这个井然有序的变化规律是什么呢？中国本土文化称为"道"。这个"道"就是宇宙中的"看不见的手"，支配着一切事物的起因、发展、成熟和分解，我们姑且名之"伦理天然"。天然就是自然，就是本来如此，就是"本来就是这个样子"，经典中的语言表达极其简洁："如是"。《素书》有言："夫人之所行：有道则吉，无道则凶。吉者，百福所归；凶者，百祸所攻；非其神圣，自然所钟。

务善策者，无恶事；无远虑者，有近忧。"天然伦理，非关文字，不因学问知识的积累而增，不因目不识丁而少。伦理是天然的合约。不守伦理，天报；人惩罚，亦是天道的体现。没有伦理道德意识和伦理道德约束，人类的行为就不得不以法律强制保障的合约形式来约束。违反合约的人要面临法律的制裁。

孟子曰："有天爵者，有人爵者。仁义忠信，乐善不倦，此天爵也；公卿大夫，此人爵也。古之人修其天爵，而人爵从之。今之人修其天爵，以要人爵；既得人爵，而弃其天爵，则惑之甚者也，终亦必亡而已矣。"伦理的执行没有交易费用。如果伦理的运行中出现了交易费用，就是人出现了不会做人的情况，道德水准下降了。经济学就是人学，人性学、伦理学和道德哲学，后者是亚当·斯密之所以开创西方经济学的根本原因。

目前学术界所讲的伦理含义比较窄。其实，"伦理是人与人的关系，人与大自然的关系，人与整个宇宙的关系，那叫伦理。我们今天伦理只缩小在人跟人的关系，不晓得人跟自然、人跟宇宙的关系，都是属于伦理。你明白这个道理，就懂得怎么样处事待人接物，懂得道德，所以中国提出十二个字：孝悌忠信、礼义廉耻、仁爱和平。如果我们起心动念、言语造作，都能循着这十二个原则，绝不违背，社会是和谐的，世界是和谐的，宇宙是和谐的。再加上因果，懂得因果，人不敢作恶。为什么？作恶有恶报，善有善果。所以懂得伦理道德，羞于作恶，耻于作恶；懂得因果，不敢作恶。中国5000年的长治久安，就靠这个教育的普及，天下太平。"

二、道德本质论

财富的本质是道德。德行在生命中的永久传递性犹如物理学中的能量转化与守恒。

1. 财富从何而来？财富从自性中来。必有生而为人的德行，才能够生而为人。五伦八德十义是人之所以为人的根本。钱不是赚来的，是修德而来的，建功而来的，是积功累德的结果。中国古代认为不行没有功，不做没有德，所以劳动的本质是功德。

2. 人为什么有贫富差别？依据《楞严经》上共业和别业的论述，解释了贫富不均与财富差异的原因，富国有穷人，穷国有富人，共业与别业交杂分陈。

德行有别，财富境遇就因之而产生差别。有德者必可有财富，但是德者未必求财，德者的财富形式也未必是金钱的形态。只要他肯发心求财，也一定能够实现。真有德者一时受贫，是一时的表象，并不违反更不会推翻"德本财末"的公理。因世代宿因，因缘久远，不可思议。

若人一世忧苦受贫，至死无有瑞相相应，而生时号称有德，必为作假，非真有德。德非言说，"道是行的，德是做的。"

3. 有财富者必有德吗？有财富者必有德。若无现世德，必有宿德，其家祖上必有德，今有余庆。若当世为富不仁，作恶多端，则不是短命就是暴亡。若终其一生挥霍败德，仍然寿高财多，是其宿德广大，不能一世而尽。但是如果纯粹败德无善，终有败亡之日。若就一世而论，有财富者未必有德，是暂时的现象。"做善不见善，前世有亏欠；作恶不见恶，前世有余德"。

从曾子《大学》的德本财末说，世间的财富多寡，和兴业的亏赚，无不是内心自身德行真假善恶的体现。所以，本无财富多寡亏赚，只有德行的真假善恶。

茅于轼先生在《道德能值多少钱》的博文中，把人的行为后果按对人对己、有利有害的区分，列出四种组合，即利人利己，损人利己，损己利人和损人不利己。但是令人惊讶的是，茅先生竟然说："从社会整体来看损人利己未必不可取，只要损人很少而利己极大，此种行为就有利于社会。因为自己也是社会中的一员，此种行为可使社会的总利益得到增加。如果每个人都能找

○中国古代箴言是"莫以善小而不为，莫以恶小而为之。"

到一种损人极小而利己极大的方法，整个社会将因此而得益。"这是深受西方经济学逻辑污染的看法，是明知故犯。如果这样的见地流之于社会，被当作"有良心的经济学家"的真知灼见，岂不祸患无穷？这样的经济学不就是公然允许、漠视、纵容人的不道德行为吗？尽管茅先生也认识到"从道德评价来看，任何损人利己的行为都是不应该的"，也预见到"可能导致严重损人轻微利己的恶行普遍泛滥"，但是得出"道德评价和利益评价会有背离的情况"这样的结论，就是价值观的混乱，如果允许"只要损人很少而利己极大，此种行为就有利于社会"这样的观点当作正常的经济学术观点，这个社会的结果一定是走向自私和灭亡。

中国自古社会的"主流价值观"就是"勿以善小而不为，勿以恶小而为之"，个人品行，国家安定，全都注意防微杜渐，所谓"千里之堤，毁于蚁穴"并非危言耸听。冰冻三尺非一日之寒，西方经济学所谓的损人小而利己大的"经济学算计"，是社会最终演变为冷漠社会、自私世界的学理根源。这不是学说问题，对于任何社会而言，这是危及社会稳定和发展的破坏性思想。

现实中是没有"社会总利益"的，这只是想象中的概念，并不真实地存在于社会当中。真实存在的是利人利己的活动是最有益于社会的，人们要做到利人利己，就必须找到一种办法，能使社会的总利益扩大。真正的商业交换以及由此而带动的一切经济活动，都具有扩大社会利益的功能。因此商业活动是既符合于道德又符合于利益的行为，是值得提倡的善行。

然而有一些人误以为我国的传统道德观中一贯鄙视商业，嫌弃商人，其实这也是误解。中国古代强调务本，农业社会的根本就是农业，所以重视农业。限制商业多半出自防止商业对农业的过度盘剥的目的，在正常的贸易范围内，从文王到管仲再到后世的经济家，都是鼓励甚至优待的。有时商人自己也未必明白商业对社会的重大作用，而且确实有不少商人用欺骗的手段经商，破坏了商业的信誉，使这一大大有利于人类社会的活动，很难得到长足的发展。这种历史教训不单在我国出现过，而且在大多数西方国家里同样出现过。不同的只是当今发达国家里已不再存在鄙视商业的偏见，商业活动已成为最讲究信用和道德的一种活动。不道德的人不断地被排除出商业活动的圈子，这种净化作用的结果是构成了一个方便安全富裕的物质环境。而在我国这种转变尚处于刚刚开始的阶段。我们应该自觉地推进这个认识上的转变，这是我国知识界、政界和实业界的一个重大任务。

损己利人被认为是典型的道德行为，但是从社会总体来看，每个人对自己来说是"己"，对他人来说又是"人"。同一件事对他本人而言是损己利人，对别人而言又变成了损人利己。由此可见损己利人在逻辑上是不能成立的。此种原则不可能成为一个社会的制度性原则。社会必须共同遵守的法律、条款、规定等等不可能以此原则作为基础。不论损人利己或损己利人都行不通，只有公平分配才行得通。在制度设计中，对等和公平不但在伦理上，而且在逻辑上是唯一可行的原则。

财富的本质不在于它能够使人"获得"的一面，而在于人们为了得到它而失去的一面。直接为了财富而努力的人永远揭不开财富的面纱，为什么？舍本逐末嘛，在细枝末节上下功夫，怎么会有本质上的成就！为了伦理而辛苦劳作、耐心求索的人，却面临着更多的可能，发现财富的本质在其面前豁然洞开的时刻。

三、德财相应论

"天之在我者德也，地之在我者气也，德流气薄而生者也。"古时中国称致富为"治生""货殖""生财"，关键在于一个"生"字。任何"生物"，皆在天地之间，"德薄气流"即孔子在《易传》中所指的"天地氤氲、万物化醇"，是天地气交之谓也。一切万物生于天地气交，古人实际上把"天地气交"称为"龙"，是指阴阳交合而生变化之意，所以自称"龙的传人"。本质上，中华民族关于龙的图腾并非如其他世界民族那样的神话想象，而是洞悉天地化生本质之后的朴素表达。不但人生天地之间，财富等万物一样生于天地。《易经》曰："先天而天弗违，后天而奉天时"，物质决定时空，而时空变化必然对应着物质变化，二者在本质上一体相应。这和牛顿的绝对时空观和爱因斯坦的相对时空观在不同的阶段上相应，不能不教人"拍案惊奇"！

清楚的学问,应当可以一语中的。以"一语"概括中国经典经济学,即"财富的德行相应论"。子曰:"舜其大孝也与!德为圣人,尊为天子,富有四海之内。宗庙飨之,子孙保之。故大德必得其位,必得其禄。必得其名,必得其寿,故天之生物,必因其材而笃焉。故栽者培之,倾者覆之。《诗》曰:'嘉乐君子,宪宪令德。宜民宜人,受禄于天,保佑命之,自天申之。'故大德者必受命。"财富的多少是善行累积厚薄的结果。

"香港股神"曹仁超对富人的印象是:典型的富贵人家逾半都有宗教信仰,大多数热心公益事业,是最佳的捐款者。他们并非吃得特别奢侈,也不是穿得特别光鲜亮丽,只是生活十分有规律。他们还比较长寿,平均能活到八九十岁,较一般人长命五至十年。① "根据中国经典经济学的看法,信仰意味着言行有矩,是德行的保障;热心公益事业意味着布施,是财富的直接之因;吃穿用度并非奢侈,生活规律意味着《黄帝内经》所说的"食饮有节,起居有常",所以,他们因为德行会富有,因为布施捐赠会加速财富的积累;因为节俭会变得富有,因为生活规律和工作勤奋而变得富有,论语说"仁者寿",所以他们长寿;《黄帝内经》说能够"食饮有节、起居有常、不妄作劳的人",就能"形与神俱,度百岁乃去"。所以,没有这些性格特点,没有这些生活规律的人,想要富有是不可能的,就像春天不耕种,却希望秋天有收获,那是痴心妄想。正是什么人感应什么"事。

为富不仁者必败家道,富不过三代是也;勤俭持家,乐善好施,不过三代必兴旺发达。世间的个人和家庭的运势就在这种交替中"高低起伏,冬去春来"。人事如此,国家也是如此。

所以说,伦理道德是和天体运行一样客观的存在,顺之则昌,逆之则亡。索罗斯已经感受到了这一点,只是他和哈耶克一样,由于没有中国的经典传统,不知道这个"外在现实"其实就是天道伦理,就是真正的"看不见的手"。索罗斯说"当社会无视现实的客观性时,是将其自身置于危险的境地。""对现实的客观性的笃信在我的思维中的作用,与宗教在有些人的

---

① 曹仁超:《论性》,中国人民大学出版社2010年6月第1版,第41页。

思维中的作用是一样的。在没有完美认知的情况下，我们需要信仰。我相信的是严峻的现实，有些人相信的是神。""的确，现实可以被操纵，但是我们行为的结果，不是受愿望支配的，而是受一种外在现实的支配，至于它是如何这样做的，我们还不能完全理解。我们对此理解得越好，结果就会越符合我们的意图。"①

德行品位与财富智慧成正比：

1. 功夫成片——勤劳不懈怠，生活用度不愁；
2. 事一心不乱——行事方正，童叟无欺，一视同仁，明码实价，财富有余；
3. 理一心不乱——懂得吃亏是福，能行忍让，心气平和，大富大贵；
4. 理事一心不乱——宿世布施，常勤精进，秉本执要，富可敌国，名满天下；
5. 另有情形，就是示现平凡，毫不起眼，直到人生尽时，世人方知。

后三种，非一生一世之德行积累所能达到，所以普通人当世求财以期超越盖茨、巴菲特、王永庆、李嘉诚是非分之想。有非分之想，并行非分之行者，必遭祸患。企业经营治生产业，能够苦身戮力、诚信为本者一定发家。王永庆年轻时为了主顾，风雨中送米只赚一分钱，而且精心将米中的杂物石子挑出，决定了日后大富的根基。纵有宿世德行，如果现世不起相应的缘分，也得不到相应的结果。

《了凡四训》中说："有千金之产者，必是千金人物"。经济的结果不过是人的素质的外在表现，是心理谋划的物质体现。提出"经济的德行相应"的概念，就是非其人不遇的另一种说法。不具备成功的德行者，结果必变成"散财童子"。

---

① ［美］乔治·索罗斯：《超越金融：索罗斯的哲学》，中信出版社 2010 年 4 月第 1 版，46 – 47 页。

第二节 关于财富生发的公理

一、自性具足论

自人类本性流露出来的智慧是真实语,自意识妄想推理出来的理论通常靠不住。被西方奉为伟大的心灵导师的克里希那穆提说"真理是无路之国",意味着一切追求归根结底都是本位成就、本性成就。

人生在世,财富固然重要,但是大不过生死一事。可是很少有人做"观自在"这件事:人究竟生从什么地方来,死又到什么地方去?为什么活着?怎样活着?有没有"国际惯例"?如果有这样的惯例就一定是对的吗?就一定是使人幸福的道路吗?究竟怎样才是人生的吉祥幸福的道路?大部分人来不及想这样的问题,就投身于人的生活当中去了,大多数人无非忙着升官发财、娶妻生子、呼朋引类,"从不知研究人生宇宙的真理和人生的价值所在"。为了解开这个谜团,知晓宇宙的生成和人类的生死,人类在这方面的探究产生了哲学。但是学术的哲学家却得不出一个真实正确的答案。有唯心论,有唯物论,有一元论,有二元论,究竟如何,莫衷一是。

那么迄今为止的人类文明是否有一个真实正确的答案呢?有。那就是:不是谁创造了世界,不是谁创造了谁,而是无始以来就有这个觉性存

○ 真理是无路之国。只要心动,就在真理之外?

在，就有我们这个见闻觉知的能量存在，就有我们这个"自性"的存在。这个自性的能量没有形象，能起一切作用，能够变现一切现象，但是永远守恒，一切流出于此，一切归依于此，不增不减，不垢不净，不生不灭。可以变化出声能、光能、电能、热能等种种人类可以认识到的能量形式，但是能量本身就是没有办法可以凭借肉眼见到。它可以变化无穷无尽的形式，但是都是作用表象。这是自性能量变现"自然世界"或者"物质世界"的情况。人类及其精神世界也是自性能量的变现。身体的我、思想的我都不是我，自性的我才是"真我"，找到那个主宰生命变化的能量本性，才是真正地认识了自我。

○要想致富，先改变自己的性格。

一切问题和想象的因素，以自性为最根本的因素。一切成就归根结底是自性成就。找不到自性的因素，都不是终结的因素。由此，要想具备财富，首先就要具备财富的性格。任何对外在因素的强调，都不是彻底的自省。虽然"欲善其事，必先利其器"，器物仍然是从属于内在因素的。同样一张纸，一管笔，在王羲之手上，或者在张大千手上，就会创造出艺术杰作，而在其他绝大多数人手上，不过涂鸦而已。他们的成就，不是纸和笔的成就，而是他们的自性成就。面对同样的市场，为什么有人赚有人赔？因人而异。人因性格而异。性格是自己在原本圆觉明妙无碍的自性中"内格"造成的。所以，《黄帝内经》说"反顺为逆，是谓内格"。内格之人，就是有性格之人，就是俗语说的"格路"之人，就是"有脾气的人"，如果既有脾气，又无能力，即是南怀瑾先生所说的第三等人，人生很难成功幸福。化去性格，返回天性，依理求财，才会万事大吉。化性之人若有心投资致富，如范蠡，在任何时代任何市场都可以找到"十九年三致千金"的机会。

财富的最终来源就是自性。一切财富出于自性，不离自性，归于自性。不知其义，不知具足什么，就不能变现包括财富在内的一切，为命所拘，为数所困；知道"因果缘"具足，一切具足，那么财富自然就在其中。要就此明白，任何人在本性上具足不可思议、无量无边、等同如来的福德智慧。但是如果德行智慧不够，这些财富就不能变现为现实世界的实物。

心念纯净纯善，则财富不可思议，不可以数量计。起心动念之后，财富随心念的善恶、心量大小和迷悟程度而起表象上的增减变化。虽然现象上有多少和形态上的差别，但是本性上财富在富不增，在贫不减。每一个人的财富，在本性上说完全相同，无量无边，不可以数量计算，不可以道理计。本来无贫富差别，但是世人迷失自性，合尘背觉，暗中摸索，困而不得，自生贫富分别。财富如何变现？如何把自性中无尽的财富变现？唯一的一条路，就是"存好心，说好话，做好事"，在道德修养的根本上下工夫。

二、心念决定论

心理活动其实就是经济活动。自性中忽然生起一念，进而产生强烈的欲念，逐渐变成信心，随之产生实现欲念的想法，心念一动，瞬间遍满十方，果真信心十足，恒心持久，就等于源源不断地向宇宙人生发出同一频率的信息波，人的言行就会感得与内心相应的境源，人生就呈现出原初欲望心念产生时所期望的境界，这就是"心想事成"的过程。心念持久专一，就一定会把心里想的事情变成现实。曾经作恶，可能会因行善的力量强大而消除恶缘；曾经做善，可能会因作恶的力量强大而使善缘受阻，不得实现。穷通善恶富贵等等一切分别，全看当下一念。意志坚决，终究会"有志者事竟成"。心想事成，你真想，所谓意诚，坚持不懈，就一定实现；任何目标，如果德行具足，智慧相应，耐力够坚强，就一定实现。

"心"不是心脏，是能知能觉的本性。是"唯心所现、唯识所变"的"心"。

心地是修行的唯一场所。福祸无门，惟人自召，就是这颗心召来的。本来湛寂觉明的自性本心，自然生起妄念，"念念成形，形皆有识"，从而幻化出物理世界和精神世界。

心生万法，生财的道理、法则、技术都是心的产物。所以心外求法被称为"外道"，被称为"舍本逐末"，唯有福祸自召，反求诸己才是圣人语言。

决定财富有无、快慢和多少的根本因素就是心头一念。心中有慷慨救助施舍之念，是获得财富的根本原因。心中产生何种念头，身外的世界就会显现与之相应的事件和境界。但是心念之快，快到一念之间遍满宇宙虚空，所以人的心念累积之多是一个无法计数、无法形容的量，也就会使人的人生具备了一切因果缘：善心之缘使善因成熟变现，恶心之缘使恶因变现成熟，所以圣人设教，引导人一心向善，使人生感得善缘之现行，而使恶因因无缘起之缘而不起现行，则人生吉祥幸福可得。是以心之行不与财富法相应，则身劳力苦而不得。这就是中国的基于心识认识的"行为经济学"。也就是说，好人之本在人心思善向善，本立而道生，德本既立，财富犹如树上之果，虽因心量智慧大小而有不思而得或者思而后得的分别，但是功不唐捐，因缘际会，自有成熟之日。

心法其实如此简单，生财的心法其实也一样简单，只是人因迷失本心，不谙经济生财大道，徒劳妄求，无异于缘木求鱼，南辕北辙，事与愿违。

信心使经济走向良性发展，灰心使经济走向黯淡、在危机时雪上加霜。西方经济学家也不是没有注意到这种心理的巨大作用，但是西方的传统没有中国的"心传"，不知道"心识自性"是变现宇宙的根本。阿克洛夫和希勒写作《动物的精神》有把经济学认识引向心理层面的推动作用。但是要想彻底认识到"唯心所现、唯识所变"的道理，整个西方学界必须向中国经典寻求答案。

"经济学问就是那么神奇，某些分析，读过经济的不懂，但街上有些人可以说得头头是道。我想这是因为后者没有学过，于是没有成见。说过了，经济学是浅的，不明白的往往把问题看得太深。"[①]

孔子曰："君子居其室，出其言，善则千里之外应之，况其迩者乎？居其室，出其言，不善千里之外违之，况其迩乎？言出乎身，加乎民；行发乎迩，见乎远。言行，君子之枢机。枢机之发，荣辱之主也。言行，君子之所以动天地也，可不慎乎？"

从《黄帝内经》开始的"岐黄之术"，到老子《道德经》开始的"道德之学"，合二为一，自汉代开始，"内用黄老，外示儒术"成为中国古代历代

---

① 张五常：《多难登临录》，中信出版社2009年第1版，第15页，原序。

经济管理的不宣之密。儒学的起始同样久远,自孔子而大兴。删诗书,订礼乐,孔子"信而好古",总结了春秋以前的文化典籍,孔子《易传》曰:"仰以观於天文,俯以察於地理,是故知幽明之故。原始反终,故知死生之说。精气为物,游魂为变,是故知鬼神之情状。与天地相似,故不违。知周乎万物,而道济天下,故不过。旁行而不流,乐天知命,故不忧。安土敦乎仁,故能爱。范围天地之化而不过,曲成万物而不遗,通乎昼夜之道而知,故神无方而易无体。"孔子读《易》而"韦编三绝",所以易学、道学和其他诸如礼学、乐学、周公政治之学、管子经济之学等传统学问成为孔门儒学的渊源,经过后世曾子、子思和孟子的一脉发扬光大,终于成就"弥纶天地之道"的完整儒学体系。被后世误解至深的是,大家都以为学问的传承不过是学说的转述与创新,殊不知其中要个人有真实的用功体会,才能得其"真传"。体会,体会,"体会"是什么意思呢?就是自己的身体要起变化,自己的"心"要与之"会",与之相合,就是"人经合一"。她不是背诵词句,而是"化"到了自己的身心精神里。只有悟通心法之人,才能融会贯通,根据时代的不同而相机阐扬。例如汉代董仲舒的"天人感应"说,宋代赵普的"半部《论语》治天下",乃至二程、朱、张、周、邵的六子理学,至明代王阳明"龙场悟道"而更"理学"为"心学",并将"心学"的理事功业归结为捉山中贼和心中贼。千古以来,时移世易,历世多变,但是根本的核心却从未生灭增减变动。

西方的成功学书籍已经注意到"信心是取得

○ 学问不是在纸上学,在嘴上问,要在身心上有真实的体会。

成功的关键"和"信心是聚集财富的起点"[①]，但是却无法真正地揭示信心是什么，信心是哪里来的，信心是如何升起的，以及财富的本质来源。请注意，认识到"信心聚集财富"的"秘诀"，是西方"成功学"而不是西方"经济学"，西方经济学还在"自由竞争产生利润"的迷宫里打转。拿破仑·希尔已经通过西方成功人士的访谈研究认识到："财富与地位只有建立在真理与正义的基础上才会持久"，认识到用仇恨、嫉妒、自私和讥讽这些消极态度对待他人将永远不会成功，但是他认为"这个秘诀的背后是一条人类尚无法解释的自然法则"，显然这里的"人类"仅限于西方，在东方，在几千年前，解释这个秘诀背后的自然法则的经典已经存在许久了。

这是东西方文化需要有效沟通和融合的地方。如果拿破仑·希尔有生之年读到中国唐代玄奘大师和窥基大师师徒的经典著作，他就会知道成功学秘诀背后的自然法则是什么了。所以当我们说某件事情"迄今为止人类无法解释"时，在很大程度上过于武断了。再举一例，哈耶克在《感觉的秩序》一书的序言中指出，他在很年轻的时候就感受到了一个重要的答案，却不知道回答的是什么问题。作者也替这位20世纪的西方思想家抱憾。因为如果他生活的圈子里有东方的体悟传统，他会很早就知道自己回答的是什么问题。可惜，在分析的视角中，只能见树木而不见森林，尽管

○ 哈耶克（Hayek, Friedrich August, 1899—1992），被称为20世纪最伟大的古典自由主义学者，获得1974年的诺贝尔经济学奖都不足以表达他对世界的影响力。但是国内对其思想的理解非常糟糕，以至于林毓生教授说"那些研究文章几乎不能看"。其代表作当为1944年出版的划时代作品《通往奴役之路》。

---

① 拿破仑·希尔：《思考致富》，中信出版社2010年5月第4版，第32页。

他也被称为"跨学科研究的大师"。①

人生的境遇,包括人本身、体态容貌、脾气性格、穷通富贵,一切都是自己的本性心识的"作品"。这就是秘诀背后的自然法则,这就是和天体运行一样客观的真理,这就是人们梦寐以求的宇宙人生的真相。没有什么主宰,一切是自己"自作自受"。认识到这一点,有些人可能会寒毛直竖,因为天理昭彰不是吓唬人的,不是无可奈何的道德先生的一厢情愿,而是自然世界的法则,精确度超过游标卡尺的度量,《黄帝内经》曰:"恍惚之数,生于毫厘,毫厘之数,起于度量"。人的每一个念头,都会和自然空间发生感应,善念就感应善事,恶念就感应恶事,不是有什么神灵在指挥,而是自然的运行规律就是如此,积下财富之因,必定收获财富之果。所以自己居住的世界是自己形成的,福祸是自己招来的。拿破仑·希尔说:"如何命名这个秘诀并不重要,重要的是,如果建设性地应用它,那么它会给人们带来荣耀和成就。反之,如果破坏性地应用它,它随时都会造成毁灭。这句话中蕴含着一个意味深长的事实,即任何在挫折中倒下,并且贫穷、不幸和痛苦中度过一生的人,之所以会如此,是因为他们消极地应用了自我暗示原则。这种现象的原因在于,所有的意念冲动都会有实际的表现。"注意他说的最后一句,"所有的意念冲动都会有实际的表现",这就是"唯心所现",就是《法苑珠林》中"念念成形,形皆有识"的表现。

在科学时代,"心念转化物质"可否有"科学的表达"呢?我们从中国经典知道,福报是人的觉悟德行程度的量度。在物理学中,利用光能变换,爱因斯坦推导出质能关系式 $E = mc^2$,得出物体的质量是它所含能量的量度。它的原理同样适用于心念和财富的转换。推广质能公式的应用,构建意念冲动和财富等价物的变现转换关系:如果 F 代表财富,G 代表善念,C 代表光速,那么质能公式就可以理解为善行与财富的转化关系:$F = GC^2$。问题是,在质能公式中,光速是不变的,而在思想意念与现实等价物的转换中,意念的速度是可变的,是无穷大的。作为思想实验还可以说得通,现实验证中,有极大的困难。

---

① 称哈耶克先生为"跨学科研究大师",是笔者在 2008 年 5 月 10 日为林毓生先生结束在东北财经大学的讲学而举行的午宴上,从林先生那里听到的。

或者按照质能方程式的思路，得出：$F = MT^2$，其中 F 为人的福报，M 为觉悟德行程度，T 为在一个善行方向上的努力时间。因为 M 可以是任何数，所以可以用于衡量幸福和痛苦两种境遇，正数衡量幸福、负数衡量痛苦。而一切的改变与成就的关键是心理行为。

接下来再思考这样一个问题，在心念上，财富是否有相对性呢？我们的答案是：在本质上，财富具有德行相应性；在数量上，财富具有数量相对性。同样的 100 万，对于每一个人的"数量意义"是不同的。意义的大小取决于拥有者或者使用者。由于我们已经论述了财富的德行相应论，理解了财富是一种时间和空间的存在形式，而且随着当事人的德行而变化，那么一笔数目确定的财富对于当事人的"数量意义"就是不同的，取决于当事人所在的"参照系"，决定这个参照系的，是他自己的心念。

○ 什么是"人"？人怎么做才能"大"？

"人"就是"心"。"众人心"就是"天心"。一个"人"字，说明要真、要正才立得住，不偏不倚，不邪不佞，明中庸之道，走中正之路，"人"字在中间加一横"一"，表示阴阳平衡，"人行中道"，人行中道才是一个"大"字，才是"大人"。不过人再大大不过天，要谦卑待人处世，不能忘乎所以，所以《易经》六十四卦，唯有"谦卦"六爻皆吉；黄石公传张良的《素书》中要人"谦恭自守"。泰戈尔说"唯有谦卑才能崇高"。古今中外的经典和大师们无一例外地教人谦虚，足以证明谦德是本性之德，不因时代、地域和种族的不同而有差异。那么人大不过的那个"天"是什么呢？天无心，以众人心为心，问天，渺远不可得；然而众人之心可知，遂可知天心，天心既知，也就可以知天了。所以人要是认真，真正行得真、行得正，不为所动，不为所惑，就会有所得，有所得就会有过人之处。既有过人（众人）之处，就是"天出头"，就是"夫"，就是顶天立地的大丈夫。所以真正的大丈夫不在世俗功业，而在智慧德行。真有智慧德行就能够至诚感通，就能够所愿顺遂，无往不利。但是天出头的大丈夫如果趾高气扬就坏了，心气一高就脱离了群众，脱离群众就是脱离大地，就是《易经》上天下地的"否卦"，所以天出头的大丈夫必须谦虚，低矮就下，"和人民群众打成一片"，就是"天入地下"的"泰卦"，才能建功立业。每当节日大家互祝"万事如意"，虽然各人嘴上都这么说，可是心中难免打鼓："怎么可能"！而今于经典之意稍有贯通，才知万事如意是可以做到的。做不到就是本有的智慧德能还没有恢复。当此之时，也应该知道心外求法（真理）就是外道；明白为什么《黄帝内经》叫"内经"，世界就在六合之内，解决了六合之内的问题，天清地宁，天下太平。

所以，无论是做事，还是学佛，无论是修道，还是明理，全都是做人的道理。做人从哪里开始呢。从心开始。要时刻省察自己的内心。例如我们读了大学，我们很多人都是农村来的，你回到家乡是贡高我慢还是谦卑自守？心里有没有沾沾自喜的念头？见到父老乡亲有没有人低我高的分别？读了几本书，有没有连父母都不放在眼里的想法？有没有想到自己有今天，是祖上积德的原因？慎终追远，民德归厚，发了财，当了官，有没有以为就是自己的能力使然的想法？有没有想过"积善之家必有余庆"这句话？见到财富比自己多、地位比自己高的人有没有攀缘之心？有没有拉关系、捞好处之心？见到比自己低下的人有没有颐指气使飞扬跋扈？总之是否发现自身隐藏的那个"丑"字来？有没有鲁迅说的榨出皮袍下面的那个"小"字来？如果还没有发现自己的短处、不足甚至缺德之处，对不起，"革命尚未成功，同志仍须努力"，您还得修呀！

王凤仪先生说"找他人的好处打开天堂路，认自己的不是封死地狱门，一句'不怨人'成圣成贤有余"。这些话全都是告诉我们要从反省自己的心地开始求得进步。最严重的毛病是心病却不自知。不论古今中外，圣人们都是彼此贤贤相护、光光相接、心心相印，荷担德行，如护眼命，鞠躬尽瘁，至

○ 曾子《大学》在社会主义初级阶段的解读。

○ 张载（1020—1078），字子厚，因徙家于陕西眉县横渠镇，人称横渠先生。北宋理学代表人物之一，与程颐、程颢、周敦颐、邵雍合称"北宋五子"。

死不休。所以，生活中的一切细节，都是提高修养的土壤和考验自己的试题。不管用什么方法，只要能够时刻提醒，让自己的心灵觉醒，就是好方法。久而久之，无不相应。

心正，妄想亦是正；心邪，正路也是邪。如果能够从心上体会经典，就会一通百通。如果不能识破这个关键，那真是法门无量，修学无止。是以大学的道路（大道），从明白自心开始（明明德），在"全心全意为人民服务"过程中践行历事炼心（亲民），在心地光明纯净的时候成就（至善），这就是曾子《大学》的"四纲"，就是提醒、希望和要求天下每个学子践行大学之道，在为天下人民全心全意服务（真心、诚心、正心）的过程中成就自己，是为"自他不二"。

这样来说，张载的"为天地立心、为生民立命、为往圣继绝学、为万世开太平"不是高渺的口号，是每一个人都可以通过曾子所指的大学而达到的切实目标。曾子在《大学》中指出"德为本，财为末"，等于告诉我们生财的大道其实就是修身做人的道理。袁了凡先生在《了凡四训》中印证了"有千金之产者必是千金人物"的道理，要想有那样的境遇，必定先做那样的人。向内求修心正身，德具财来，时时相应，处处相应。

要想致富创业，必定自修身开始。修身必要诚意正心。心如何正？时时观心，读经典，用经典，体会经典，践行经典。为经典所化，处处应心，心自然正，身自然修，德自然到，事业自然有成。天下事，善恶及其选择机会具足，任何成就与后果都是自心当下一念选择的自然展开。所以获取人生成功和财富的根本途径是"反求诸己"。

幸福的人生从明理的喜悦开始，从平和应对挫折开始；幸福的人生从省察自己的不足开始，从寻找他人的优点开始；幸福的人生从低头认错开始，从躬身干活开始；幸福的人生从孝敬父母公婆开始，从五伦和谐开始；幸福的人生从谦恭节俭开始，从摒弃奢华开始；幸福的人生从自强不息开始，从追求至善开始；幸福的人生从当下心念开始。

三、布施财报论

中国古代的经典认为财富是布施行为的自然果报，要想自己富有，要勤修布施，要想得财，首先要有能够舍出去的德行。很多人嗜财如命，要其捐赠出去如钝刀割肉般舍不得。殊不知：布施其实是揭示"不失"的事实真相，捐赠貌似把自己的财物、服务、随喜善念"给出去了"，好像是一种失去，其实不是。所以古代说"布施"，是提醒大家，布施的人是"不失"，是没有失去，是一种真正的获得。所谓"舍得舍得，不舍不得。"你想要收获，不是先把种子撒出去了吗？经济学上，凡是想要回报的，不是首先得投资吗？也是一种撒种。资本其实就是一种财富的种子。

布施有三类境界：

第一种境界是无心布施，三轮体空，未来的结果是不思而得。

第二种境界是有心布施，着相布施，结果是思而后得；有贪图回报之心者，结果是得而有限；有不舍之心者，结果是得而艰难；快乐地布施，将来会快乐地赚钱。

第三种境界是厌恶布施，结果是受穷苦难。多布施果报多，少布施果报少，不布施没有钱财。

投资者一定要：（1）长修善德，存好心，说好话，行好事；（2）素位而行，切忌一山望着一山高；（3）本位成就，就是俗话说的"认命"，把天赋展现出来，做自己喜欢和自己擅长的行业；（4）明理识道，立场坚定，又能从善如流；（5）与时逐而不责于人。

有钱不会用，在中国经典的立场上，是穷人，不是真正的富人。富有而吝啬，习性上积累着贫穷的本因，有朝一日贫穷是必然的结果。用了的钱财才真正是自己的，"带得走"。如何用钱，是真正检验智慧的考试。

四、积善改运论

德本、智勇之外,时、运、势也是成就的必要条件。《素书》有言:"若时至而行,则能极人臣之位;得机而动,则能成绝代之功。"时运本是物极必反、秋去冬来的自然法则的自然走势,如何能够更改呢?在《了凡四训》中,云谷禅师给袁了凡先生讲解了积善改运的道理和做法。袁了凡先生实践的结果,真的改变了"命中注定"之数。其中的道理就是前面所讲的"心念决定"的公理。

扪心自问,我们每天的起心动念、言语造作有多少真?有多少正?心念一动,浪及十方,真假虚实,别人是感觉得出来的。曾子在《大学》中说"十目所视,十手所指","人之视己,如见其肺肝然"。心灵本性中还有格,也就是大家常说的"性格",就一定有我见、成见、偏见、邪见、断见,总之没有正见,就一定有人我是非,就一定有忧愁苦闷,就一定有挫折危险,就还不能改变人生运势。

○ 静思当今市场中人,是不是"以市井之志利其身","而以君子之心望于人"?

司马光在分析韩信被杀时说:"汉之所以得天下者,大抵皆信之功也。观其距蒯彻之说,迎高祖于陈,岂有反心哉!良由失职怏怏,遂陷悖逆。"尽管汉高祖刘邦"用诈谋禽信于陈,言负则有之",但是他认为"信亦有以取之也",意即韩信也有咎由自取的地方,例如,当初汉与楚相距荥阳,韩信灭齐,不回来禀报反而自立齐王,令刘邦大怒;其后汉追楚至固陵,与韩信约好共同攻楚而韩信竟然没来!所以,其实刘邦早就有取韩信性命的打算,只是当时"顾力不能耳"。

"及天下已定,则信复何恃哉"!司马迁说:"夫乘时以徼利者,市井之志也;酬功而报德者,士君子之心也。信以市井之志利其身,而以君子之心望于人,不亦难哉!"是故太史公论之曰:"假令韩信学道谦让,不伐己功,不矜其能,则庶几哉!于汉家勋,可以比周、召、太公之徒,后世血食矣!不务出此,而天下已集,乃谋畔逆;夷灭宗族,不亦宜乎!"(《资治通鉴·汉纪四》)所以,人生如果不能时时积德行善,谦让自守,纵然功盖天下也难免时运至死的灾殃。

语速和缓,柔声对人,是人的内心的反映。"心"本无形,心之情表于脸上,心之音出自口中,表情和善,语音柔和是内心世界和善的直接反映。"江山易改,本性难移",性格的惯性仍然,容易使人常常处于"见人不善,不见己非"的颠倒状态中。人们通常自以为是上等人,却不知道自己多数时候是一个下等人的心性,命运如何能好呢?糟糕糟糕,许多人糟就糟在一个自以为"高"上!经典就像镜子,能够照出我们自己的庐山真面目。一念之间,天地不同。那么运势又有什么不能改的呢?如果真能脚跟立定,要做一个真正的德行人也不难。心里只看别人的缺点,那真是世上没有好人,其实是自己鬼眼看人,一念之间把自己送到鬼世界,运势怎不会受到影响!如果"连续积分",那么就会越来越差;若专看他人优点,那么这个世界真是美好,一念之间把自己送上圣贤世界!如果"连续积分",那么就会越来越好。常言道"人争一口气",其实说错了,应该是人争一念善!

提高道德的过程就是增加财富的过程;道德败坏的过程就是引发经济危机和社会灾难的过程。常数可以通过易经的64卦和384爻推算,修行之后的变数是推算不出来的。一念善就加,一念恶就减,人人天天加减乘除。因是常数,缘是变数。《老子》五十一章说:"道生之,德畜之,物形之,势成之。是以万物莫不尊道,而贵德。道之尊,德之贵,夫莫之命而常自然。"孔子曰:"三人行,必有我师焉:择其善者而从之,其不善者而改之。"如是坚持,命运怎会不改?

五、天道酬勤论

《易经》有言:"天行健,君子以自强不息";流水不腐,户枢不蠹,滚石不苔。天性要清净光明,心要无碍无住,身子要勤才能气血周流,精力旺盛。人一旦闲歇慵懒，就是"离道"了，就非常危险了。就在此刻凝神观想我们的世界，此刻江河竞流、五岳旋岚，火车风驰电掣；鸢飞戾天，鱼翔浅底，万物沉浮于生长之门，哪一个在偷懒怠惰？本质上，虽说天道酬勤，不也是人道自奖吗？

勤者，至诚之行也。孟子曰："是故诚者，天之道也；思诚者，人之道也。至诚而不动者，未之有也；不诚，未有能动者也。"吃苦耐劳一直被认为是中华民族的传统美德。这个道理其实也是前面论述过的人生积分学的道理：连续在某一固定的领域用功，在山穷水尽的时候，也会突然在某一时刻，柳暗花明又一村。有时的勤奋未必是一直的埋头苦干，爱动脑的人突然在某一天灵光乍现，得来一个"点子"，也是天道酬勤的结果。现在我们举一个现代经济的例子。电扇曾经都是黑色的。1952年东芝公司积压了大量的电扇卖不出去，七万多职工想不出打开销路的办法。直到有一天，一名员工向石坂董事长提出改变电扇颜色的建议，当时全世界的电扇都是黑色的。东芝公司最后采纳了这个建议，于1953年夏天推出一批浅蓝色电扇，结果市场上掀起抢购热潮，一个夏季卖出几十万台。这似乎是一个荒诞的事实，只是改变一下颜色就可以由积压变滞销？是的，就是这样。从来如此的事情，未必永远如此。但是能够在特定时刻，用一个事后看来无比简单的奇思妙想解决问题，绝不是"聪明"这样简单的原因，一定是天道酬勤的结果。所谓机遇总是青睐有准备的人，就是天道酬勤。

世间人常说，但事耕耘，莫问收获，诚然如此。收获一事，是未来事，将来未来，提前牵挂，也是胡思乱想。2008年，作者在桂林随刘力红等老师学习，课间出来，恰逢刘老师的千金舟舟在路边打电话。就在那一刻，我自然地听到她讲"他什么时候来，你怎么知道啊？"说者无心，听者有意。这一句似乎和我毫不相干的话，"仿佛雷击般穿过我的耳际"，"道法自然"，功到自然成，到那一时刻，会自然来的。宁可忙着死，莫要闲着生。孔子曰："其为人也，发愤忘食，乐以忘忧，不知老之将至！"这些前贤大德，以一生的辛勤为大众行不言之教。

六、和气生财论

个人性格柔和有助于生财致富，和气生财，戾气破财。为什么和气生财呢？

我们先总结一下财富获取方式的不同：财富可感得、修得、求得、争得、骗得、夺得。

感得是本性自在，不思而得，所得圆满，随心所欲，自利利他；

修得是意诚身修，动念而得，所得无量，名副其实，自然相应；

求得是动心顺欲，有求而得；所得所愿，目的达成，总有他愿；

争得是慧心蒙蔽，竞争而得；所得艰难，常打折扣，心苦身疲；

骗得是真心迷失，欺诈牟利；所得不保，亦常被骗，枉用心机；

夺得是心暴身戾，武力豪抢。所得不义，王法国难，自身与子孙败耗，疏而不漏。

《素书》云："同气相感"。唯有心中一团平和之气，从容淡定，静虑默观，灵光独耀，慧心常明，才能感得时机运势，所愿得成。中国经典经济学讲究和气生财，注意"纳气"，自身行持、家居方位陈设，无不效天仿地，以求气充实，财运足。相反，性格乖戾则漏气、散气、破气。戾气破财，不遵道而行，怨天尤人，自是非他，就会常常泄气，财运随之而走。《黄帝内经》有言"恬淡虚无，真气从之"，世人常谓真人有道，聚集真气者必得多助，即现世所谓"人气旺"，"人缘好"，"财运好"，自然生意兴隆，少有灾异；货真价实，童叟无欺，就是经济学上的"真人"。从古代的范蠡到现代的王永庆，莫非如此。

君子乐得做君子，小人冤枉做小人。能够争

○ 自然之气，人生之运气和财气，是浑元一气之分殊化现。做到财气充足，好像是经济问题，其实是物理问题。

得、骗得和抢得的财物，原本不争、不骗、不抢一样可以获得，然而行不义之举，所得之物遂蒙污秽，冤为不义之财，犹如杭州岳庙对联，"青山有幸埋忠骨，白铁无辜做佞臣"。财富之行，完全在于人的心地，心善财善，心恶财恶。提高修养就是发财的过程。

和气生财不但适用于个人，对于国家也是一以贯之的不易法则，自古传言："家和万事兴"。《孙子兵法》曰："上下同欲者胜"，亦是家（国）和万事兴的兵家版本。众人同心其利断金，所有成功的事业一定是在一群具有和谐氛围的领导人率领下完成的。分裂闹矛盾的组织或者国家一定受损衰败。

荀子曰："弓矢不调，则羿不能以中；六马不和，则造父不能以致远；士民不亲附，则汤、武不能以必胜也。故善附民者，是乃善用兵者也。"《资治通鉴》中司马光点评："从衡之说虽反覆百端，然大要合从者，六国之利也。昔先王建万国，亲诸侯，使之朝聘以相交，飨宴以相乐，会盟以相结者，无他，欲其同心戮力以保国家也。向使六国能以信义相亲，则秦虽强暴，安得而亡之哉！"所以和气者与道相合，得道者多助，很少有不成功的。

礼之道和为贵。人莫不喜欢受人尊敬，和气而不发脾气，也是大无畏布施，美德的体现。君子慎独，一个人独处时要培养和气。在集体中生存更要有和气才能容人聚人。学会分工与合作，学会承认自己的短处，学会找到他人的长处，学会凡事先思己过，学会心地仁慈，学会一视同仁，学会平等清静对待人和事，把自己融入集体的力量中，自己的智慧才会得到最充分的展现。眼里全是别人的毛病，还有嫌弃的心理，就没有"身和同住"，就难以保持和气，任何组织只要有分裂倾向，有猜忌和斗争，就不会有大发展，很快衰落和灭亡。

不愿意和人相处，就是毛病，就是过失，就是德行不够圆满。这和"道不同不相与谋"不是一回事。后者是看清事实，但是行为和心理全部清净，对这样的人敬而远之，没有怨恨，没有嫌弃，自然的。不是分别党同伐异的心理。真正有修养的人，心地清静、平等、慈悲，和圣人君子能够相处，和妖魔鬼怪也能相处，在顺境里怡然自得，在逆境里也是怡然自得！真正的仁者无敌，眼里没有分别执着妄想。白手起家的人，能否和气聚人是非常关键的事情：经济组织的成功一定有良好的分工与合作。如同白圭"与童仆同衣食"，王石当年创业时和员工一起扛麻袋，感动了批车皮的人。身先士卒之道，必然有凝聚力，有感召力。个中道理古今不变。

家庭是否和谐，对个人身心幸福和事业发展有重要作用。曾子《大学》中说："所谓治国必先齐其家者，其家不可教而能教人者，无之。故君子不出家而成教于国。""一家仁，一国兴仁；一家让，一国兴让；一人贪戾，一国作乱：其机如此。此谓一言偾事，一人定国。尧、舜率天下以仁，而民从之。桀、纣率天下以暴，而民从之。其所令反其所好，而民不从。是故君子有诸己而后求诸人，无诸己而后非诸人。所藏乎身不恕，而能喻诸人者，未之有也。故治国在齐其家。"有家不齐之人，难以让人相信其事业有成。让我们以离婚为例，看看家不和要让当事人付出多大的代价。

2006年，北京共有24952对夫妻办理离婚登记，其中有1/5婚姻关系维持不到3年；1/3在结婚5年内离婚；结婚不到1年就离婚的有970对，有52对离婚的夫妻结婚还不到1个月。在这些离婚夫妻中，"80后"占了相当大的比例。而调查涉及"80后"离婚案件中，有90%的夫妻双方都是独生子女。缺乏忍让和宽容，成为这些人群离婚的主要原因。

据民政部门的一份资料显示，近年来办理离婚手续者，有近1/5的人没有任何理由。某网络公然宣称"无理由离婚时代来临"。为了寻找一种理想的婚姻状态而采取了一种置之死地而后生的做法：先断掉自己所有的退路，然后去找一条通向幸福的捷径。可谓行险以侥幸。

当越来越多的人希望通过离婚选择幸福和自由时，可曾想到，离婚的代价到底有多大？一般来说，两人拥有的财产越多，离婚的成本就越高。准备离婚，多半牵扯到房子、存款和孩子，我们知道，法院诉讼费：200元（简易程序100元）；律师费：3000元（也是根据争夺的财产金额来算的，财产越多，律师费越高）；交通费：100元（来回法院四次出租车费）；房屋评估费：800元。（共计：4100元）如果任何一方对判决结果不服，提起二次诉讼，还将产生200元的诉讼费。如果房子100平方米，按每平方米8000元计算，房屋共80万元。如果房屋归先生所有，那么，他还要付给另一方40万元。如果平分存款，假设50万元每人25万元，办完离婚至少得付出654300元。

○ 家和万事兴。若不和呢？

因为离婚带来的压力，工作都不能安心，何来事业发展？离婚犹如伤筋动骨，不管是什么原因，人都像死过一次似的。甚至有人性情大变。人逢喜事精神爽，事业发展，和气生财；晦气盈门，见面就吵，败家败业，何来财富幸福？和谐的性格，就是和气的人。和谐愉悦的内心可以感应财富。发脾气的人会降低自己的财运，而和颜微笑的人会增加自己的财运。这是宇宙间同气相感的道理，愉悦随和的性格是修行的结果，是有大德行和大智慧的人所具有的共同品性，而财富同样是德行的结果，所以同属于德行的事物会感应到一起。即《易·系辞上》所指的"方以类聚，物以群分"，《素书》中"夫人之所行，有道则吉，无道则凶。吉者百福所归，凶者百祸所攻"。所以能够发财巨富之人，并非玄妙神圣，而是其德行有道，自然感得。

第三节 关于财富现象的公理

财富的变化，不出《易经》揭示自然界事物变化遵循的规律，任何事物本来就有阴阳合一的本性，其发展的动力不出阴阳两种力量，变化规律也不出阴阳变化规律，互根互生，交感变化，以至于无穷。财富的形态一样有收支往来、周流循环、盈虚消长的变化。

一、财富种类论

财富的种类有哪些？土地、房产、黄金、白银、铜钱、土产棉、麻、丝、手工艺品、古玩玉器等等都是。贵金属财富本身是货物，是财富。纸币就是合约，没有信誉，就没有价值可言。依照中国古代社会观念，粗略分之，富贵有三种类别：本富、末富和奸富。在农业社会里，本富自然指农业，末富即指工商，而奸富是被人鄙视的。富贵还有六种不同的境界：

（1）生活无余，刚好活命；（2）生活无忧，用度不愁；（3）家财殷实，基本需求之上可以讲究一点"品位"、"质量"和"情调"；（4）富豪之家，钟鸣鼎食，玉盘珍馐值万钱，但是往往"朱门酒肉臭"，埋下衰败的种子；（5）帝王之家，人间极致。但是"物极必反"，无德者不可居；（6）脱离功名富贵的外相，内心解脱，不为物羁，贫而乐，富而好礼。与天地化和，物我一如。

中国特色的财富观是"五福临门"：福禄寿禧财，其中没有"贵"。当官为贵，却不在五福之列，而把最高的福报富贵形式定义为"清福"。所谓"世间本无事，庸人自扰之"。不求富贵而富贵自至，富贵的至高境界不是富可敌国，而是享清福，不为事物所缠绊。"何期自性，本自清净"，这才是到了最高的享受境界。

所以贫富标准没有可以统一的确定，贫与富是相对的。命足则财用足。知足为富，贪婪为贫。有人只要手里有一元钱，就不认为自己是穷人；有人赚足一亿仍然见大富而赧然，不是富人。颜回的生活是贫还是富？"回也不改其乐！"显然颜回很富足。

在中国经典经济学中，贫穷和清高是两回事，贫穷是无可奈何的心行结果，而清高是人的自愿选择。清高的人可以"君子固穷"，穷富都不动心，果真修养到贫富不惑的境地，就是解脱，于当下的生命中得到自在和自由。而贫穷，有两种情况，一种是不知足的贫穷，另一种是衣食不足的贫穷。"知足者富，知足者常乐"是流传久远的观念，也非常符合"富"是"家中一口田"的原意。若不知足，即使有万贯家财、万顷良田；然而心中贪欲炽盛，常嫌不足，就是贫穷，是人间"饿鬼"的形象。这是不知止，在德行上是大缺憾，后果也非常严重。一方面积财丧道，另一方面不行布施，衰败破财是迟早的事。至于衣食不足的情况，很悲惨，很可怜，在同情弱者的立场上，把贫穷与道德不利的方面挂钩是不容易被人理解的。但是从中国经典揭示的道理上看，就是因为以前积德行善少的宿因造成。如果从三世因果的假设立场上看，就更严重了。

《孟子·离娄章句下》中记载："齐人有一妻一妾而处室者，其良人出，则必餍酒肉而后反。其妻问所与饮食者，则尽富贵也。其妻告其妾曰：'良人出，则必餍酒肉而后反；问其与饮食者，尽富贵也，而未尝有显者来，吾将瞷良人之所也。'早起，施从良人之所之，遍国中无与立谈者。卒之东郭墦间，之祭者，乞其余；不足，又顾而之他，此其为餍足之道也。其妻归，告其妾曰：'良人者，所仰望而终身也。今若此。'与其妾讪其良人，而相泣于中庭。而良人未之知也，施施从外来，骄其妻妾。由君子观之，则人之所以求富贵利达者，其妻妾不羞也，而不相泣者，几希矣。"

"贫人有道是富，富人敬贫是德。"① 圣人的财富有七种：信仰、精进、持戒、闻法、喜舍、智能、惭愧。

二、富无经业论

富无经业，常随善人。非其人不遇，非其时不逢，非其德不保。财无非主，恒入吉地。财非有智，其行似水，唯随善迁，一念善而增之，一念恶而减之。有德之人，卖面包、卖领带、卖房子、卖车子，不管人类吃穿住行的哪个方面都能循业得财。

世界上最好的企业就是"最简单"的企业，最专业的企业，是"一句话就可以说清楚"的企业。例如：微软是开发软件的，万科是搞房地产的，百度是做搜索引擎的，海尔是做电器的。人也一样，虽然富无经业，但是每一个富翁是干什么的也是清楚明白的：巴菲特是搞证券投资的，马云是做互联网电子商务的。伟大就是长时间做一件事，简单清楚明了，但是他能够在一个方向上"单调增加"，所以可以积累到无穷大，或者得到一个明确的结果——极限。"不单调"就是说明人或者组织没有主心骨，没有长志，没有恒心，今天看到互联网热就跟着做网站，明天看房地产火爆，就忙着竞拍土地；东一榔头西一棒槌，南面挖井北方挖坑，始终见不到水。专业意味着"有界闭区域"，坚持不懈地在专业上努力，意味着"连续"，那么这样的"数学人生"一定会

---

① 王凤仪：《王凤仪讲人生》，中国华侨出版社2009年6月第1版，第271页。

有你期望的结果。所以不连续的函数不容易有结果，离散的函数很少有极限，人生求财乃至任何事业是同一道理。

三、悖入悖出论

曾子《大学》曰："道得众则得国，失众则失国。是故君子先慎乎德。有德此有人，有人此有土，有土此有财，有财此有用。德者本也，财者末也。外本内末，争民施夺。是故财聚则民散，财散则民聚。是故言悖而出者，亦悖而入；货悖而入者，亦悖而出。《康诰》曰：'惟命不于常。'道善则得之，不善则失之矣。"

曾子所言，非是一家之言，实在是客观的天道伦理，也就是今天所谓科学规律，自然法则。如果不能于此有深刻的领会，难免会把生财致富一事和天道伦理割裂开来，殊不知舍本逐末、不得要领、取求难得尚在其次，一旦见利忘义、因私害公乃至伤天害理，以致后患无穷，灾殃现前不知何因，至为可怜。

中国古代经典认为钱财是王、贼、水、火、亲"五家共有"，不是你自己的。钱财即使一时为"非其人所得"，也必然会在日后发生五种情况而失去：被水冲走，被火烧光，被盗贼抢去，被国王没收，被亲属争夺。百姓所谓：不是好道来的财，也不会有什么好的花法。不是辛勤赚来的，其出也快。

货悖而出者的五种途径：

1. 王法：贪污受贿得来的钱财，会在东窗事发后，由国家没收，充归国库。读者诸君试想，近几年来，中国加大反腐败的审查力度，所

○《大学》这段话，本书多次引用。就是希望有缘的读者能够真正读懂其中蕴含的深意。这一段话懂了，照着做，可以使个人厚德载物，可以使企业蒸蒸日上，可以使国家国泰民安，可以使世界天下太平。

发现贪污受贿动辄千万上亿，这种悖而入的钱财，怎么会是贪污受贿者自己的呢？纵然一时漏网，暂得逃脱，他能花多少？没花去的，都不是"自己的"。

2. 贼盗：为贼人偷去，被合作伙伴骗去。也许会有人不明白：我的钱是正道赚来的辛苦钱，怎么还会被人偷去、骗去？不用怀疑，没有"偷错"的时候。唯有真诚提高修养的人，能够转化恶缘，避免恶事，趋吉避凶，逢凶化吉。

3. 水灾：水灾中财产被淹没破坏。

4. 火灾：火灾中财产被焚烧破坏。

5. 亲逆：家中逆子，吃喝嫖赌，游手好闲，花天酒地，纸醉金迷，败霍掉净。曹仁超先生说他早年的一位朋友，继承了父母一个多亿的财产，后来不但败光，还来向曹先生借钱度日。所以，中国自古真正体爱孩子的父母，不是给孩子留下亿万家财，而是积下德行，培养孩子自立自强的品行，能够靠自己的本事立足于社会国家，光宗耀祖。

当然，灾害褫其财富还有风灾、地震等其他自然灾害，究其原因，水灾因贪、火灾因嗔、风灾因痴、地震因心地不平，内心禀性念头发动，习气显现，共业感召，所以自古认为天灾亦是人祸。

为了让读者更加"直白"地看到悖入悖出的财富公理，本书特别选取关于"王法国难"的案例来说明。其他种类，请大家自己回顾所听、所看到的事实，自会触类旁通、心知肚明。近年来，各地的房价一路攀升，百姓望楼兴叹。很多人常常把矛头指向开发商唯利是图，殊不知腐败官员

○"天网恢恢，疏而不漏"不是吓唬人，是和牛顿定律一样精密的"客观规律"。

的"功劳"可能更大。据统计，2009年1月至11月，浙江检察机关立案侦查的该省国土系统贪污贿赂、渎职侵权犯罪案已达61件67人，其中有15位正、副局长。不仅是浙江，全国近年落马高官不少都与房地产腐败有关，涉及房地产的贿赂案件90%以上是大案，"受贿金额百万元以上的大案已是司空见惯"。腐败无非涉及利益钱财，这些不义之财能留得住吗？

　　法律专家和有关人士对此分析，大多认为是"监管不力""制度不合理"等原因。可见大家对问题的根源还无从所知：就是人们不懂得中国经典经济学揭示的道理，不知道曾子所说的道理是"物理定律"，是世间的公理，那就是"若要人不知，除非己莫为"，否则一定会身败名裂。也有人会以"知情者"的身份怀疑本书的观点，甚至可以信誓旦旦地指出某某人贪赃枉法正逍遥法外，什么天道伦理是"一派胡言"。别着急，您接着看，俗话说"不是不报，时候未到"，您请看他的人生是如何下场的，身体如何，家人如何，子孙如何。没有一个可以侥幸逃脱。曾子如是说，司马光如是说，时至今日还有人如我这样说……当一个说法被流传了至少2500年，您不觉得是一件很"可怕"的事情吗？我曾经打过一个比方：除非想自杀的人，否则你让他跳楼或者摸电门他肯定不干，为什么？因为他知道"一定死得很难看"，所以宁可打死也不干。可是那些能够做到部长、市委书记的人物愚蠢吗？绝不是，只是没有懂得悖入悖出的财富公理，否则，他们也决不会做。

　　从腐败的广度和前仆后继的现实来看，中国伦理经济学的教育迫在眉睫。就是因为绝大多数人接受了错误的经济观念，接受了错误的经济学观念，接受了错误的财富观念，才使一代又一代原本"组织考核合格"的公务员变成飞蛾扑火的贪官，使一代又一代本可以生财有道、守法得财的公民变成奸商诈客，使国家受损，使祖庭受辱。知道烛火真相的飞蛾，还会扑过去吗？悖入悖出论之于经济学的意义，如同在地球磁场范围内牛顿的苹果落地之于经典物理学的意义。

　　大学士苏轼在千古名篇《前赤壁赋》中写道："且夫天地之间，物各有主，苟非吾之所有，虽一毫而莫取。惟江上之清风，与山间之明月，耳得之而为声，目遇之而成色，取之无禁，用之不竭，是造物者之无尽藏也，而吾与子之所共适。"

> 如果读者中有失眠的、心悸的、头昏的，不妨类此照做，看看身心变化。

自古有"上天不杀悔过之人"之说，知错能改，善莫大焉！凡是读到本书此页的读者，本人或者亲友中有得"不义之财"者，惧怕大错已著，悔过无门者，请按照如下方法，诚心做去，可免除日后牢狱灾障：

1. 当下真心反省自己的贪鄙行为，立志从今而后悔改自新，绝不再犯；

2. 碍于情面，出于不破坏已有的声誉、地位、形象和家庭关系等世情考虑，把自己所干的一切"白天怕纪委谈话、夜晚怕鬼叫门"的事情，一个人面对长天大地说出，并立志从当下起洗心革面，以解决白天心惊胆战和夜晚失眠的燃眉之急；把用巧取豪夺或者瞒天过海等手段得来的财产，以合适的方式捐赠出去，造福社会国家；

3. 江山易改，禀性难移。冰冻三尺，非一日之寒，贪鄙成性，恐怕会有惯性反弹，要脚跟立定，学习王阳明捉"心中贼"的做法，三年不犯，才可以说禀性化去，习性除去，身心日益轻快安然，天性复现，福禄无边。

四、三世迁流论

因果通三世在现代社会通常被斥为无稽之谈或者宗教迷信观念。毛主席说"没有调查没有发言权"，科学的精神，如果你不能证伪，就不能定论它的错误。一种生命能量转化了外在形式，因为能量守恒，所以好像消失了的能量，不过是跑到另一个"容器"中而已。

1953 年，米尔顿·弗里德曼发表《实证经济学方法论》，提出"假设条件不相关"的理论，引发西方经济学方法论的大讨论。他认为只要理论能够解释经济现象，那么假设条件是否符合现实不重要。如果我们接受弗里德曼的方法论解释，只要对于人生现象的解释具有说服力，那么假设人生有前世和来生是否符合现实或者是否科学不重要。

首先假设人有前生和来世（其实这和其他的科学假设没有本质区别）。今生的境遇是前生行为的结果，来世的境遇是今生行为的结果。这是中国历史上的教育传播到中国以来的近2000年中的主要世界观。也就是说绝大多数古代中国人是在这样的思想指导下生活的。今天的科技以美国最发达，但是他们的信仰人口占多数，不影响他们在各方面取得成就。当从这一假设前提出发，有关人生境遇的许多疑问都可以解释。

"没有因果关系，这个世界一切都不成立，法律、政治、经济、医药、建筑、饮食男女，统统都在因果关系中。"[①] 这和西方哲学家所认识的宇宙的本质就是"关系束"颇有异曲同工之妙。中国几千年来就相信人有前生后世，道家和儒家就已经很深入地研究了人的生命现象。

财富既然是财布施的果报，那么谁施舍谁得。西方经济学研究到现在仍然一头雾水的所谓"风险"和"不确定性"，全是不明白宇宙运行规则的结果。心地清净自在，捐赠没有一丝一毫牵挂，将来赚钱不费力而财源滚滚而来。布施心不清净，将来赚钱辛苦。布施不在于钱财的绝对数量的多少，而在于布施时的心态，布施钱财所占的比例。一无所有的人布施一文，胜过亿万富豪布施百万千万。自己守本分修成的，别人抢不去。欺骗得来的财物，得的多，失的多；真诚心修大福报；亲手布施，诚诚恳恳，福报最大。如果以前宿无布施积蓄，那么必定会"钱到今生赚已迟"，取求难得。《素书》所谓"薄施厚望者不报"，春天没有播种，秋天如何能有收成！

在物理学中，当运动物体的速度达到第一宇宙速度，就会围绕地球转；当达到第二宇宙速度，就会跳出地球引力，进入太阳系，围绕太阳转；当达到第三宇宙速度，就会飞出太阳系，进入银河系。同理，当人的德行不断提升时，他的地位、财富、声誉等相应提高，当德行所对应的福报超出世间所

---

① 南怀瑾：《人生的起点和终站》，上海人民出版社2008年4月第1版，第8页。

能够有的一切福报形式时，人就会跳出当前的世界，到达一个更高层次的世界。例如，经典中所指的可以不断上升至天界，欲界天，色界天和无色界天。再修福德，福慧大到极处，连天界的福报形式都不足以相应其福德时，就超出了六道轮回，永脱轮回之苦，进入觉悟的世界。虽然绝大多数人可能认为"无稽"，但是道理不错。要知道我们人类所有的科学进步都是由"非分之想"来的。

五、祖德余荫论

《易经》所言"积善之家必有余庆，积不善之家必有余殃"，从变易规律中指出了不易的财富代际延续问题。《素书》曰："推古验今，所以不惑"；如果从现代遗传学的角度，求得一个可以存疑但还不能证实或者证伪的解释就是：同类习性的人感生一家，就是有相同频率的生物波互相吸引，聚集到一处，"不是一家人不进一家门"；或者说同德相保，同心同德，同气相感，是《了凡四训》中所指的"百世之德有百世子孙保之"。

凡个人有所成就，切莫自以为是，四顾踌躇，切莫以为是自己高明，看轻自己那些可能一辈子身在穷乡僻壤的父母乡亲，饮水思源才能感念天地承载、父母生养、师长教诲、国家重托，才会芳龄永继，仙寿恒昌。

若想家道昌隆，子孙兴旺，就要从"我"辈做起，吃穿用度丰足之外，奉养老人和教育孩子之外，把富余所得以"十出其六"的比例捐赠出去，谓之"德过本"，可保家道日隆。

○ 若想升官，孝敬父亲；若想发财，孝顺母亲；若想智慧成就，恭敬明师与其著作。

第四节 关于财富运用的公理

财富的获得以及获得多少,体现着拥有者过去的布施之德;如何运用财富,却更能体现使用者目前的道德水准以及未来的走势。纪伯伦《沙与沫》中有两句话值得大家吟咏:

最富有的人与最贫穷的人之间的差别,不过是一天的饥饿和一个钟头的干渴。(The difference between the richest man and the poorest is but a day of hunger and an hour of thirst.)

我们常常借明日之债来偿还昨日之债。(We often borrow from our tomorrows to pay our debts to our yesterday.)

一、奢侈折寿论

一人奢侈,衣食过度,必定折寿;合家奢侈,家道早衰;国兴奢靡,国家早亡。

《资治通鉴》记载,公孙弘为布被,食不重肉。汲黯曰:"弘位在三公,奉禄甚多;然为布被,此诈也。"上问弘,弘谢曰:"有之。夫九卿臣善者无过黯,然今日廷诘弘,诚中弘之病。夫以三公为布被,与小吏无差,诚饰诈,欲以钓名,如汲黯言。且无汲黯忠,陛下安得闻此言!"天子以为谦让,愈益厚之。

公孙身居重位,然而简朴自处,大多素食。汲黯以为是沽名钓誉。皇帝问起,他坦然承认自己"欲以钓名",并不矫饰争辩。其实弘并非如此,自古中国就在民间流传奢侈折寿的传统,所以很多人即使位在公卿也很简朴。这是"有道"之人的共同行为特征,也是大富大贵之人的共同性格特征。

二、积财丧道论

财富周流不息,融通有无,造福天下。囤积不用,等于暴殄天物,主事者必受其殃。荀子论曰："成侯、嗣君，聚敛计数之君也，未及取民也。子产，取民者也，未及为政也。管仲，为政者也，未及修礼也。故修礼者王，为政者强，取民者安，聚敛者亡。"《老子》四十四章曰："名与身孰亲？身与货孰多？得与亡孰病？甚爱必大费，多藏必厚亡。故知足不辱，知止不殆，可以长久。"

财富流通不积的特性是自然所钟的规律，"应无所住而生其心"，根本因素不住，作为细枝末节的财富也一样要周流不息，犹如人身气血，不可积滞，否则终致重病。血液循环理论教会了从事生财行业的人认识到"财富如水的流动特性"。财富五行属水，为天地血液，融通周转，润泽百业千家万户，必要积蓄以备不时之需，但是如果过度囤积，就会凝滞，由身外五伦就是身五行内的原理知道，会伤身害命。请读者细心观察周围的真实生活，就会印证这一点。正是"天布五行，以运万类"。

发展，现代社会终于认识到"可持续"才是发展的内涵，即中国经典所言的"生生不息"。八卦相重，演化为六十四卦，揭示的是事物循环往复、生生不息的过程。天地之大德曰生，治生之术乃是积德之术。而现代的生产发展在西方思维主导下，为了个人生财而行缺德之法，怎会不招来天灾人祸？《老子》第八十一章曰："圣人不积，既以为人己愈有，既以与人己愈多。"越是为了他人自己越是富有，越是施舍与人自己的财富增加得越多。现代经济学和现代人执着于"所有权"，其实拥有所有权而不使用，等于没有。金库中的金条或者保险箱中的珠宝一放几十年，是谁的呢？自己其实在欺骗自己。

天地间万物是可以类比思考的，大量积财不散的人，犹如在头上聚水，聚到多时，岌岌可危。泰戈尔说："财富是巨大的负担，福利是存在的满足（Wealth is the burden of bigness, welfare is the fulness of being）"。

三、布施自得论

布施既是用财法，也是生财法。中国自古关于财富有"带走"和"带不走"的区分，是建立在"自性能生万法"和三世因果基础上的观念。即，花出去的是"自己"的，"万般带不走，惟有业随身"。财富造就善业，则将来（不一定是"来世"）享受善报，不论搞什么行业，常逢善时，财运亨通；反之则会遭遇恶报，求财艰难或者求而不得，常逢劣势背运。

一个人认知并践行了多少天道伦理，就会分享多少财富。如果宇宙中的至善圆满的德行是"一"，那么与之相应的财富果报也是"一"。如果德行究竟圆满的人谓之"得一者"，那么这个得一者的财富就是全部宇宙中的财富。"一"不可以数量计，则相应的财富也不可称量。"一"者"道"之生也。如果德行究竟圆满的人谓之"得一者"，也可以称为"得道者"，得道者，无一物不可得，何况财富；得道者，亦终究无一物可得，何况财富。也可以说一个人分担了多大比例的德行，就会分享多大比例的财富。

《淮南子·原道训》有言，"上下四方为之宇，古往今来为之宙"。根据爱因斯坦相对论揭示的时空观，人的生命是产生人所认识的时空的物质载体，承载着古往今来和横际无边的全部时空。过去现在和未来三际，连绵相续，一切周密运行，不曾有任何差错。财富并不独立于人存在，是因为人的存在才有财富的存在。财富也是时空的"连结"，财富在时间和空间中的流动就是我们今天所说的"金融"。血液在身体内流动，由一个器官流入另一个器官，金钱由一个行业流入另一个行业，由一个账户流入另一个账户，由一个地区流入另一个地区，由一个国家流入另一个国家，甚至由一个时代流入另一个时代，这样的流动过程就是金融的过程。看似千差万别，因素繁多，但是本质上，是随着人的德行业因流动。金融的本质是什么？是心性的起伏与德行的变迁。

第四章 中国经典经济学理论框架和研究范式的构建

> Wrong cannot afford defeat but Right can.
> ——Tagore, *stray birds*①
>
> 任何理论都不会获得比这更好的命运了：理论本身指出了创建一种更全面理论的道路，而在这个更为全面的理论中，原先的理论作为一种极限情况继续存在下去。
>
> ——爱因斯坦

中国经典经济学不搞学术上的艺术品，它是彻底认识自然现象、人生现象和财富现象的本质及其关系的学问，是教人安身立命、生财养道、以财培德、富国强民、大利天下的学问。中国经

---

① 谬论经不起打击，而真理却可以。——泰戈尔《飞鸟集》108

典中的经济学根本不会有宏观和微观的区分,修身、齐家和治国是一理贯通的经济之道。"天人本一"和"自他不二"是宇宙人生的真相,自利和他利在根本上是统一的。方法上,曾子"大学"由内而外、由圣而王、由心而身、由诚而明、由正而定,由自而他、由一而万、由小而大、由微而广,一通则百通。关于天人相应的基本概念、视角、层次结构和分析方法,在中国的经典中详述而微。本章只是从当前"学术规范"(任何形式的东西都会瓦解)对一门学科的体系要求的角度,对本土经典经济学做一个约略显化的解读,以让大家了解它并非不能有"学术偏好"上的理论框架和研究范式。

第一节　逻辑前提和分析的起点:他利的动机、行为和实现

一、自他不二:自利、他利和互利

以亚当·斯密为鼻祖的西方经济学的逻辑起点被认为是"自利",即人会在约束条件下寻求自身利益最大化,被称为是"经济人假设",运作机制是"看不见的手"的市场。国家政府仅仅是"守夜人",不能对市场经济插手,否则就是"干预经济"。在这样的观念下,政府从事经济事务就大有越位甚至"捣乱"的嫌疑。后来,逐渐有"理性人假设""道德人假设""有限理性人假设",甚至"非理性行为假设"等等改进,但是都是建立在"自利"的基础上,每一次修正都被视为经济学研究的进步,可是世界性的经济危机仍然以大约每隔40年一次的频率发生着,而且破坏力越来越强,虽然人类的物质生活得到了极大的改善,可是人们的生活越来越紧张和压抑,环境越来越受到破坏。人们在学习西方经济学之后,不但仍然难有造福自己和国家的自信与能力,对频繁的危机仍然束手无策,而且看世界的心理更加迷惑、看人际关系更加冷漠,这样的经济学怎么能让人找到幸福的感觉?而那些政府和企业的杰出领导者,似乎不需要专门学习什么西方经济学也能够把经济发展起

来，西方经济学的学院派反而在经济实践中往往是纸上谈兵的高手，一旦在实践中应用，就难免成为"银样蜡枪头"，成为被嘲笑的对象。邓小平、李光耀等政府领导人，盖茨、戴尔、李嘉诚、王永庆、马云、王石、柳传志等杰出企业家，都不是学经济学出身的，却在事实上领导或者带动了国家或者企业的经济发展。也就是说，从西方到东方，经济成就的取得和是否"懂得西方经济学"没有什么关系。那么学习西方经济学能干什么？我们皓首穷经学习它有什么用？学习建筑学可以建设高楼大厦，学习医学可以为人解除痛苦，学习各种技能，例如服装设计、汽车设计等可以直接制造出作品，学习艺术，例如绘画、音乐，可以给人美的享受或者表达内心的情感，而学习西方经济学既不能发家致富，也不能制定政策，要它干吗？要命的是，如果人人是自利（一实践就演变为自私，有人累一脑袋汗想把"自私"和"自利"区分开，硬说自利是正当的、道德的，自私是不正当的、不道德的。这种文字上的游戏于事无补）的，那么这个世界怎么会是美好的？人活着还有什么尊严和高尚可言？如果人人必须竞争才能生活美好，这和弱肉强食的丛林有什么本质区别？如果西方经济学仅仅是"经济解释学"，那么是不是有"马后课"的嫌疑？事后解释得再通透，可是危机已经发生了，算得上亡羊补牢吗？关键是这个解释是对一件特例的解释还是解释了一类现象？如果逻辑上说，解释清楚了就意味着"防范"，那么一再发生的危机和重重问题是说明当初没有解释清楚还是解释清楚了没有人听？另外，大众心中会有疑问：有没有可以

○ 在中国传统文化立场上，研究谋取自利的学说，绝不可能是"经济学"。

杜绝危机的经济学？有没有以他利为起点的经济学？有没有自利和他利统一的经济学？有没有彻底解释风险和不确定性产生原因的经济学？有没有解释清楚财富的最终来源的经济学？有没有破解了经济实质和财富密码的经济学，只要照着做人人可以实现财富自由？答案是：有，这就是中国经典经济学。中国传统经典经济学实质就是道德伦理的经济学，就是他利经济学，就是自律经济学，就是通过他利达到自利的经济学，就是通过自律达到自由的经济学，就是"为天地立心，为生民立命，为往圣继绝学，为万世开太平"的四为经济学。

凡是谋取自利的学说都不是经济学，这是中国体悟文化产生的独有的智慧和认识，所以中国才是真正的"经济学"的故乡。当然大家也可以说东西方的经济学是两种不同的学问，可是在中国文化中，"经济"的本意就是治理国家乃至大利天下，绝不仅仅是谋求一己之私的学问。也许把西文的 economics（以英文为代表，因为公认的鼻祖是英国人，该门学问的起源是一本英文著作）翻译为中国的经济学本身就是"历史的误会"，就是"文化的搭错车"，或者是"张冠李戴"，把一个真正主张自利利他、自他不二的"经济学"当作了鼓吹自私自利宣扬竞争的 economics。

当爱因斯坦证明时间和空间不是绝对的，只是物质的存在形式时，恐怕没有人认识到这个改变了人类世界观的科学结论，还会隐含着终结西方经济学的意蕴：财富不是绝对的，只是随着人这种以生物形态存在的物质形式而转化的附属品，那些似乎毫无知觉和感情的真金白银，会随着人的真实行为状况而相应地聚集、流散和转移。人的思想和行为如果合乎财富的聚集标准，财富就会像百川归海一样向那个人聚集；如果人发生改变，即使同一个人，后来的思想和行为违反了财富聚集的法则，如山的财富也会像决堤的洪水一样倾泻而出，原先钟鸣鼎食，转瞬就可以风餐露宿。此原理同样适用于组织和国家。什么原因？善恶之报，如影随形。所以，经济学归根结底就是道德哲学，就是做人的学问，虽然有专门的生财法则和聚财之术，但那都是细枝末节，只要德行真实具足，财运的改变快如光速的平方。只是这里所说的道德，不是假道学，不是装样子，是真实的宇宙规律和社会伦理。这是经济学的根本，这是经济学的核心，掌握了这个根本，无往而不利。背道而驰，自私自利，争贪搅扰，绝没有发财的机会和长久的富贵。明白了这个天地宇宙自然之"经",才能懂得和做到如何济人、济家、济国、济世,才是真正懂得了"经济学"。除此以外,即使自号经济学,即使开口经济闭口经济,即使满纸云烟全是经济字眼,也不是造福世界的"经济学",吹得天花乱坠也与真正的经济学八竿子打不着,有其名无其实。而如果其实质指出了唯心所现、财富自求、德行相应的真相,即使不叫"经济学"也是真实的经济学,因为谁按照这个"经"来生活、生产,都会受益,也就是为"经"所"济"。

要致富先做人。正常的致富路径,排除中大奖那样的"小概率事件"(我们已经说过,没有偶然,非其人不遇),没有亿万富翁的心态,就成不了亿万富翁,没有亿万富翁的心性,也成不了亿万富翁。发财的过程,如果不是德行的过程,如果不是提高修养的过程,如果不是动心忍性、增益其所不能的过程,就是徒劳无功的人生,就是毁誉参半、赔赚不定的人生,就是困苦无依的人生。

如果您现在正在为财富发愁,如果您想过上美好的生活,请从看到这行文字开始,践行曾子"日三省吾身"的修行法则,从当下开始自我反省,洗刷过错,改变自己的性格、心理和习惯,痛下决心重新做人,然后按照圣贤经典指示的"路径"(天地之道、圣人之道、君子之道、大学之道、中庸之道等,任何一条"正道"都行),诚意正心,贯彻"道、德、仁、义、礼、智、信、勇、强、和"十德,百日之内,必见初效;三年之内,必见大效。为什么?本来如此。谁验证过?翻开二十四史,细心批阅,所在皆是。即使在今天这样一个被称为"人心不古、世风日下"的时代,在您自己的周围,您仍然可以轻易找到这样的例子。在商业市场上,能够"全心全意为人民服务"的商家,将是未来最大的赢家。为什么不理解"顾客是上帝"就是"全心全意为人民服务"的另一种说法呢?为什么表面上喊"顾客是上帝",背地里对上帝无所不用其极,三聚氰胺、地沟油、苏丹红全都用上,连上帝都敢欺骗,不想活了是吧?全世界的商业人士都应该知道,在美元的钞票上,印有"IN God We Trust"这句话。全心全意为这些被叫作"人民"的上帝提供公共服务的人,上帝请他做"人民的公仆";全心全意为这些被称为"顾客"的上帝提供商业服务的人,上帝请他做"亿万富翁"。

西方经济学由于不能全面透彻地了解人性,所以错误地把"自利"当作经济学的基本假设,导致了200多年一直泥足深陷。前面我们已经充分说明,"何期自性,本自具足",在人的自性当中,具足一切,有自利的基因,也有

第四章 中国经典经济学理论框架和研究范式的构建

他利的基因，二者同出而异名。本质上，人都是自他不二的结合体，有极端自私的人，也有大公无私的人，中间绝大多数是"公私参半，公私平衡"的人，符合正态分布。随着人的道德修养的不同，由低到高，由私到公，人生境遇也会随之峰回路转，处处不同，依报随着正报转，德行与财富相应，不差分毫。至于说自利的人可以在"看不见的手"的指引下增进社会福利，即使不被20世纪中叶兴起的博弈论证明是错误的，以中国经典经济学的观念看来，也是只知其一不知其二的错误认识。简单地说：亚当·斯密所说的自利，实质上仍然是自利与他利统一的行为，即使屠户、面包师和酿酒师的心中没有一点他利观念，他们努力做好肉品、面包和红酒也都是事实上的他利行为，因为只有做得让人们喜欢，才能卖出去，才能收回成本，取得利润，就如马克思所说，只有实现了商品卖出去这一"惊险的一跳"，才能实现自己自利的愿望。也就是说，不能实现他利就不能实现自利。经济行为一定是自利和他利统一的，而且是他利为先的行为。

○ 以"他利"为逻辑起点的学问才是"经济学"。

所以，中国本土经典经济学的逻辑起点是"他利"，是怀有悲天悯人之心的人，为了天下社稷苍生的福祉，在明理达道、修身齐家的基础上，悲智双运、智勇兼施，达到以经济世、天下太平的学问。它不是对人的某一时的局部性格和心理特征做前提假设，就是他不限定人是"经济人""道德人""理性人""有限理性人"，或者"非理性行为人"，而是基于对人与自然的本性的圆满的内证体悟，基于对天道伦理的真实的体悟认知，基于对人道伦理的笃行印证，在自他不二、本性一如、体己达人的基础上"建立"起来的，这个"建立"实际上不是主观的建立，而是顺应自然伦理的"客观要求"而"自然变现"出来的。简单地说，这个逻辑前提就是他利为先、他利与自利的统一，怀有经国济世的大愿，具有这样的胸襟气度和富国安民的韬略，才称得上是"经济"的学问。而怀有这样的理想和技能的人，一定是达天时、观人运，谦恭自守的人，得时而动则兼济天下，无运可施就独善其身。不会盲目地从一己私利出发，强行自是、自利、自处。否则即使是贵到位极人臣，富到腰缠万贯，他所从事的内容也不是"经济"之学。经济一事是大道，是大经，是大愿，是大智，是大勇，因而也是大德。自天子以至于庶人，皆不可失于此经济之道，他的基本出发点，就是孔子说的"己所不欲，勿施于人"，"自利利他"。所以自古以"货真价实、童叟无欺"为圭臬，否则就是亏天，不合道；亏人，没有德，即使一时得利，终不长久。

即使主观愿望上没有他利的思想，甚至于出于自利的想法，在经济交换中也必须满足他利，否则交易就无法达成。所以，仔细观察市场中的交易行为，如果双方是自由自愿的，没有胁迫的势力和扭曲的因素，那么交易双方是彼此互利的，各取所欲的。同样的交易行为，把当事人定义为自利还是他利，有天壤之别：定义为自利，使事实上的他利行为受到抹杀，而且不利于人们的道德感觉和行为暗示，将把世界引向黑暗和丑恶。我到市场上买菜，我买到新鲜的蔬菜，是菜农对我、对世界的贡献，我付出菜钱，使菜农在田间的劳作和汲取天地养分的蔬菜的意义得到现实的承认，双方公平交易，各自得利，各取所需，怎么单单就是自利的呢？我为什么不可以说双方都是他利呢？推崇西方经济学的人们津津乐道亚当·斯密的经典描绘是：人们得到面包和火腿不是出于面包师和厨师的仁慈，而是他们为了自己的利益。亚当·斯密在这一点上的认识实在让人困惑他同时还是《道德情操论》的作者。或者他没有表达清楚他心中感悟到的想法，或者引用他学说的人误解了他的本意。面包师越是把面包做得好，就越是对粮食的运用作出贡献，对使用者来说更是有美味享用的利益，这不是他利是什么？市场上，从来精品会成为"名牌"，会卖出更高的价格，其真实的道理就是：越是他利就越能够自利。不顾市场变化，不顾顾客的需求，产品质量不精益求精，就是忽视甚至藐视他利，产品积压，就是不能实现他利，也就不能自利。一念之间，天玄地远！

第四章　中国经典经济学理论框架和研究范式的构建

直白地说，这就是"好心有好报"的经济学定律。好心可不是没有智慧的傻蛋、老好人，把握需求的灵敏和机智，随机应变的勇气和魄力，吃苦耐劳坚持不懈的毅力，都是需要的，一个因素都不能少。

《大学》中指明"德本财末"，欲生其财，必先培其德，以德为本才是生财大道。以中国经典文化的立场来说，彻底地印证这个德，就是"得道"，他得到的智慧和福德（包括财富）无量无边，无法用数字来衡量。但是修证到这个境界的"中国式经济学家"，都是拿得起又可以彻底"放下"的人，往往顺天应时，素位而行，绝没有要上"福布斯富豪榜"的心念。例如，在齐国发渔盐之利奠定后来霸业的姜尚、十九年三致千金又三次散掉（广行布施）的陶朱公范蠡、"乐观时变"的白圭等人，都是德行具足、智慧圆融、勇猛坚强的人杰，财富地位、穷通困顿都不能使其动心的仁者。① 任何损害德行的"自利"商业行为如坑蒙拐骗偷都是"伐其本、坏其真"的恶行，虽一时得逞获利，然而"货悖而入者，亦悖而出"，徒自贬损福德。

利他绝不是一般想象的那样，是"不食人间烟火的道德先生"的空洞教化，会让他利的人自己一无所获，这绝对是歪曲和误解。世界上绝没有一件事情是绝对他利或者绝对自利的，世人的执着和妄想才会生出这样的断见，因为到了"绝对"程度，自他是化合为一的，无所谓"他"，无所谓"自"。如果生意人甚至任何人，如果不能把自己的产品或者劳动变为对他人或者世界有利的东西，他就无法实现自利。只有公正、自由、平等地交易，才能使交易各方的利益得到实现，才能实现互利，才能使他利和自利变成现实。

努力按照能够实现市场交换的要求生产，本质上是按照"他利"的要求生产，就是一种美德，它可以把美德这种无形的财富形式变换为可触可摸的真金白银那样的有形的财富形式。一个人的世界没有他利的可能，就没有经济学。两个人就有交换和协调的可能，就存在他利。财富是他利程度和范围的度量。市场需求是他利的可能空间，在多大程度上实现他利，意味着"市场占有率"。市场为他利提供机会，所以市场是可以实现自利的场所。没有他利机会的地方，就无法实现财富自利。一个人的世界，即使满地是黄金，也

---

① 班固著汉书，专章排列《古今人物表》，把黄帝以来的历史人物根据当时的善恶标准划分为九等，范蠡是被列为"上下，智者"的行列，属于第三等。

都不会有财富的概念。

技术进步也是实现他利的途径,所以优先取得专利技术的人也可以获得自利回报,即使他没有一天经济学的知识教育经历。也就是说,有没有经济学知识和教育背景,和是否能够获得财富无关。造福别人是获利的真正原因。

有些需求代表的"他利"机会,不具有道德含义,甚至可能有损道德,但是在形式上满足他利条件,也会使人获得自利的回报,但按照悖入悖出的财富公理,这个回报不持久、不稳定、不安全。例如制造军火的人和国家迟早会引来战火和灾难,靠出卖信息敛财的人必有被出卖的时候。所以生财有大道:直线的途径、阳光的法则和专注持久地做自己喜欢和擅长的事情。《汉书·食货志》记载,上古士农工商都不允许杂居,同行业的人在一起,就像同专业的研究生学习讨论一样,所见所闻全是这个,三句话不离本行,业贵精专,世代相传,能够达到神鬼莫测、巧夺天工的境界。这就是中国古代的"专业化知识积累"。整个社会各业相安,互不羡慕,就是安居乐业的稳定和谐状态。

让我们以"盲人点灯"的故事结束本节关于"通过利他达到利己"的讨论。一位禅师走在漆黑的路上,因为没有灯光,行人之间难免磕磕碰碰,禅师也被行人撞了几下。他继续前行,远远看见有人提着灯笼走过来。这时听到有人说:"这个瞎子真奇怪,明明看不见,却每天晚上打着灯笼!"禅师也很奇怪,就上前问道:"您真的是盲人吗?"那人说他自己从生下来就没有见过光明,对他来说,白天和黑天一样,他甚至不知道灯光

○ 真正地做到了利他,也就最大限度地实现了利己。盖茨、乔布斯都是这样。

是什么样的。禅师非常迷惑,问:"既然这样,您为什么还要打灯笼呢?"盲人说:"我听别人说,因为没有灯光,人们到了晚上和我一样看不见,所以我就在晚上打着灯笼出来。"禅师感叹地说:"原来你所做的一切都是为了别人!"盲人回答说:"不是,我为的是自己。"禅师不解,问为什么?盲人说:"您刚才有没有被行人碰到过?"禅师说:"有啊,路窄夜黑行人多,难免彼此碰到。"盲人说:"可是我没有被人碰到过,因为我的灯笼照亮了别人,他们也就清楚地看到我,这样他们就不会因为看不见而碰到我了!"禅师顿悟。

二、产权私有、他利动机和社会公平

滕文公问为国,孟子曰:"民之为道也,有恒产者有恒心,无恒产者无恒心。苟无恒心,放辟邪侈,无不为已。及陷乎罪,然后从而刑之,是罔民也。焉有仁人在位,罔民而可为也?是故贤君必恭俭礼下,取于民有制。"孟子指出国家经济治理的一大关键在于百姓要有恒产,没有恒产百姓行为就没有"确定性",就会"放辟邪侈,无不为已"。是说如果百姓自己没有足够的衣食住行的用度,就会无所不用其极地"自私",毕竟民以食为天,都有生存的欲望。而上天有好生之德,所以治理国家的人要让百姓有恒产。守着自己的"一亩三分地,老婆孩子热炕头",百姓就消停了。

《诗》云:"雨我公田,遂及我私。"描写很真实,很有趣,把百姓的心态跃然纸上:天下雨,不但灌溉国家公田,可是我们的私田也沾光啊,真好!"夏后氏五十而贡,殷人七十而助,周人百亩而彻,其实皆什一也。乐岁,多取之而不为虐,则寡取之;凶年,粪其田而不足,则必取盈焉。为民父母,使民盻盻然,将终岁勤动,不得以养其父母,又称贷而益之。"公与私之间,亦如阴阳,要平衡才能和谐。国家与百姓一体不分,一荣俱荣,一损俱损,丰收之年,可以多取而不多取,民富国强;收成不足,"贷而益之",等于同舟共济,何国不兴?

孟子曰:"夫仁政,必自经界始。经界不正,井地不钧,谷禄不平。是故暴君污吏必慢其经界。经界既正,分田制禄可坐而定也。夫滕壤地褊小,将为君子焉,将为野人焉。无君子莫治野人,无野人莫养君子。请野九一而助,国中什一使自赋。卿以下必有圭田,圭田五十亩。余夫二十五亩。死徙无出乡,乡田同井。出入相友,守望相助,疾病相扶持,则百姓亲睦。方里而井,井九百亩,其中为公田。八家皆私百亩,同养公田。公事毕,然后敢治私事,所以别野人也。此其大略也。若夫润泽之,则在君与子矣。"

> 读懂马云,也就读懂了中国本土之经典经济学。

马云认为"阿里巴巴永远是贯彻客户第一、员工第二、股东第三这个理念的公司",因为"是客户给了我们钱,客户的钱使我们成长",所以客户第一;而"是员工让这些目的变成现实",员工的创新和辛勤的努力是收入的保证,所以员工第二;而股东利益是个结果,所以排第三。这是一个能够证明产权私有、他利动机和社会公平并行不悖的现实例子。首先,阿里巴巴公司成就了数千万中小企业,公司为社会创造了巨大贡献,这个贡献不仅仅是商业意义上的贡献,它改变了整个社会的交易模式,降低了制度的交易成本,所以这样的公司理应获得巨大回报;其次,受益的客户付出金钱,成就自己的创业梦想实现网上交易的同时,回报了阿里巴巴的贡献,等于全社会进行了一次"以钱投票",表彰那些为人类进步而付出巨大努力的员工和企业。整个过程,每个人都因为能够他利从而实现自利。阿里巴巴没有和谁"竞争",只是自我的"天行健,君子以自强不息"的努力过程。所以,在市场中,本质上只有自我向上的奋斗,而没有竞争。无论个人还是企业,通过改变自己而改变了自己的时空。中国从《易经》文化开始,就强调"君子自强不息",永远向上,永远在顺应世界变化而努力。什么时候止呢?"止于至善"。说是有止,其实无止;说是无止,其实是不贪,永远在中道上运行。

改变观念的时刻早已经开始。也就是说,2008年美国金融危机之前,西方经济学关于个人、企业自利的假设和市场有效性假说就已经漏洞百出、难以自圆其说了。在中国,马云创建阿里巴巴公司的理念更从正面印证了企业家直接以他利为目的的经济行为是人类本来应该遵循的经济规范。马云说:"很多分析师也好,华尔街的人也好,说你们这个公司有点邪,是股东第三。我还是那句话,这个世界股东第一的公司很多,你可以投那些公司,我就不相信全世界60亿或这么多股东中没有人愿意投资一家创造价值的公司。就像十年以前阿里巴巴刚成立,大家觉得阿里巴巴有点搞笑,员工讲价值观、使命感、帮助别人成长和服务,这太理想化了,我说我就不相信全中国13亿人找不到跟我们有同样理念的人,现在我们找到了1.2万名。跨国公司有跨国公司帮忙,中小企业没人帮,我们就帮助那些最需要帮助的人,因为我们想要创造更多像阿里巴巴这样的公司。"

伟大的时代会有伟大的精神,伟大的精神会成就伟大的人,伟大的人会成就伟大的事业,伟大的事业会成就伟大的文化,伟大的文化会成就伟大的时代。一个伟大的时代已经开始了,并非起源于本书发起的以中国经典对西方经济学观念的革命,而是起源于马云这样的企业家发出"我们就帮助那些最需要帮助的人"这样的宣言,起源于邓小平发出"计划和市场都是手段"这样的论断。前者宣告道德伦理经济学在现实中的自然崛起,后者宣告了迷信计划和市场都是偏废的经济学理念。而在市场有效性假说被一再否定之后,中国本土经济学的崛起,也将扫清人们思想"观念的上蒙昧",为一个伟大时代的开始鸣锣开道。

一个社会在观念上病得久了,也会不知道自己有病。当以华尔街为代表的投资人士说马云及其公司"有点邪"的时候,映衬的是这个世界的病态:不知道自己有病,反而说正常人不正常。受西方经济学污染100年,中国的经济学认识停留在"鹦鹉学舌"的阶段。在那样大的历史环境中,即使一些学问堪称师表的教授也难以跳出"市场经济"的樊篱,往往产生令人惊愕的错误认识。例如,"历史上,以道德代替法制来治理国家,一直是中国士大夫阶级的梦想。这是两千年封建社会许多问题的症结所在,也是唐宋以来中国落后的重要原因。我是历史乐观主义者,相信法制环境下的市场经济,具有升华社会道德的力量。就道德论道德,阳春白雪,对牛弹琴,未必影响得了楼下的人。"① 这样的观点,恐怕在"经济学者"中具有代表性,这实在是

---

① 王则柯:《排队的文明》,社会科学文献出版社2001年10月第1版,第185页。

时代病症的深远流弊。没有道德观念的教育和提倡,中国文明绝不会5000年连绵不绝,早就亡掉了。没有道德的世界必定是毁灭的世界。"唐宋以后落后"的说法,大概是指元明清时代经济上落后西方资本主义社会经济,把这种落后归因于"以德治国"的提倡,实在是天大的错误。有德行的人聚集在一起,就是经文上说的"诸上善人俱会一处",不但能够移风易俗,而且可以改变自然环境,使世界变成和谐社会。反之,不讲道德,讲自利争贪的人群,必定把世界变成贫富悬殊、怨恨积聚、灾难频仍的社会,就如当今世界的现状。如果还不反省自己错误的思想认识,害人误己,将来后悔都来不及了。"贪嗔痴慢要达到一个饱和点,这个宇宙会毁灭。""我们不能说老祖宗一样都不行,老祖宗一样都不行能够把子孙绵延到5000年,今天在世界上还算不错,这是什么?这要归功于老祖宗的德,不能把老祖宗的恩德给忘掉了,那你就大错,那将来要受大灾难。为什么?你已经忘本了,这是很重要的一桩事情。"

就对社会破坏的广度和深度来说,没有比错误的西方经济学观念更可怕的学说了。一个错误的经济学观念的破坏力远远大于一个原子弹的威力:一颗原子弹可以摧毁一座城市,而一个错误的经济观念可以污染所有不明就里的学人,好端端的一个学生、学者就被教唆成自利乃至自私、竞争乃至斗争的"经济人",它不但毁掉一个人一生的真正幸福,还使得社会变得争贪搅扰,尔虞我诈。西方经济学不但要为80年来席卷世界的三次金融危机负责,还要为社会风气的毁坏和市场中道德的沦丧负责。如果不是过度宣扬市场的"自动调节"作用,导致胡佛总统坚守"国家不干预市场经济"的信条不出手救市,也不会使1929年的股市危机演变成大萧条。

三、市场交易价格的本质:他利和自利的实现点

2010年7月25日,我去早市买菜。当买了西红柿、土豆之后,突然听到旁边的摊主叫卖绿豆"一块五一斤",而别的摊位叫卖绿豆的价格是"两块一斤"。若用"在同一时间同一个市场上的同一种商品,不会有两个价格"的西方经济学理论来判断,眼前这一幕"同一时间、同一市场、同一种蔬菜却不同价"的现象,当如何解释?我问绿豆卖一块五的摊主,"人家都卖两块,您为什么卖一块五?"摊主很爽快地回答:"自己家产的,当地

第四章 中国经典经济学理论框架和研究范式的构建

的线豆。"就这么简单！理论上，我可以立即买下全部线豆，然后立即在这个市场上以两元钱一斤卖出，甚至可以以一块八卖出，也可以以一块九卖出，我应该具有成本上的优势，比其他叫卖两块钱的卖主更先卖完自己的货物。

但是，市场上的情形并非我们想象的那样。看在一块五的"面子"上，本来没有打算买线豆的我，慷慨地让摊主为我称一捆线豆，而且我不自己挑三拣四，请她帮我挑一捆，她拿给我哪一捆我就要哪一捆。称好，是人民币两元钱。我往回走，一路经过两个卖线豆的摊，都是两元钱一斤。在最后一个摊位，一位妇女正以两元钱的价格买了一捆线豆。距离我买线豆的摊位不过十米。这就是市场信息的因素？可能是，也可能不是，不是的那种可能也许是这样：花两元钱的买主，可能是一位教西方经济学的老师，她自然相信，在同一市场上同一时间，同一种蔬菜不会卖出两个价钱，于是见到自己想买的蔬菜，就出价了。因为她很可能赶时间送孩子上辅导班，很可能赶时间备课，或者急于完成课题研究的报告，等等。

中国古语，"货比三家"，其实也未必一定是三家，可能两家，也可能四家甚至更多，但是总要在出价前比较一番，价格贵贱、质量好坏、品种口味甚至摊主是不是爽快、热情、诚信，以及是不是老主顾等因素。如果我是一个摊位的常年主顾，那么在同一时间、同一市场、同一种商品，我可能拿到摊主给予的更多折扣，是新的买主或者与摊主性格不是那么投缘的老主顾无法享受的价格。这是每天每时都会在市场上发生的事情。为我们生活操劳的岳母，几乎每天都可以讲述，因为她的经常光顾，摊主会给她很低的折扣，有时低得让人难以置信：卖主还会赚钱吗？这不是西方经济学所能够解释的经济现象，也不是西方经济学家期望发生的事，因为这样的话，他们赖以生存和骄傲的理论就变得一文不值了。

以中国经典经济学的角度来解释，就是价格是他利与自利的联结点，只要双方都觉得有利，就可以成交，成交的结果就是价格。人文、性格、宗教、性别、心情、时间都可以是影响价格的直接因素。理论上，每一次成交，价格都不相同。就像我们相信我们无法两次踏进同一河流，世间找不到两片相同的树叶一样。双方的价格可能都遵循市场同一的价格，但是斤两的微小差异，附加服务的所值，都使表面上价格相同的市场交易，实际上价格是不同的。这和财富的德行相应观是一理贯通的。每一个人的业报因缘不同,每两个人的缘分不同,即使大家都做同一件事,好像价格相同,交易性质相同,但是仔细体会,其中千差万别。

是否知道千差万别的细微差别,似乎不影响市场交易和正常生活。的确是这样,那些微小的差别可以一时"忽略不计",但是对于长久的生活来说,就有了天壤之别。人生的差距,是在刹那刹那的时间差里产生的,大家都知道聚沙成塔、集腋成裘的道理,学习过微积分的读者更知道单调积分意味着必然达到极限的道理。最关键的,是否了解这种细微的差别,关系到我们能否认识到事物现象的本质,关系到我们能否看清自己行为的经济本质其实是道德本质的物质体现。

价格是什么?价格是买卖双方财富的德行相应性的对接变现。买者应该有多大的财富运气,卖者应该有多大的财富运气,都通过价格落实为"定数"。同样的货物,"贵贱无常",原因是什么?《鹖冠子》一书中说是"时使物然",但是我们知道时间是物质存在的形式,没有物质就没有时间和空间,时间决定于人和周围世界这种物质的存在,那么离开了人的主观意识分别,就没有"贵贱"的分别,很显然,黄金白银对于天地之间的意义,和粪土没有任何区别,只是有了人类的分别存在,黄金白银才比粪土贵重,所以,物价的无常是与人的财富运势相匹配的,物价的变动的本因是每个人与德行相应的财富境遇要实现的媒介。也就是说,每一个人碰到的价格,从中获利还是损失,都与自己的人生运势和财富定数一一对应。

比如,一对夫妇投资股票,预期相应的财富数字必须通过股价涨到 A 时才能实现,于是当现实中的股价在 1929 年涨到 A 时,他们就决定卖了——他们自己也未必知道自己为什么要这个时候卖掉,反正无论是直觉也好,经过财务分析得出结论也好,还是投资顾问的建议也好,总之,卖了。于是他们就获利丰厚。于是他们的宿世德行使他们现在又(如果按照三世因果论,他们生生世世不知一次又一次地捐赠了多少,不知道捐赠了多少回)产生了捐赠布施的想法,就像大家知道的,他们的 500 万美元捐赠催生了美国普林斯顿高等研究院,促成了爱因斯坦等一批杰出的研究者来到这个小镇,成为世界科学发展的一个重镇。相反,有一个人同样投资股票,但是他的宿世德行没有这样的福报,在大崩溃前全仓杀入,结果可想而知。

所有的新产品都具备他利特征,索尼随身听、微软视窗软件、百度搜索引擎等,在当时能够实现超乎预料的产值和销售额,无一例外是因为开发者首先考虑到用户的便利,通过想给用户达到方便的目的来开发、设计自己的创新产品,是公司飞速发展获利丰厚的原因。而一旦不能在为客户提供进一步便利的道路上领先,就是虽想"他利"但是不懂得"时变",也不会经久不衰。所以不断的创新其实是遵循了《易经》的变化法则,永远在"与时偕行",永远在领导变,永远在随从变的过程中把握变化的原则,所以立于不败之地的法门就是在时代变化面前"无我",不要抱有成见去抵触变、抱有恐惧去躲避变,而是随机应变,变化无方,这就是"神龙见首不见尾"。

在现在的语境里,提到价格就不能不提价值。价值是什么?价值其实是"值价",就是一种模式、物品、服务"值个什么价"。一切以条件为转移,价值其实是没有的,只有成交的价格是存在的。"钻石恒久远,一颗永留传",营销策略使钻石和爱情挂钩后,全世界的新人都上当,感情融洽时钻戒当然恒久远,可是在那些打得劳燕分飞的一对眼中,当初给予了"百年好合"的钻戒,价值几何?沙漠中的钻石价值几何?沙漠中的一袋水又价值几何?换个时间和地点,不值一文的东西可以"价值连城",反过来也一样,连城璧也可以不值一钱。那个被西方经济学当作价格决定因素的"价值"在哪里?当企业说自己创造了"价值",却卖不出去自己的产品,请问是创造了价值还是浪费了

○ 钻石的珍贵,是营销出来的。

资源？价值犹如自性，可以"无中生有"变现无数种价格，但本身就是"无形本寂寥"。

赚钱的公司会有相应的"价格"，比如"市值"多少，非常明确。可是什么是"公司的价值"？就是公司的全部社会责任，就是公司值什么价，就是公司的价格。牛市里一家公司股票市值1000亿元，因为值1000亿元这个价钱，能说"价值"就是1000亿元吗？暴跌之后，市值300亿元，那么价值就是300亿元了？说价格偏离价值，是骗人的。谁能说价值到底多少？没有价格，就没有价值。至于"使用价值"，其实是用处，是功能。人们早已经习惯了把"物品能用的性质"称为"价值"或者"使用价值"，其实如果没有出价，物品只是物品，有功用，有用处，谈不上价值。一个物品只有有了价格，才能定义其"价值"，只有价格才能显示价值，其实价格和价值只是同义反复。一个大钻石，不出价前，价值多少？没有。有价格，遂有价值。没有价格，物品只是物品自己，那个被称为"价值"的概念只是它潜在可被利用的功能。

当我们说创造了"不朽的价值"的时候，是说它的功能，是"评价"——评出一个"价格"，才会有价值的说法。离开价格谈价值，是在讲海市蜃楼的故事。

第二节　经济资源的根本性质：德行相应

一、"天人相应"和"依报随着正报转"

除了人生求利的自利性，西方经济学的经济分析还起源于物质资源的"稀缺性"，因为假定资源稀缺，就有不够用的担心；这种担心加上人人自利（自私）的假定，就产生出"竞争"意识，这是一切纠纷、斗争乃至罪恶的源泉。这样的学问如果是经邦济世的"经济学"，不是没有天理了吗？这样的学问值得有德行操守的人奋其一生努力求学吗？"道高一尺，魔高一丈",也许当今道德沦落的现状恰好说明西方经济学的繁荣。非觉即迷,非正即邪。

如果现代要求一门学问必须有"假设",那么中国经典经济学可以说起源于物质资源的"德行相应性"假设,和人本性上自利利他和谐统一的假设。由于对宇宙自然的体悟,知道人的一切穷通际遇全是自身德行相应的结果,一一对应,一一匹配,所以是有其人必有其财,是那样的人一定有相应的财富资源,非其人必失其货,不是那样的人就不会得到与之相应的财富资源。

在自给自足经济时代,靠山吃山靠水吃水,货物贸易互通有无,地尽其力,天奉其时,人尽其才,就是最大的经济,就是最好的效率。今天所谓全球一体化时代,也不出这个法则。自由贸易主义和贸易保护主义偏废一方都有损经济效率和天下福利。

所谓经济资源的德行相应性质,来源于广义相对论解释的宇宙观和天人本一的人生观。本来就没有独立于决定因素的固定市场份额,因为相应的机会、资源会随着行为主体的德行增减。人们不是和自己所谓的对手竞争,而是向自己的德行要资源,做到了,机会和资源以及什么市场份额自然会来。这个自然会来可不是"守株待兔"和天上掉馅饼,是依靠智慧、勤奋甚至苦行努力之后自然"峰回路转、柳暗花明"的。西方经济学建立在资源稀缺的前提下,死板地认为市场份额永远是100%,这在理论上站不住脚,实践上也解释不通。当技术进步的时候,市场份额已经不是原来静止意义上的市场份额,也就是说,市场份额其实是时时在变化的。就算在一个相对稳定期内,市场份额也不是和对手竞争来的,而是自己努力提高了他利的范围、广度和深度之后的附属结果。事物的发展永远是生生不息的,永远不可能通过消灭和击败"对手"来获得发展。因为总会有新生的力量,总会有新的机会,总会有新的进步,这些都意味着原来假想的市场份额的扩大,当你以为自己控制了全部市场的时候,新的市场已经诞生了,所以只有那些永远期望跟随市场变化而改进自己的产品和服务的企业才能长盛不衰。也就是说,如果一个企业永远真心实意地为市场的和谐、客户的便利、国家的富强而努力,它将永远兴盛。当然不是只有仁心就可以,还必须有了解变化、跟随变化甚至领导和引导变化的智慧、勇气和坚强。缺了一样都不是大学之道,都不是中庸之道，都不是黄老之术。山西老中医李可先生提出，当一名医生，要有"菩萨心肠、霹雳手段"，这和白圭的名言异曲同工，智、仁、勇、强，缺一不可。

所以本质上没有资源匮乏这一说，天生人，必有养育之材，足够用度，是人心不足，不明理，智慧下劣，见解错误，方有拼抢竞争之说。世界各国，本可以靠山吃山，靠水吃水，一方水土养一方人，人与自然永远和谐。工业革命，破坏自然，然后谋求低碳、可持续发展，不是缘木求鱼吗？不是南辕北辙吗？要想拯救世界，从断自己的烦恼习气开始。从我做起。从节俭开始，从实践孝悌忠信礼义廉耻开始。

○ 最适合自己的就是最经济的。

国家贸易的兴起并不改变一方水土养一方人的自然之理。否则就是舍弃本位，错位而行。例如冰岛是否要发展工业？是否一定要过美国人的生活？中国发展经济是否一定要按照某种西方的理论和模式？我是不是要像刘国梁那样去通过打乒乓球来创造美好生活？您是不是要像王菲那样出唱片来获得自己的财富？我们的小孩子是否一定要学钢琴？学古琴可不可以？只有最适合自己的发展模式才是最好的模式。个人如此，国家也是如此。找到适合自己的方式，就是最经济的方式，可用的资源随之而有，即使开始的时候没有，也会创造出有来。

二、非其人不遇的时代、技术和资源

我们知道，三维空间加上时间就变成四维时空。前三维都意味着空间，唯有时间使"时空"变成"实在"。想象一下，没有时间维度，会有世界和时空吗？没有时间，三维空间是不存在的。任何三维空间都至少对应着一维时间。在四维时空中，如果不能顺从时间，三维空间就消亡了。这就是"与时偕行"的重要，这就是时间变化的重要！所以，阐述时间变化规律的《易经》成为中华文明最重要的典籍。《易经·乾卦·文言》曰："乾龙勿用，阳气潜藏。见龙在田，天下文明。终日乾乾，与时偕行。或跃在渊，乾道乃革。飞龙在天，乃位乎天德。亢龙有悔，与时偕极。乾元用九，乃见天则。"把事物随着时间维度的变化过程及其重要性阐述得明明白白。何谓"天则"？逐字对应翻译就是"自然规律"。任何人，要明白，如果自己不在特定的时间维度上，在他的时空里就不会有相应的结果。这是自然规律。所以，一个人、一个国家所面对的资源具有时代的特征。

在时间维度下，可以有多种次要因素改变资源利用的深度和广度，最主要的就是道德。"道"是对自然规律整体的把握，"德"是对自然规律局部的把握。整体把握意味着全部物质世界和精神世界都统一于自性功能，无法用语言来说，是为"道可道，非常道"；局部的把握谓之德，是可以言说和"拿出来给你看"的层次。所以资源的大小和德行的深浅以及表现方式息息相关。

自然的能源和资源本来是取之不尽、用之不竭的。但是错误的选择和利用方式就会造就无数"有限公司"和"不可再生能源"。凡是人类宣称"枯竭"和"有限"的资源，都是错误的使用方式导致的。例如石油、煤炭等，都是本不应该使用的能源，因为不但污染环境，还有"有限性"。中国经典的观点，人类的"经济"资源，必须是不用还债和原罪的资源。例如利用风、水、太阳能等。在西方资本主义经济方式下，世界近200年的疯狂发展，已经把自己推向了资源利用的极致，再不回头，就真该死了。

追求"无毒副作用"的技术进步不但是客观的他利，还能够使可利用资源的范围随之扩大。这样的技术进步即使出于自利的目的，也改变不了他利的实质。因为技术进步意味着给人类生产和生活带来更大的方便，效率会大大提高，会给世界带来实实在在的利益。所以率先实现技术进步的人、企业和国家会获得"创新回报"，由于没有标准，所以回报率极高。其实是技术进步导致他利的财富感应效应，必然如此。凡是可以大规模教会的东西，都只能获得最低的回报；凡是独一无二的独创技术，都会获得不可估量的回报。

西方经济学的自利假设和满足市场需求的理论在逻辑上是自相矛盾的。

在多大程度上利他，就会在多大程度上利己。事业的他利基础有多厚，资源就会相应地有多大，财富就会有多厚。对于全世界来说，最重要的"市场需求"就是生存环境的整洁和文化环境的道德性。这是自利的人无法想象和做到的事情。要知道我们每一个人都和世界是一体的，单单自利的行为其实是对自己残忍的伤害，只是因为自己的无知和蒙昧而不自知。

第三节　政府行为和市场行为：互根互生的两种自然秩序

一、政府和市场的本质

类比医学中心识的主导作用，国家政策是全部经济机体的原发动力。但是国家政策要守伦常法度，要守中道，不可扰民，不可越俎代庖。政府与市场是国家经济的天然组成因素，二者缺一不可，没有政府的发动，就像身体失去了心脏的脉动，气血不流，若任由气血肆意流动，则破坏了身体的伦常规律：各个器官、组织各司其职，各行其道，并行不悖。这一原理可以解释或者意味着：一是国家经济离不开政府宏观调控和市场"不逾矩"地自由运行，虽说是自由运行，但是要合规合道，就是今天所谓符合客观规律。二者若有一偏，则不得其正；这一点已经被近两百年来的资本主义经济发展史和经济危机史证明。就是政府计划和市场运行是互根互依的一体两面，唯有二者和谐均衡，方得稳定发展。二是在不同的运行阶段，政府调控和市场主导是互助互补，犹如阴阳二气在四季之间的消长变化。在经济发展初期，犹如春季万物生发，需要阳气蒸腾，就是需要政府的原发策动。在经济发展到成熟阶段，犹如夏季作物生长旺盛，播种耕耘之后，可以在生长期内任其自然生长。这个阶段，就可以说是"市场主导，政府是守夜人"，只要没有违规，大家相安无事。这可以解释任何经济不发达国家开始发展经济之初必须由国家出台策动的事实，也可以解释经济发达国家在经济稳定阶段听凭市场自由发展的事实。没有一定的、不变的"市场经济规律",也没有一定的、稳定的"计划经济体制",一切以是否合乎时机运势为宜。市场经济或者计划经济都是经济形态的特例,或者是静止观察下的"截图"。

政府和市场都是自然秩序。自然秩序和天道伦理是异名同质。从现象演化的分工来说,政府是伦理自律,市场是伦理自由。自律不意味着没有自由,正因为自律才有自由;自由不意味着没有自律,正因为自由才需要自律。不论伦理自律还是伦理自由,二者都需要伦理自觉,才能不愠不火,不卑不亢,永葆中正和谐之路。

伦理自由意味着市场是自由缔结合约的可能性。伦理自律意味着政府是保证市场缔结合约的自由不至于超过自律限度的规范性。市场是自由的可能性,政府是自律的必然性。市场必须通过自律实现自由,政府必须保证自由服从自律。当市场"从心所欲不逾矩时",市场是健康的、自由的、合乎天道伦理自然秩序的;此时政府的行为,贵在"为无为",贵在不扰。一旦市场超出自律的范围,政府的机制就要起作用。在这一过程中,政府为主导力量,不论是否把握了"终极真理",政府必须扮演伦理自觉的角色。政府和市场是一体,都是自生机制,各行其道,并行不悖。所以,"国家干预"的说法可以休矣!市场经济是自由经济应该准确理解"自由是通过自律达到的自由",简单地说,不把伦理道德和经济发展真正建立起联系的经济绝对是走向毁灭的道路,绝不是关于人类福祉的学问,除非大家认为饮鸩止渴是值得实现的目标。原罪、经济危机、环境破

○ 政府和市场是自然秩序的一体两面。二者在伦理自觉的前提下互生演化。

坏、天灾频繁等都是人类一时贪求短暂的快意享受而招致的严重后果，正是《黄帝内经·素问·灵兰秘典论第八》所言："主不明则十二官危，使道闭塞不通，形乃大伤，以此养生则殃，以为天下者，其宗大危，戒之戒之！"政府即是国家之主，政府不明，则天下经济危矣。是以政府与市场二者互生互根，缺一不可。以市场或政府为对立因素论之，论之末也；以中国的阴阳理论论之，论之极也。得论之极以经邦济世，谓之"皇极经世"。

政府必须维护公正的秩序。单靠政府会越来越"计划"，会走向"通往奴役之路"；单靠市场会越来越"市场"，会走向弱肉强食的原始森林。唯有实现政府的"为无为"和市场的"从心所欲不逾矩"，"通过自律达到自由"才会阴阳平衡、和谐发展。

在西方经济学市场有效性理论的笼罩下，众多政府行为被思想束缚住了，似乎只要是政府的行政规划，就是"国家干预"，就是与市场经济背道而驰，就是破坏市场经济建设。市场有效的假说已经被经济现实证伪，市场失灵司空见惯，波普尔的科学哲学看来没有被那些宣称经济学是科学的学者当一回事：只要一个反例就足以证伪，但是，为什么人们依然相信西方经济学家鼓吹市场有效呢？这是对市场的盲目依赖和迷信造成的误解，这是思想懒惰造成经济学界里的南郭先生滥竽充数。同样，国家政府的计划作用也曾经被片面化到登峰造极的地步。根据"阴阳平衡"道理，任何片面、僵化、静止地理解计划和市场两种自然秩序，都是对天道自然的违反，都是对客观真理的蒙昧。只要市场自由不要政府规划，相当于只要身体不要大脑，相当于取阴去阳，最终会因为孤阴不生而消亡。这一过程就是大家很熟悉的所谓"市场失灵"，先是恣意生长，然后尾大不掉，最后陷入混乱无序，以至于危机和灭亡。另一方面，只要政府计划，不要市场自然生长，相当于只要大脑不要身体，相当于取阳去阴，同样因为独阳不长而消亡。这一过程相当于纯粹的计划经济，遏制了自然生长的力量，陷入刻板、僵化、自以为是的误区，以至于扼杀自身的活力导致灭亡。

如果市场的行为已经误入歧途了，就必须政府出面强力挽狂澜于既倒，扶大厦之将倾。这就需要政府官员不但要有德行，还要有智慧，形成见识、胆略，才能当行则行，当止则止。非崇德见道者不遇。非有大智不足以断，非有大勇不足以坚。能够做到这一点的，一定是付出了巨大的努力和勇气。

例如，浙江省长兴县从 2003 年起，利用了 4 年时间完成了从"重点污染监管区"到"国际花园城市"的转变，就是政府决策的结果。① 如果任由 1999 年以后遍地开花的小煤矿、小石矿、小耐火、小水泥、小纺织及小蓄电池企业依照所谓"市场原则"，长兴老百姓"晴天一身灰、雨天一身泥，有窗不敢开"的生活写照将越来越严重。政府是"君主之官，神明出焉"，让市场自己放任生长的想法，不是蒙昧无知就是别有用心。

中国经典经济学认为"一切法从心想生"，市场上的新产品、新技术和新的商业运营模式如此，政府的方针、政策也是如此，莫不是由人类的思想生发出来。每个人能够在本位上尽职尽责（即使主观上"自利"，客观上仍然是一种美德），就会积极地推进整个世界的分工与合作。长兴县在解构"脏乱差"的发展模式后，又提出"现代农业学台湾地区、城市建设和管理学新加坡、工业做大做强学韩国、小城镇建设学德国"的发展目标，就等于是这个政府领导人先在心里构建了一个新长兴，然后逐渐"变现"。所以"唯心所现，为识所变"，物质世界如此，精神世界如此。先有宏伟蓝图，后有摩天大厦，这是"常识"。

一切相连。以贯通的视角，以文化的视角看世界，经济就是文化；以经济的视角看世界，文化就是经济。谁能知道，一场音乐会、一次中国古画展会给一个城市带来多少"商机"？在文化追求上登峰造极，在经济上一样锲而不舍。这需要市场的努力，也需要政府的策动。

当今社会中的弱势群体，饱受贫穷、疾病和突如其来的厄运的困扰，忧苦疲惫不堪。现有的西方经济学知识无法为其解释是何原因导致了他们的困境，也没有提供可令其改变命运的良方。另外，社会中的强势群体，企踵权贵，竞逐豪奢，花天酒地，纸醉金迷。西方经济学更没有指出这样的经济消费行为会导致怎样的后果，反而高举诸如"刺激消费以促进生产"这样饮鸩止渴的谬论，误导苍生迷途深入。因此，只有走中道伦理，才能天下大安，政府与市场，"一衣带水，血脉相连"，一个都不能少。

二、市场的动力不是竞争而是自强不息

西方经济学鼓励竞争，是基于资源稀缺性的假设和人要自利的假设，必

---

① 参见 2010 年 5 月《决策》杂志的人物访谈，"刘国富与绿色长兴"。

○ 富可敌国的富豪都是自强不息的结果，不是竞争的结果。

然要把社会引向自私自利的深渊。自由竞争的观念伤害了世界200年。因为财富是与人的存在状态（宿德、智慧、现行）相应的，是随着人的德行状态而时刻改变的自然呈现，从根本上说不是竞争得来的，是修身而来的结果。所以明白此理的人，一定是反求诸己，自己精进而不与人争的。千百年来，无数人误解《老子》的观念："夫唯不争，故天下莫能与之争"，以为"消极"，以为是无稽之谈，以为不争会没有"位置"，不争会没有"利润"，不争会"没有面子"，不争会"窝囊"，实在是"下士闻道大笑之，不笑不足以为道"！实在是"中人以下者，不可语上"！《老子》七十三章曰："天之道不争而善胜。不言而善应。不召而自来。"正因为人已经不是那样的人了，已经"人天分离"久了，已经"人经分离"久了，才不知道伦理天道的奥妙了。"不争而善胜，不言而善应，不召而自来"，不是什么经济理论，是公理，是用实际人生证明的，不是用模型设计、不是用逻辑推导、不是用学术争论的。人在"感得"上只要印证一次，就会"上瘾"。

"天行健，君子以自强不息。"中国经典经济学提倡素位而行、本位精进，"与时逐而不责于人"，不与人争。与人拼争而来的得利，是最艰难、最下等、技术含量最低的发财致富途径，是曲线的道路；与自己的性情品行较劲，在自性中修身、修心、修性而行，所有的智慧和精力投入到与时间竞赛，投入到把握运势的谋划上，具备成人之美、利人之心、自觉之志、满人之愿、冲锋之勇、明理之智、坚韧之强、斩钉截铁之断，不达目的不罢休之气概，那么就一定会至诚感通，心想事成，无往而不利。所有这一切素质，其实就是一念具足，一念之间而成。

经济发展的动力是自强不息而非竞争。只有不与人竞争才有真正的幸福与和谐。不竞争不是不努力，不是没有比较，而是自己"见贤思齐"，至于与人的人我是非高下长短都不是意念中的事，谓之"不染着"。"穷则变、变则通、通则久"，是宇宙自然的法则；而"物竞天择，适者生存"好像是对的，其实是误导：天以何标准选择？不管怎样适应，卑鄙猥亵的人也比德行高尚的人更有生存机会？绝无此道理。生于忧患，死于安乐，是说人要有不断前进的意识，是和自己的过去竞，而不是和他人争，只有不断进步的人才会符合自然之道。战胜自己才能战胜市场，因为市场表现是人性表现。战胜自己人性中不定的一面，才能在市场中获得成功。

《老子》曰："上善若水。水善利万物而不争，处众人之所恶，故几於道。居善地，心善渊，与善仁，言善信，正善治，事善能，动善时。夫唯不争，故无尤。"《易经·坤卦·象》曰："地势坤，君子以厚德载物"。所以经济之道岂是教唆人竞争之学！真是滑天下之大稽。心不善，如何感得？司马光曰："君子以正攻邪，犹惧不克。况捐之以邪攻邪，其能免乎！""怒者逆德也，兵者凶器也，争者末节也。"（《资治通鉴·汉纪十》）

按照司马迁的总结，经济管理的五种境界自上而下分别是：（1）因之；（2）利导之；（3）教诲之；（4）整齐之；（5）与之争。今天西方经济学大行其道的市场竞争学说，就是第五种"与之争"的境界。而西方国家频发的经济危机也印证了孟子的"上下交征利其国危矣"。一方面在房间里放毒气，另一方面抱怨为什么室内空气不清新，"岂可得乎"？"风起青萍之末"，但是可以发展为飞沙走石、天昏地暗的猎猎狂风；"泉眼无声惜细流"，但是可以发展为一泻千里，惊涛裂岸的滚滚大潮！为什么中国的先祖警告子孙"毋以恶小而为之"？为什么中国的圣人警告后世"千里之堤，毁于蚁穴"？是贯通天地伦理的实相观察结果，谁违犯谁就自取灭亡。竞争是一切不稳定因素的细微源头。世界进步的真正健康动力在于见贤思齐，在于君子慎独，在于自我精进，在于二六时中自我砥砺。

三、政府的界限在于"治道之要，贵在不扰"

《老子》五十七章曰："以正治国，以奇用兵，以无事取天下。天下多忌讳而民弥贫。法令滋彰，盗贼多有。"五十八章曰："其政闷闷，其民淳淳。其政察察，其民缺缺。是以圣人方而不割。廉而不刿。直而不肆。光而不耀。"都是说国家政府不能"神经过敏，没事找事"，要干自己该干的事情，才能治理好国家，"以无事取天下"。

纪伯伦说"政府是你我公认的条约，而你我却时常犯错"。① 条约是人的心意的物化，作为纸质形态的"条约"不会犯错，任何错误都是人的错误。经济学内不能空谈政府，必须落实到人。这就是《黄帝内经》"主明"的原理，人体的任何部位都是"心"，化为元精、元性、元情、元气、元神，与五行、五脏相应精妙运转，是自然之道的自然体现，唯有主明，十二官不相失，才会"恬淡虚无，真气从之，病安从来？"任何一个家庭、企业和组织都需要"心"来作主。政府是国家之心，是"君主之官，神明出焉"，是制定政策的；政府是国家之主，要稳、要定、要清、要静、要明、要亲，总之要"不扰"。政府要能够策动，要能够带领，要能够保护，要能够扶正祛邪。其实就是要求在政府工作的人做到这些要求。人做不到，指望"政府"做到，是推脱自己的责任。把曾子《大学》的精神落实，把王凤仪先生家庭伦理、五行定位的精神落实，国家五行顺转、稳定、繁荣、和谐是自然结果。如果主不明，政策不合理，是"脑子有毛病了"；如果地方政府或者下属部门"不和中央保持一致"，就是"半身不遂"，就是"手脚不听使唤"；如果不正之风和腐败风气充斥各个级别的部门、各个行业和地区，就是"癌细胞全身扩散"，无药可救。

就国家而言，类比人体，一切有形存在的人、财、物为"阴"，政策为"阳"；就政府而言，一切财政收支实物为"阴"，财政政策为"阳"。就市场与政府的关系而言，市场为"阴"，政府为"阳"。故阴阳平衡为合道。市场过于放任，为阴盛阳衰，国家必出混乱动荡，例如美国1929年的大萧条；政府过于集权，为阳亢阴虚，犹如天上十日，人间大旱焦枯，国家必定民生凋敝，例如今日之朝鲜。中国经典经济学也可以说是以阴阳理论表达的经济学，是"财"与"政"平衡统一的经济学。财富与政治，是经济学的两个基本构成因素。

---

① Government is an agreement between you and myself. you and myself are often wrong, Gibran, *Sand and Foam*, 131.

第四章　中国经典经济学理论框架和研究范式的构建

政府行为与市场行为，是自生秩序的一体两面。西方经济学长期误以为市场是无形之手，把政府行为称为有形之手。其实无论政府行为还是市场行为，统一归于伦理秩序这个"一把手"的指挥。伦理之手虽说是看不见的手，但是所有市场行为和政府行为的现象显示她的存在。就像没有人看见风，只是看见风刮过的景象而已。"风乍起，吹皱一池春水"，"西风烈，长空雁叫霜晨月"，"鬃云欲渡香腮雪"，如是显示了风的存在。现代人熟悉的西方经济学的特点是孤立地分析现象，例如把市场定义为不受国家干预的机制，而在分析市场生产和消费时，又把政府和个人、家庭、企业并列为市场的行为主体，在理论体系上常有自相矛盾的情况。简直是一会儿想让理论完善就把政府拉进来，一会儿不想"政府干预"就不带政府玩了。作为"显学"就可以这样胡来？天下也没有这样的道理。

中国经典经济学始终把"中道"（可以理解为现在的"对立统一"规律）应用到一切实践中，用阴阳理论来指导自己的行为。阴不生独阳不长，政府和市场的关系就是这种阴阳互生关系的一种体现。财富、货币、资本本身不是活物，所谓"资本的本能"这样的西学表述完全是自欺欺人的，财富离开了人，没有任何社会属性。就像离开了生机和阳气，尸体不过就是凝结下沉的阴性物质，没有生命可言。本土经济学以效法天地、人体的自然运行轨道为依归，她的理论的完美性质，圆融无碍。这是体悟文化独有的知识形态。

政府的治理和经济行为必定是财政问题。所以谈论政府的"界限"必须明白财政的本质。财政的本质是经济学基础理论不可回避的根本问题。财政的根本问题，就是伦理抉择问题。这是由政府的伦理本质决定的。财政政策和制度一定要在任何一个关乎社会公共伦理的领域维护社会整体的道德诉求，维护公平，体现正义。只不过，这种"政"的诉求是通过"财"的方式进行的。在阴阳理论下辩证分析财与政的本质和相互关系，和"阳主阴从"的医学规律一样，"政主财从"亦是经济社会的法则。所以财政的本质问题，是"政治"与"经济"的双重问题，是"伦理学"与"经济学"的孪生演化问题，是"财"与"政"的辩证关系问题，是正义、公平和效率如何贯通的问题。

财政的本质是伦理秩序的经济体现。该认识可以分如下三个递进层次[①]：

---

① 钟永圣："关于财政的本质"，《财政研究》2009 年第 7 期。

（1）财政的本质是制度；（2）财政的制度本质是伦理；（3）财政制度的伦理本质是自然秩序。不论从中国古代"一以贯之"的立场上分析，还是从美国现代经济学"跨学科"研究的倾向上探寻，财政的本质和市场一样，是自然秩序的经济体现。其实还有第四个层次，就是追寻自然秩序的本质。然而追寻自然秩序的本质就超出了一门学科作为科学的学科界限，是西方哲学要认识的"being"，中文是大家熟识的"本体"。而在中国经典《宗镜录》中已将这个自然本质表述为"绝名相之端，无能所之迹"，对她的认识需要认识主体亲身实证。所以财政必须履中道而行。《老子》第六十六章曰："江海之所以能为百谷王者，以其善下之，故能为百谷王。是以圣人欲上民，必以言下之。欲先民，必以身後之。是以圣人处上而民不重，处前而民不害。是以天下乐推而不厌。以其不争，故天下莫能与之争。"

经济制度起源于伦理，伦理来自天道，天道就是自然。则经济制度来源于自然。要想明白制度的本质，就要研究自然的伦理奥妙。伏羲氏生活的时代，人类处于自然的环境中，他们对自然的迷惑和怀疑开始，观测、观察自然的现象，最后体悟到"一阴一阳"的变化之道，总结出八种基本的卦象，借以推演自然变化的规律，从中发现自然秩序，总结出顺应自然天道的人道伦理，形成有利于和谐的家庭规范、社会制度和国家法律。对自然秩序和本体的整体把握就是"道"，局部的把握就是"德"，所以任何规范、秩序、原则和制度必须是道德的体现，否则就是违反自然，违反伦理，违反宇宙运行的基本规律，就会出现灾异。所以，以德治国和以法治国是同出而异名，法律不但是道德的体现，还是维护道德的手段。人的行为无非两种：遵守道德或者背离道德，没有中间道路（如果此处有人提出诘问：你不说要履中道而行吗，怎么又说没有中间道路？这人若不反躬自省就没有救了）。遵守道德就会有道德奖励，人道不奖励则天道奖励；违反道德就会有道德惩罚，人道不惩罚则天道惩罚，也就是法律不惩罚则自然规律惩罚。自然规律如何惩罚？请从天地人是阴阳五行贯通的公理去寻找答案。

不论法制还是人治，都要符合"德治"；不管民主制还是君主制，都要符合"德政"。如果政治行为有"缺位"或者"过度"的情况，就必定脱离了中和之道，违背了自然伦理，就是违背了道德，就对现实产生了干扰的副作用。"世间本无事，庸人自扰之。"政府也一样，常常缺位，又常做过了头。

就如卓别林在《摩登时代》里的表演，拧惯了螺丝，见到纽扣也会情不自禁地动手动脚拧上一下。

"中国文化一贯的传统观念，尤其是以儒家道家为主流的学术思想中，认为要解决经济、货财的问题，使'国家天下'得到'治平'的境界，只要从政治上做好，便可以达到'物阜民丰'，国家和人民，就都可以'安居乐业'了。"① 政治好的关键在于人，人有德才会和，人和才能政通，政通才能财旺，三者的互相依存关系犹如心平才能气和，气和才能血行。而血行畅通，周身才能及时得到滋养，天寿恒昌。所以民富国兴必自德政起。"为政以德，譬如北辰"，德者，得中道而行之者。何谓中道？发而皆中节，不卑不亢，不愠不火，不偏不倚。所以，自古中国经济天下国家，明君圣主无不遵循"治道之要，贵在不扰"的原则。顺天时，应地理，达人情，与时偕行，不拘一法，不执一法。短缺则赈济，豪奢则收拢，羸弱则振强，威势则兴仁，平准允谐，唯望垂拱而治，摒弃事功之心。恰如中医之寒者热之，满者泻之，虚者补之，非有方药，盖因应对病机而有，无证则息。一切以身体的调和顺达为务。所以中国古代为政有"奉天养民"原则。奉天之利，利在遵守自然伦理规律，为政以德。《尚书·尧典》揭示：德政始于顺应天道四时。顺应天道四时，即是《黄帝内经》所言"法于阴阳，和于术数"，与万物沉浮于生长之门。沉浮之际，并非人君明主所能制造，极高明而道中庸的结果，就是"奉天承运"，与四时合其序，与日月同其光。任何符合自然本质的认识，一旦不被真正认识和遵守，流于形式和口号，必定命途多舛。

《尚书·大禹谟》："德为善政，政在养民。"六府惟修，正德、利用、厚生三事惟和。三事就是三种政事，又见《尚书·甘誓》和《左传》晋文公七年解《夏书》。《尚书·禹贡》："厎慎财赋，咸则三壤成赋"，说明征税的谨慎原则，和根据实际物产分等定税的原则。这是根据征税对象的能力适宜征税的原则。特别适用于今天对于个人所得税的征收原则，就是要考虑纳税人的实际情况征税，收入多少，家庭成员，老人和孩子的数量等等。收税是伦理的要求，纳税亦是伦理的要求，但是不足和过重，就是违反了"中道"，就会形成"干扰"，今天所谓"税收不中性"。中庸正是"最优课税论"的伦理

---

① 南怀瑾：《领导的艺术与说话的艺术》，上海人民出版社2009年8月第1版，第5页。

道德基础；恰如人体，血多了不行，供血不足亦不行，血量血压正常才是健康。健康的人本身就是"中庸之道"的体现，正是《素书》所言"人之所蹈，使万物不知其所由"，正是《系辞》所言"百姓日用而不知"。

《黄帝内经》曰："拘于鬼神者，不可与言至德；恶于针石者，不可与言至巧"，那么是不是可以"补充"说：拘于数理者，不可与言至道；迷于市场者，不可与言至知；执于管理者，不可与言至治。

政府是市场的孪生兄弟。市场履中道而行，政府就成为良好运行的市场的一部分，似乎看不见政府的存在。政府中正而行，市场就成为良好运行的政府的一部分，似乎看不见市场的存在。就如彭子益在《圆运动的古中医学》中所说，五行是阴阳变化的不同状态，是周流不息的，健康的人五行运转自如，空明一片，是看不见五行的。一旦五行显露，就是病态。同理，市场与政府本身就是国家经济机体的有机组成，大家各安其位，就是无为。《老子》曰："爱国治民，能无为乎？"一旦在市场中"看到"政府的身影，那么无为的自然状态就被打破了，就是问题显现了。政府犹如人体的本觉，犹如人体的良知良能，是天道自然的一种"机制设计"，以保证另一种同样是天道自然的"机制设计"能够合乎天道自然。当政府被看到"有为"的时候，就相当于医生把脉看出了人体的五行，也就是病症的显现，任何病态的显现其实是身体自我纠偏的特殊状态，能够自我纠正，或者在医药的帮助下纠正，就自然康复了；一旦纠正不过来，就出大问题了。人世什么问题为大？人之生死，国家存亡。一个大家非常熟悉的场景就是，当政府领导人出现在本来不需要他出现的场合时，就是灾难发生了。如果一切正常，周恩来总理需要出现在邢台吗？如果一切正常，温家宝总理需要出现在汶川吗？所以中国自古有"官入民家，所在不祥"的说法。

子曰："为政以德，譬如北辰，居其所，众星拱之"。《黄帝内经》曰："主明则下安，以为天下则大昌"。在数学中，圆心决定了一个圆的位置，心动，则整体皆动。旋转再快的圆，车轮也好，风扇也好，那个"空心"是不动的。从观察体悟的角度讲，北极星就像众星的圆心，人体的心就像其他十一官的圆心，是做主的，不可以轻举妄动。所以，自古圣贤教人治世，是体察天地万物之情，格物致知，万殊万象，一理贯通，然后才成教于天下的。在社会国家中，牵一发而动全身，谁能为之？当然是政府了。所以，政府经济之道,要明,要定,要空,要灵,要诚,才能垂拱无为。不得已而为之,则"为无为",为所当为,义所当为,为后不见所为,方为"不扰"。索罗斯经过长时间的市场观察,在现代社会中也悟到了上述结论,即政府要在必要时出手控制局面。他说"人民看到泡沫形成时,冲入市场去买,火上浇油,并不是因为没有理性。这就是为什么我们需要有监管者在泡沫变得太大的危险时去控制市场,因为不能指望市场参与者这样去做,无论他们掌握多少信息或是多么有理智。"① 读过现代金融市场上摸爬滚打过来的"大师"的毕生总结,我们再看亚圣孟子的"见地"。

《孟子·离娄章句上第十七》:

淳于髡曰:"男女授受不亲,礼与?"孟子曰:"礼也。"

曰:"嫂溺则援之以手乎?"

曰:"嫂溺不援,是豺狼也。男女授受不亲,礼也;嫂溺援之以手者,权也。"

曰:"今天下溺矣,夫子之不援,何也?"

曰:"天下溺,援之以道;嫂溺,援之以手。子欲手援天下乎?"

古之言天下,于今天的经济而言,无非就是市场。市场溺,政府不施与援手,何异于"嫂溺不援"?豺狼经济学才会见死不救,任民生凋敝,自取其侮。张五常教授说:朱镕基在20世纪90年代推出严厉的宏观调控,经济增长依旧,是历史上非常重要的一课。当时中国劳动力就业市场的合约够自由肯定是重点。而美国20世纪30年代大萧条的劳工市场不够自由。② 1929年经济危机爆发,胡佛的不干预政策使美国经济陷入大萧条,最终还是经由"罗斯福新政"而重生。罗斯福新政和1921年列宁的"新经济政策"在根本上有何不同吗?明明市场已经暴露了致命的缺陷,明明理论已经错得离谱,为什么还有那么多人跟着走调,还把它奉若赞美诗一样神圣的旋律?人类对这种皇帝新装的游戏情有独钟吗?

今天学习西方经济学的人,必定熟悉、相信乃至迷信"在自由市场条件下,资源配置能够自动达到最优配置"的理念,却不知道"治道贵清静而民

---

① [美]乔治·索罗斯:《超越金融:索罗斯的哲学》,中信出版社2010年4月第1版,第25页。

② 张五常:《多难登临录》,中信出版社2009年11月第1版,第61页。

○ "治道贵清静而民自定"的思想，其实质就是2000多年后亚当·斯密提出的"守夜人"思想，西方人和翻译者皆是"不知有汉，无论魏晋"。

自定"这句地道的中国文言话语的真正"经济学意蕴"：政府的统治之道难能可贵的是素位而行，清静无为，保证社会的基本秩序、公平原则和制度环境，不干扰民众的生产经营，那么万民百姓自然安居乐业，市场自然有序繁荣。从西汉曹参治齐请示"黄老之道"，一直到清朝康熙"从来与民休息，道在不扰"，一直持有这样的"市场经济观念"。这个中国古代的"市场经济观念"可不走极端，不相信什么"自动恢复"的天真童话或者别有用心的谎言。伤口有可以"自动长好"的，但是绝大多数是要对症施药包扎后才能"自动恢复"的——这还能叫作自动恢复吗？实际上中国经济之道有着西方经济学无法比拟的高度、深度和广度。

张五常教授在《金融灾难的核心问题》中说："我不是个相信市场无所不能的人。我为公司的本质画上了句号，主要是说经济的运作不可以缺少了有形之手。我曾指出没有交易费用不会有市场，也曾指出政府的存在盘古初开有之，地球人类不可能蠢那么久"。"令西方经济学家为难的，是从减低交易费用的角度衡量，有些事市场有效率，另一些政府较有效率，二者怎样选择早就是个难题"。[①] 萨缪尔森的公用品分析，似乎给出了一个答案，哪些政府提供，哪些市场提供，效率皆好。但是，只有中国本土的经典经济学可以圆满地解决这个难题。《老子》云："治大国如烹小鲜"，治理大国，就像烹调小鱼，不要没事乱翻腾，否则全"割勒碎了"，面目全非！

---

① 张五常：《多难登临录》，中信出版社2009年11月第1版，第61页。

人不能轻举妄动，国不能妄动轻举。《易经》曰："动则得咎"，孔子曰："君子不重则不威"，是以"贵在不扰"以清净治道。

四、"看不见的手"不是市场而是伦理道德

亚当·斯密之后，"看不见的手"的自由放任的市场经济学说风行天下。模糊不清的学说造就模糊不清的学者，模糊不清的学者成就模糊不清的经济理论，模糊不清的经济理论对世界经济危机推波助澜，乱上添乱。世界已经被西方经济学"看不见的手"蒙蔽了200年了。在中国经典经济学内，"看不见的手"是伦理道德，是德财相应的因果定律。其实，这只看不见的手在识心见性的人眼中是"看得见"的，有明确的传统可以让所有人证得它的存在。这个手就是"道德"，就是"自然伦理"。这个本性伦理是纯净纯善的，是至善圆满的智慧。其中一切具足，因果律使每一个人的行为有迹可循。说"看不见"，是自己智慧蒙昧未开的表现。探索世间真理的人，把自己无法说清楚的规律就称为"看不见的手"，是"葫芦僧判断葫芦案"。明解一切方为大乘，一物之不知，耻也。牟利之西方经济学，"见未的"而轻言，戕天下万千学子慧命，言满天下而口过亦满天下，何其昧哉！万千学人服膺拳拳，履邪道而行，醉迷不醒，何其痛哉！

说看不见的手是伦理道德，有两点原因：第一，世间的"道路"有两类，一类看得见，如北京的长安街，大连的中山路；还有一类"道路"，存在但是肉眼看不见，例如星球的轨道，犹如泰戈尔的诗："天空没有翅膀的痕迹，而我已飞过"；人生的道路，明明我们走过，但是"走过"这个道是看不见的，也可以说我们存在本身就是道路，可是"轨迹"是看不见的。任何物体都在特定的轨道当中，不管看见还是看不见。第二，人体本身就存在十二经络，相当于人体上的电路，有一处电路不通，或者坏了，那可就真坏了，人就不行了。电器没有电就是一堆物质，一切功能丧失。人也一样。可是包括电器工程师在内的大多数人往往并不把电器运行的道理类比于自身，就不能真正理解人体的运行规律，就是不明白人体之道。十二经络是随着能量而有的，相当于电流，电流看不见，但是能够测出来，经络也一样，解剖看不见却能够感知。但是人体还有十二经筋，大体上相当于电线，锻炼经筋就可以锻炼经络。据说十二经筋的图在汉代就失传了，只有《黄帝内经》有文字记载十二经筋的路线。① 人体的一切功能在于按照这个天然的筋络之道运行，这就是自然的伦理道德。

国家的运行道理同此，一定有看不见的"伦理秩序经络"穿行于国家社会组织之间，维系着正常的运转。那么人各行其道，只能是按照长幼尊卑，五伦之义的天道伦理的法则运行。市场和政府都是看不见的经络通过和运行的"场合"，并不是经络本身。市场和政府一样，遍满整个国家社会肌体，但是不能说他们本身就是规则。就像十二经络入脏，我们说气循着经络，血循着血管各行其道、并行不悖，却不能说某个脏器如心脏或者肝脏就是经络。

如果说市场的伦理看不见，那么政府的政策就看得见？企业研究牟利的事项和政府研究政策的事项有什么看见和看不见的区别？若非说看不见的手，一定是伦理道德，而且她不但指挥市场，也指挥政府。不端行为产生事业风险。道德行为有助于事业顺遂。心灵蒙昧必定与事业障碍发生关联。个人如此，企业如此，政府如此。这只手才是真正的"看不见的手"。

五、市场风险的根本原因在于"宿德有亏"和当下"行险以侥幸"

我们指出了市场的本质是伦理自由，是人性的聚集表现，是自由缔约的可能性。那么市场的风险会来自三个方面：一是伦理自由超过界限；二是人性自身的弱点；三是自由缔约的可能性被破坏。而要想规避市场风险，要想把风险消灭在

○ 怎么做才能吉祥如意消除风险呢？就是依道而行，遵德为善。

---

① 李帼忠、徐骏峰：《逝去的武林·高术莫用》，青岛出版社2010年5月第1版，第300页。

萌芽状态，要想"不治已乱治未乱"，根本的办法就只有一条：依照伦理的道德轨道运行：伦理自律，不越雷池一步，自然获得伦理自由；正身修德，涵养德性，克己复礼，克服人性中的弱点，恢复圆满的天性，自然性光独耀，所做吉祥；有道德伦理，守礼诚信，永远遵守和保护市场自由缔约的可能性，则任何合理的投资都会获得预期的回报。否则，树欲静而风不止，要想从根本上解决问题，必须釜底抽薪，必须先定住风才能让树静下来。要想规避风险，必须在风险所由生的源头控制。《黄帝内经》云："夫病已成而后药之，乱已成而后治之，譬犹渴而穿井，斗而铸锥，不亦晚乎"？

孔子曰："舜其大孝也与！德为圣人，尊为天子，富有四海之内。宗庙飨之，子孙保之。故大德必得其位，必得其禄。必得其名，必得其寿，故天之生物，必因其材而笃焉。故栽者培之，倾者覆之。《诗》曰：'嘉乐君子，宪宪令德。宜民宜人，受禄于天，保佑命之，自天申之。'故大德者必受命。"固本培元、积功累德就是规避风险的过程，就是《易经》趋吉避凶的过程。一切善事成于做德，一切恶事风险成于败德。《诗》曰："神之格思，不可度思！矧可射思！"孔子评论说："夫微之显，诚之不可掩，如此夫！"一念善，可以发扬光大，充沛天地；一念恶，可以殃及池鱼甚至祸乱天下，凶险从之。

《中庸》"小人行险以侥幸"。只有不明伦理之人，才会自我蒙昧而举身扑火。有宿德者，有现德者，逢凶化吉，有惊无险。孔子曰："无忧者，其惟文王乎！以王季为父，以武王为子，父作之，子述之。"所以唯有德者可以无忧，可以避险。

现代的金融保险制度是建立在对宇宙人生的一知半解之上，甚至是建立在对自然的本质和人生的真相的错误认识上。茫然无措，蒙昧加上自负，人生自然充满了风险、不确定、疾病、痛苦和无奈。这样的经济学只能使人们在忙碌之后感到茫然，茫然之后忙乱，一生不知所为何来，不知所为何去。不是说保险制度不能给人"保险"，而是说那不是根本的保险制度。根本的保险，在于顺应伦理，摈弃恶缘，永绝风险。

第四节　道德资本：实物资本和人力资本之后的第三种资本

《楞严经》云："错乱修习，犹如煮沙，欲成嘉馔，纵经尘劫，终不能得。"一切世间事都逃不出自然道德伦理的规律，忽弃德本，妄求财富，犹如想要煮沙成饭。所以，在中国本土经济学的"体系"内，道德是最本质的资本。道德资本与人生幸福、道德资本与家庭和睦、道德资本与社会和谐、道德资本与财富增长都是最深刻的本质联系。同样为人，同样努力，同样的行业，为什么贫富悬殊差得天玄地远？根本原因在于德行的有无、厚薄。综合东西方的经济学，我们把资本划分为实物资本、人力资本和道德资本三种，而这三种资本实质是"三合一"。

一、实物资本：道德资本的实物形态

实物资本（包括金融资本）是最容易被看见和理解的资本形态。人力资本往往是经过教育、培训和长时间的积累形成的技能、知识。只相信实物资本才能生财是最浅层的经济学，进一步认识到人力资本能够生财是比较深入的经济学，相信道德资本能够生财才是最彻底、最安全、最和谐的经济学。每一种资本要想生财必须通过心里意念这个枢纽才能实现。只有心里的欲望才会把资本变现，而自心选择哪种变现方式，就有着天地之别。在道德资本上反求诸己的经济学才是最高明的经济学，因为在这个经济学里一切自然"感得"，乃至不求自得。

道德资本是最根本的资本，但是不具有固定的形态，而是一种思维方式和行为方式，是生活中积累起来的最本质的"资本"。它可以生出一切。是曾子《大学》所谓"德本财末"中"德本"的"别名变称"，是资本的最后形态——其实没有形态。一个人可以生来贫寒，但是天性善良，就是具备了道德资本。具有道德资本的人要想发展人力资本和实物资本只是时间问题，而

且因为具备了最核心的资本,能够在日后的生产经营中感得运气,蒸蒸日上。

泰戈尔说"时间是变迁的财富。"人生下来有时运,家庭兴衰有家运,国家兴亡有国运。邵康节所谓天生万物,"物皆有数",运势可以推算出来。这个推算的依据从资本的思路来说就是道德资本,推算的结果其实是对"宿有"的道德资本的全面"盘点"。例如在李嘉诚以获得3000万港元为人生理想的时候,陈朗就已经通过盘点他的"道德资本"而得出结论:不止这些,你会是香港的首富。很多时候是这样,没有专业的"会计师",我们不知道自己有多大的财富。

二、人力资本：道德资本的转化形态

加里·贝克尔（1992年诺贝尔西方经济学奖得主）的人力资本理论揭示,对教育的投资改变了人生和后期的显性收入。而在中国经典经济学的视角看来,这既是对道德资本的"提现",也是对道德资本的"积累"。人力资本理论可以解释粗线条的人生境遇差别的显性原因,却不能揭示微细尺度下人生境遇差别的隐性原因。例如同样是读大学,为什么有人可以拿到奖学金,而有些人只能打工赚钱自费？二者智力、努力程度和家境相当的情况下,为什么有人可以就读普林斯顿大学,而有些人只能够读夏威夷大学？是什么因素决定了人的智慧差别、家庭差别和体貌差别？大家知道,这些是决定未来职业生涯的重要因素。智慧不用说了,来自不同家庭意味着不同的教育机会、医疗机会、游历机会和"市场准入机会"；天生丽质就很难自弃,不论男女都会因形貌的出众而在最初的阶段获得更多的收入和致富的机会。为什么？怎么决定的？正如张五常教授承认的,西方经济学解决不了诸如"运气"这样的概念。这显示着西方经济学的"文明之光"还很局限,尚有大片的盲区等待着智慧之光的照耀。中国经典经济学的道德资本概念就能够对此给出解释:祖德、宿德和现行德行的原因,使其有差别,"一切贤圣皆以无为法而有差别"。人的实物资本、人力资本对财富的影响不是根本原因,是辅助原因,根本原因是道德资本。当处于迷昧的时候,人类因自迷而对她的感觉是在"冥冥之中"起作用；当对此觉悟彻知的时,她是运行如天体轨道一样精密不爽的天理。

陈志武教授在《金融的逻辑》一书中列举了"当年国库藏金万贯的国

家,如中国、印度、土耳其、日本等,除日本外如今都是发展中国家;而当年像西班牙、英国、法国、荷兰、各意大利城邦国家这些负债累累的国家却是今天的发达国家",似乎是说,借债的国家都成了富国,而存财的国家都穷了,结论是"存钱受穷、借债有理"。并借以论证金融债券证券技术是可以帮助国家富强的技术。如果金融的逻辑是陈教授所说的样子,那么世界早就毁灭了。从1600年到现在有400年了,国家时运早就变化了,这样截取历史的片段来说明道理,岂不是断章取义?!400年后,今天的富国还是富国吗?不能够"跳出历史"来看历史,只能是"不识庐山真面目"。当比尔·盖茨还是哈佛大学的低年级学生时,美国就有数量众多的亿万富豪了,20年过去,相去几何?一年之中,每三个月自然就转运一次,我们称之为季节变换;一国之内,每三个甲子国运就大变一次,即使不改朝换代,也会"伤筋动骨",其中情境有赖于领导者和人民的共业德行,各领其遇。一兴俱兴,一损俱损,各有百千万种萌生的制度、技术、观念与之相应,犹如春来草绿,夏来花开。但是谁能够说夏天来了是因为花开?怎能够说金融技术就能富国?这完全是西方分科割裂式的管窥之见。按照这样的逻辑,那么一个军事学家可以说因为美国掌握了核弹技术所以美国成为强国,一个计算机专家可以说因为美国掌握了计算机技术所以美国成为强国,一个生物学家可以说因为美国掌握了转基因技术所以美国成为强国,一个好莱坞影星可以说因为美国掌握了电影技术所以美国成为强国……每一个专业工作者都可以说因为自己所在专业的技术进步而使国家强大。全部以偏概全,全部倒因为果,全部强词夺理。

三、道德资本:善行累积作为资本

美德是一切万物的决定因素。司马迁在《史记·礼书》中说:"洋洋美德乎!宰制万物,役使群众,岂人力也哉?余至大行礼官,观三代损益,乃知缘人情而制礼,依人性而作仪,其所由来尚矣。人道经委万端,规矩无所不贯,诱进以仁义,束缚以刑罚,故厚德者位尊,禄重者宠荣,所以总一海内而整齐万民也。"

一切白手起家并有善终的亿万富豪都具备如下共性:(1)顺应了自然,顺应了天时,顺应了经济的四季周期。(2)都基本具备了五伦八德,一生操守不变。(3) 都有不乱花钱的习惯，花费与财富总额比较起来，堪称节俭，都有捐赠的诉求。例如，巴菲特一直住1958年购买的房子；李嘉诚一直住当年60万港元购买的浅水湾寓所，说是"豪宅"，不过220平方米，比起当今许多动则上千平米的别墅，简直"寒酸"；比尔·盖茨喜欢休闲装和运动鞋，虽然说豪宅亿元打造，可是和他的总财产比较起来，也是九牛一毛。他们的行为已经注解了中国经典经济学揭示的规律：财富的本质是道德；捐赠的果报是富贵；善行是改变命运的根本原因；造福他人和世界的人必将获得世界和众人的回报；只有真正做到他利的人，才能真正实现自利。中国大陆第一位在美国哈佛拿得MBA学位的投资家唐庆华说："投资的成功，既要靠本领，又要靠运气，而运气是世界上最稀有的东西。"[①] 其实运气是道德资本的派生物，是祖德和宿世德行在现实人生的"变现"。从而道德是最本质的资本。孟子言，"求则得之，是求在我者也"。"求在我，不独得道德仁义，亦得功名富贵，内外双得。是求有益于得也。"

在本质上，没有必要在学术上创建一整套"道德资本理论"，那会在未来几百年内成为笑柄。因为"公理"不是"学术"，不是用来讨论和研究的，只需要认识和证实。从西方那个分科学术的角度来看，它是实践问题，不是理论问题。一旦对道德资本进行社会生产总过程的生产、交换、分配与消费环节的分别论证，"道德资本就死

○ 运气是道德资本的派生物。

---

① 唐庆华：《如何投资——华尔街理财实践记》，上海人民出版社1995年第1版。

○ 我们的智慧被自己的分别心障碍着。

了"。还是回到经典领悟吧：《庄子·内篇·应帝王第七》中载："南海之帝为倏，北海之帝为忽，中央之帝为浑沌。倏与忽时相与遇于浑沌之地，浑沌待之甚善。倏与忽谋报浑沌之德，曰：'人皆有七窍，以视听食息，此独无有，尝试凿之。'日凿一窍，七日而浑沌死。"我担心（担心也没有用）当"道德资本"的概念一经提出被大众接受，道德资本被"日凿一窍"的命运也就开始了。普天之下，有几人可以"贯通"七窍，保持浑沌的"赤子之心"？恢复孔子和颜回师徒谈论的"大通"之境？

《中庸》曰："唯天下至诚，为能经纶天下之大经，立天下之大本，知天地之化育。夫焉有所倚？肫肫其仁！渊渊其渊！浩浩其天！苟不固聪明圣知达天德者，其孰能知之？"

第五节 内证与实证合一的方法论：阴阳变化、五行运转和八卦推衍

一、《黄帝内经》的经济学意蕴

熟悉西方经济学的读者，自然对分工、合作、资本、利润等概念有基本的认识。但是您能想象有什么系统的分工与合作比得上人体各个器官、组织、系统的协调性吗？研究什么复杂性、系统性，放着天地间最精妙的系统不研究体悟，不是

舍本逐末、缘木求鱼吗？据说现在世界上最先进的拟人机器人是在日本，可是从电视报道的画面上看，离人的敏捷性和协调性还差十万八千里。人体的各个系统、器官、组织、经络等是如何协调工作的？那就是经济效率最高的组织。所以，懂得了人体的运作机制，就懂得了经济组织的最高效率原理。而这个原理的认识方式，不是西方解剖分析式的方式，而是整体协调的把握。把这个机制说得清楚透彻的，就是以《黄帝内经》为代表的中国经典。

大家知道，中国文化区别于西方学术的最大特征就是整体式思维，最明显和有说服力的是中医和西医的差别。就自然和生命的本质而言，从中医的医学观点看，世间本来是没有不可知、不可治的所谓"绝症"的，是患者本身的认知水平、性格禀性和伦理关系出现"问题"，才使病灶从无中生有、由小变大以至于不可治，最关键的是一旦患者自己认为"我得的是绝症"、"我没有救了"，那就真的没有救了。这其实就是身心关系的客观原理，心念是身体的主宰，心想健康就可以健康，心想郁闷就可以凝聚怨气而成形，变成肿瘤。医生可以治疗身病，也可以调解心病，但是病人的性格不转化，伦理关系不和谐，一定会因为每天因积聚怨恨恼怒烦而伤身害命，即使药物一时解决病灶，它也会因为性格禀性脾气依旧而重生。

研究经济和研究人体是一样的，是一理贯通的。世界是一个大人身，人身是一个小宇宙，是中国古代的标准的世界观和人生观，所以大小宇宙是可以贯通联合的，本来是一体的。所以天人

○ 世间本无"绝症"，是患者的心绝望了，才有绝症。

○ 生别人的气，得自己的病。

○ 中国经典经济学可以消除经济危机之因。

合一是一个返回先天自然的客观规律，遵守客观规律的人就是与天地自然合一。就如一叶落而知秋，观测经济中的一个细节可以推断整体的运行情况。

1. 治未病，治未乱。《黄帝内经》是中国经典经济学的根本性奠基著作。不理解的读者，只能说是对经典不了解。当我在某一天被"《黄帝内经》说的不仅仅是医学，还是地道的本土经济学"这个灵感"击中"，我知道我就有了"知无不言，言无不尽"的"历史责任"。

不管能否印证、理解和接受，对于中国文化是十方洞开、不分学科、一以贯之的"无形文化"这一事实，可能大家都已经知道了。取法天地，明天道以理人事是千古不易的法则。我们前面解释过，能够观天文以察时变、观人文以化成天下的是"六种人"：真人、至人、圣人、贤人、君子和大人。经济之道的大要就在《黄帝内经》中，所在皆是。但是不以贯通之眼是看不见的。《黄帝内经·素问·四气调神大论篇》曰："夫四时阴阳者，万物之根本也。所以圣人春夏养阳，秋冬养阴，以从其根，故与万物沉浮于生长之门；逆其根，则伐其本、坏其真矣。故阴阳四时者，万物之终始也，死生之本也，逆之则灾害生，从之则苛疾不起，是谓得道。道者，圣人行之，愚者佩之。从阴阳则生，逆之则死；从之则治，逆之则乱；反顺为逆，是谓内格。是故圣人不治已病治未病，不治已乱治未乱，此之谓也。夫病已成而后药之，乱已成而后治之，譬犹渴而穿井，斗而铸锥，不亦晚乎？"经济治理，一样要防患于未然，不但要进行根本性的经济学人文德行理念的教化，还要有"治未病"的监管。经济危机和金融危机已经爆发，病已成，乱已成，而后药之，而后治之，不是已经晚了吗？

2. 主明下安。"主明下安"说的是对政府的要求、政府的责任和政府的"界限"，就是后来从汉代开始历代尊崇治理国家经济的大原则："治道之要，贵在不扰"。

《黄帝内经·素问·灵兰秘典论》曰："心者，君主之官也，神明出焉。肺者，相傅之官，治节出焉。肝者，将军之官，谋虑出焉。胆者，中正之官，决断出焉。中者，臣使之官，喜乐出焉。脾胃者，仓廪之官，五味出焉。大肠者，传道之官，变化出焉。小肠者，受盛之官，化物出焉。肾者，作强之官，伎巧出焉。三焦者，决渎之官，水道出焉。膀胱者，州都之官，津液藏焉，气化则能出矣。"此段文字，说的是"十二脏之相使"，混元一气化为十二脏,各司其职,井井有条,是伦理天然的分工。这对理解经济效率的本质来源具有举足轻重的贯通之义。西方经济学自亚当·斯密开始,认为经济效率的秘密在于社会分工,其实比社会分工更本质的原因是"伦理",因为分工是由伦理决定的。接下来一段的总结,是自古中国读书人"不为良相即为良医"的济世救人传统的出处:"凡此十二官者,不得相失也。故主明则下安,以此养生则寿,殁世不殆,以为天下则大昌。主不明则十二官危,使道闭塞而不通,形乃大伤,以此养生则殃,以为天下者,其宗大危,戒之戒之!"什么叫"以为天下"呢?就是以这个"主明则下安"的道理经济天下嘛!从身体上讲,这十二官不能相互"各自为政",要互相照应,要在分工的前提下合作;那颗做主的"心"(对于社会来说就是决策者、统治者、家长或政府、管理层、董事会)要"明",天下才安,这个道理就有两个用处:第一,用来养生;第二,用来经济天下。用于养生,则健康长寿,无病无灾;用于经济天下,则社会和谐,安居乐业。

为什么以"心"为君主之官呢?为什么不是脑呢?为什么其他官的文字都带有"月"字旁,而心没有呢?为什么心会出神明呢?明白了这些问题,中国文化才能真正得其门而入,管理国家经济事务才能"宏观"与"微观"一理贯之。这个"心"是本源,是自性真心,不在"身内身外",不在"根",不在"内外明暗之间",不在"思维里",不在"中间",不在"无著处",神明之出尚属"真心妄用",况且主心蒙昧愚痴的昏招迭出!"憧憧往来,朋从尔思"者,尽是浮光

○悟透了"主明下安"四个字,学问之事毕矣。可以自己养生,一生无病;可以经济国家,风调雨顺,国泰民安。

掠影，谓之客尘烦恼，若无主明照破，天下何时大安?!

3. 防微杜渐，阴阳调和。其实这和"治未乱"是异曲同工的原则。《黄帝内经·素问·灵兰秘典论》有言，"至道在微，变化无穷。孰知其原？迥乎哉！消者瞿瞿，孰知其要？闵闵之当，孰者为良？恍惚之数，生于毫厘，毫厘之数，起于度量。千之万之，可以益大，推之大之，其形乃制"。黄帝曰："善哉！余闻精光之道，大圣之业，而宣明大道，非斋戒吉日，不敢受也。"黄帝乃择吉日良兆，而藏灵兰之室，以传宝焉。"真是"长叹息而掩涕兮"，黄帝如此珍重的"精光之道，大圣之业"，怎知5000年后的子孙怀明珠而乞讨！

○ 为师者甚言。凡未彻，勿轻言。

"微小的损人、大大利己这样的行为有利于整体社会福利的提高"这样的西方"经济学观点"是贻害无穷的"末世邪师说法"。中国13亿人，全世界70亿人，每人为了利己而损人一点，70亿个"一点儿"会有多大？这个世界乱到今天这个样子难道不是这种观点教唆的结果吗？不可救药的癌症不是从某一个健康的细胞发生病变开始的吗？有多少年轻学子纯净的心灵被这种打着经济学的幌子的"歪理邪说"污染?!污染一个人的心灵，世界的癌症就增长一分，教唆一个人为了自利而微小地损害别人，世界的病态就增长一分。世界终究会在"恶小可以为之"的邪恶理论中走向恶贯满盈而天塌地陷！君不闻"千里之堤，毁于蚁穴"吗？西方经济学要为这个世界的自私、冷漠、争斗乃至战争负责！西方经济学要为历史承担责任。拿着国家的课题费用的中国经济学人，请注意了,中国历史上著名的"野狐禅"公案告诉我们,为师者一字答错,500世野狐身!"伤人慧命,万死不足以辞其咎"!"夫孝者,善继人之志,善述人之事者也。"先祖遗教弃之如敝屣,拾他人牙慧甘之如饴,数典忘祖,不孝之至,如何为人师表、虚领国家俸禄?!

细细说来,医理医理,观其音,不就是"一理"吗?"一"之理不就是天下达道吗?不就是孔子所传曾子的孔门心法"吾道一以贯之"吗?不就是后世学人津津乐道的老子"道生一"的"一"吗?不就是与祖师西来所传的"不二法门"相应的本土道理吗?医治身体的道理,就是医治国家的道理。中国中医学就是经济学。唐代药王孙思邈有言:"上医以德治国,中医以礼齐人,下医以刑治病",一句话把天下的道理贯通起来。财为天地血,政为天地气,人为天地灵,人施行仁政就是"天意"。天无心,一切境遇都是人自身的感通。一体之内,意到气到,气到血行,资周万物,流转不穷,生生不息,万世恒昌。是以财政为天地气血,政不通,则财不生,人不和,国家凋敝,一如人体患病。自古以来,大凡兴盛之世,皆和领导人的德行息息相关。所谓明君德政,泽被万民。犹如《黄帝内经·四气调神大论》所言之天气清净光明,不邪害空窍,身安体健。这一认识在尧舜禹时期乃至后代一直遵循着,领导人明此理则天下太平,国富民强;昧此理则灾祸不断,民不聊生,乃至亡国。

经典绝不是纸上的文字,它是诸法实相的笃行记录。得之于心,应之于身,身心会起变化,环境会起变化。只有身心环境有变化了,才说明读经典真的读对了。否则就是纸上谈兵,经典还是经典,你还是你,不得受用。现在大家畅谈国学,仿佛背几句诗文就是懂国学了,那是文史知识,充其量算国学曾经穿过的一件外衣而已,绝不是国学本身。现在孔子学院遍布世界各地,不能说是坏事,但是也绝不是好事情。为什么?没有合格的师资,它会造成世人对中华文化精髓的误解和贬低。凭什么这么说?因为哪怕一个孔子学院中只有一个合格的老师,今天的世界就不会是现在这个样子。

治国之要,就是修身之术。无论何人,上至天子皇帝总统,下至贩夫走卒,"身修而事不遂者,未之有也"。此是大本。是以黄帝内经是修身祛病之经,也是治国理财经济天下万物之经。

中国的经典,具有实实在在的医学意义,因为他通过让人明理入道、诚意正心做人，做到了，一定是身体健康、精神愉悦，家庭伦理关系和谐，五行顺转；中国的经典也具有实实在在的经济意义，因为他是教人自诚而明、自明而成的学问，是知晓自然真相和人生真理的学问，是开启根本智的学问，"书中自有黄金屋、书中自有颜如玉、书中自有千钟粟"，一点不假，关键是后世读书人只知道读文字，而不是按照书中的指导真实地做到，所以不得受用。哪怕一个字行得真，就能实现人生的抱负和财富目标。

"传统"和"传统文化"是一个容易被误解产生歧义的概念。对于今天的中国人来说，过往的几千年的全部历史文化形态都是传统了，但是只有那些传承了固有文化精神的传统才是我们真正的传统。这些精神智慧通过特定的人体现出来，表达出来成为中华文化的经典，一代一代薪火相传，完整地保存下来。

真正的传统里没有创造，没有创新，只有印证、体证和领悟。在医学中，至今跳不出《黄帝内经》和《易经》的手掌，在伦理中，至今不可能在儒家五伦之外再造一伦出来。以今天学科的视角去看中国经典，多半不得要领。经典是通达的文化，学科多半积累知识。例如仅仅以医学的观点去看待《黄帝内经》就是局限之见，妨碍了把它的道理推广应用到社会的诸多方面。《内经》讲道之体用，《易经》讲道之变化，诸子群述道之用。正解阴阳理论，可以把世间学问一理贯通。人身就是阴阳体，物质的身体为阴，人的思想精神为阳。"明人身阴阳合一之道，方知医圣仲景立方垂法之美"；明阴阳变化之道，方知书法可以于黑白之间"通天地造化、彻宇宙玄机"；明天地人身阴阳变化之道，方知象形取意的武学最高境界。总之，由一门深入，可以贯通诸家，知药便知兵，知书便知武，知"一"则知"经"，知"经"则知"本"，知"本"则为知之至也。

政策，于国家社会的意义，恰如心对于身体的意义；又恰如人的精神、见识、智慧、谋略等等心识，对于财富的意义。国家政策，财政政策货币政策等，与市场的关系可从人的身心关系中比类而来。《上古天真论》中岐伯对曰："上古之人，其知道者，法于阴阳，合于术数，食饮有节，起居有常，不妄作劳，故能形与神俱，而尽终其天年，度百岁乃去。"人如此，国家也是如此。人有寿命，国家亦有；人有运势，国家亦有。政由人兴，内经讲一人之呼吸吐纳就是天地盈虚消息，那么一人为政之善恶廉贪何尝不是国家社会的吉凶福祸？人行正真，德行深具，则福运无边，慧心无量；国行仁政，唯德是尊，则国祚绵长，政治清明，风雨调顺，天下太平。是以知道之国，亦应亦能"法于阴阳，合于术数，食饮有节，起居有常，不妄作劳，故能形与神俱，而尽终其天年，度百岁乃去。"那么国家的阴阳是什么？国家的术数怎么合？国家的"饮食"是什么？如何有节？国家的起居如何是常？国家的物质形态和精神怎么才能"尽终其天年"？"永保我子孙黎民"如何实现？答案就在《黄帝内经》中。

即使从西方的思路来看，我们把国家的经济制度类比于人体的组织构成恐怕也没有什么不妥。或者说国家的经济制度其实是对人体运行机制的"仿生"结果。一个人的身体是如何运行的？这个问题和"一个国家的经济是如何运行的"不会有"本质的区别"。经济制度可以看成心理的伦理制度的外化，可以看成生理的器官组织存活机制的模仿，也也可以说是文化观念的经济体现，是道德仁义礼五者一体的体现。因为一个经济整体的功能是"道"，局部的功能是"德"，公平交易、互相得利、买卖无欺，上下关心是"仁义礼"的体现，为人的基本原则就是一种前提，一种假定，一种合约，按照西方新制度经济学的观点，国家的经济制度也就是合约组织。①

《资治通鉴·汉纪十九》班固赞曰："古之制名，必由象类，远取诸物，近取诸身。故《经》谓君为元首，臣为股肱，明其一体相待而成也。是故君臣相配，古今常道，自然之势也。近观汉

○远取诸物，近取诸身，明其一体相待而成。

---

① 张五常：《多难登临录》，中信出版社 2009 年 11 月第 1 版。

相，高祖开基，萧、曹为冠；孝宣中兴，丙、魏有声。是时黜陟有序，众职修理，公卿多称其位，海内兴于礼让。览其行事，岂虚虖哉！"

二、《易经》的经济数理

在中国文化的立场上，不懂中医的"术"可以，但是不懂中医的"道"就不会懂经济之"道"，也不会懂中庸之道，不会真正理解曾子的"大学之道"。自古国医圣手皆谓之"不知《易》者不可以为医"，则以今天经济的领域来说，不知《易》者亦没有资格谈论经济。例如，前几年中国政府就提出"与时俱进"，我们曾经提到过，这思想源出《易经·乾卦·文言》中的"与时偕行"。环境情势已经变化了，还穿着亚当·斯密两百年前缝制的"皇帝的新装"不是刻舟求剑吗？金融危机已经快成没顶之灾了，仍然鼓吹"市场是有效的，会自动恢复"不是见死不救吗？一个合格的中医可以出手快如闪电，也可以悠然从容任病人自我生息，完全决定于病情的需要。合格中医的治病表现就是上佳的治国之道。

中国的先祖已经掌握了推演自然现象和人类社会的变化规律，名之为"易"。易字就是一个日和一个月组成的，代表阴阳变化。《易经》有不易、变易、简易和交易四个要点，"不易"就是指有个东西是永远不生不死的，永远不变的；变易就是宇宙一切事务没有不变化的，有生有死；简易就是"大道至简"；交易就是变易中有交叉感应，类似"自变量和因变量"，响应而变，梵文就是"YOGA"（瑜伽）。这个瑜伽相应和后来的"天人感应""非其人不受"同一道理。

○ 不懂《易经》没有资格谈经济。

"圣人设卦观象，系辞焉而明吉凶，刚柔相推而生变化"，"是故君子居则观其象而玩其辞，动则观其变而玩其占"，"极数知来之谓占"。什么叫"极数知来"？这是古代的"科学预测"，是根据天地自然的数理规律来推衍，绝非现在人想象的那样"迷信"、"愚昧"和"无知"，却恰恰反映出说者的"迷信"、"愚昧"和"无知"。今天西方经济学内的"数量经济"或者"数理经济"，希望通过数学来说明经济现象及其变化，逻辑严密，问题是，人类经济事务的变化逻辑可以循数而推，但不是西方经济学以为的那种数学逻辑，所以那一门学问究竟是什么学问可以讨论，但是确定不是可以富国兴家的"经济学"。而且，其所谓预测，毫无准确可言，甚至与真实的经济毫不相干。西方经济学研究机构和预测模型不都在 2008 年金融危机面前熄火了吗？

天地宇宙人生事务的变化过程是"易经数理"，运用它可以推算 129600 年的国家运势，然后周而复始，乃至于无穷，天时与人事一一相应。所谓经济的繁荣盛衰，只是顺应时势。道理就如天文历法，四季更迭，年年岁岁，花相似，人不同。天地季节有春夏秋冬的生长收藏，经济的规律也是如此。发展经济，不了解这个天时运势，冬寒凛冽，千里冰封，硬要投资下种，并希望它芝麻开花节节高，不是痴人说梦吗？西方经济学也总结了经济周期，但是尚未发现其实本质上是事物对自然规律的遵守。天时其实就是经济的时运因素。我们知道春夏秋冬是人必须遵守的自然规律，其实对于经济发展而言，也有这样的天时运转规律。它不是现有的数学模型可以推断的规律，它的运行规律是全息多维的，迄今为止，对这种规律最透彻的把握是《易经》的智慧，推演最精准的范例，在伏羲、文王之后，青史留名为大众所知的就是《皇极经世》和《梅花易数》的著者邵康节。它相当于把世界变化的规律揭示出来，处于某一阶段的人类必须认识、接受和适应这个规律，否则就是逆天而行，好比已经秋天了，却不承认秋天的到来和存在，这就是自取灭亡了。中国古代的所谓得道高人，就是那些体悟认证到了这种变化规律的人，知道世间万物从何而生，从何而灭，全都按照一个自然规律（不论什么称谓，伦理也好，天理也好，道也好，不论天道还是轨道，所指都是一个意思）变化，就是"易"。与时偕行，得机而动，审时度势，成就绝代之功。好像英雄造就了时势，其实是他们知道潮流的变动规律，顺应而已，是时势造就他们成为英雄，他们相应地出世完成推动时势的任务。如果一出生就是"冬天"，也要承认这个"天命",做与冬天相应的事情,闭藏冬眠,谓之"得道"。

要发展经济,一定要了解天时,也就是整个国家经济大势在什么卦象上,处于什么样的阶段,然后加以引导。这就是"为无为"的道理,就是按照事物本来的规律要求去做,做过了就好像没有做过,才是中规中矩合情合理。才是履中道而行。《易经·艮卦·象》曰:"时止则止,时行则行;动静不失其时,其道光明。"《素书·原始章第一》曰:"故潜居抱道以待其时。若时至而行,则能极人臣之位;得机而动,则能成绝代之功。如其不遇,没身而已。是以其道足高,而名重于后代。"

○ **动静不失其时。**

中国有古语说:小富由勤,大富由天。小富由勤是说任何人只要下定决心,定下财富目标,每日信守诺言,精勤努力,就一定可以衣食丰足,免于民困之苦;大富由天是说财富要想突破常人想象的界限,一般人是办不到的,也教不会。[①] 例如,普通人依靠勤奋就想达到王永庆、李嘉诚的财富规模是办不到的。这个观点对不对呢?对于福德智慧没有达到"明道"的人来说,绝对正确,这就是一直以来所说的"穷通富贵,命中注定"。但是,这种情况对于有真实大修为的人来说,就不适用了。究其根本,大富和小富,都是"由天而定",君不闻"天道酬勤"吗?所以,无论大富和小富都在数中,就是所谓"天定"。然而这个天是超自然的"神"吗?不是,更进一步,万法唯心,全部是由个人的"心"决定的,

---

① 曹仁超:《论势》,中国人民大学出版社2009年5月第1版,第12页。

全部在书中。诚意正心，至诚到极点，可以格天，所谓"格天"，就是可以改变定数。这就是中国文化的伟大之处，是《易经》思想的伟大之处。如果不能改变，一切既定，怎么会有"趋吉避凶"之说？但是改变定数，要符合天道自然伦理，不是痴心妄想执着分别的念头都可以实现。例如，当人相信命由己造，福由己求后，想当生实现"财富超过比尔·盖茨并当上国王并娶100个美女"，就是痴心妄想。《了凡四训》记载的实践说明，求财富、求官位、求生男女，都可当生实现，但是未来对于没有诚意修行的一般人来说，运势是定数，不存在不确定性，所谓的不确定，是人从一己私利和私愿出发去看待问题和行事，难免事与愿违；但是对于有真实的道德修养的人来说，未来是时时刻刻都在变化着，因为德行可以感得生命向着美好的途径前进。只要是大修行人，不必问前程。

三、《皇极经世》的经济运势推衍

《皇极经世》是宋代大师邵雍研究《易经》而得的作品。他认为"治生于乱，乱生于治。圣人贵未然之防，是谓《易》之大纲"，根据天地阴阳、易经卦象与河图洛书的数理，推衍人类发展变化的历史。他推算的历代年表和帝王年表和现代考古学家运用精密鉴定仪器考证出来的数据"有惊人的一致性"。其实不必感到震惊，任何人掌握《易经》的运算规律，都会有相同的推算结果，"你跺你也麻"，你算你也准。

把八卦换算成数，就是乾一，兑二，离三，震四，巽五，坎六，艮七，坤八。六十四卦方圆图也是由数代之，从乾卦一一开始，左旋至复卦八四而止；相反，从姤卦一五开始，右旋至坤卦八八为止。与元、会、运、世之数经纬相交，可探索天道、宇宙、世界、人生、人世等事物的发展变化轨道。

"元、会、运、世"是邵子自创的易象数理方法，以元经会，以会经运，以运经世，每元12会，各10800年；每会30运，各360年；每运12世，各30年。以元为经，则会为纬，以会为经，则运为纬，以运为经，则世为纬。以一元为12会之经，相当于以年经月，即一年为12月之经。一年有12月，统360日，共4320时，129600分。同理一元12会，统360运，共4320世，积129600年。此处"年"与"分"相当，"世"与"时"相当，"运"与"日"相当，"会"与"月"相当，"元"与"岁"相当。推衍可以千之万之以至于无穷，归之可以回复于"一"。即"道生一"之"一"，"天人本一"之"一"，"理一分殊"之一。一者，元也，太极也。越分越小，从1开始，1分12，12分360，360分4320，4320分为129600，这一过程就是"太极生天数"，就是我们在第二章第一节中介绍过的"宇宙从一个密度无限大、时空曲率无限大的点开始膨胀"的过程；越约越小，由129600而4320而360而12而1。与《易经》先天64卦方圆图相配合，以进为长而大之数，"分则逆来，长则顺往"，往来顺逆相错，一位八卦，间隔四卦而行。逆来者四，天卦交天，顺往者四，天卦交地，所以左方逆来顺往各16卦；相反，右统于左，地承于天，每卦对位，彼此并同。其中主闰四卦离、乾、坎、坤，左右分直，各统15卦。配合24节气，则天地间万事万物的生发演变情状悉在其中。为了能够使从未接触过《皇极经世》的读者一目了然，特作表4-1如下。

表4-1　　　　　　　　皇极经世运算表

八卦概念	乾	兑	离	震	巽
皇极概念	元	会	运	世	年
现代时间	岁（年）	月	日	时	分
太极生天数	1	12	360	4320	129600
换算关系		12	30	12	30
长大数约（为进）顺往	震元	离会	兑运	乾世	
阴阳刚柔应象关系	星日用事于六阳，统辰月之阴		土水敛气于六阴之柔，统石火之刚		
主闰四卦	离	乾	坎	坤	
各统十五卦	起子中之复 止卯中同人	起卯中之临 止午中之夬	起午中之姤 止酉中之师	起酉中之遁 止子中之剥	
会名	子（丑寅）	卯（辰巳）	午（未申）	酉（戌亥）	
季节	冬	春	夏	秋	
节气	冬至小寒（大寒立春雨水惊蛰）	春分清明谷雨立夏小满芒种	夏至小暑大暑立秋处暑白露	秋分寒露霜降立冬小雪大雪	
人生四季　天年120岁	归（91—120岁，现代以61岁及以上计）	生（0—30岁，现代以0—20岁计）	壮（31—60岁，现代以21—40岁计）	老（61—90岁，现代以41—60岁计）	

第四章 中国经典经济学理论框架和研究范式的构建

后世一些迂腐的学者批评邵子的"理论"缺少依据,因为和传统的五行、八卦有所不同。例如五行何以去金去木?乾在《易》为天,而何以经世为日?兑在《易》为泽,而何以经世为月?何以离之为星,震之为辰,坤之为水,艮之为火,坎之为土,巽之为石?这就是我们小学时老师批评一些不开窍的学生为"死脑瓜骨"的情形!不会举一反三,只知道泥古而不知道化古。邵子在生之日,取象与《易》多不相同,然而实质却是得易理象数真髓,"凡有占验,无不奇中",以布衣名闻天下,所谓"实践是检验真理的唯一标准"。那些批评他与《易》不合的拘执人,犹如今天的某些西方经济学家,被活生生的经济现实打了耳光却仍然不知道反省自己以为的西方经济学理论错了,却说现实不符合理论,苍天可触,而其愚不可及也。

一元 129600 年,是人类的一个发展周期。但是也可以是"一天""一秒"!此理一贯通,则理解爱因斯坦广义相对论的"时空观"就轻而易举了。一元、一年、一月、一天、一分都可以化作"一时","一时"的道理一通,就是"天地大经",就是"通天地造化、彻宇宙玄机"。一时之觉是为无上正等正觉。所以,很多人读不懂佛经开篇的"一时"两字的含义,正是心中蒙昧"无数",不懂得易数之理,欲觉反成迷。元、会、运、世各配卦象,每时皆有卦象表示其天文、地理、人事发展变化,只要洞悉玄机,运用生化变易之理,则天地万物的数理运势,都能了然于心,整个人类历史中的兴盛更迭、悲欢离合全部能够未卜先知,个人、家庭、企业乃至国家的经济运势概莫能外。所以说不知易者不知数,不知数者欲兴功利业如"盲人骑瞎马,夜半临深池",撞大运,行险以侥幸,毫无胜算可言。

一元 12 会,以 12 地支名称标示,子会之前,是前一个循环(或者说是"前一天""前一年"等)的亥戌两会,"天地鸿蒙,浑沌未开",于数为"无"。子会相当于一天中夜半子时,阴极生阳,"天根渐萌",坤卦与复卦相交接,一阳来复之时,正是太极发动之机,是为"天开于子"。中国文化中繁衍后代称为"生子",此之谓也。不论生男生女,都是"生子",卦象变化正是"坤复相交,坤母孕震"。此时天地初开,阴阳化生,五行顺成,混元一气之阳者轻清上浮为天,阴者凝重下沉为地,谓之"地辟于丑",水火土石四者

213

成象，开天辟地之始。于丑会入寅会，相当于丑时进入寅时，天地由暗转明，其象如夜而旦，如经冬而春来，人乃于寅时化生，"天地氤氲，万物化醇"，男女媾精，生人之始。

天、地、人三才肇始，"是为昼之初，时之首，皇古之始也"。每会10800年，递次演变。子、丑、寅三会共32400年，与甘子钊院士所说的"直到10^{12}秒（即3万多年）后，原子才开始出现"颇有异曲同工之处。寅卯更迭，木德当王，燧人氏兴，钻木取火，人治开明。至于伏羲"仰以观於天文，俯以察於地理"，八卦作，书契兴，食货交易，律历并起，皇道化民。"经济"亦于此时肇端。伏羲之后，礼乐渐兴，婚丧嫁娶有制，辰、巳会之时，相当于神农（并非一人，传其位者皆谓"神农"，时间久远）、黄帝、颛顼、帝喾在位，"暌异而同，兑泽以丽，履辨而分定，泰交而志通，大蓄富有而日新。首化益隆，教德斯普"。犹如天光大亮，朝阳东升，霞光蒸腾，一派晴朗光明。司马迁作《史记》自黄帝起，正是从中华文明的"天亮"开始；孔子读易，推算历法，取自尧舜，是从中华文明的"正午"开始。尧舜之时，巳会即过，当午会之际，如日中天，"君德之极，帝运之昌"。至午会，"生长"之运止。

阳极阴生，午会阴生，"帝降而王"，夏、商、周三代经午会6运、72世、2160年。元代吴澄在《贞观政要》序言中说"夏有天下450余年，商有天下630余年，周有天下860余年"，与现代史学考证的年代稍有出入，但是大体上2000年间大数不差，其间"王降而伯，伯降而狄"，秦并六国，吞二周，秦被楚亡，楚为汉灭。汉至北宋不过千年，犹在午会十二运。尧舜禹虽圣人治世时期，但年代久远，所述不详，中华文明于今人可信而称道者必称"汉唐"，仍当午会丽日当空之运，辞章灿烂，物华天宝。

邵子《皇极经世》推衍止于午会第九运，时当五代，自北宋起乃至"未来"不再言说。其实正是"善易者不卜"，暗示验往则可知来，待未来私淑弟子补之。

正是在康熙雍正年间，中国经济文化得到很好的保护和总结，《古今图书集成》总结了中国的"经济学"理论与文献资料。但是鸦片战争后，这个本土经济学已经尘封了180年，约三个甲子，六世。汉代建国70年后，如《史记·

平准书》记载:"汉兴七十余年之闲,国家无事,非遇水旱之灾,民则人给家足,都鄙廪庾皆满,而府库余货财。京师之钱累巨万,贯朽而不可校。太仓之粟陈陈相因,充溢露积于外,至腐败不可食。觽庶街巷有马,阡陌之闲成羣,而乘字牝者傧而不得聚会。守闾阎者食粱肉,为吏者长子孙,居官者以为姓号。故人人自爱而重犯法,先行义而后绌耻辱焉。"只是我们的中央政府一定要警惕司马迁在 2000 年前的警告"当此之时,网疏而民富,役财骄溢,或至兼并豪党之徒,以武断于乡曲。宗室有土公卿大夫以下,争于奢侈,室庐舆服僭于上,无限度。物盛而衰,固其变也。"

从传说中的"盘古开天辟地"到现代,正是一会 12 运之半,子会至午会 64800 年,这正是清末王凤仪先生为父亲守坟百日悟道后所说的"64800 年的事我都知道"的原因。① 以上所述可略知为什么说"《皇极经世》是以天道质于人事的经典",运势相应,卦象相应,伦理相应,道德相应,一切一一相应。邵子云:"学以人事为大","天下将治,则人必尚义也。天下将乱,则人必尚利也。尚义,则谦让之风行焉;尚利,则攘夺之风行焉。"由此进一步可知,不知易象数理者难为经济,不明义利合一者于经济为难。

李一忻先生在点校《皇极经世》的"出版缘起"中评价,"《皇极经世》凡十二卷,其一之二则总元会运世之数,《易》所谓天地之数也。三之四以会经运列世数,与甲子下纪帝尧至于五代历年表,以见天下离合治乱之迹,以天时而验人

○ 且待十年后,本书是烧是存,无需争论。

---

① 王凤仪:《王凤仪讲人生》,中国华侨出版社 2009 年 6 月第 1 版,第 149 页。

事者也。五之六以运经世列世数，甲子下纪帝尧至于五代，《书》《传》所载兴废治乱、得失邪正之迹，以人事而验天时也。自七之十则以阴阳刚柔之数，穷律吕声音之数。以律吕声音之数，穷动植飞走之数。《易》所谓万物之数也。其十一至十二则论《皇极经世》之所以为书，穷日月星辰飞走动植之数，以尽天地万物之理；述皇帝王伯之事，以明大中至正之道。阴阳之消长，古今之治乱，邵子尽之矣。故书谓之《皇极经世》，篇谓之《观物篇》焉。"[①]

邵子的学问是中国独有的"易数"学，从"数"中来探究这个世界和宇宙的"象"，这是邵子被划为"象数派"的原因。但是划派的做法显示划派者内心自格，于"义理"不能贯通，于"象数"不能彻悟。无论是"象数"还是"义理"，都是阐明述事物发展变化及其结果的手段，就像邓小平说"计划"和"市场"都是手段一样。能够通过现象直接"看到"事物发展轨道，和从文化逻辑上去分析事物发展规律，在《易经》的角度说是"殊途同归"。

四、内证、贯通和解行相应的研究态度与方法

"一花一世界，一叶一时空"。认识世界的根本方法是认识自己的内心本性，改造世界的根本方法是改变自己的内心。为什么那么多人见到苹果落地，只有牛顿意识到"万有引力定律"？为什么我们每一个人每天面对物质、时间、空间，只有爱因斯坦建立了相对论？所以，当你自己面对一件事物不能"格物"出真理时，还是收起自以为是的嘲笑，反省自己的疏忽吧。

从岐黄之术与精光大道开始，易学、道学、儒学、理学、心学，中国的文化学术全是贯通的方法，全是一通百通的学问路径，绝不是今天管中窥豹式的"科学"，但是他们绝对又是真正的科学，虽然形式上格格不入，但是本质上与今天的真正的科学一理贯通。如果不能互相印证，是自己没有领悟。我们用相对论解释天人本一、德财相应就是例证。

以中国文化的"数理模型预测"，从1984年到2103年中国仍在午会十二运之内。谱写盛世华章，并非天上掉馅饼，守株待兔。如果个人选择的方法和路径错误，大晴天也会走入水沟里。这是关乎个人命运的"经济学选择"，乘上哪一条船，踏上哪一条道路，"机会成本"是再回首时的"百年身"。您，赌得起吗？

---

① ［宋］邵雍（王从心整理，李一忻点校）：《皇极经世》，九州出版社2003年9月第1版。

第五章 中国经典经济学基本理论对经济现象的解构

> 何期自性，能生万法。
> ——慧能
>
> In life the one becomes many.
> ——Tagore[①]

第一节 心理意识、行为方式和经济现象

人们的心理意识是决定世界状况的根本原因。人从自性中"无中生有"地生出一个念头，不论叫什么，思想、意识、冲动、欲望，叫什么都

---

① 在生命里一化万象。——泰戈尔

可以，都是《宗镜录》所说的"觉海湛寂、忽起动心"的一念，然后变现为人类行为（human behavior）[①]，进而连接成为社会万象，当然从经济的角度看，都是经济现象，就像任何活体器官都离不开血液一样。

不论社会秩序还是自然环境，都有赖于每个人的当下一念，经济现象也是如此。人自己的心理意识决定了自己的社会环境，面对混乱不堪的全球经济的走势，其实是人自己面对着自己混乱不堪的心灵，和自己决定的运势，当然认识这一点需要中国传统意义上的"自觉"，需要回光返照的功夫。世界是呈现在我们自己心灵镜子中的影像，而我们自己就是导演。呈现在我们眼中的景象，就是我们自己的心灵状况。改变心灵，就改变着世界。这就是世界的真相，这就是经济现象的真相，在中国经典里的表达为"依报随着正报转"。

○ 政府若有"明白人"，则人民有福。

2008年世界金融危机，中国为什么有惊无险？因为中国的"心"（君主之官，神明出焉）也就是政府有坚定的信心，国务院总理温家宝说"信心比黄金更宝贵"，政府"主明"，则"天下大安"，所以中国可以有惊无险。问题永远会有，站着说话不知道腰疼的人永远会有，不当家不知柴米贵的人永远会有，但是几句料峭春寒就可以阻挡"春风又绿江南岸"的脚步吗？中国政府之所以在全球金融危机之际，依然设定GDP 8%的增长目标并不惜一切代价兑现，就是要激发人们

[①] 西方经济学奥地利学派大师米塞斯非要强调叫作"人类行动"（human action），因为"有意识的行动"和"下意识的行为"不同。其实那也是心生万法的虚幻构想，是他自己心中的分别意识。

的信念。无数医学案例表明,信心可以活人,沮丧可以死人。人同此心,心同此理,国家也不例外。20世纪80年代,日本遭遇了股市和楼市双重泡沫破灭的打击,经济一蹶不振,主要原因是日本人没有信心,日本政府没有信心,又听从了西方经济学"市场有效、自动调节"的谎言,对市场袖手旁观或者救治不力。归根结底,是政府不明。不明则昧,昧则必受其惑,作为国家君主之官的政府,神明不出,国家经济怎能不祸?

《黄帝内经》强调"主明",曾子《大学》强调"明明德",子思《中庸》强调"自诚明,自明诚"。那么"明德"是什么?"明理"是明哪个"理"?

一、伦理、心理和生理

人们的眼光习惯了外观国家天下,常常忽视了反其道而行之内观万物的本原,以致于不能正确认识世界:经济现象是人类行为构成的,人类行为起源于心理动机,起心动念来自于本性。南怀瑾先生说"生理与心理是互为因果的。"① 索罗斯提出处理思维与现实关系的"反射论"的理论内涵与此相类似,即市场参与者的看法影响事件发展,事件发展又对参与者的看法产生影响,影响是连续和循环的。其实他悟到的是现代科学七大定律之一的因果律。在因果循环的圈中,必须有一个关键,使行驶的经济列车按照"正确"的方向运行,而不至于自由放任。无视"出轨"的危险,直到跌得面目全非再去救援,"乱已成而后治之,不亦晚乎"!市场和政府对于经济发展和资源配置的意义是一样的,决定他们表现的关键是人。是人的思想和性格决定了政府行为和市场行为。人集中了天时和地利的一切因素,包括《皇极经世》所推衍的运势,因为"非其人不遇",没有任何一物不是"应运而生"。政府行为决定于政治,政治决定于政治理念。政治本来是"天下为公",崇高而伟大,是人性丑陋的一面使其声名狼藉;经济本身崇高而伟大,是人性贪婪的一面使其冷酷无情。决定这一切的是人性心理,而决定人心理状况的,是伦理文化观念。所以经济学的根本学问在于"心性理学",在于自然伦理的学问。与其努力观察认识市场,不如静静地关照自己的心性。明白了自己,就能够明

---

① 南怀瑾:《南怀瑾选集》第7卷,复旦大学出版社2003年7月第1版,第364页。

白所有人，明白所有人的性识无定，就能够明白作为人性大海的市场波动。人的心里平和安宁，市场就安宁、稳定、有序，"繁荣"就不是躁动和喧嚣。如果政策不能使百姓安居乐业，大家为住房、就业、医疗、教育等前途未卜的事而忧心忡忡，则市场如海上波涛，汹涌澎湃。

所以，经济现象是大众心理的外化，每一个人的心理都对市场的状况有相应的"贡献"，可以随时对整个经济现象（也就是市场了）形成决定性"贡献"的力量是政府，所以政府绝不可以轻举妄动，尤其是大国政府，要"如烹小鲜"。孔子说："君子不重则不威""过则勿惮改。"除了政府之外，在特定的情况下，经济现象本身也会形成决定性的贡献力量，就是整个市场突然发生"共振"。在《预知社会——群体行为的内在法则》（critical mass）一书的后记中，鲍尔通过观众鼓掌的规律来说明"不管我们如何了解个人的动机，一旦个人汇为组群，就可能出现意想不到的结果"：每个人按照自己的节奏鼓掌，千百人混成一片噪声，但是过一会就会在没有任何人示意的情况下转变为大家步调一致的鼓掌，成为有节奏的律动。然后噪声会和律动交替出现，"它就是事实"。①

要想求得经济发展的规律和秩序，必要首先谋求心理的规律和秩序，而心理"性识不定"，大家只有共同遵守伦理。即使共同遵守伦理，也会出现谢幕鼓掌的情况，一会儿混乱躁动，一会儿整齐律动，而市场和政府的行为都在其中，互为因果，犹如心理影响生理，生理也影响心理一样。惟有证悟自然伦理，依道而行，才能身心调适。

哈耶克著作《感觉的秩序》探讨心理的秩序；马歇尔在《经济学原理》（第八版）中说影响人类心理的最深刻原因有两个，一是宗教的；二是经济的。但他没有把这个问题的本质揭示出来。影响心理最深刻的原因是伦理道德观念，它决定了经济、宗教和性心理。曾子《大学》中说"物格而后知至，知至而后意诚，意诚而后心正"，论述的就是生理、心理和伦理之间的关系。要想正心，首先要诚意，要诚意必须知至，要想知至必要格物。格物必须到自己身上，捉到王阳明所谓的"心中之贼"，才算是刀削自己的把儿，开始踏上正确的觉知之路。否则，那个觉性还是被自己埋藏在无明

---

① 菲利普·鲍尔（暴永宁译）：《预知社会——群体行为的内在法则》，当代中国出版社2007年11月第1版，第375页。

黑暗中。

人要想摆脱蒙昧，跳出宗教束缚和神秘主义的牢笼，彻底地认识自己的生命，必须亲身认识三个层次的自我，即身体的我、思想的我和自性的我。

身体的我，由眼、耳、鼻、舌、身、意构成，名为"六根"；未认识自性自我之前，人会产生内外之见，认为自身之我之外，还有一个外部世界，可以总结为色、声、香、味、触、法，名为"六尘"，六根与六尘相对，就起相应的知觉，名为"六识"，就是眼见色，耳闻声，鼻嗅香臭，舌尝味道，身体就是对外界环境的触觉，第六意识大脑起知觉和分别。所以意属知，身属觉，眼属见，耳属闻，鼻属嗅，舌属尝，这些就是见闻觉知的性能。这个本性人看不见，就以为没有。其实就像能量，其实是看不见的，但是把线路接好，打开开关，电能的作用就出现了。我们看到的是光，不是电能本身。现代物理学叫作能量转化，电能转化光能，其实是现象上的人为区分，能量本身虽然变化无穷，但是并没有区分。能量表现在中医发现的人体经络的情况也是这样，当人活着的时候，能量就像电经过电线传导一样，在人体的经络中运行。一旦能量不再了，也就是人死了，再找经络的作用是找不到的。所以，以尸体的解剖来验证经络的有无是非常可笑的想法。电在支持机器工作时也不是没有了，是能量转化了，能量的转化和守恒是宇宙间的基本物理定律。而人的生命现象也不例外，人体生命的性能就如电能、光能一样是能量的形式，处于永恒的转化过程中，是"不死的"。

现在能够阅读这段文字的，是"你"在看，"我"在说，可是究竟是哪个你在看呢？把什么称作你呢？把身体称作你，还是把思想称作你？其实身体只是你居住的房子，本来的知觉性能离开身体后，你的身体就不会阅读文字了；而思想也不是你，因为思想是外界客观环境在人脑中的反映，也就是前面说的六尘与六根相对起六识成为十八界的思想，"无所有，毕竟空，不可得"。身体不是究竟的你，思想也不是究竟的你，那么究竟谁是你呢？就在这疑问的当下，能所双亡的时候，就是能见的根和所见的尘双亡的时刻（其他五根和五尘"亦复如是"），回光自照，就了知这个无相的知觉本性。虽然无相可见，但是它有无尽的功能，能生一切相。但是这个过程必须每个人自身亲身实证到，才能够得真实受用。如果提高修养的功夫到了，所谓功到自然成，没有了妄想，没有了分别，没有了执着，前念已过，后念未起的真空时，一丝一毫挂碍没有,一尘不染(就是六尘在六根这个山谷叫不响时),但是了了分明,非同木石,这个"了了分明"就是我们的知觉性,就是我们无所不能的性能,就是我们的本来面目,就是人生宇宙的本性。

○ 自己决定自己的财富数量。

既然一切境遇是自己造成的,那么自己的财富多少也就是由自己决定的。如果自己穷苦困顿,不要怨天尤人,那是自己造成的。春不种则秋不收,到了秋天时看到他们收获满满,要反思自己春天的所作所为。家财亿万,到临死时一分钱也带不走,留给子孙,多半是祸害子孙。"积德胜积金",积德给子孙,将来子孙的造诣和境遇都很好。积财给子孙,由于多半不知道钱财来得不易,很快就会败光。以前上海银楼的小老板叫杨经武,乱花钱,把他父亲留给他的整座银楼都花光了,最后自己成了瘪三,冻死在马路边。古往今来这类例子不胜枚举。人间一再演出这种教育真人秀,为什么还是有那么多的人执迷不悟呢?

"我们的思想,起心动念是没有发出来的行为,一切的行动是思想的发挥。"[①] 心地是生财的根本土壤。心念是生财的根本枢纽,也是市场波动的根源,任何行为的起点都是心中一念,任何成功的起点都是心中的一个构想,任何一件伟大事业的起点都是心中的一个理念。任何好的构想,必须依靠现实的途径实现。不要指望天上掉馅饼,那些运气极好的人,其实也都付出了真实真诚的努力。如果能够认识到人生的本质,清楚各有各的前因,一切是自己的心识摇动的结果,就会理

---

① 南怀瑾:《南怀瑾选集》第 7 卷,复旦大学出版社 2003 年 7 月第 1 版,第 367 页。

通法明，反求诸己，德行具足自然财运丰足。

生理、心理和伦理不能分开来认识，分开来就是"日凿一窍"，五官七窍都有了，但是"般若无知，无所不知"的浑沌就死掉了。浑沌就是"自他不二，能所双亡"的"心"。对于中国传统上这种体悟式获得真理的方式，在现代常常受到非议，怀疑其客观性、真实性，对人类本性的他利认识将信将疑。那么我们再看看现代科学的论据：美国一家心理学杂志发表了一个大型心理问卷的调查结果，发现经常帮助别人的人明显比不乐于助人的人快乐。而且不仅仅人类如此，研究发现在灵长目动物中都有一种利他的本性。[①] 西方局部分析式的科学研究方法经常有这样"一叶障目、不见泰山"结论，如同管中窥豹，如同盲人摸象，科学报告条理分明，数据确凿，殊不知结论往往是与整体的真相相去甚远。当他们截取生物基因中"他利"的基因序列，就"发现"生物是他利的；当他们截取某段基因显示是决定自私行为的，就"结论"说人天生具有自私的基因，所以人类就是自私的物种，干点自私自利的坏事也是情有可原的；当他们发现基因中有慈爱的序列，就说人天生是仁慈的；当发现导致暴躁情绪的基因，就说人天生是暴躁的，又为人是从动物进化而来提供"新的证据"。请大家注意，所有这些局部的"发现"、"结论"和"证据"，都是不完整的认识。当我们"以子之矛，攻子之盾"，为之奈何？例如，前面提到美国芝加哥大学的研究报告显示，人的大脑中有1后面1500万个0那么多的节点，依照上述提到基因截取的研究方法下结论，每一个节点对应着一个结论，那么科学报告是不是要写至少1后面1500万个0那么多？所以，理解中国经典说的人的本性一切具足是至关重要的"科学假设"。

不懂得人性伦理的学者，不会懂得经济学。人们为什么喜欢蓝色的电扇而不喜欢黑色？小孩子为什么"我就喜欢"麦当劳或者肯德基？我的很多同事为什么就是喜欢打扑克或者搓麻将？曹仁超先生为什么就喜欢投资而对其他一概没有兴趣？制度经济学也好，心理经济学也好，行为经济学也好，实验经济学也好，都不能给出彻底的解释。因为这是属于自性伦理经济学层次的问题，只有中国经典才给出了透彻解说人性的答案。要想彻底解释经济现

[①] 转引自李慧、李彦舟释评：《素书》，经济日报出版社2009年1月第1版第56页。

象，就必须了解自然的本质、生命的本质，才会"自知"，才会"知人"，才会知道自己为什么有这样的习性，才会知道他人为什么有那样的习惯，才会知道每个人的财富之因与行为之果。

生理、心理和伦理三位一体。伦理是伦常之理，是天道，是天理，是自然之理，是自然之道，是自然秩序，是天之文、地之文和人之文的文化总结；心理是生物对伦理认知程度的反映，完全认知了"天道伦理"，则心理与伦理化合为一，我们称之为"圣人"，称为"天人合一"，孔子70岁达到这样的境界，"从心所欲不逾矩"，心理活动完全符合伦理规范。而人的心理又与其生理息息相关，有什么样的心理就有什么样的生理（心理对身体的改变，可以从生理的现象和改变上看出来）；生理的状态反映心理的境界。生理与心理构成"阴""阳"两个方面，阳主阴从，心理是第一位的，心能转物。

以德治国者，就是推行伦理教化，若万民心理与伦理化合为一，则天下垂拱而治，即老子所言"无为而治"者；其次，若人的心理不能与伦理化合，参差不齐，境界千差万别，良莠不齐，为了社会稳定和秩序，就只好制定"礼数"，规范人的行为，至少外表行为要合礼数，没有规矩不成方圆，用礼把天下万民百姓规范到一个合理的范围内，不至于有人形而无人心；无道无德，仁义不具，礼数不拘，不知上德，不识真妄，不考前因，不思治本，头痛医头，脚痛医脚，"临症欲加"，开膛破肚，针石俱下，以为去了病灶，其实毁其精气元神，损其天年，贻害无穷，是为下医，药王所谓"含灵巨贼"也。

○ 经济学之究竟，究竟在哪里？

亘古以来，一切学人，认识上种种颠倒，不能得到究竟的认识，执着风声云影，欲成永久的雕刻，都是由于不知道二种根本因素。一是不知人与世界生灭变换的根本，用随波动荡、与风飘拂的攀缘心理理解世界，并且误认为是万物的本质；二是不知亘古以来每个人都具备"元清净体"的伦理自性德能，妄生心理意识，演化行为，幻上加幻，互生影响，互生纠结，互为因果，执着心理幻识和生理幻行，以为有确切实在，遗弃本明，虽然终日行为，而不自觉，白白浪费心神于各种现象，疲苦不堪。若不把人类的心理、生理作用的伦理根源找到，若不把身心、物理、精神相互关系理清，欲求经济学之究竟，无异于痴心妄想。

二、道法自然、自生秩序和经济制度

道法自然的就是伦理，是清静无为，是无所住而生其心的行为轨道，也必然符合中庸之道；自生秩序的首要表现在于心理，自性不起心理意识，空明一片，无物无数无秩序，是"纯净纯善的浑沌"；经济制度是心理、生理行为在社会上的动态联结秩序。如果三者合一，就是达到自然，生生不息。

中庸之道不是静止的"老好人""和稀泥"，是活泼泼的得体而妙用的处事表现，就是孔子所说的"随心所欲不逾矩"；无为不是消极，不是什么都不做，无为是当为则为，为也是顺天应时，是智、勇、仁三位一体，智足以明道，勇足以决断，仁足以无我、忘我、舍我，不因贪功伐善而有心谋事，不因患得患失而优柔寡断；无为是无不为，是"无所住而生其心"；无所住而生其心是"物来则应，过去不留"。如何应对呢？"法于阴阳，合于术数"；法无定法，却无不与自然规律相符合，是谓"为无为"。我们会在第九章结合中国经济改革30年的评价和未来道路选择再做说明。总之一句话，就是了解自然规律并且遵循自然规律办事，而不是抱有"我见"执意为之，刻意为之，有意为之，只在现象事物来时临机应对，而不是抱有一己成见"有我"为之，事物过去，不再牵挂；事物未来，不去妄想；当下了了分明，无着无染；三者做到是为"心空"。

应用到经济事务管理的经济制度上，就是任何组织不能凭借被赋予的权力妄动"管理"，而是要顺势疏导，因势利导。难处在于对事物的判断，如何做到没有成见，客观、恰到好处。所以理想的政府是主明、为无为而中庸的政府，当管则管，不越位也不缺位，素位而行，不越雷池一步。众多学者把亚当·斯密描述的理想政府说成是"小政府"是不合适的，因为会引起误解（事实上已经发生了误解）认为政府职能越小越好，往往把政府该管的事，特别是在市场闹出危机时采取的措施说成是"国家干预"，误导了社会大众。其实，是经济学者没有把社会的经济运行说清楚，或者说是有关国运民生的错误认识导致的必然结果，使世界经济在过去的一百年里危机时现，影响深远。

经济制度的界定最早可溯及凡勃伦在 1899 年出版的《有闲阶级论》一书，"制度实质上就是个人或社会对有关的某些关系或某些作用的一般思想习惯；而生活方式所构成的是在某一时期或社会发展的某一阶段通行的制度的综合，因此从心理学方面来说，可以概括地把它说成是一种流行的精神态度或流行的生活理论"①。新制度经济学中用以表达"制度"的基础专有名词在英文中的表述为：Institution、Structure、Regulation、Custom、Habit、Moral 等。新制度经济学派代表学者诺斯的界定为，"制度是一系列被制定出来的规则、守法秩序和行为道德、伦理规范，它旨在约束主体福利或效应最大化利益的个人行为。"② "制度是一个社会的游戏规则，更规范地说，它们是为决定人们的相互关系而认为设定的一些制约。"③ 即诺斯认为制度是多种社会规则，是人们所创造的用以限制人们相互交往而不至于悖越常理的行为框架。他把制度分为 formal 规则（如宪法、产权、制度和合同）和 informal 规则（如规范和习俗等）。④ 青木昌彦在《比较制度分析》一书中给出的界定是"制度是关于博弈如何进行的共有信念的一个自我维系系统。制度的本质是对均衡博弈路径显著和固定特征的一种浓缩性表征，该表征被相关域几乎所有参与人所感知，认为是与他们策略决策相关的。这样，制度就以一种自我实施的方式制约着参与人的策略互动，并反过来又被他们在连续变化的环境下的实际决策不断再生产出来"⑤。

总结而言，西方经济学论述的经济"制度"在人们头脑中大致有如下几

---

① 凡勃伦：《有闲阶级论》，商务印书馆 1964 年版，第 139 页。
② 诺斯：《经济史中的结构与变迁》，上海三联书店 1994 年版，第 226 页。
③ 诺斯：《制度、制度变迁与经济绩效》，上海三联书店 1994 年版，第 3 页。
④ 卢现祥：《西方新制度经济学》，中国发展出版社 2003 年第 2 版，第 34 页。
⑤ 青木昌彦：《比较制度分析》，上海远东出版社 2001 年版，第 28 页。

种面貌：(1) 作为法律的制度，都是以成文法的形式出现；(2) 作为道德的制度，成文、不成文的形式皆有；(3) 作为风俗的制度，通常是不成文的，或者叫"习俗"，但是"习惯"不是制度，习惯是个人的概念；(4) 体现心理的制度；(5) 体现伦理的制度。

经济制度的起源是自然秩序生发的结果，由于人们现在习惯了国家的存在，视之当然，熟视无睹，往往缺乏对国家产生前的状态的考察，容易"倒果为因"。生命起源在人类所定义的"文明"之前，按照钱穆"器物与制度皆是文明"的判断，人类的文明应该起源于器物的生产制造，然后才有"文化"，又然后才有"明文规定"的制度等"精神文明"。"物质文明"起源后，"东方有圣人出焉，西方有圣人出焉"，"观乎天文以察时变；观乎人文以化成天下"，于是"文化"产生了。人类的文明进入较高级的阶段。在文明产生、文化发萌之中，有一个极重要的现象需要思考：人类为什么必须群居组成社会？为什么"男耕女织"？文明产生几万年后的人类终于有了一种叫作"西方经济学"的答案：群居可以使人类得到分工与专业化的好处。马克思认为每一次社会大分工都意味着人类生产力得到一次飞跃式的提高。对分工与专业化的研究，导致了西方经济学的产生；其实分工与专业化是一个硬币的两面，更"对称"的表达应该是"分工"与"合作"。分工与合作也同样是"一"不是"二"，二者皆因对方的定义而产生，就像"光明"与"黑暗"。根据费孝通的研究，最初，男耕女织的分工建立在男女生命生理天然的差别基础上，合作建立在人类的婚姻家庭关系基础上。当分工与合作的范围超出"二人世界"后，规范分工与合作的"制度"是怎么形成的？自然演化的结果。这里的"制度"是范围极广的概念，它包含"部落""酋长""氏族""国家""法律""婚姻"等一切要求"秩序"的概念。正如亨利·亚当斯说"混沌是自然的法则，而秩序是人类的追求"。所以人类社会道法自然的结果有自然秩序或者自生秩序的认识与建立，而自生秩序会导致经济制度的建立。在这一切"制度"中，"国家"这种制度的建立最为重要，成为现今人类社会组织的最主要的分工与合作制度。国家经济制度就犹如国家肌体的气血经络运行制度，决定着国家的强弱兴衰。

在国家经济制度中，市场是政府的市场，政府是市场的政府，彼此相互依存，没有了一方另一方就不存在，就像生长在人体内的器官，自然如此，缺一不可。政府不是干预经济或者干预市场，政府本身就是市场存在发展的依存条件，双方共同良好运行才能国泰民安。问题的关键在于政府的本质功能也不是人为设计的结果，和市场一样，仍然是自然生发出来的规则或者秩序的一种形态。人为的政体设计可以在制度表象上不同，但是根本的功能不因君主制而减少，不因民主制而增多。中国古代的阴阳理论可以很精致地阐述政府和市场的关系：孤阴不生，独阳不长，阳主阴从，阴阳平衡。只有市场没有政府，最终没有市场；只有政府没有市场，政府将难以为继；二者之中，政府是主导力量，随时可以左右市场的规模、运行状态，但是如果政府过于强大，例如高度集权的中央计划经济，就会使市场萎靡乃至消亡；相反，市场过于强大而政府羸弱，将导致"次贷危机""金融危机"乃至"经济崩溃"，最终拖垮政府。市场也自然会生发出类似政府这种管理协调组织，如"行会""商会""联盟"等。"同志相得，同智相谋，同类相依，同道相成"。

"自生秩序"是道法自然的西方学术表达，是自然而来的规则和制度，中国就是"道法自然"，明天道以奉人事。在《感觉的秩序》一书中，哈耶克奠定了其个人思想体系的论证基础①，他指出秩序是人类行为自然或者自发形成，而不是出自人为的创设。所以哈耶克会提出中央计划的人为设计会导致"通往奴役之路"的观点，自然会提出自由其实是建立在自律基础上的观点。如果法律不能保护这种自由，就是失职，就是"缺位"；如果限制了这种自由，就是过了头，干预了自由。同理，在自由市场经济中，自发秩序（不论体现为市场还是体现为政府）都应该得到保护和尊重。这是当下所谓"演化社会理论"的依据和来源。这些自以为"前沿"的理论，其实是在炒最古老议题的冷饭。本书在上文中已阐释了，中国的智慧早已经圆满地解释了社会演化的运行规律。无论是把哈耶克的主旨观点翻译为"自生秩序"还是"自发秩序"，这个秩序总要"生"，总要"发"，都是自然秩序。

三、经典经济学的层级结构

诺贝尔文学奖得主英国作家吉普林说，如果一个人只知道英国，那么他

---

① 林毓生先生 2008 年 5 月东北财经大学学术演讲记录。

对英国又能够知道多少呢？同样的，如果一个人只懂得"经济"，那么他对经济又能够懂得多少呢？大道至简，深刻到极处就是"常识"。经济一事，看似千变万化，其实只是人性的物质反映。人性伦理的展开就是物理世界。根据上文所阐释的伦理、心理和生理物质世界的三层次认识，有与之相应的道法自然、感觉的自生秩序和无处不在的经济制度三个层次，从而也决定了经济学因为对人性体悟的程度不同而分为三层结构：研究表象关系的制度经济学、研究心理动机的行为经济学和认识自性的伦理经济学。

本书所谓的"中国经典经济学"是贯通三层的经济学。没有深入中国经藏的读者，恐怕难以理解自性伦理经济学的所指。比心理更深一层次的认识，不是第六意识可以思维到的现象。未经内证的人对自我的认知停留在心理阶段，心理之后的本质能量就不得而知了。我们可以顺次追问：研究经济问题，就要研究经济关系；构成经济现象的行为决定于当事人的心理，但是人类的心理从哪里来的呢？一个人为什么会产生思想意识和观念？中国经典揭示，心理来源于自性，而自性是和宇宙万物贯通的同一本源，只有进入到最本质的自性层次，才能彻底圆融地解释人类的心理、行为是如何影响财富的变迁与经济的演化的。

财富的自性具足原理可以生成财富的心理变现法则，财富的心理变现法则可以成为财富变现的行为规范，由自性而心理，再由心理而行为，由内而外，由本质到现象，经济学的分析与层次，可以井然有序。

上乘的经济学，是自性伦理经济学。由于人不识自性，不明了自他不二的宇宙真相，就会产生人我分别，总要找一个"对立"好让自己有目标对着干，或者在心理创造出一个"偶像"好让自己心灵有依靠，通过膜拜来让自己心安。所以禅宗五祖宏忍大师夜半印心传法时告诉六祖："不识本心，修法无益"。自性一动，就起分别，随之而来的就是人我是非和争名夺利，永无宁日。所以最上乘的经济学，是自性经济学，通过般若智慧的圆满成就，不但从此身心安乐，一切具足，而且一切所需随愿而来，无心而得，不求而得，不思而得。需要时，需要多少就来多少。本来就如此的，不要想象得神秘。因为感应而来，既不需要上香，也不需要磕头，一下子就来了。若没有真实的内证体验，不会认识到有这样的自性经济学的存在。如果读者能够仔细阅读中国的历史经典，慧眼旁观，必定会印证这一点。如果自己立即开始施行中国经典经济学揭示的原理，必定会获得自己的实验印证。这样的实验体验，只要有一次，就会乐此不疲。不但在谋求物质财富是这样，其他事物也这样，例如，如果心念一动需要某一本书，这本书很快就有人送来，通常不会超过7天。特别难找的古籍，时间可能长一些，但是也一定会得到。到了这个境界，就是孔子所说的"从心所欲不逾矩"，就是起心动念全部合乎道德要求，没有货利为己的私心。结果的速度和高度直接决定于当事人的德行积累、至诚程度和心态平和的境界，二者成正比。

中等的经济学，是反求诸己的经济学，有心求而得。求当官、求功名、求富贵、求生儿生女，皆可以如理如法地修德而得。春秋时期的范蠡，白圭，明代的袁了凡先生就是这一经济学的实践者。

下等的经济学，是争而得的经济学。不知自性，不识伦理相应，不知物质决定时空的含义其实是就是自己的存在决定了自己的一切：出生、运气、机会、关系、职业，就会浅而短，昧而争，因身命而伤慧命。

综合上面的划分和现代西方经济学概念，我们可以这样理解：

1. 争而得的经济学，解释真实经济现象的法律制度关系，是本土经济学的"新制度经济学"，在本质上已经不是中国经典经济学所指，作为表层的"特例"存在；

2. 从心求己的经济学，分析经济行为的心理根源，是本土经济学的"行为经济学"，在本质上是大部分人所能达到的中国经典经济学所期望的境界，作为最多的"常态"存在；

3. 自性伦理经济学，体悟经济心理的自性真相，超越第六意识的束缚，超越吉凶悔吝的对立，在本质上是所有人最终要达到的中国经典经济学所期望的境界，作为最高的"理想"存在。

第二节　经济现象的"体相用因果缘事理"八个方面

"中国本土经济学"要从中文的文言文语境理解，不能从任何其他翻译的文字去理解，例如不能从英文"Economics"之译文"经济学"去理解。今人提到"经济学"其实质是英文所谓"Economics"之意。"经济"一词在中国，除了今天大众"熟悉"的经济学之"经济"涵义以外，实际上包含了使整个社会和谐、富足、安定的理念和致用韬略。

俗语说"人为财死，鸟为食亡"，单为钱财不惜铤而走险者千古不绝。然而这种担心，正像鲧以堵法治水，未能识得事物的本性，以至于事倍功半，不得要领。禹之治水，得水之道，以疏导的方法率水之性，成就绝世之功。毛泽东主席说"人民是有不足的"①，必要教化以正确的财富观，了解经济现象的"体相用因果缘事理"八个方面，疏导民众逐利之大潮进入合乎伦理的渠道，才能国泰民安。

○《礼记》中说："建国君民，教学为先"。没有正确的财富来源观，没有正确的经济学教学，人民的"不足"是会泛滥的。我们今天已经看到了泛滥的场景。

一、本体、现相和功用

中国的经典文化就是体相用和谐贯通的文化。邵子在《皇极经世》中说："皇帝王伯者，《易》之体也；虞夏周商者，书之体也；文武周召，《诗》之体也；秦晋齐楚者，《春秋》之体也；意言象数者，《易》之用也。仁义礼智者，《书》之用也。性情形体者，《诗》之用也。圣贤才术者，《春秋》之用也。"②

前文所述的"道德仁义礼智信勇强和"十者一体，其实质是"固本培元、本末兼修"之义。

---

① 毛泽东：《在延安文艺座谈会上的讲话》，人民出版社1991年第2版。
② ［宋］邵康节：《皇极经世》，九州出版社2003年9月第1版，第373页。

粗略分之，道德仁义是"本"，是"体"，"礼智信勇强"是"相"，和是"功用"。本质上，体、相、用并不可分，离相觅本，犹如寻兔角。每一位明德自诚的圣贤所主张的学说，都具备体相圆融的特征，因为学说实质上是人自己生命形态和境界的显现，生命的实质没有彻底领悟和证通，在学理认识上就不会通达无碍。孔子说的"仁义礼智信"，仁义为本，礼智信为用，体用圆融；黄石公《素书》说"道德仁义礼，五者一体"，道德仁义为本，礼为用，体用一如。刘力红教授在《思考中医》中也说，经典与后世不同学说流派的关系，就是一个体用关系。经典为体，后世学说为用。①

如果不懂得经济文化的伦理之本体，必在现相和功用上悖逆天理国法，自惹殃祸。古往今来，因不明此理，贪鄙搜刮、坑蒙拐骗于前，银铛入狱、众叛亲离于后者，如过江之鲫，前赴后继，实在是可悲可怜！古代称财富经济为"食货"，而"货"者，观其音有两端：可因善而"获"，亦可因恶而"祸"。收获若非善因，必转祸端。今取当世案例，因近在眼前，冀望闻者如听黄钟大吕，自起警戒防范之心。

根据王荣利律师在《2009 年中国企业家犯罪报告》中的统计，2009 年有近百例企业家涉嫌刑事犯罪，34 人人均涉案金额过亿元。他认为，"犯罪报告"中所选案件，基本上可以反映当年中国企业家犯罪案件的概况。不管是"国企"，还是"民营"，这些涉案企业家大都曾得到过很高的政治地位和荣誉。例如陈同海曾任中央候补委员；康日新曾任中纪委委员；李经纬、张家岭、陈鹏飞曾经担任全国人大代表；张春江曾担任全国政协委员。在已确定犯罪罪名的 34 名涉案国企企业家中，涉嫌受贿罪的有 28 名，涉嫌贪污罪的有 16 名，涉嫌挪用公款罪的有 8 名，涉嫌其他犯罪罪名的有 8 人。而他们的涉案金额令人触目惊心：基本查明犯罪涉案金额累计达 34.0466 亿元，人均涉案金额高达 1 亿多元；其中涉及贪污、受贿的国企企业家 30 人共计贪污、受贿 9.3273 亿元，人均贪污、受贿 3109 万元；涉及挪用公款的国企企业家 9 人累计挪用公款 12.9387 亿元，人均挪用公款 1.4376 亿元；张家岭、王先龙、王洪生 3 人分别给国家造成 8.42 亿元、1.4 亿元、3.1 亿元的巨大经济损失，3 人合计造成经济损失高达 12.9246 亿元。22 名富豪中 7 人被判死刑。

---

① 刘力红：《思考中医》，广西师范大学出版社 2006 年 6 月第 3 版，第 303 页。

第五章 中国经典经济学基本理论对经济现象的解构

如果以金钱而论,在49名涉案民营企业家中,身价逾亿元或者涉案金额逾亿元的"落马富豪"多达36人以上。他们之中有曾任全国人大代表、河南省镇平县政协副主席的吴天喜;有曾任全国人大代表的安徽企业家王吉鹏;有曾任全国政协委员、河北省人大代表的田文华;有曾任安徽省政协委员、阜阳市政协常委的曹春风;有曾任上海市政协委员的"慈善富豪"周小弟;有曾任上海市政协委员、上海市工商联副主席的周跃进;有曾任黑龙江省政协委员、哈尔滨市人大代表的王文襄;有曾任广东省阳春市政协委员、人大代表的林国钦;有曾为"国内首富"的黄光裕夫妇;有福布斯富豪、曾为"湖南首富"的吴志剑;有浙江"舟山首富"黄善年;有上海"公路大王"刘根山;有浙江80后"富姐"吴英;有曾获"最具社会责任感企业家"的王奉友;有曾获"中国改革十大新闻人物"的陈相贵;有曾获"中国房地产经纪风云人物"的刘益良;有被网友称为"史上最牛开发商"的向世全;有曾获"年度经济人物"的"资本狂人"顾雏军;有"铁本事件"主角戴国芳;有掏空"爱建系"的颜立燕;有传销13万人案值逾10亿元的施永兵,等等。

这些涉案企业家有夫妻(前国内首富黄光裕、杜鹃),有父子(前"湖南首富"吴志剑、吴耀均);有兄弟(联手集资诈骗的庄勋华、庄勋斌),也有"搭档"(曾同为国企高管的曾国新、黄旭明)。在已作出判决的21例民营企业家犯罪案件中,涉案22人中被判死刑的有7人;被判死缓的有1人;被判无期的有2人;被判20年徒刑的有1人;被判10~15年徒刑的有7人;被判5~9年徒刑的有3人。

不明经济伦理之大经大法,不明财因善增乃天经地义,则"货"者,祸也。所谓天网恢恢,疏而不漏,在所难逃。不是什么神奇的道理,是光天化日之下的公理。根据王凤仪先生所说"天不说话,人能说话"和"众人就是天"的道理,难道老百姓的"说道"不是天道吗?这个世界上最愚蠢的人就是认为别人愚蠢的人,以为神不知鬼不觉,以为自己可以瞒天过海,殊不知《素书》有言:"短莫短于苟得,幽莫幽于贪鄙""败莫败于多私"。不知体则不识大体,不识大体则乱用,乱用则相腐败。不要相信"人在河边走,哪有不湿鞋"的胡话,不要相信"贪污有利于经济发展"的昏话,观根知叶,从根本上断掉腐烂的心理,才能避免日后的追悔莫及。曾子曰:"富润屋,德润身",肤浅的经济学是"富"人的,精深的经济学是"救"人的。从自性本体上救人,一救万古。

二、前因、结果和缘起

前因与后果之间的枢纽,就是"缘起",缘起的决定,在于善恶一念之间。"守职而不废,处义而不回,见嫌而不苟免,见利而不苟得,此人之杰也。"纵有恶因,如果反躬自省,于当下一念开始转变心行,新生可得矣。老天不杀悔过之人,自古"浪子回头金不换","知错能改,善莫大焉"。"夫志心笃行之术:"长莫长于博谋,安莫安于忍辱;先莫先于修德,乐莫乐于好善,神莫神于至诚,明莫明于体物,吉莫吉于知足。"这是真正利益人生群伦的经济学。贪鄙苟得,无异于刀口噬血,岌岌可危。在生财的细枝末节上下尽功夫,或者在邪路上施展智能勇强,只会更迅速地奔向死亡。所以涉及经济的人(其实是世间的一切人)都应谨记《黄帝内经》中的忠告:"不治已病治未病,不治已乱治未乱",及至身陷囹圄悔之晚矣!早知如此,何必当初?一切行为是自己心行选择的结果,缘起的作用。到了山穷水尽的时候,即使想起怪罪宣扬"自利"、鼓吹"竞争"的西方经济学的教唆也无力回天了。想想看,中国的经典时时都在啊!不听教化听教唆,那就只好不得"收获"得"狱祸"了。一种财货,两种获(祸)得,还不是因为一念失足成千古恨!

走中道,得正信,真的那么难吗?为什么自投罗网的人前仆后继?究其根本就是没有正确的教育。没有正确的经济伦理教育。如果对于经济学的基本理念不从自利转向他利,如果不把经济伦理的真相揭示出来,如果不废除西方经济学在某些根本的方面污染学子的心灵,惩治经济腐败,真是可能"砍光中国的木材作棺材都不够"!需要提倡"治未病"的不仅仅是医学,经济学尤其要提倡"治未病"。道德敦化,垂拱而治,在中国的历史上实现过。为什么能够实现,人们都有信心。现在的问题就是满天下邪师说法,全是"道理谁都明白,可就是不做"。道理真明白了吗?其实大多数不明白,如果真明白,社会不是现在的样子,如果真明白,上面提到的那些曾经获得很高的政治地位、获得很多的经济财富的人就不会沦为阶下囚了,如果真明白,"你往那一站,我就知道了"。

作者写到这一页，读者看到这一页，就是"缘起"。何去何从，古往今来都是"悉听尊便"。

三、事件和道理

天人相应。有其事，即有其理。有其事不明其理，是智慧不够；有其理未见其事，是经验不足。事和理必有其象，必有其数。经济现象并不复杂，经济道理也不深奥，很多情况下是人处心积虑地搞复杂了。"心想事成"，想它复杂，它就复杂了，想它难以理解，它就难以理解了。一件一目了然的经济事件，像目前这样，体、相、用、因、果、缘、事、理八个方面分析过了，定数和变数都推演过了，也是搞复杂了。

第三节 伦理道德境界决定经济制度的交易费用

一、四种境界：合道、合德、合理和合法

从经济制度的形成来看，古往今来有以下四种情况：

第一种，不需要强制，人人自行其义，无不合道，天下无为而治。

第二种，君子协定，一诺千金，合道有德，仁心行事，天下为无为而治。

第三种，签订合约，照章办事，守信行义，谨守其礼，天下恪守礼义而治。

第四种，合约签而不履行，为私利伤天害理，无信无义。天下严刑立法而治。

不及第四种情况的，天下不可依常理而治。以暴治暴，虽非可取，各领所感而已。

这几种情况在各个时代都会有，没有绝对的划分，但是社会的性质取决于占优的那一种情况。经济运行的交易费用高低，可以根据制度是否合道、

合德、合理、合法来判断,在这四种境界中越往后制度费用越高。最上者合道,无为而治,自化化他,天下归心,黄帝、尧、舜、禹时期主要是这样。禹之后,到文王、武王、周公时,天下为家,帝降为王,为合德的时期,第一种和第二种占主要,天下合德。其他的中国历史阶段,进入现代以前,第一、第二、第三种都有,夹杂参半,合道、合德、合理、合法错乱交替,时好时坏,时分时合,好时合道合德至于汉文帝那个样子,坏时坏到秦二世那样无德、悖理和酷法刑民。好时国家天下大安,府库充盈,民众富足,国家无事,制度费用极低;坏时"法令滋彰,盗贼多有",制度费用高到必须改朝换代才能使社会运行下去。合道合德比例多些,该时代就兴盛,就太平;反之,就衰败,就动荡。现在是四种全有,而第一种极少,第四种极多,必待物极必反,乱到极处,返向大治。

欲明经济之道,首先要明白天理、道理、伦理、法理、情理之关系,由此知道人类社会历史发展的道德阶段、精神阶段和物质阶段的相互关系,从而了知社会的经济运行费用是否"经济",从而从公开的社会现象上就可以正确判断经济的走势和国家运势。

第一阶段:道德伦理为主的社会:天下为公,大同社会,画地为牢,夜不闭户,路不拾遗,交易成本趋近于零。先天之民,人心浑厚质朴,无非分私欲,胸中无交战,自然合道。三皇五帝尧舜禹,可以推位让国,以天下为念。是第一、第二种经济制度的运行情况。

第二阶段:宗法伦理社会:家族宗法伦理约束为主的社会,天下为家,为公为私人天交战。天下归自家所有,臣子多有功自矜,交易成本的表现形式为伦理信用下降,契约和法律的约束作用加强。

第三阶段:法律伦理社会:国家法令、法律约束为主的社会,天下为私。人各私其私,行为降为以不合天道伦理道德为主,纵有法律也敢铤而走险,贪赃枉法,巧取豪夺。

合道之人,性存天理,不思而得;合德之人,心存道理,求而有得;合理合法之人,身尽情理,劳而有得;否则劳而无功,劳而受怨,争而难得,争而不得。

唐太宗时,封德彝等对魏征认为"若圣哲施化,上下同心"持有异议,曰:"三代以后,人渐浇讹,故秦任法律,汉杂霸道,皆欲化而不能,岂能化而不欲？若信魏征所说，恐败乱国家。"魏征回答说："五帝、三王，不易人而化。行帝道则帝，行王道则王，在于当时所理，化之而已。考之载籍，可得而知。昔黄帝与蚩尤七十余战，其乱甚矣，既胜之后，便致太平。九黎乱德，颛顼征之，既克之后，不失其化。桀为乱虐，而汤放之，在汤之代，既致太平。纣为无道，武王伐之，成王之代，亦致太平。若言人渐浇讹，不及纯朴，至今应悉为鬼魅，宁可复得而教化耶？"

封德彝等人无言以对，但是仍然都认为"圣哲施化，上下同心"不可能实现。唐太宗却按照魏征所说力行不倦，数年间，海内康宁，突厥破灭，因谓群臣曰："贞观初，人皆异论，云当今必不可行帝道、王道，惟魏征劝我。既从其言，不过数载，遂得华夏安宁，远戎宾服。突厥自古以来常为中国勍敌，今酋长并带刀宿卫，部落皆袭衣冠。使我遂至于此，皆魏征之力也。"顾谓征曰："玉虽有美质，在于石间，不值良工琢磨，与瓦砾不别。若遇良工，即为万代之宝。朕虽无美质，为公所切磋，劳公约朕以仁义，弘朕以道德，使朕功业至此，公亦足为良工尔。"

人类社会本来是道德经济社会，人人自觉天道伦理，谦和礼让，和而不同，让而不争。领导人自守仁德，天下垂拱而治。唐太宗的亲身实践，几年之间国家康宁，经济强盛，证明了伦理道德可以使经济制度的交易费用趋近于零。

二、合约是对伦理的替代

《中庸》有言："子曰：'愚而好自用，贱而好自专，生乎今之世，反古之道：如此者，灾及其身者也。'非天子，不议礼，不制度，不考文。今天下车同轨，书同文，行同伦。虽有其位，苟无其德，不敢作礼乐焉；虽有其德，苟无其位，亦不敢作礼乐焉。"

五伦十义是中国古代社会的道德制度，其效率甚至强过法律；在伦理社会中，法律是对道德制度的补充；在法制社会中，伦理道德是法律的附庸。但是人只有符合了天道伦理才能够和人没有摩擦、和社会和谐、与环境和谐，所以法制社会中人们的安全感更弱、内心更乱、物质更丰富但是精神的幸福感更贫乏。

仁义礼智信中的"信"是市场中经济合约的履行基础。制定合约是为了双方守约，是"义"，"义"是伦理道德的表现，自然意味着"守信"，法律强力保护合约是为了保证经济交易中的人"守信"。信守合约，就是降低交易费用和制度费用的手段。能够信守合约的人就是讲求诚信之人。道德社会，交易费用为零；道德的人，自我监管，二六时中，皆在反省，君子慎独，如神明在头，不需要监管。这是老子所说"无为而治"的经济学实质。所以说制度合约是对道德缺失的替代。所以经济学一定是伦理经济学，合约是伦理的补充乃至替代，合约越发达的社会，越是道德状况下降的社会，但是好于既没有道德约束，又没有法制建设的社会。

有没有没有企业的市场？有没有没有市场的企业？答案要看如何定义企业和市场。企业是为了节约交易成本而缔结的合约。企业的本质是一系列已经缔结的合约。未有企业之前的家庭经济的本质是伦理的联结。伦理被合约替代，家族式企业就成为现代企业。西方经济学认为企业的交易成本（制度成本）随着企业规模的扩大而上升，当企业运行的交易成本大于当初为了节约市场信息成本的时候，就是企业的边界。可是，如果在企业的每一个联结点，合约被伦理替代，那么西方经济学的结论将被改写。通俗地说，以德治理企业，上下同心，企业的制度成本会趋近于零。

五伦十义是天然的社会化伦理，它保证了社会按照天道伦理运行。是文明社会的公共契约，是人伦的根本，是幸福的基石，是安全的保障。人能尽伦理，行本义，自然与天地合其德，与日月同光，与四时合其序，不知有道德伦理仁义的存在而自在道德伦理仁义之中。人人各行其道，和光同尘，不会起争执，天下自然无为而治。

当人智慧迷失，不知为人之义，就需要强制其做到应尽之义。例如，不孝顺父母的，法院将强制执行；在古代若父母以不孝为名告子，其子是没有活路的。例如，当国民不知自己职责应尽之义，就需要签订合约，明确责任，与相应的奖惩条款。这便是在伦理不起作用的情况下合约代替的作用。

合约理论是对社会经济制度运行的一种解释。合约的本质是对伦理内容的规定，是对义礼的界定，是在人不能或者不确定是否能行礼义的情况下，以强制的法律形式规定本来应该履行的道德内涵。

第五章　中国经典经济学基本理论对经济现象的解构

第四节　中国古代的经济制度和用工制度

经济制度是天然伦理的自然展开。在展开的过程中，人的能动因素作用越来越强，经济制度的运行就越来越远离天然伦理，越来越以人主观创制的观念及其制度运行。人的"智慧"越是得到施展，社会运行的成本就越高。所以《老子》说："绝圣弃智，民利百倍"。如果能够做到"天人合一"，也就是如果人类的经济伦理与天然伦理完全相符合，其实也就是日常所说的"按照经济规律办事"，那么社会经济运行的交易成本就趋近于零。如果二者稍有出入，那么交易成本就为正，大于零。当人道伦理与天道伦理的分离程度大到一个特定的程度，就必须要国家这样的组织出现，制定强制性的法律，强制人们遵守修正自己的人道伦理以回归天道自然伦理。

天道、地道、人道生成，和今天"宇宙一直在膨胀"的结论相应，三道一直在分离的过程中，越是分离意味着束缚越来越多，观念越来越多，经济成本就越来越大。所以中国古代体证到这个世界生成分化规律的圣贤，教化人民明道明理，希望人民了解在这个人天分离的过程中痛苦会越来越深，成本越来越高，人也越活越颠倒，要想获得彻底的幸福自由，只有"倒"（"道"之音）回去，由天地万物返回"三"，由三返回"二"，由二返回"一"，由一返回先天自然，犹如百川归海，飞鸟入巢，方得休息。只有这样，人才能在现有的制度联结中"跳出"，在而不在，获得精神上的自由解脱。

随着世界生成膨胀的过程的展开，经济制度越来越"法制化"，人也就越来越不自由，但是以社会整体制度的固化换来现代人所谓的"经济效率"。

一、仪礼规范，以守其位：伦理合约

人的真实心理德行千差万别，与之相应的社会境遇也千差万别，也就是大家看到的社会上很多不平等的客观事实。现实的不平等是发展的动力，没

○ 经济发展的本质是道德水平的提高。

有不平等就不会有发展。注意，这个"不发展"不意味着人民生活不好，不意味着国家贫穷，有时恰恰是一个国富民强、安居乐业的稳定时期。在安格斯·麦迪森所著的《世界经济千年史》中，在公元400~1000年的600年间和公元1300~1800年的500年间，中国的人均GDP水平几乎没有变化。[①]而这两个时段是为世界所公认的中国古代的国力昌盛、民生丰足时期。在现代经济版图中，全球几个人均GDP水平最高的国家，近些年的增长变化不大，也处于一个稳定的水平期。

根据中国经典解释的道理，现实的不平等是道德水准的自然表现，所以经济发展的本质是道德水平的提高，经济发展的终点是"止于至善"。所有人都"至善"，那么所有人的物质表现就都丰足无憾，现实的不平等就消失了，"发展"也就消失了。只要需要发展，只要渴求发展，就是还没有发展，就是还不够发展。所以"满足"就是"幸福"，就是不需要发展的状态。这个时候，人们没有欲望，没有妄想，没有分别，没有痛苦。所以《礼记》载"大同篇"，《老子》论"至治之极"，《黄帝内经》论"美其食，任其服，乐其俗，高下不相慕，其民顾曰朴"。如果说这是"消极"，是停滞不前，就是一种误解。因为经济的本质，是要人感到幸福。不论财富多少，衣食丰足，恬淡虚无，毫无痛苦，是最高的幸福。德行具足时，可以实现物质的极大丰富，可以实现

---

① ［英］安格斯·麦迪森（伍晓鹰等译）：《世界经济千年史》，北京大学出版社2003年11月第1版，第30~31页。

所欲之物随念而有。当"诸上善人""聚会一处"时,黄金可以用来铺地,宝石可以随处装饰。

如果社会上有人不明德财相应的道理,德行不积而求分外之财,对社会来说是潜在的危险和灾难。《汉书·货殖传》载:"昔先王之制,自天子、公、侯、卿、大夫、士至于皂隶、抱关、击柝者,其爵禄、奉养、宫室、车服、棺椁、祭祀、死生之制各有差品,小不得僭大,贱不得逾贵。夫然,故上下序而民志定。"

"及周室衰,礼法堕,诸侯刻桷丹楹,大夫山节藻棁,八佾舞于庭,《雍》彻于堂。其流至乎士庶人,莫不离制而弃本,稼穑之民少,商旅之民多,谷不足而货有余。陵夷至乎桓、文之后,礼谊大坏,上下相冒,国异政,家殊俗,嗜欲不制,僭差亡极。于是商通难得之货,工作亡用之器,士设反道之行,以追时好而取世资。伪民背实而要名,奸夫犯害而求利,篡弑取国者为王公,圉夺成家者为雄桀。礼谊不足以拘君子,刑戮不足以威小人。富者木土被文锦,犬马余肉粟,而贫者短褐不完,含菽饮水。其为编户齐民,同列而以财力相君,虽为仆虏,犹亡愠色。故夫饰变诈为奸轨者,自足乎一世之间;守道循理者,不免于饥寒之患。其教自上兴,由法度之无限也。"

所以中国自古圣人教化,制定仪礼,颁布天下,通过礼教而使社会稳定和谐。每个社会成员,信可以使守约,廉可以使分财,守职而不废,处义而不回,见嫌而不苟免,见利而不苟得,经济怎么能不发展,社会怎么能不和谐,国家怎么能不太平?所以伦理社会,以德治国,是上工所为。最不济,也可以做到以礼齐人,达到"中医"水准。以今天的观念看,人们遵守的是"伦理合约"。

《孟子》载:北宫锜问曰:"周室班爵禄也,如之何?"孟子曰:"其详不可得闻也。诸侯恶其害己也,而皆去其籍。然而轲也,尝闻其略也。天子一位,公一位,侯一位,伯一位,子、男同一位,凡五等也。君一位,卿一位,大夫一位,上士一位,中士一位,下士一位,凡六等。天子之制,地方千里,公侯皆方百里,伯七十里,子、男五十里,凡四等。不能五十里,不达于天子,附于诸侯,曰附庸。天子之卿受地视侯,大夫受地视伯,元士受地视子、男。大国地方百里,君十卿禄,卿禄四大夫,大夫倍上士,上士倍中士,中士倍下士，下士与庶人在官者同禄，禄足以代其耕也。次国地方七十里，君十卿禄，卿禄三大夫，大夫倍上士，上士倍中士，中士倍下士，下士与庶人在官者同禄，禄足以代其耕也。小国地方五十里，君十卿禄，卿禄二大夫，大夫倍上士，上士倍中士，中士倍下士，下士与庶人在官者同禄，禄足以代其耕也。耕者之所获，一夫百亩。百亩之粪，上农夫食九人，上次食八人，中食七人，中次食六人，下食五人。庶人在官者，其禄以是为差。"

二、家学渊源，以传其密：专利合约

"家学"是中国文化和经济制度的一大特色。中国历史上最早的士、农、工、商各业的划分始于春秋时期管仲治齐。四民分业定居为社会分工的发展和专业技能的提高奠定了坚实的制度基础。《管子》云："古之四民不得杂处。士相与言仁谊于闲宴，工相与议技巧于官府，商相与语财利于市井，农相与谋稼穑于田野，朝夕从事，不见异物而迁焉。故其父兄之教不肃而成，子弟之学不劳而能，各安其居而乐其业，甘其食而美其服，虽见奇丽纷华，非其所习，辟犹戎翟之与于越，不相入矣。是以欲寡而事节，财足而不争。于是在民上者，道之以德，齐之以礼，故民有耻而且敬，贵谊而贱利。此三代之所以直道而行，不严而治之大略也。"这样的社会经济制度，在经济效率上具有极高的合理性，能够把专业分工的积累发挥到极致，因为家传技艺，具有高度的可信性和保密性。胡寄窗教授在《中国经济思想史》中总结：[①]

1. 同行业的人萃聚一处，易于彼此交流经验，提高技术水平，做到"相语以事，相示以巧，相陈以功"，对提高生产率有很大的作用；

2. 同行业的人萃聚一处，业务消息灵通，所谓"相语以利，相示以时"，"相陈以知价"，对商品生产和流通有很大作用；

3. 同行业的人萃聚一处，容易养成专业气氛，人人安于本业，不至于"见异物而迁焉"，造成职业上的不稳定；

4. 同行业的人萃聚一处，会形成良好的教育环境，"故其父兄之教不肃而成，子弟之学不劳而能"，自然的熏陶相当于天然的职业教育，是社会劳动

---

① 胡寄窗：《中国经济思想史》，上海财经大学出版社1998年12月第1版，第64~65页。

力再生产的良好条件。今天的"硅谷"、电子一条街、服装城、义乌小商品城就是这个专业分工、区域聚集的道理。

管子的治理思想和老子的思想如出一辙,《老子》第三章云:"不尚贤,使民不争。不贵难得之货,使民不为盗。不见可欲,使民心不乱。是以圣人之治,虚其心,实其腹,弱其志,强其骨;常使民无知、无欲,使夫智者不敢为也。"各业分工明确,四业分居。各习家技,产权明晰;血亲相传或者入室相传,倾囊而授,累积有保,可持续发展。以今天的观念来看,可以称之为"专利合约"。

三、物勒工名,以考其诚:件工合约

秦代兴建长城、兵马俑、阿房宫等超大型工程,虽然耗尽国力,但是既然能够完工,除了监管严苛、劳工苦身戮力之外,足以说明其经济制度的组织必须严密而高效。20世纪70年代,陕西临潼发现的兵马俑三坑,估计陶质兵马俑7000件。陶俑身上都镌刻着陶工的名字,这就是"物勒工名"的制度。这种制度可以保证工人的认真程度,因为质量一旦有问题,追查责任是非常容易的。现在已经知道68个陶工的名字。也许有冒名顶替、嫁祸于人的情况,但是在监工严格的情况下,在没有共谋的情况下,实在是很难发生。

"物勒工名"制度开始实施于春秋时期,是指器物的制造者要把自己的名字刻在上面,以便于管理者检验产品质量,奖励先进,追查责任。在现有的典籍中,《吕氏春秋》是最早记录"物勒工名"制度的著作,指明器物的制造者要把自己的名字刻在上面。

秦朝的生产管理制度分为四级:相帮、工师、丞、工匠,逐级负责。任何质量问题都可以通过器物上刻的名字查到责任人。"相帮"是生产的最高管理者;其下是"工师",相当于现在"质量总监";其下是"丞",直接管理亲手制作器物的"工匠"。这本是非常高效严密的制度,但是从秦朝的结局中我们可以想象严刑峻法的秦律对有疏忽和纰漏的工人的追究和惩罚应该是很残酷的。这个制度一直延续下来,例如《唐律疏议》中就明确记载着"物勒工名,以考其诚,功有不当,必行其罪"。

"物勒工名"制度对提高经济效率和产品质量具有重要作用。这一制度直到今天仍然以各种变相的应用而发挥着巨大的作用,还形成了中国艺术品的

独特传统。例如,喜欢收藏紫砂壶的藏家,喜欢中国书画的藏家,对艺术家落款的讲究会津津乐道。20世纪美国泰勒管理革命后,"件工合约"被当作提高管理效率的标准制度。改革开放初期实行的家庭联产承包责任制其实是"物勒工名"制度在土地生产上的变相应用,每个家庭对自己所属的土地收成负责,极大地解放了生产力。

第六章 经典经济学在中国本土的验证（上）：道德的感通

> 积善之家必有余庆。
> ——《易经》
>
> 有百世之德者，必有百世子孙保之。
> ——（明）袁了凡《了凡四训》
>
> 无论如何，我深信上帝不是在掷骰子。
> ——爱因斯坦 致马克斯·玻恩的信 1926年

科学的研究方法有两种：演绎法和归纳法。在科学史上，真正重大的突破，如哥白尼的天文学说、牛顿的力学和爱因斯坦的相对论，都不是论证得到的，是论证之前由"灵感"得到的，也就是说，是由演绎法得到的，不是由归纳法得到的。至今科学史上仍然不解，爱因斯坦怎么会

○ "科学"不能代表"正当性"。科学起源于"灵感"。论证只能显示而不增加"科学性"。

在"神奇的1905年"一下子冒出那么多天马行空的想法!一连5篇原创文章,几乎没有什么引文和参考资料。

中国经典经济学的道理,如果从科学方法论的角度看,更多地来自演绎法。自性的道理,自然伦理的道理,太极两仪四相五行的道理,《黄帝内经》中人体系统的道理,都不是可以归纳出来的。但是,如果把整个中国经济历史看作一个整体,那么她的不可思议的文化也符合归纳的结论。既是爱因斯坦灵感式的演绎文化,也是"观乎人文以化成天下"的归纳文化。演绎的内容可以在中国历史上得到验证,也可以在中国历史中归纳出统一的伦理经济定律。

不在于历史是什么,在于读者自己如何去看待。本章和下一章,都取自大家熟知的中国史实,无非从正反两个方面来说明"做人即经济"的道理,了解人的品性和经济事业的关系,无论帝王总统对于国家,还是平民百姓对于家庭,其伦理机制是完全同一的。西方经济学假设人性如何如何,或自利或理性,实际上以偏概全、挂一漏万,无论怎样假设都不能穷尽"本自具足"的人类自性,所以难免盲人摸象,莫衷一是。中国本土经济学虽说起点为"自他不二"基础上的他利和自利的统一,其实在本质上并不假设人性如何,而是直指人性本身,不管禀性习性如何千差万别,皆按照天性的自然伦理教化之,使群生统统归于自然中道。如果您仔细体会这两章的史实,就会知道什么是中国的本土经济学,不管学与不学,知道还是不知道,每个人每天都在遵守或者违反。

在当今分工的时代,职业属性过于分明,富豪不是"经济学家",政府总理也不是"经济学家",但是就"经济"一事,他们的领悟和造诣会令"黑板经济学家"望尘莫及。赚钱不需要学习今天的西方经济学;政府决策也不需要学习今天的西方经济学。经济学里的南郭先生该退出历史舞台了。

第一节 中国历史上"盛世"的特点和经验总结

《礼记·礼运第九》记载中国古代国家的经济文明程度有两种:一是大

第六章 经典经济学在中国本土的验证（上）：道德的感通

同，"大道之行也，天下为公"；二是小康，"大道既隐，天下为家"。自黄帝以来，得天下者皆因有德；失天下者皆因败德。修德则家齐国兴，败德则家乱国衰。凡是兴旺的朝代，领导人必有过人的德行、智慧、能力和勇气；凡是衰败的朝代，领导人必定有败德的言行，伤身害命，国破家亡。德为天下大本，真实不虚。曾子曰："自天子以至于庶人，一是皆以修身为本"。天子身修，则国泰民安，常逢善时，风调雨顺；地方官员身修，则保一地方平安；一人身修，则安身立命，兴家乐业。理身、理家、理国全在个人身上。翻看二十四史，不难发现以德治国是古往今来一以贯之的理念，历代统治者"虽不能至，心向往之"。这是华夏文明在历史长河中独存的密因。

贞观十一年，侍御史马周上疏陈时政曰："臣历睹前代，自夏、殷、周及汉氏之有天下，传祚相继，多者八百余年，少者犹四五百年，皆为积德累业，恩结于人心。岂无僻王？赖前哲以免尔！自魏、晋以还，降及周、隋，多者不过五六十年，少者才二三十年而亡。良由创业之君不务广恩化，当时仅能自守，后无遗德可思。故传嗣之主政教少衰，一夫大呼而天下土崩矣。今陛下虽以大功定天下，而积德日浅，固当崇禹、汤、文、武之道，广施德化，使恩有余地，为子孙立万代之基。岂欲但令政教无失，以持当年而已！且自古明王圣主虽因人设教，宽猛随时，而大要以节俭于身、恩加于人二者是务。故其下爱之如父母，仰之如日月，敬之如神明，畏之如雷霆。此其所以卜祚遐长而祸乱不作也。"

总结"盛世特点"，至少有以下六项：

○ 反思今日国人行为，有无遗德可思？

一是领导者（帝王及其佐臣）不以无过为贤，而以改过为美；二是不耻下问，礼贤下士，求治道以谦、以诚、以真，并身体力行；三是有圣人智士辅佐，以正君心，以保国家；四是宽刑，体恤下情，爱民如子；五是薄税，藏富于民；六是任民，即"治道清静而民自定"。其中，为人君者尤以改过为难。司马光说："过者，人之所必不免也，惟圣贤为能知而改之。古之圣王，患其有过而不自知也，故设诽谤之木，置敢谏之鼓，岂畏百姓之闻其过哉！"

一、传说圣人治世的特点：以德而立

1. 炎帝、黄帝和高辛。

炎帝，为人有圣德，以火德而王天下，故号炎帝。《帝王世纪》载："神农氏，姜姓也。母曰任姒，有蟜氏女，登为少典妃，游华阳，有神龙首，感生炎帝。"初都陈，又徙鲁。又曰魁隗氏，又曰连山氏，又曰列山氏。皇甫谧曰："易称庖牺氏没，神农氏作，是为炎帝。"班固曰："教民耕农，故号曰神农。"神农氏后代子孙道德衰薄，天下乱。黄帝兴，平定天下。

史书记载，黄帝为有熊国君，是少典国君之次子，号曰有熊氏，又曰缙云氏，又曰帝鸿氏，亦曰帝轩氏。母曰附宝，之祁野，见大电绕北斗枢星，感而怀孕，二十四月而生黄帝于寿丘。寿丘在鲁东门之北，今在兖州曲阜市东北六里。生日角龙颜，有景云之瑞。

神农氏衰落、诸侯相侵伐暴虐百姓之时，于是黄帝乃征师诸侯，与蚩尤战于涿鹿之野，遂擒杀蚩尤。而诸侯咸尊轩辕为天子，代神农氏，以土德王，故曰黄帝。"习用干戈，以征不享，诸侯咸来宾从。"披山通道，未尝宁居。表明轩辕是能够使大家佩服的强有力的领导者，"修德振兵，治五气，蓺五种，抚万民，度四方"，最终使人们"至治之极，甘其食，美其服。"

宰我问于孔子，"予闻荣伊曰黄帝三百年。请问黄帝者人耶？何以至三百年？"子曰："劳勤心力耳目，节用水火材物，生而民得其利百年，死而民畏其神百年，亡而民用其教百年，故曰三百年也。"足见黄帝德行事功影响之深远。

高辛生而神灵，自言其名。"普施利物，不于其身。聪以知远，明以察微。顺天之义，知民之急。仁而威，惠而信，修身而天下服。取地之财而节用之，抚教万民而利诲之，历日月而迎送之，明鬼神而敬事之。其色郁郁，

第六章 经典经济学在中国本土的验证（上）：道德的感通

其德嶷嶷。其动也时，其服也士。帝喾溉执中而遍天下，日月所照，风雨所至，莫不从服"。

2. 尧、舜、禹。

帝尧名放勋。史书载"其仁如天，其知如神。就之如日，望之如云。富而不骄，贵而不舒。能明驯德，以亲九族。九族既睦，便章百姓。百姓昭明，合和万国。"从这个叙述过程来看，曾子《大学》所说的诚意正心、修身齐家、治国平天下，可在尧的一生行止上得到印证。曾子《大学》的来源依照今天求学的路径分析可能有两个：一是曾子熟读古代典籍，例如演绎《尚书》中圣人功业而成；二是自身笃行伦理，自诚而明，再对照古圣先贤事例，归纳而成。而按照中国古代的求学方法，曾子应该是综合二者而成之。

尧有大德大仁，亦有识人之大智，从《尚书·尧典》上记载可知，尧自知嗣子丹朱"顽凶"，所以不用。尧又知"共工善言，其用僻，似恭漫天，不可。"因当时"汤汤洪水滔天，浩浩怀山襄陵，下民其忧"，所以尧求"有能使治者"，众人都说鲧可以担当治理水害大任。而尧却认为"鲧负命毁族，不可。"但是四岳仍然建议试用鲧，尧于是听岳用鲧。结果印证尧的判断是对的，鲧治水"九岁功用不成"。皇甫谧曰："尧以甲申岁生，甲辰即帝位，甲午征舜，甲寅舜代行天子事，辛巳崩，年百一十八，在位九十八年。"经典所载人的天寿多为"百二十"，《黄帝内经·上古天真论》有"上古之人，其知道者，春秋皆度百岁"。《论语·雍也》，"知者乐水，仁者乐山；知者动，仁者静；知者乐，仁者寿。"

舜以大孝名闻天下。舜能整齐尧二女以义理，

○ 以德治国，不意味着软弱，修德不误振兵。

○ 文王发政施仁，一定先照顾"天下之穷民而无告者"。

249

使行妇道于虞氏。尧年老时命舜摄行天子之政，以观天命。舜乃在璇玑玉衡，以齐七政。大禹疏九河注之于海；"决汝汉，排淮泗，而注之江，然后中国可得而食也"。禹八年于外，三过其家门而不入。功盖九州，传为后世美谈。

孟子曰："尧以不得舜为己忧，舜以不得禹、皋陶为己忧。""分人以财谓之惠，教人以善谓之忠，为天下得人者谓之仁。是故以天下与人易，为天下得人难。孔子曰：'大哉尧之为君！惟天为大，惟尧则之，荡荡乎民无能名焉！君哉舜也！巍巍乎有天下而不与焉！'尧舜之治天下，岂无所用其心哉？"孟子所言，即是曾子所谓"自天子以至于庶人议一是皆以修身为本"，即是子思所言"素位而行"，也就是今天大家熟知的"在其位，谋其政"。为政以德，包括平定祸乱，包括征战不道，包括调风雨顺四时，包括"分人以财，教人以善，为天下得人"。孟子认为禅让天下都不难，难的是为天下得人。孔子曰"人在政兴，人亡政息"，知人者智，为天下得人，就是为天下德仁，得其人而用，为政之本。正如子思在《中庸》第二十七章指出的："大哉圣人之道，洋洋乎，发育万物，峻极于天。优优大哉，礼仪三百，威仪三千。待其人然后行。故曰，'苟不至德，至道不凝焉。'故君子尊德性而道问学。致广大而尽精微。极高明而道中庸。温故而知新，敦厚以崇礼。是故居上不骄，为下不倍；国有道，其言足以兴；国无道，其默足以容。"

虽然禹之后有夏、商、周之更迭，但是以德治国仍然是经济天下的主流。所以虽然每一朝都不免不肖子孙和末代君王，但是安享国家几百年，国祚绵长，赖德治之功。孟子曰："昔者文王之治岐也，耕者九一，仕者世禄，关市讥而不征，泽梁无禁，罪人不孥。老而无妻曰鳏。老而无夫曰寡。老而无子曰独。幼而无父曰孤。此四者，天下之穷民而无告者。文王发政施仁，必先斯四者。诗云：'哿矣富人，哀此茕独。'"

二、文景之治：俭朴谦恭，造福百代

秦朝的暴政与多年的战争浩劫，使社会经济遭到严重破坏，人口锐减，《汉书》记载，"时大城名都民人散亡，户口可得而数，裁十二三。"汉初的统治者如何解决治国问题，渡过难关，成为首当其冲的任务。由于秦王朝的治国方略渊源于法家，以刘邦为首的"布衣"出身的统治者曾亲身遭遇其害，所以对法家思想痛恨有加；又由于这些人多半生于楚地，对诞生于楚国的黄

第六章 经典经济学在中国本土的验证（上）：道德的感通

老之学耳濡目染，天然地对道家思想怀有亲切感。

据《史记·外戚世家》载："窦太后好皇帝，喜老子之言，（景）帝及太子、诸窦不得不读黄帝、老子，尊其术。"汉文帝的母亲薄姬喜读《老子》，懂得道家哲学谦退之策，避开错综复杂的宫廷斗争，使汉文帝受益于敦厚宽仁的母教，在正当天下人心厌乱思治时，力守老子的"三宝"法则："一曰慈，二曰俭，三曰不敢为天下先"，一生躬行，感得历史上有名的"文景之治"，是中国自秦朝统一以后第一次盛世，真正奠定了汉朝的四百年的根基。从臣子到皇帝，都是道家思想的信奉与推行者。开国丞相萧何，据守关中，坚持"约法三章"，不苛民扰民，尽收民心；陆贾认为道莫大于无为，强调用道家思想来指导汉朝的国家治理，提出抚民以静，休养生息的观点；贾谊认为秦王朝因一夫作难而帝国大厦土崩瓦解，原因在于秦朝不施行仁义。对历史教训的总结，促成了黄老思想在西汉统治上的指导地位，使轻徭薄赋、与民休息、提倡节俭等国策得到贯彻推行，为汉代的发展奠定了坚实的基础，为后世德政兴国立下榜样。

《史记·平准书》载："汉兴，接秦之弊，作业剧而财匮，自天子不能具钧驷，而将相或乘牛车，齐民无藏盖。天下已平，高祖乃令贾人不得衣丝、乘车，重租税以困辱之。孝惠、高后时，为天下初定，复驰商贾之律；然市井之子孙，亦不得仕宦为吏。量吏禄，度官用，以赋于民。而山川、园池、市井租税之入，自天子以至于封君汤沐邑，皆各为私奉养焉，不领于天下之经费。漕转山东粟以给中都官，岁不过数十万石。"

○ 遗财于子孙，不若遗德于子孙。

秦朝耗尽天下财力与民力，汉朝初期连皇帝都不能"具钧驷"，真可谓财用匮乏。但是何以仅仅几十年后到了汉武帝的时候，就可以"民竞豪奢"甚至连年用兵呢？班固在《汉书》中一语道破玄机："汉文帝惜百金之费，辍露台之役，集上书囊以为殿帷，所幸夫人衣不曳地。至景帝以锦绣纂组妨害女工，特诏除之，所以百姓安乐。至孝武帝，虽穷奢极侈，而承文、景遗德，故人心不动。向使高祖之后即有武帝，天下必不能全。"刘邦建汉，有吕后之乱；汉武称大帝，赖"祖上有德"。百代基业，全在汉文帝经济国家之谦德、俭德、恕德，所谓"大学之道，在明明德，在亲民，在止于至善"，汉文帝做到了。

以下略叙三点，为汉文帝（及其长子景帝）的过人之处。从中可以体会到"经济就是做人"的大学之道。

1. 克己复礼，节俭修德。汉文帝的恭俭谦约之德，堪称圣人，尤其是作为帝王，能够在位23年而23年不增加衣食住行的花费，克己复礼之深，足为万世景仰。《汉书》载：帝即位二十三年，宫室、苑囿、车骑、服御，无所增益；有不便，辄弛以利民。尝欲作露台，召匠计之，直百金。上曰："百金，中人十家之产也。吾奉先帝宫室，常恐羞之，何以台为！"帷帐无文绣，以示敦朴，为天下先。治霸陵，皆瓦器，不得以金、银、铜、锡为饰，因其山，不起坟。吴王诈病不朝，赐以几杖。群臣袁盎等谏说虽切，常假借纳用焉。张武等受赂金钱，觉，更加赏赐以愧其心；专务以德化民。是以海内安宁，家给人足，后世鲜能及之。

○ 当思文帝如何做到"海内安宁，家给人足"。

第六章 经典经济学在中国本土的验证（上）：道德的感通

《资治通鉴》记载，汉文帝于公元前一五七年六月崩于未央宫，遗诏曰："朕闻之：盖天下万物之萌生，靡有不死。死者，天地之理，物之自然，奚可甚哀！当今之世，咸嘉生而恶死，厚葬以破业，重服以伤生，吾甚不取。且朕既不德，无在佐百姓；今崩，又使重服久临以罹寒暑之数，哀人父子，伤长老之志，损其饮食，绝鬼神之祭祀，以重吾不德，谓天下何！朕获保宗庙，以眇眇之身托于天下君王之上，二十有馀年矣。赖天之灵，社稷之福，方内安宁，靡有兵革。朕既不敏，常畏过行以羞先帝之遗德，惟年之久长，惧于不终。今乃幸以天年得复供养于高庙，其奚哀念之有！其令天下吏民：令到，出临三日，皆释服；毋禁取妇、嫁女、祠祀、饮酒、食肉，自当给丧事服临者，皆无跣；绖带毋过三寸；毋布车及兵器；毋发民哭临宫殿中；殿中当临者，皆以旦夕各十五举音，礼毕罢；非旦夕临时，禁毋得擅哭临；已下棺，服大功十五日，小功十四日，纤七日，释服。它不在令中者，皆以此令比类从事。布告天下，使明知朕意。霸陵山川因其故，毋有所改。归夫以下至少使。"

节俭一生，死后事仍然要改易不良风俗：不要"嘉生而恶死，厚葬以破业"，所谓摒除厚葬陋习；出殡三日，不必著孝服；不要禁止民间正常的娶亲嫁女等活动；不要丧事用具尺寸大、种类多；不要让人到灵堂哭泣；哭临有节等等，其他想不到的，按照此精神处理，坟墓要按照山体的自然地势，不要兴师动众地改地貌而扩建。仔细诵读文帝遗诏，其动人处，怎不令人潸然泪下。

2. 务本重农，减免租税。刘邦登基后，约法省禁，减轻田赋税率，"什五而税一"。汉惠帝时，下令"减田租，复十五税一"。汉文帝二年（前177年）和十二年（前168年）分别两次"除田租税之半"，进一步降低田租的税率，按"三十税一"征税。从汉高祖即位（公元前202年）到汉景帝后元三年（公元前141年），前后共62年间，农民赋税负担是有文字记载税率的中国古代历史上最轻的。从文帝十三年（公元前167年）起，又连续免除全国田赋长达11年，汉以后2000年间绝无仅有。直到2170年后的新中国，才又一次免除农业税。

汉代的赋税政策最能体现中国本土经济学"德本财末""藏富于民""民富国强"的主旨，在赋税征收率异常低的情况下，竟然真的能够国富民丰。

《史记·平准书》载："继以孝文、孝景，清净恭俭，安养天下，七十馀年之间，国家无事，非遇水旱之灾，民则人给家足。都鄙廪庾皆满，而府库馀货财；京师之钱累巨万，贯朽而不可校；太仓之粟陈陈相因，充溢露积于外，至腐败不可食。"

景帝为文帝"善继人之志"的孝子，继承了文帝反躬自省、务本重农的德行。公元前一四二年诏曰："农，天下之本也。黄金、珠、玉，饥不可食，寒不可衣，以为币用，不识其终始。间岁或不登，意为末者众，农民寡也。其令郡国务劝农桑，益种树，可得衣食物。吏发民若取庸采黄金、珠、玉者，坐赃为盗。二千石听者，与同罪。"

3. 体念民生，抚恤孤寡。公元前177年9月，汉文帝诏曰："农，天下之大本也，民所恃以生也；而民或不务本而事末，故生不遂。朕忧其然，故今兹亲率群臣农以劝之；其赐天下民今年田租之半。"

汉文帝推己及人，取消连坐之刑，下诏曰："法者，治之正也。今犯法已论，而使无罪之父母、妻子、同产坐之，及为收帑，朕甚不取！其除收帑诸相坐律令。"

仁者爱人。文帝体念"弱势群体"的生活艰难，又下诏振贷鳏、寡、孤、独、穷困之人，并特别规定："八十已上，月赐米、肉、酒；九十已上，加赐帛、絮。赐物当禀鬻米者，长吏阅视，丞若尉致；不满九十，啬夫、令史致；二千石遣都吏循行，不称者督之。"

班固在评论文景之治时引用孔子之言曰："斯民也，三代之所以直道而行也。""信哉！周、秦之敝，罔密文峻，而奸轨不胜，汉兴，扫除烦苛，与民休息；至于孝文，加以恭俭；孝景遵业。五六十载之间，至于移风易俗，黎民醇厚。周云成、康，汉言文、景，美矣！"

三、贞观之治：屈己从谏，力行善政

今人的一大弊病，就是容易以为今日时代比较古代为进步，至少犯了以偏概全的错误。殊不知在观念德行上，恐有不如祖上清净自守处。清乾隆皇帝为《贞观政要》作序时说："盖自三代以下，能用贤纳谏而治天下者，未有如此之盛焉"。唐史臣吴兢类辑君臣问对、忠贤诤议，荟萃十卷四十论，治道之要，尽在是编，盛唐气象，如睹目前。本节仅类举几件唐太宗的君臣言说，

第六章 经典经济学在中国本土的验证（上）：道德的感通

与诸君共印证之。

1. 自思君道，修身养性乃治国之根。贞观初，太宗谓侍臣曰："为君之道，必须先存百姓。若损百姓以奉其身，犹割股以啖腹，腹饱而身毙。若安天下，必须先正其身，未有身正而影曲，上治而下乱者。朕每思伤其身者不在外物，皆由嗜欲以成其祸。若耽嗜滋味，玩悦声色，所欲既多，所损亦大，既妨政事，又扰生民。且复出一非理之言，万姓为之解体，怨讟既作，离叛亦兴。朕每思此，不敢纵逸。"谏议大夫魏征对曰："古者圣哲之主，皆亦近取诸身，故能远体诸物。昔楚聘詹何，问：'未闻身治而国乱者。'陛下所明，实同古义。"

贞观六年，太宗谓侍臣曰："看古之帝王，有兴有衰，犹朝之有暮，皆为蔽其耳目，不知时政得失，忠正者不言，邪谄者日进，既不见过，所以至于灭亡。朕既在九重，不能尽见天下事，故布之卿等，以为朕之耳目。莫以天下无事，四海安宁，便不存意。可爱非君，可畏非民。天子者，有道则人推而为主，无道则人弃而不用，诚可畏也。"魏征对曰："自古失国之主，皆为居安忘危，处治忘乱，所以不能长久。今陛下富有四海，内外清晏，能留心治道，常临深履薄，国家历数，自然灵长。臣又闻古语云：'君，舟也；人，水也。水能载舟，亦能覆舟。'陛下以为可畏，诚如圣旨。"

2. 贤臣直言，德厚怀仁乃安国之本。贞观十年，魏征疏曰："臣闻：求木之长者，必固其根本；欲流之远者，必浚其泉源；思国之安者，必积其德义。源不深而望流之远，根不固而求木之长，德不厚而思国之理，臣虽下愚，知其不可，而况于明哲乎！人君当神器之重，居域中之大，将崇极天之峻，永保无疆之休。不念居安思危，戒奢以俭，德不处其厚，情不胜其欲，斯亦伐根以求木茂，塞源而欲流长也。"

3. 医道与治道同源，一理贯通。贞观五年，太宗谓侍臣曰："治国与养病无异也。病人觉愈，弥须将护，若有触犯，必至殒命。治国亦然，天下稍安，尤须兢慎，若便骄逸，必至丧败。今天下安危，系之于朕，故日慎一日，虽休勿休。然耳目股肱，寄于卿辈，既义均一体。宜协力同心，事有不安，可极言无隐。傥君臣相疑，不能备尽肝膈，实为国之大害也。"

4. 任土作贡，不准劳扰更民。贞观二年，太宗谓朝集使曰："任土作贡，布在前典，当州所产，则充庭实。比闻都督、刺史邀射声名，厥土所赋，或嫌其不善，逾意外求，更相仿效，遂以成俗。极为劳扰，宜改此弊，不得更然。"

5. 拒收弑逆朝贡，正不染邪。贞观十八年，太宗将伐高丽，其莫离支遣使贡白金。黄门侍郎褚遂良谏曰："莫离支虐杀其主，九夷所不容，陛下以之兴兵，将事吊伐，为辽东之人报主辱之耻。古者讨弑君之贼，不受其赂。昔宋督遗鲁君以郜鼎，桓公受之于大庙，臧哀伯谏曰：'君人者将昭德塞违，今灭德立违，而置其赂器于大庙，百官象之，又何诛焉？武王克商，迁九鼎于雒邑，义士犹或非之，而况将昭违乱之赂器置诸大庙，其若之何？'夫《春秋》之书，百王取则，若受不臣之筐篚，纳弑逆之朝贡，不以为愆，将何致伐？臣谓莫离支所献，自不合受。"太宗从之。

6. 体恤亲情，拒纳美女。贞观初，太宗谓侍臣曰："妇人幽闭深宫，情实可愍。隋氏末年，求采无已，至于离宫别馆，非幸御之所，多聚宫人。此皆竭人财力，朕所不取。且洒扫之余，更何所用？今将出之，任求伉俪，非独以省费，兼以息人，亦各得遂其情性。"于是后宫及掖庭前后所出三千余人。

贞观十九年，高丽王高藏及莫离支盖苏文遣使献二美女，太宗谓其使曰："朕悯此女离其父母兄弟于本国，若爱其色而伤其心，我不取也。"并却还之本国。

7. 善省己非，闻过则改。贞观二年，太宗谓房玄龄曰："为人大须学问。朕往为群凶未定，东西征讨，躬亲戎事，不暇读书。比来四海安静，身处殿堂，不能自执书卷，使人读而听之。君臣父子，政教之道，共在书内。古人云：'不学，墙

○ 食色，性也。为君王者如此，尤其难得。

面，茌事惟烦。'不徒言也。却思少小时行事，大觉非也。"

贞观中，太子承乾多不修法度，魏王泰尤以才能为太宗所重，特诏泰移居武德殿。魏征上疏谏曰："魏王既是陛下爱子，须使知定分，常保安全，每事抑其骄奢，不处嫌疑之地也。今移居此殿，使在东宫之西，海陵昔居，时人以为不可。虽时移事异，犹恐人之多言。又王之本心，亦不宁息。既能以宠为惧，伏愿成人之美。"太宗曰："我几不思量，甚大错误。"遂遣泰归于本第。

贞观十七年，太宗谓侍臣曰："人情之至痛者，莫过乎丧亲也。故孔子云：'三年之丧，天下之通丧，自天子达于庶人也。'又曰：'何必高宗？古之人皆然。'近代帝王遂行不逮汉文以日易月之制，甚乖于礼典。朕昨见徐幹《中论·复三年丧》篇，义理甚深，恨不早见此书。所行大疏略，但知自咎自责，追悔何及！"因悲泣久之。

贞观十八年，太宗谓侍臣曰："夫人臣之对帝王，多承意顺旨，甘言取容。朕今欲闻己过，卿等皆可直言。"散骑常侍刘洎对曰："陛下每与公卿论事，及有上书者，以其不称旨，或面加诘难，无不惭退，恐非诱进直言之道。"太宗曰："朕亦悔有此问难，当即改之。"

贞观二年，关中旱，大饥。太宗谓侍臣曰："水旱不调，皆为人君失德。朕德之不修，天当责朕，百姓何罪，而多遭困穷！闻有鬻男女者，朕甚愍焉。"乃遣御史大夫杜淹巡检，出御府金宝赎之，还其父母。

8. 俭约自制，见贤思齐。贞观元年，太宗谓侍臣曰："自古帝王凡有兴造，必须贵顺物情。昔大禹凿九山，通九江，用人力极广，而无怨讟者，物情所欲，而众所共有故也。秦始皇营建宫室，而人多谤议者，为徇其私欲，不与众共故也。朕今欲造一殿，材木已具，远想秦皇之事，遂不复作也。古人云：'不作无益害有益。''不见可欲，使民心不乱。'固知见可欲，其心必乱矣。至如雕镂器物，珠玉服玩，若恣其骄奢，则危亡之期可立待也。自王公以下，第宅、车服、婚嫁、丧葬，准品秩不合服用者，宜一切禁断。"由是二十年间，风俗简朴，衣无锦绣，财帛富饶，无饥寒之弊。

贞观二年，公卿奏曰："依《礼》，季夏之月，可以居台榭。今夏暑未退，秋霖方始，宫中卑湿，请营一阁以居之。"太宗曰："朕有气疾，岂宜下湿？若遂来请，糜费良多。昔汉文将起露台，而惜十家之产，朕德不逮于汉帝，而所费过之，岂为人父母之道也？"固请至于再三，竟不许。

贞观十六年，太宗谓侍臣曰："朕近读《刘聪传》，聪将为刘后起凰仪殿，廷尉陈元达切谏，聪大怒，命斩之。刘后手疏启请，辞情甚切，聪怒乃解，而甚愧之。人之读书，欲广闻见以自益耳，朕见此事，可以为深诫。比者欲造一殿，仍构重阁，今于蓝田采木，并已备具，远想聪事，斯作遂止。"

9. 革除厚葬奢靡流俗，提倡仪礼简约之风。贞观十一年，诏曰："讥僭侈者，非爱其厚费；美俭薄者，实贵其无危。是以唐尧，圣帝也，谷林有通树之说；秦穆，明君也，橐泉无丘陇之处。仲尼，孝子也，防墓不坟；延陵，慈父也，嬴、博可隐。斯皆怀无穷之虑，成独决之明，乃便体于九泉，非徇名于百代也。由此观之，奢侈者可以为戒，节俭者可以为师矣。朕居四海之尊，承百王之弊，未明思化，中宵战惕。虽送往之典详诸仪制，失礼之禁著在刑书，而勋戚之家多流遁于习俗，间阎之内或侈靡而伤风，以厚葬为奉终，以高坟为行孝，遂使衣衾棺椁极雕刻之华，灵輀冥器穷金玉之饰。富者越法度以相尚，贫者破资产而不逮，徒伤教义，无益泉壤，为害既深，宜为惩革。其王公以下，爰及黎庶，自今以后，送葬之具有不依令式者，仰州府县官明加检察，随状科罪。在京五品以上及勋戚家，仍录奏闻。"

10. 体恤节俭，厚待贤臣。岑文本为中书令，宅卑湿，无帷帐之饰。有劝其营产业者，文本叹曰："吾本汉南一布衣耳，竟无汗马之劳，徒以文墨致位中书令，斯亦极矣。荷俸禄之重，为惧已多，更得言产业乎？"言者叹息而退。

户部尚书戴胄卒，太宗以其居宅弊陋，祭享无所，令有司特为之造庙。

温彦博为尚书右仆射，家贫无正寝，及薨，殡于旁室。太宗闻而嗟叹，遽命所司为造，当厚加赙赠。

魏征宅内，先无正堂。及遇疾，太宗时欲造小殿，而辍其材为征营构，五日而就。遣中使以素褥布被而赐之，以遂其所尚。

11. 以身作则，革除生讳悖礼等积弊。太宗初即位，谓侍臣曰："准《礼》，名，终将讳之。前古帝王，亦不生讳其名，故周文王名昌，《周诗》云：'克昌厥后。'春秋时鲁庄公名同，十六年《经》书：'齐侯、宋公同盟于幽。'惟近代诸帝，妄为节制，特令生避其讳，理非通允，宜有改张。"因诏曰："依《礼》，二名义不偏讳，尼父达圣，非无前指。近世以来，曲为节制，两字兼避，废阙已多，率意而行，有违经语。今宜依据礼典，务从简约，仰效先哲，垂法将来，其官号人名，及公私文籍，有'世'及'民'两字不连读,并不须避。"

贞观四年,太宗谓侍臣曰:"经闻京城士庶居父母丧者,乃有信巫书之言,辰日不哭,以此辞于吊问,拘忌辍哀,败俗伤风,极乖人理。宜令州县教导,齐之以礼典。"

贞观五年,太宗谓侍臣曰:"佛道设教,本行善事,岂遣僧尼道士等妄自尊崇,坐受父母之拜,损害风俗,悖乱礼经?宜即禁断,仍令致拜于父母。"

贞观十七年十二月癸丑,太宗谓侍臣曰:"今日是朕生日。俗间以生日可为喜乐,在朕情,翻成感思。君临天下,富有四海,而追求侍养,永不可得。仲由怀负米之恨,良有以也。况《诗》云:'哀哀父母,生我劬劳。'奈何以劬劳之辰,遂为宴乐之事!甚是乖于礼度。"因而泣下久之。

12. 正知正见,不为浅俗之论所惑。太常少卿祖孝孙奏所定新乐。太宗曰:"礼乐之作,是圣人缘物设教,以为撙节,治政善恶,岂此之由?"御史大夫杜淹对曰:"前代兴亡,实由于乐。陈将亡也为《玉树后庭花》,齐将亡也而为《伴侣曲》,行路闻之,莫不悲泣,所谓亡国之音。以是观之,实由于乐。"太宗曰:"不然,夫音声岂能感人?欢者闻之则悦,哀者听之则悲。悲悦在于人心,非由乐也。将亡之政,其人心苦,然苦心相感,故闻之则悲耳。何乐声哀怨,能使悦者悲乎?今《玉树》《伴侣》之曲,其声具存,朕为公奏之,知公必不悲耳。"尚书右丞魏征进曰:"古人称:礼云,礼云,玉帛云乎哉!乐云,乐云,钟鼓云乎哉!乐在人和,不由音调。"太宗然之。

贞观七年,襄州都督张公谨卒。太宗闻而嗟悼,出次发哀。有司奏言:"准阴阳书云:'日在辰,不可哭泣。'此亦流俗所忌。"太宗曰:"君臣之义,同于父子,情发于中,安避辰日?"遂哭之。

13. 上畏皇天,下惧群臣,谦德之效。贞观二年,太宗谓侍臣曰:"人言作天子则得自尊崇,无所畏惧,朕则以为正合自守谦恭,常怀畏惧。昔舜诫禹曰:'汝惟不矜,天下莫与汝争能;汝惟不伐,天下莫与汝争功。'又《易》曰:'人道恶盈而好谦。'凡为天子,若惟自尊崇,不守谦恭者,在身倘有不是之事,谁肯犯颜谏奏?朕每思出一言,行一事,必上畏皇天,下惧群臣。天高听卑,何得不畏?群公卿士,皆见瞻仰,何得不惧?以此思之,但知常谦常惧,犹恐不称天心及百姓意也。"魏征曰:"古人云:'靡不有初,鲜克有终。'愿陛下守此常谦常惧之道,日慎一日,则宗社永固,无倾覆矣。

唐、虞所以太平，实用此法。"

14. 仁义治国，国祚绵长。自古以来，国之兴亡不由蓄积多少，惟在百姓苦乐。贞观元年，太宗曰："朕看古来帝王以仁义为治者，国祚延长，任法御人者，虽救弊于一时，败亡亦促。既见前王成事，足是元龟。今欲专以仁义诚信为治。望革近代之浇薄也。"

贞观二年，太宗谓侍臣曰："朕谓乱离之后，风俗难移，比观百姓渐知廉耻，官民奉法，盗贼日稀，故知人无常俗，但政有治乱耳。是以为国之道，必须抚之以仁义，示之以威信，因人之心，去其苛刻，不作异端，自然安静，公等宜共行斯事也。"

贞观十三年，太宗谓侍臣曰："林深则鸟栖，水广则鱼游，仁义积则物自归之。人皆知畏避灾害，不知行仁义则灾害不生。夫仁义之道，当思之在心，常令相继，若斯须懈怠，去之已远。犹如饮食资身，恒令腹饱，乃可存其性命。"王珪顿首曰："陛下能知此言，天下幸甚！"

15. 君子慎言，杜绝歧义流弊。贞观二年，太宗谓侍臣曰："朕每日坐朝，欲出一言，即思此一言于百姓有利益否，所以不敢多言。"给事中兼知起居事杜正伦进曰："君举必书，言存左史。臣职当兼修起居注，不敢不尽愚直。陛下若一言乖于道理，则千载累于圣德，非止当今损于百姓，愿陛下慎之。"太宗大悦，赐彩百段。

贞观八年，太宗谓侍臣曰："言语者，君子之枢机，谈何容易？凡在众庶，一言不善，则人记之，成其耻累，况是万乘之主？不可出言有所乖失。其所亏损至大，岂同匹夫？我常以此为戒。隋炀帝初幸甘泉宫，泉石称意，而怪无萤火，敕云：'捉取多少于宫中照夜。'所司遽遣数千人采拾，送五百舆于宫侧，小事尚尔，况其大乎？"魏征对曰："人君居四海之尊，若有亏失，古人以为如日月之蚀，人皆见之，实如陛下所戒慎。"

贞观十六年，太宗每与公卿言及古道，必诘难往复。散骑常侍刘洎上书谏曰："臣闻皇天以无言为贵，圣人以不言为德，老子称'大辩若讷'，庄生称'至道无文'，此皆不欲烦也。是以齐侯读书，轮扁窃议，汉皇慕古，长孺陈讥，此亦不欲劳也。且多记则损心，多语则损气，心气内损，形神外劳，初虽不觉，后必为累。须为社稷自爱，岂为性好自伤乎？"

太宗手诏答曰："非虑无以临下，非言无以述虑。比有谈论，遂至烦多。

轻物骄人，恐由兹道。形神心气，非此为劳。今闻说言，虚怀以改。"

16. 方圆在器，治乱在人。贞观二年，太宗谓侍臣曰："古人云'君犹器也，人犹水也，方圆在于器，不在于水。'故尧、舜率天下以仁，而人从之；桀、纣率天下以暴，而人从之。下之所行，皆从上之所好。至如梁武帝父子志尚浮华，惟好释氏、老氏之教；武帝末年，频幸同泰寺，亲讲佛经，百寮皆大冠高履，乘车扈从，终日谈论苦空，未尝以军国典章为意。及侯景率兵向阙，尚书郎以下，多不解乘马，狼狈步走，死者相继于道路。武帝及简文卒被侯景幽逼而死。孝元帝在于江陵，为万纽于谨所围，帝犹讲《老子》不辍，百寮皆戎服以听。俄而城陷，君臣俱被囚挚。庾信亦叹其如此，及作《哀江南赋》，乃云：'宰衡以干戈为儿戏，缙绅以清谈为庙略。'此事亦足为鉴戒。朕今所好者，惟在尧、舜之道，周、孔之教，以为如鸟有翼，如鱼依水，失之必死，不可暂无耳。"

17. 重农务本，安人宁国。贞观二年，太宗谓侍臣曰："凡事皆须务本。国以人为本，人以衣食为本，凡营衣食，以不失时为本。夫不失时者，在人君简静乃可致耳。若兵戈屡动，土木不息，而欲不夺农时，其可得乎？"王珪曰："昔秦皇、汉武，外则穷极兵戈，内则崇侈宫室，人力既竭，祸难遂兴。彼岂不欲安人乎？失所以安人之道也。亡隋之辙，殷鉴不远，陛下亲承其弊，知所以易之。然在初则易，终之实难。伏愿慎终如始，方尽其美。"太宗曰："公言是也。夫安人宁国，惟在于君。君无为则人乐，君多欲则人苦。朕所以抑情损欲，克己自励耳。"

贞观二年，京师旱，蝗虫大起。太宗入苑视禾，见蝗虫，掇数枚而咒曰："人以谷为命，而汝食之，是害于百姓。百姓有过，在予一人，尔其有灵，但当蚀我心，无害百姓。"将吞之，左右遽谏曰："恐成疾，不可。"太宗曰："所冀移灾朕躬，何疾之避？"遂吞之。自是蝗不复为灾。

贞观五年，有司上书言："皇太子将行冠礼，宜用二月为吉，请追兵以备仪注。"太宗曰："今东作方兴，恐妨农事。"令改用十月。太子少保萧瑀奏言："准阴阳家，用二月为胜。"太宗曰："阴阳拘忌，朕所不行。若动静必依阴阳，不顾理义，欲求福祐，其可得乎？若所行皆遵正道，自然常与吉会。且吉凶在人，岂假阴阳拘忌？农时甚要，不可暂失。"

贞观十六年，太宗以天下粟价率计斗值五钱，其尤贱处，计斗值三钱，因谓侍臣曰:"国以民为本,人以食为命。若禾黍不登,则兆庶非国家所有。既属丰稔若斯,朕为亿兆人父母,唯欲躬务俭约,必不辄为奢侈。朕常欲赐天下之人,皆使富贵,今省徭赋,不夺其时,使比屋之人恣其耕稼,此则富矣。敦行礼让,使乡闾之间,少敬长,妻敬夫,此则贵矣。但令天下皆然,朕不听管弦,不从畋猎,乐在其中矣!"

18. 见异象而自思不德。贞观八年,有彗星见于南方,长六丈,经百余日乃灭。太宗谓侍臣曰:"天见彗星,由朕之不德,政有亏失,是何妖也?"虞世南对曰:"昔齐景公时彗星见,公问晏子。晏子对曰:'公穿池沼畏不深,起台榭畏不高,行刑罚畏不重,是以天见彗星,为公戒耳!'景公惧而修德,后十六日而星没。陛下若德政不修,虽麟凤数见,终是无益。但使朝无阙政,百姓安乐,虽有灾变,何损于德?愿陛下勿以功高古人而自矜大,勿以太平渐久而自骄逸,若能终始如一,彗见未足为忧。"太宗曰:"吾之理国,良无景公之过。但朕年十八便为经纶王业,北剪刘武周,西平薛举,东擒窦建德、王世充,二十四而天下定,二十九而居大位,四夷降伏,海内乂安。自谓古来英雄拨乱之主无见及者,颇有自矜之意,此吾之过也。上天见变,良为是乎?秦始皇平六国,隋炀帝富有四海,既骄且逸,一朝而败,吾亦何得自骄也?言念于此,不觉惕焉震惧!"魏征进曰:"臣闻自古帝王未有无灾变者,但能修德,灾变自销。陛下因有天变,遂能戒惧,反复思量,深自克责,虽有此变,必不为灾也。"

贞观十一年,大雨,谷水溢,冲洛城门,入洛阳宫,平地五尺,毁宫寺十九,所漂七百余家。太宗谓侍臣曰:"朕之不德,皇天降灾。将由视听弗明,刑罚失度,遂使阴阳舛谬,雨水乖常。矜物罪己,载怀忧惕。朕又何情独甘滋味?可令尚食断肉料,进蔬食。文武百官各上封事,极言得失。"

第二节 中国历史上"中兴"的特点和总结

一、伊尹与太甲:君行自省,臣行自诚

太甲是商代开国君主成汤的嫡长孙,是商代第四位君主。《史记·殷本

第六章 经典经济学在中国本土的验证（上）：道德的感通

纪》载："帝太甲既立三年，不明，暴虐，不遵汤法，乱德，于是伊尹放之于桐宫。三年，伊尹摄行政当国，以朝诸侯。帝太甲居桐宫三年，悔过自责，反善，于是伊尹乃迎帝太甲而授之政。帝太甲修德，诸侯咸归殷，百姓以宁。伊尹嘉之，乃作太甲训三篇，褒帝太甲，称太宗。"

现在听来这实在是天下奇事，怎么做臣子的竟然可以软禁天子，令其反省过错，改邪归正！公孙丑曰："伊尹曰：'予不狎于不顺。'放太甲于桐，民大悦。太甲贤。又反之，民大悦。贤者之为人臣也，其君不贤，则固可放与？"孟子曰："有伊尹之志，则可；无伊尹之志，则篡也。""伯夷，圣之清者也；伊尹，圣之任者也；柳下惠，圣之和者也；孔子，圣之时者也。孔子之谓集大成。"

根据司马迁的记载，太甲和伊尹君臣之后，经过沃丁、太康、小甲，至帝雍己时，"殷道衰，诸侯或不至。"就是到了殷代第八位天子时，已经有部分诸侯轻视天子，不来朝拜了。帝雍己死后，由弟弟太戊立为天子，帝太戊以伊陟为相，伊陟告诉天子"妖不胜德"，天子只需要考虑自己的为政是否有缺漏，鼓励太戊"帝其修德"。结果不久"殷复兴，诸侯归之，故称中宗"。这是商代在成汤立国有衰败之象后的第一次复兴。

孟子说过人必自侮而后人侮之。反之，人必自德而后人皆怀之。帝太戊之后间隔两帝至河亶甲，"殷复衰"；河亶甲之子帝祖乙立，"殷复兴"。这是商代第二次复兴。

其后五代至帝阳甲，"殷衰"；帝阳甲崩，其弟盘庚立。盘庚欲"复居成汤之故居，乃五迁，

○ 是不是伊尹之志在今天只能是"故事"了？

○ 天子只需考虑为政是否有缺漏，普通人只需要反省自己为人是否正大光明。

263

无定处。"当时大家都有怨言，不想搬迁。盘庚就告谕诸侯大臣说："昔高后成汤与尔之先祖俱定天下，法则可修。舍而弗勉，何以成德！"其后渡过黄河，"治亳，行汤之政，然后百姓由宁，殷道复兴。诸侯来朝，以其遵成汤之德也"。这是商代第三次复兴。

盘庚之后，其弟小辛立，"殷复衰"。此时百姓都非常怀念盘庚，"乃作盘庚三篇"，以纪念、歌颂和希冀。帝小辛之后为其弟小乙立，帝小乙之后，其子武丁即位，武丁志在复兴殷政，但是一直找不到可以辅佐他得筹大志的圣贤，竟然"三年不言，政事决定于冢宰，以观国风。"后来终于"得说于傅险中"，"与之语，果圣人，举以为相，殷国大治。"武丁修政行德，"天下咸欢，殷道复兴"。这是商代第四次复兴。

武丁之后，经帝祖庚，至祖甲立，因祖甲淫乱，"殷复衰"。间隔两帝，至帝武乙立，"殷复去亳，徙河北"。自古迁都为国家大事，当年盘庚思祖德，效法成汤之德，而从黄河之北迁都河南，中兴殷朝，后世称赞。人与自然环境和谐相处，古来皆谓之"天人合一"，演化为居住建筑的堪舆学说。虽然向来有"福地福人居，福人居福地"之说，但是真正的"风水"其实就在人的心里：心念善，则恶地变为福地；心念艰险狡诈恶毒，则福地变为恶地。帝武乙迁都不修德勤政，昏愦无道，所行乖戾诡异，实在是国家衰败灭亡之兆。例如，他以皮囊盛血，以箭射之，竟然称之为"射天"！《史记》记载，"武乙猎于河渭之间，暴雷，武乙震死。"其子孙相继立为殷天子，然而"殷益衰"。这一衰，是在帝甲衰败基础上

○ 殷朝几次衰落复兴，皆因天子修德振业。这是"历史"对"经济"的"实证"。

的雪上加霜,以前每次衰败,总有修德振业的天子,把天下带回兴旺之路,当衰之又衰时,恐怕回天乏力了。

若说定数、宿命之说,是不明自然伦理的见识。被雷震死的武乙之曾孙名辛,因其母为正后,以次子身份立为帝辛,"天下谓之纣"。根据史书记载,商纣王乃天生异人,"资辨捷疾,闻见甚敏;材力过人,手格猛兽;知足以距谏,言足以饰非",是说他头脑敏捷,反映极快,力大无穷,雄辩滔滔,甚至可以辩无理为有理,辩过错为巧行。以此资质,如果能够如其圣德先祖,励精图治,复兴殷道,不是难事。但是偏偏纣王"衿人臣以能,高天下以声","好酒淫乐,嬖于妇人",使人"作新淫声,北里之舞,靡靡之乐",厚赋税,搜奇物,慢天地,淫乱不止。于雪上加霜之殷政运势,再加淫雨暴风,所以后世不见殷道第五次复兴,而见近 700 年国祚覆灭。

《康诰》曰:"惟命不于常。"曾子曰:"道善则得之,不善则失之矣。"天下治乱、国家兴亡、家道穷通、人事沉浮,无一不循善恶之自然轨道运行。"看不见的手",大家看到了吗?不是市场,是伦理。

二、勾践复国:卧薪尝胆,励精图治

越王勾践的祖先是"禹之苗裔,而夏后帝少康之庶子,封于会稽,以奉守禹之祀"。经过 20 多代的传承,到了勾践父亲允常这一辈,和吴王阖闾征战不断。允常去世后,勾践立为越王。过了三年,勾践听说吴王夫差日夜练兵,目的就是要攻打越国,就想先下手为强。范蠡谏阻说:"不可。臣闻兵者凶器也,战者逆德也,争者事之末也。阴谋逆德,好用凶器,试身于所末,上帝禁之,行者不利。"但是越王不听劝,执意用兵。结果被吴王击败,越王领五千多兵卒退守会稽,吴王追而围之。

越王后悔不听范蠡的劝告,范蠡对他说:"持满者与天,定倾者与人,节事者以地。卑辞厚礼以遗之,不许,而身与之市。"勾践采纳范蠡的计策,向吴王献美女宝器,称臣。吴王不听子胥"今不灭越,后必悔之"的劝告,赦越罢兵而归。

勾践起初不听良言相劝,逆德兴兵,自取其辱;其后忍辱负重,发奋图强,经过 22 年的努力,灭吴兴越,且不论争战胜负的正义与否,其自强不息的奋斗精神是后世学习者难得的精彩范例。总结而言,有以下几点:

○ 勾践复国用了 22 年。专注是一种坚韧的力量，看看巴菲特持股的耐心，可反思我们是不是心浮气躁。

1. 贤君良臣。家和万事兴，人尽其才、物尽其用就是最大的经济效率。伍子胥对勾践一方的"管理层"评价是："勾践是贤君，文种、范蠡都是良臣。"敌我之间，对手的正面评价往往是真切之言，不会有溢美之词。事后也证明伍子胥的识人是准确的。勾践动摇信心时，臣子激励打气，助其恢复信心。例如文种劝他说："汤系夏台，文王囚羑里，晋重耳奔翟，齐小白奔莒，其卒王霸。由是观之，何遽不为福乎？"失败乃成功之母，祸兮福之所倚，教会并鼓励勾践乐观、辩证地看问题。

2. 知错能改，为政以德。兵败后越王勾践返回越国，"食不重味，与百姓同苦乐"，与治生之祖白圭的"与用事童仆同苦乐"异曲同工。"苦身焦思，置胆于坐，坐卧即仰胆，饮食亦尝胆也。曰：'女忘会稽之耻邪？'身自耕作，夫人自织，食不加肉，衣不重采，折节下贤人，厚遇宾客，振贫吊死，与百姓同其劳。"虽然我们知道勾践是可共患难、不可同甘之人，但是勾践在困境能够做到"与百姓同其劳"20 多年，也是有志之人。

3. 知耻图强，知人善任。勾践想要用范蠡治理国政，范蠡说："兵甲之事，种不如蠡；镇抚国家，亲附百姓，蠡不如种。"臣子之间的相知相让，得五伦顺转之妙，有上下相和之境，符合孙子"上下同欲者胜"的兵家局势判断的大要，难能可贵。

在历史上，国家在自己手上败亡又在自己手上恢复的，非常罕见。励精图治、忍辱负重、与民同作，22 年不懈，可谓意诚身修，能够最后富国强兵，雪会稽之耻，是伦理之必然。然而，其修德是为了复仇，不谓心正，终究不入王道而行霸道。范蠡谓之"可与同患，难与处安"，是识人之大智。后世足以戒之、鉴之。

三、光武中兴：偃武修文，光大祖德

西汉开国200年，为外戚王莽所篡，刘秀巧为措置，恢复汉室，在当时的历史条件下，是"师出有名，征伐有义"。然而不具充分的智勇德行，难以克谐。纵观历史，昆阳之战见刘秀之勇与智；兄长犯上、宛城谢罪见刘秀之义与谦；兴兵20年，"每一发兵，头须为白"见刘秀之强与仁。

再次统一时，全国人口"十存其二"。光武帝"知天下疲耗，思乐息兵，自陇蜀平后，未尝复言军旅"，为尽快地恢复和发展，躬行节俭、奖励廉洁、整顿吏治、选贤与能、与民休养生息、薄赋敛、省刑法。建武六年（公元30年），下诏恢复西汉前期三十税一的税制；连续下达六道释放奴婢的命令，使得自西汉末年以来大量农民因失去土地而沦为奴婢的问题得到根本解决，战乱中大量荒芜土地也逐渐恢复耕种。光武帝"并省四百余县，吏职减损，十置其一"，吏治精简极大地减轻农民负担，"内外匪懈，百姓宽息"。统治末期的人口数量比开国之初期翻一番还多，达到了2000多万人，再现经济繁荣景象，史称"光武中兴"。

曹植在《汉二祖优劣论》中指出："夫世祖体乾灵之休德，禀贞和之纯精，通黄中之妙理，韬亚圣之懿才。其为德也，聪达而多识，仁智而明恕，重慎而周密，乐施而爱人。故攻无不陷之垒，战无奔北之卒。是以群下欣欣，归心圣德。"诸葛亮则认为曹植论光武帝有失全察："将则难比于韩、周，谋臣则不敌良、平。时人谈者，亦以为然。吾以此言诚欲美大光武之德，而有诬一代之俊异。何哉？追观光武二十八将，下及马援之徒，忠贞智勇，无所不有，笃而论之，非减曩时。所以张、陈特显于前者，乃自高帝动多疏阔，故良、平得广于忠信，彭、勃得横行于外。""光武神略计较，生于天心，故帷幄无他所思，六奇无他所出，于是以谋合议同，共成王业而已。""与诸臣计事，常令马援后言，以为援策每与谐合。此皆明君知臣之审也。光武上将非减于韩、周，谋臣非劣于良、平，原其光武策虑深远，有杜渐曲突之明；高帝能疏，故陈、张、韩、周有焦烂之功耳。"

二者之论，我当然取诸葛之论。因为诸葛经济天下，文武兼备，理事圆

○ 做董事长的，可有人专门研究一下刘秀是如何兴业的？

融，能见常人所未见者，非书生管窥之见。后世学人多持书生之见，以为道德仁义无非口说之词，无非羸虚软弱之辈，实在是未解圣贤经典真实义，不知圣人行事，行所当行，发大云雷音非在声高，做师子吼意在发聩。不明孔夫子为什么杀少正卯一事之内涵，空谈儒学之新，仍不免门外汉之讥、入海量沙之笑！秦朝统一之后，刘秀为第一位复国中兴之祖，所谓"史无前例"。详究其迹，虽是前朝旧事，亦得以窥见天机之密、圣贤之意，古今不异。知仁不知强者，不谓知仁，百无一用。今日欲振兴衰颓企业者，欲扭亏为盈者，乃至在经济金融危机之下，欲领各业走出泥潭者，当沉潜思虑，摒弃邪说俗解，得真实造福之策，中兴有望焉。

第三节　中国历史上改革图强事例的伦理评鉴

根据历史资料记载，中国古代历代王朝无不把经济置于显位。历朝法典中，如《秦律》《汉律》《唐律》《元典章》《大明律》《大清律例》等，都记载了丰富翔实的经济制度。在各代史学家所著的典章制度中，经济制度都居首要地位。唐朝杜佑在所著中国历史上的第一部典章制度史《通典》中，将《食货志》十二卷居其首。元代马端临《文献通考》，首要二十七篇记载了田赋、国用、职役、征榷等经济制度的演变过程。

第六章　经典经济学在中国本土的验证（上）：道德的感通

国家经济是支持和维护各种社会制度产生和巩固发展的物质基础。从这个意义上看，有历史记载以来的中国社会经济变革、发展，实际上是在中国本土经济学指导下进行的，这一过程反映了中国历史上各个朝代兴衰更替的经济原因。历史上一些朝代的变法，也多是围绕着国家财力而开展的。

古代称"变法"，当代称"改革"，二者没有本质不同。对于历史上的变法研究，汗牛充栋，但是截至今日，尚无人从伦理经济学的角度，分析其兴败得失。"卑之无甚高论"，唯从国家时运、人品端曲、性格和乖、机巧权变等方面分析其是否符合自然伦理。合，则成；离，则败。善，则兴；恶，则亡。顺，则盛；逆，则衰。

一、商鞅变法：兴国运，犯人情

秦献公死后，其子孝公即位，时年二十一岁。当时黄河、崤山以东有强国六个，淮河、泗水之间小国十多个。楚国、魏国与秦国接界，魏国筑长城，自郑滨洛以北有上郡；楚自汉中，南有巴、黔中。他们都敌视隔绝秦国，阻止秦国和中原其他国家会盟。在这种不利的形势下，年轻的秦孝公发愤，史书称"布德修政，欲以强秦"。历代总结商鞅变法的文章见解，无一不注重孝公用商鞅如何"修政"，而忽略了比修政更根本的因素，即秦孝公的"布德"。《史记·秦本纪》记载："孝公于是布惠，振孤寡，招战士，明功赏"。并于周显王八年（庚申，公元前三六一年）向全国颁布王令："昔我穆公，自岐、雍之间修德行武，东平晋乱，以河为界，西霸戎翟，广地千里，天子致伯，诸侯毕贺，为后世开业甚光美。会往者厉、躁、简公、出子之不宁，国家内忧，未遑外事。三晋攻夺我先君河西地，丑莫大焉。献公即位，镇抚边境，徙治栎阳，且欲东伐，复穆公之故地，修穆公之政令。寡人思念先君之意，常痛于心。宾客群臣有能出奇计强秦者，吾且尊官，与之分土。"其大意，在于：（1）祖上"修德行武"，"开业光美"；（2）内不修政布德，外被攻伐夺地，国家蒙羞；（3）述人之志，继人之事，欲孝祖德，募贤兴国；（4）痛下决心，不惜与可强国者"分土"。

在这样的背景下，卫公孙鞅"闻是令下，乃西入秦"。公孙鞅本是卫国"庶孙"，擅长刑名之学，跟随魏国相国公叔痤。"痤知其贤，未及进"。他对公孙鞅的评价是"年虽少，有奇才"，希望自己死后魏惠王能够"举国而听之"，而假设不任用鞅，"必杀之，无令出境。"意在一旦为他国所用，必是魏国国家大患。足见这个魏国丞相对他的评价无以复加。卫鞅到了秦国，见孝公"说以富国强兵之术。公大悦，与议国事。"

周显王十年（壬戌，公元前三五九年）卫鞅"欲变法，秦人不悦"。卫鞅对秦孝公说，一般百姓的智慧见识只能享受成功后的快乐，而不能事先和他们商量强国大略，"夫民不可与虑始，而可与乐成。""论至德者不和于俗，成大功者不谋于众。是以圣人苟可以强国，不法其故。"他说一般老百姓常常安于故俗，而一般学者沉溺于书生之见，这两种人让他们居官守法还可以，让他们明白风俗法令制度之外的道理就非常困难。所以"智者作法，愚者制焉；贤者更礼，不肖者拘焉。"秦孝公认为他说得对，就任命他为左庶长，"卒定变法之令"，也就是充分信任他，变法的具体措施他可以做最终决断。

变法的要害是"有功者显荣，无功者虽富无所芬华"，用今天的话说，就是打破了既得利益集团的垄断，重新制定收入分配的依据和机制。想想看，这是何等气魄和力度！结果如何呢？"行之十年，秦国道不拾遗，山无盗贼，民勇于公战，怯于私斗，乡邑大治。"（《资治通鉴·周纪二》）但是，这种本末倒置的大治产生了一个严重的社会问题，就是"遗礼义，弃仁恩，秦俗日败"。由于教化削弱，单纯强调经济之发展，鼓励军功以进爵，人民"并心于进取"，"行之二岁，故秦人家富子壮则出分，家贫子壮则出赘；借父耰锄，虑有德色；母取箕帚，立而谇语；抱哺其子，与

○ 论至德者不和于俗，成大功者不谋于众。

○ 只强调经济强盛，而忽略善德教化，会产生巨大的社会问题。今日社会足当警惕！

公并居；妇姑不相说，则反唇而相稽；其慈子、耆利，不同禽兽者亡几耳。"也就是说，虽然严厉的刑名法治和追求财利名爵使国家变得富足强盛，但是长幼尊卑秩序的破坏却毁坏了醇厚的风俗，上下不定，父子六亲不得其宜，"犹渡江河亡维楫，中流而遇风波"，覆亡之运在所难免。由此观之，后世秦国一统天下，靠的是强兵铁甲，摧枯拉朽，拜卫鞅变法所赐；仁政不施，暴虐天下，一传二世而覆亡，远究其源，亦拜卫鞅所赐。

今日疯狂叫嚣"市场经济是人类最伟大的创造，是人类进步最好的游戏规则"的学者，忽弃国家政府为无为之"主明而天下大安"的学者，无知到了如南怀瑾先生所说的"令人毛骨悚然"的地步！当思历史前车之鉴，当思古来为文之道，"言满天下而无口过"，何故今时有如此邪言乱世者？真是"末世邪师说法如恒河沙"！

二、王安石变法：得天时，失人和

在中国经济史上，王安石变法影响深远。与商鞅变法有着类似的背景：均是年轻的皇帝打算借变法富国强兵、巩固政权。宋神宗赵顼，于公元1067年即位，年仅20岁。第二年便召见已近50岁的王安石进京议对。王安石当年21岁以第四名中进士，个性拗强，品德高尚，学识渊博，素有"矫世变俗之志"。仁宗时曾上《万言书》，提出变法主张，名动朝野。面对皇帝召见，王安石慎重起见，当场没有对国家的状况和改革意见表态，而是回去后写了《本朝百年无事札子》，陈述仁宗德政之外，指出"累世因循末俗之弊"，切中肯綮，为变法之依据。约略列之，有以下十条：

1. 皇帝未能与士大夫研讨先王治国之法；
2. 正确的言论和错误的主张往往夹杂采纳；
3. 任用官吏论资排辈，没有必要的考核措施；
4. 文人任武官，外行管理内行；
5. 官吏调动频繁，游谈之士谋得高官，贤能之士反受排挤；
6. 赋税过重，政府没有兴修水利等促进农业发展的设施，农民生活困苦；
7. 五代以来在军队当中养成的笼络迁就的坏习气一直没有得到整顿；
8. 先王的用人原则是奖优罚劣，而皇族人员不经选拔就担当重任，有违公允；

9. 朝堂内缺乏理财的财政人才，国家财政拮据，一旦有外患和天灾，岌岌可危；

10. 最后一点，王安石说得委婉，就是"本朝"108 年以来的存在其实有侥幸的成分，"虽曰人事，亦天助也"。

据说宋神宗极赏识王安石的见解，于次年二月任命王安石为参知政事（相当于今天的副总理），遂张变法大业。

王安石明确提出理财是宰相的头等大事，指出："今所以未举事者，凡以财不足故，故臣以理财为方今先急"；"政事所以理财，理财乃所谓义也"；"因天下之力以生天下之财，取天下之财以供天下之费。"他同样秉承中国历史上各朝共同的原则"治道之要，贵在不扰"，坚持官府不能干扰正常的社会生产和经济生活，反对过分的专利征收，坚持"榷法不宜太多"。在变法中，他首先强调"去疾苦、抑兼并、便趣农"，国家制定相应的政策，提高劳动者的积极性和自主性。如果联系 30 年前中国改革开放之初施行家庭联产承包责任制，调动农民积极性，我们不能不为历史的相似而感慨。

王安石新法理财措施的核心是"民不加赋而国用饶"，主要是均输法、市易法和免行法。均输法减轻了纳税户的额外负担，市易法限制了大商人垄断市场，也增加了朝廷的财政收入。促进农业生产的变法措施有青苗法、募役法、方田均税法和农田水利法。其中青苗法使农民在青黄不接之际，不至受"兼并之家"高利贷的盘剥，使农民能够"赴时趋事"。从新法实施到新法罢废，将近 15 年时间，每项新法在推行后，农民减轻了劳役和赋税负担，增加了财政收入。

1930 年，美国经济大萧条，时任农业部长的华莱士仿照王安石的青苗法，在美国建立常平仓（中国古代储备粮荒平抑粮价的政府粮仓），一方面实施农业贷款，另一方面收购多余的物资和粮食，免费发给城市人民，不但解决了粮荒问题，还保证了粮食物资价格的稳定，为美国度过经济大萧条起了重要的作用。甚至有人认为，在某种程度上，是王安石的经济智慧拯救了饥饿的美国农民。1944 年，华莱士访华期间，有关的报道写道："华氏研究中国历史，对于吾国王安石之农政，备至推崇，迭次言论中皆有向往之词。"华莱士认为，罗斯福时代的美国与王安石时代的中国经济形势非常相似，一方面农产品过剩，另一方面农业信贷系统被垄断集团所把持，一般农民无法取得贷款，土地被地主收回，生计日窘，只有通过政府向人民提供贷款，使农民们能够尽快找到生计，才较好地解决这个问题。

现在有人把王安石变法和 20 世纪 30 年代美国新政相提并论，并举为"世界经济史上影响巨大的事件"。在目前所见的书中，从史实资料上去"总结"王安石的变法思想的人多，能从文化渊源上入手去考察变法思想的来源者少。依据目前的研究体系，人们要认识历史真相非常困难。比如，人们皆知反对王安石变法的头号人物是司马光，那么司马光的财政思想和王安石的思想截然相反吗？不是的，现举一例可知。宋仁宗宝元年间，枢密副使庞籍出知并州，任司马光为通判。其时河西良田常常为西夏蚕食，并构成对河东的威胁。司马光建议在麟州筑堡防御，同时招募农民耕种这些良田。这样，不但无地的农民获得了土地，国家的边防也得到了加强。种地的农民多了，粮价就会下跌，这又能平抑河东的物价，也免得要从远处运送军粮，可谓"一箭数雕"。这种"屯垦戍边"的方案与王安石的某些新法如出一辙。论起文章道德，司马光都足以和王安石相提并论，都一直关注和思考着国家的命运与前途，司马光对于宋王朝存在的弊病甚至比王安石看得更清楚、更透彻。若从动机上看，司马光与王安石同样希望国富民强。原本也是改革派的司马光，之所以要反对王安石的变法，是因为他更看重效果，更看重统治集团的和谐。王安石的变法措施使他自己成为大多数利益集团的对立面，为新法被废除埋下祸根。司马光执政后，在中央财政出现困难时，王安石设计的部分变法措施又重新施行，以提高北宋朝廷的财政收入。以此来看，所谓的"保守派"反对的并非完全是变法，而是反对王安石。

本书总结中国经典经济学的观点，认为变法的失败，责在宋神宗和王安石二人。宋神宗至少有三点不足：（1）没有秦孝公推行变法那样坚定持久；（2）没有协调各方意见、平息争论的深谋远虑；（3）对于改革变法中出现的问题没有正确对待处理。德不足，仁不满，智不周，勇非大勇，强非恒强，后期又完全废弃一些合理的变法措施，有失君主信义，要么不足，要么过火，岂能定住心神，得大业之终成！

至于王安石，则需从为人性格方面寻找原因，为变法最后失败负责。王安石年少成名天下，加上性情拗强耿直，才气文章为一时之冠，加之为皇帝器重，欲除百年积弊，行千年少有之大业，意气风发、理直气壮之余，未能

○ "经济学家"绝不能是黑板经济学家。

身矮就下,未能团结同事,未能政治协商以求得最广大范围的理解和支持,以至于积怨沸腾,变法制度本身是否合理已经退居第二位,人事纷争已经上升到第一位,如此情势,欲其成功,"岂可得耶"!

成就大业者,道、德、仁、义、礼、智、信、勇、强、和十者缺一不可。王安石不能体念老子"以柔弱胜刚强"之深意,不能在自身性格品行缺憾上检讨,失去大智,未能深谋远虑;失去谦和,未能取得"最广泛的变法统一战线",最终失去变法的成功。虽然在与司马光的文辞论战中占得上风,虽然令讥讽经义取士流弊的苏轼等下狱贬官,逞一时才情之快,于国家有害,于己无益,实在是书生意气用事。称文学家名副其实,称改革家或者政治家,尚欠火候。千年以来,文人风气,纸上谈兵者多如牛毛,深通世情者凤毛麟角。未有印证于身心的真实功夫,不明大学之道、中庸之道的客观伦理本质,妄言经济之道,实在是自误误人。曾子曰:"是故君子有诸己而后求诸人,无诸己而后非诸人。"只有能够真正印证自然伦理真实不虚的圣人,才是通达无碍的经济学家。

《老子》第三十六章云:"将欲歙之,必固张之。将欲弱之,必固强之。将欲废之,必固兴之。将欲取之,必固与之。是谓微明。柔弱胜刚强。"王安石的勇猛、刚强和无畏值得称道,但是为政之道不懂得柔弱胜刚强,结果留下千古遗憾。试想,如果变法由管仲来施行,会不会成功?后世的戚继光为了养军抗倭,不惜代价用金钱换得相关官员的不挑刺、不弹劾、不猜忌,死后"家无余粮";曾国藩初期也是锋芒毕露,遭受打击后"闭门思过",而后曾大帅突然"洗心革面,重新做人",挨家请安叩拜,结果能够大振湘军,遂有中兴之臣的美誉。《易经》讲刚柔,"地势坤,君子以厚德载物",教会中国人能伸能屈的智慧。理直气壮,一言不合就勃然变色是休养的大忌,如何能够成就伟大的功业!

第四节　中国经典经济学意义上的经济学家及其理论

中国古代时提起经济,"非徒以食货飨之,诚全心于天下百姓和社稷安危之属也",归之于圣人之事,贤人之事,真人之事,至人之事,大人之事,皆谓之"有道之士"才有智能经济天下。古代当然没有"经济学家"这样的称呼,但究其实,那些"于经济之道有得之士"却是地地道道的经济学家。本节中国本土经济学家的选择标准,是有理论,有实践,有留传之法,有实在的事功业绩,不是今天在黑板上滔滔不绝的学者,一定要解行相应、知行合一才合乎标准。

现在"经济学家"里有独立操守和见解的并不多见。让我们看一下张五常教授在《多难登临录》里的"自白":"我是研究经济的,政策的效果自己分析得快,分析得准——准过我认识的任何人。认为政策增加劳苦大众的机会,我站起来拍掌;认为政策扼杀劳苦大众的机会,我大声疾呼;认为自己出错,立刻改正。不敢说半句自己不相信的话。这样的行为是先父和老师的教诲"。① 张五常教授这样的坚持,已经属于特立独行了。那我们想想看,所谓的"主流"经济学家究竟都是什么样子?从目前对于经济危机的无奈和失语的现状可见一斑。现在社会科学领域活跃的西方经济学家有"七宗最":(1)拿出场费最多;(2)声誉最差;(3)生活最奢侈;(4)话最多;(5)最没有用;(6)捞取国家科研经费最多;(7)课题报告

---

① 张五常:《多难登临录》,中信出版社2009年11月第1版,第54页。

最空洞，堪称当代经济八股文。张五常教授谓之"满纸方程式，没内容，对真实的经济现象半点儿解释力都没有"。

本土经济学家都是在真实的世界中"打出来的"，犹如金庸武侠小说中的少林功夫，要自己打出"山门"才算数。经济学的学问，是至少要解决老百姓开门七件事"柴米油盐酱醋茶"的，军事上"纸上谈兵"是要全军覆没的，经济上"画饼充饥"也是要死人的。从此，"经济学家"的概念要改写。

一、管仲：事理相应，垂万世之法

管仲（公元前730年—前645年），名夷吾，春秋时期齐国颍上（今安徽颍上）人。少时丧父，与母亲相依为命，生活贫苦，与鲍叔牙合伙经商维持生计。后经鲍叔牙荐为齐国上卿，辅佐齐桓公成为"春秋五霸"第一位霸主，有"春秋第一相"之美誉。著《管子》一书传世，是中国"最全面、最系统、最专业"的经典经济学著作。

○ 只有三类人才有资格评论管子经济学。

单以有历史记载的"专业"经济智慧而论，管子是近3000年的世界历史上最伟大的经济学家之一。如果今天的学人能够放下自己的偏见，克服对文言的畏惧，自己仔细领会《管子》的内涵，而不是阅读被种种思想枷锁捆死了的经济思想史专家曲解了的"专著教材"，会发现今时值得称道的那部分经济学认识早就在2700年前被管子囊括其中了。有胆量、有见识的领导人，如果放弃西方经济学繁冗无措的理论指导，转而求助于"管子经济学"，胜算要大上何止千倍。

第六章　经典经济学在中国本土的验证（上）：道德的感通

中国本土伟大的经济学家——管子

管仲：事理相应，垂万世之法

　　管仲（公元前 730 年—前 645 年），名夷吾，春秋时期齐国颍上（今安徽颍上）人。少时丧父，与母亲相依为命，生活贫苦，与鲍叔牙合伙经商维持生计。后经鲍叔牙荐为齐国上卿，辅佐齐桓公成为"春秋五霸"第一位霸主，有"春秋第一相"之美誉。著《管子》一书传世，是中国"最全面、最系统、最专业"的经典经济学著作。

　　在当今西方经济学体系内，不论中国的还是西方的"经济学家"，能够正确理解和评价管子经济学的人还没有出现。只有那些具有成功治理国家经济经验的领导人，经营企业 30 年以上并成为行业翘楚的领导人，和深入经藏、诚意正心乃至识心见性的大德之人，才有资格对话褒贬管子经济学。向来无知者无畏。只有走近圣贤，用心体会，你才会发现有多么"可怕"，为什么会有"五体投地"这回事。就像在你没有真正识心见性以前，只有真正走近一个绝世美女，你才会明白惊心动魄有多么"可怕"，为什么会有"心甘情愿"这回事，任你修成"白骨观"都没有用。

现存《管子》76篇，约十分之七论述经济，约十分之五是"经济专题研究"。如果中国经典经济学的多数经典都是"无形"的经济学存在，是中国本土经济学的"密教"法门，那么《管子》是不可无一不能有二的"有形"经济学存在，是中国本土经济学的"显教"法门。管子相齐四十年期间自不待言，死后数百年间齐国仍遵其教诲治理经济，在中国历史上绝无仅有。孔子感叹说："微管仲，吾其被发左衽已！"

本书列举管子经济学的十项大要如下[①]。挂一漏万，吉光片羽，是名副其实的"管窥"。即便如此，对于那些跪在西方经济学面前的人也足以振聋发聩了。我们对比的时间跨度，是2700年。如果亚当·斯密是"鼻祖"，那么在这个鼻祖之上2500年的高度上还有一个"太祖"，只不过，俯首称臣的人当然看不见。

1. 天道伦理经济观。管子把社会物质生活条件作为政治和伦理的基础，物质财富和伦理利益观念阴阳平衡，水乳交融。管子提出"德有六兴，义有七体，礼有八经"。"德"的六个主要方面是"厚其生"（日本"厚生省"名称和内涵的中国文化来源）、"输之以财"，"遗之以利"，"宽其政"，"匡其急"和"振其穷"，六德是国家政府的责任，是经济天下者的责任，是经济之道的"根本"。"义有七体。七体者何？曰孝悌慈惠，以养亲戚；敬事忠信，以养君国，织啬省用，以备饥馑。"礼有八经，"所谓八经者何？曰上下有义，贵贱有分，长幼有等，贫富有度。"管子把经济和德、义、礼一体论之，表达是中国本土经济学的伦理本质。西方经济学在分析的文化体系下，有经济基础决定上层建筑的认识，仍然是"分而对立"的观念。

胡寄窗教授认为"管子的哲学观点和当时流行的天道观念相同，把道看作是自然规律"，其实是他不知道在中国文化中，古代文言所说的"天道"就是今天所谓的"自然规律"。执着文字，不明古今概念背后本质含义的异同，是当今经济学界乃至整个学术界的通病。所以学问之道，如司马迁在《报任安书》中所说，贵在"通古今之变，成一家之言"。

[①] 引证皆出自《管子》，不再详列引文细目。有兴趣的读者自读原典，胜过此处总结万倍。

《易传》有言："富有之谓大业，日新之谓盛德"，管子认为管理国家必须做到"爱之，利之，益之，安之，四者道之出，帝王者用之而天下治矣。""国多财则远者来，地辟举则民留处，仓廪实而知礼节，衣食足而知荣辱"，"是故治民有常道，而生财有常法。非兹是无以理人，非兹是无以生财。"全部经济事务无非自然伦理的物质显现，经济万民就是大德，离开道德伦理论述经济，就只能像西方"黑板经济学"那样，离开真实的经济，假想一个"经济"在那里自顾自地"实证"，沦为怪物而不自知。

2. 劳动与土地结合的财富创造观。管子所说的财富包括自然财富和劳动产品，前者如土地、山林、河泽等，后者如谷物、桑麻、六畜和房屋等。管子认为"理国之道，地德为首，君臣之礼，父子之亲，覆育万人，官府之藏，疆兵保国，城郭之险，外应四极，具取之地"。"地者，万物之本原，诸生之根也，美恶贤不肖愚俊之所生也"。但是仅仅有土地而没有人的力作，国家是不会富强的，"地博而国贫者，野不辟也。""天下之所生，生于用力，用力之所生，生于劳身。"也就是说，有了土地，加上人类的劳动，财富由之产生。他指出国家贫困，主要不在于资源多寡，而在于劳动和经济制度，否则再多的资源也不会形成有用的财富："一曰，山泽不救于火，草木不植成，国之贫也。二曰，沟渎不遂于隘，鄣水不安其藏，国之贫也。三曰，桑麻不植于野，五谷不宜其地，国之贫也。四曰，六畜不育于家，瓜瓠荤菜百果不具备，国之贫也。五曰，工事竞于刻镂，女事繁于文章，国之贫也。"

我们当然知道，如何组织劳动，是经济制度的根本问题，组织的高明与否决定了经济效率和财富的多寡。《黄帝内经》所谓"主明则下安"。同样的国家，为什么在实施不同的劳动制度后，前后贫富悬殊？管子在2700年前就给出了答案，把资源的德行相应性质揭露出来。西方直到17世纪，才有英国的威廉·配第提出"土地是财富的母亲，劳动是财富的父亲"的观念；直到20世纪后半叶，阿马蒂亚·森才论证清楚"贫困不是因为物质缺乏，而是因为分配制度"，并因此荣膺1998年的诺贝尔经济学奖。

3. 民情自利与民德为圣的全面人性论。管子是世界上第一位清楚论述人性中的自利观念和经济活动之间互动关系的人。他分析人有正常的趋利避害倾向时说："见利莫能勿就，见害莫能勿避。其商人通贾，倍道兼行，夜以继日，千里而不远者，利在前也。渔人之入海，海深万仞，就彼逆流，乘危百里，宿夜不出者，利在水也。故利之所在，虽千仞之山，无所不上；深源之下，无所不入焉。故善者执利之在，而民自美安。不推而往，不引而来，不烦不扰，而民自富。如鸟之孵卵，无形无声，而唯见其成。"作者建议不熟悉中国经典而又以西方经济学为专业的读者，反复诵读上面的这段文字，基本上能够读出西方经济学的"大半江山"：自利假设、市场自由、自我调节、反对干预、政府守夜而民自富等等，西方要到18世纪，才由亚当·斯密表达出来。尊称斯密为鼻祖，不是"不知有汉，无论魏晋"的无知吗？整个政府经济政策的核心法则全在"善者执利之在，而民自美安。不推而往，不引而来，不烦不扰，而民自富"这一句话中。整个市场经济中逐利的形象全在"利之所在，虽千仞之山，无所不上；深源之下，无所不入"这一句话中。

最为令人敬佩的，管子不但认清人性中的自利倾向，令人难以置信地认识到民众集体的智慧具有大德，集体的智慧和圣人一样高明："夫民别而听之则愚，合而听之则圣。虽有汤武之德，复合于市人之言。是以明君顺人心，安情性，而发于众心之所聚。是以令出而不稽，刑设而不用。先王善与民为一体"。民别而听之则愚，合而听之则圣，这是中国历史上绝无仅有的表达。直到20世纪，"合而听之则圣"的观念才有了类似的现代版本，就是毛泽东主席的"人民群众的智慧是无穷的"。管子又说："民之观也察矣，我有善则立誉我，我有过则立毁我"——这哪里像2700年前的话，分明就是说：人民群众的眼睛是雪亮的，我有优点就表扬我，我有缺点就批评我。

正因为管子对人性的体察深刻而全面，他才能摒弃偏狭自利的书生之见，运用合乎自然伦理人情世故的经济智慧，在短短的几十年间把齐国经济送上霸主的地位。实践是检验真理的唯一标准，还用怀疑和比较吗？

4. 市场理论。今天西方市场经济的观念甚嚣尘上，皆谓之"舶来品"，什么叫"数典忘祖"暴露无遗。"孝者，善述人之志，善述人之事"，"痴心父母古来多，孝顺儿孙谁见了！"且看管子的论市吧：

第一，"市者，货之准也"。是说物品贵贱，要通过市场检验。哪些产品受欢迎，价格高，哪些产品价格低，要被淘汰，都要通过市场来决定。

第二，"聚有市，无市则民乏。"管仲在每一个乡里都要设立五个市场，认为没有市场人民就不能交换货物，会使物资缺乏，供应不畅。这不需要解释了，在极端计划经济的条件下，物质匮乏到何种程度，现今大部分35岁以上的中国人都深有体会。

第三,"市者,可以知治乱"。通过市场上商品的盈缺和价格波动,可以察知国家社会的运行状况,这是中国自西周以来就视为传统的经济常识。

第四,"市者,天地之财具也,而万人之所和而利也"。在市场上,天南海北的各种物品全都可以具备,人人可以在市场上通过公平交易而和气生财。市场牟利这一认识,西方要在18世纪古典经济学诞生时才领悟到,而且还丢失了"和"的重要。

第五,"市者,可以知多寡,而不能为多寡"。市场能够显示出哪些产品过剩了,哪些产品脱销了,但是市场本身并不能解决生产的多少问题。相当于指出市场的交换场所特征,是流通的过程,而不是生产的过程。

第六,"市者,劝也,劝者所以起本。"就是指出市场有信息反馈的作用,促进生产者生产更多适销对路的产品。

以上六点,都可以在现实生活中检验。市场的本质、功用、局限,管子都说得很清楚。

5. 政府财政与宏观调控理论。管子在国家财政与宏观调控方面的阐述,胡寄窗教授评价为"不独在先秦诸子中无与匹伦,即使在清朝中叶以前的历代财政家的见地也没有超出它所涉及的范围"。管子财政学的基本观念就是减轻赋税收入,加强经济收入,特别是以国家垄断经营的行业收入作为主要的财政收入。简单地说,就是国家减少向人们征税,而是通过市场做生意取得大部分收入。

首先,管子明确地坚持国家宏观调控。当时自然没有"国家干预"和"宏观调控"这样的词汇,而是叫做"国轨",就是国家政策对经济进行合乎轨道的规范。"田有轨,人有轨,用有轨,乡有轨,人事有轨,币有轨,县有轨,国有轨,不通于轨数而欲为国,不可"。管子对国家的全部经济活动了如指掌,在此基础上制定"泰轨",也就是相当于今天的"社会发展基本纲要"或者"十二五"规划,根据泰轨进行经济活动的管理。管仲的宏观调控实行了粮食"平准"政策,即"民有余则轻之,故人君敛之以轻;民不足则重之,故人君散之以重,凡轻重敛散之以时,则准平。……故大贾富家不得豪夺吾民矣"。一箭三雕:一是增加国家收入,二是打击了富商的囤积居奇,三是保护了普通农民的正常利益。

其次，管子的财政策略非常巧妙，使人民感觉国家几乎不怎么征税，它通过国家自己的经济活动来调控市场余缺、平抑价格和取得国用财政收入。所以，梁启超曾经提出管子持有"无税论"的观点。由于政府并不在表面上强行征税，而是通过市场法则来和人民做生意，大家公平买卖，各得其利，结果皆大欢喜，所以齐国能够在历史上第一次称霸。这是管仲对中国经济学的巨大贡献。管仲反对向"树木"、"六畜"和人口抽税，而主张"唯官山海为可也"。试举一例"煮白开水以征天下税"来说明管子财政学的高妙。盐是生活必需品，管子估计，万乘之国人口大约有1000万人，如果征收人头税，应纳税者大约十分之一，100万人，每人月征30钱，财政收入为3000万钱；而食盐是人人必须的食料，没有例外，如果实行食盐的局部垄断，每升适当提价出售，每月可得收入6000万钱。不但收入增加一倍，表面上还不曾征税；运出齐国卖给外国，仍然可以获得垄断资源收入，等于通过"煮白开水就迫使天下人向齐国纳税"。

以管子的智慧，考虑美国等经济发达国家在全球市场上的伎俩，才不得不佩服管子为什么能够使国家称霸，并使齐国位列强国几百年。

6. 社会分工理论。管子从职业分类的四业分居论推出分工理论。他认为专于一种工作，熟能生巧，"成于务，能则专"。不但能节省时间，还能够提高产品质量。社会分工还要考虑自然条件、人口多少和职业性质，所谓"天不一时，地不一利，人不一事，是以著业不得不多。"如果整个国家社会能够合理分工，布局合理，"明分任职"，就可以"治而不乱，明而不弊"。

管子指出"不务则不成"，即社会分工越是深入，则经济效率越高，成效越是显著。熟能生巧，专职操作一种业务，会减少必要的完工时间，从而有更多的时间从事生产或者休闲，也就是"能则专，专则佚"。以相对少的时间做同样的工作，按照美国经济史学家熊彼特的观点，这就是创新，就是利润的来源。这是管子去世2500年后的经济学观点。

分工的发现被当作亚当·斯密对西方经济学最核心的贡献之一，以中国文化的立场来评判，是真的对历史无知。让西方人了解和理解中国2700年前的历史不容易，但是中国人自己也跟着盲从就不可原谅了。换一个名词就不认识一件事物的真实存在，其荒谬等于一个熟人改了一个称呼就视其为路人，若非别有用心，就是拘执名相到了愚昧之极的地步。以如此不通达的头脑来

第六章 经典经济学在中国本土的验证（上）：道德的感通

向大众解说经济，不贻误天下苍生才怪。

7. 消费理论。在《管子·侈靡》一篇，管子系统地阐述了消费对生产的促进效用。后世学人多以为管子的消费观念是矛盾的，一方面提倡节俭，另一方面又鼓励奢侈。其实这是不明中道、曲解管子真义的无知之见。管子对于消费的论述颇得中道之妙："故立身于中，养有节，宫室足以避燥湿，食饮足以和血气，衣服足以适寒温"，"不作无补之功，不为无益之事"，"是故先王制轩冕，所以著贵贱，不求其美。设爵禄，所以守其服，不求其观也"，"明君制宗庙，足以设宾祀，不求其美。"也就是说，凡事有法度，有中道礼仪标准，不可不足，也不可太过，所谓"俭则伤事，侈则伤货"。

《管子·禁藏》有言，"故适身行义，俭约恭敬，其唯无福，祸亦不来矣。骄傲侈泰，离度绝理，其唯无祸，福亦不至矣。"守中道而行，俭约恭敬，即使没有福，也不会有风险祸患；如果骄傲奢侈，过度花费，摒弃伦理，那么即使没有祸患，福报也不会有。

节俭之义古来并不陌生，让人费解的是管子《侈靡》中的思想，奢靡的积极意义在哪里呢？首先，管子是于道通达的人物，不会拘执；其次，随着时间的推移，现在人理解的奢靡已经完全是指对纯粹消费的负面评价，而管子论述奢靡是从经济国家的角度说的，所以，在通古今之变的角度上，管子所说的不过度的奢靡是指"必要的消费是促进生产的条件"！管子说"兴时货，若何？曰，莫善于侈靡"，当产品积压、库存如山时，怎么办？没有比促进消费更好的办法了；当生产意愿不足，国家经济不振，没有比促进消费更好的办法了。请读者诸君想一想 2008 年金融危机之后，外贸萎靡，为了"保八"，中国政府大力提倡消费，刺激内需，除了减税之外，推出"消费券"、"家电下乡"和"以旧换新"政策，是谁的策略？是西方经济学的主意？太抬举他们了，至今那些人还在大肆批评"政府干预救市"呢！说是管仲的策略，"经济智囊"中有人知道吗？未必。但是不知道不等于不会用——子思在《中庸》中说："道也者，不可须臾离也，可离非道"。

就作者本人学习经济学的经历而言，贯通经典大意的 2008 年，"看见"中国有自己系统、完备、高妙的本土经济学；西方经济"凄凄惨惨戚戚"而中国经济"凌寒独自开"的 2009 年，"看见"西方经济学在矛盾、混乱、欺骗中消解；在写作本书最紧促的 2010 年，"看见"其实世界文化历史上只有

○ 相信市场会自我调节，放弃必要的调控措施，相当于自己有病了却不寻医问药，"硬挺着"等着它自己好，有时可以恢复，有时，就是等死。

中国才有真正的"经济学"。

从逻辑上讲，相信西方经济学"市场有效性"和"国家不能干预经济"的理论，其实和相信身体有病等着身体自己恢复而不去求医问药一样。人的身体确有自我恢复的本能，但是恰恰需要人自己主动做到《黄帝内经》所说的"主明"，需要伦理自觉的内证功夫，也就是觉明意识对身体的绝对控制，作为国家身体首脑的政府和作为伦理自觉的政府怎么能坐视市场失序、混乱乃至崩溃而不管呢？放任自流不就是坐以待毙吗？

8. 货币理论。提到货币及其现象，人们会常常提到"通货膨胀""通货紧缩"，把币值坚挺的币种称为"硬通货"，可是，大家知道吗？"通货"论述最早就起源于管子。管子在《管子·轻重乙》中指出，"黄金刀布者，民之通货也"。齐国的货币铸成刀形，所以说"黄金刀布"。管子的货币理论主要包括以下四个方面：

第一，流通职能。管子认为货币具有流通货物的职能，并且有一定的规范，"刀币者，沟渎也"，货币在国家市场上流通犹如血液周行于人体内的管道，犹如水流于河道，财富如水，融通顺畅才是"金融"。

第二，储藏手段。古往今来，粮食储藏以备不时之需是所有国家的"安全战略"的头等大事，"民以食为天"，"手中有粮，心中不慌"，所以管子有"使万室之都必有万钟之藏，使千室之都必有千钟之藏"的粮食储藏政策。但是在货币储藏上，管子同样认为"万乘之国不可以无万金之蓄余，千乘之国不可以无千金之蓄余，百乘之国不可以无百金之蓄余"。说明管子已经明确建立了自己的货币数量学说,国家货物数量和作为一般等价物的货币数量要互相匹配。"国币之九在上,一在下,币重而万物轻。敛万物应之以币,币在下,万物皆在上,万物重十倍"。如果一国的货币数量90%都被国家回笼,流通中只有一成货币,那么一定是币值高企而货物价格大降;反之,国家垄断货物,使在市场自由交易的货物数量骤降,那么该种货物的价格一定骤涨。而且,货币的储藏和流通数量要有度,根据国家大小和流通规模来定。

第三,支付手段。这是显而易见的功能。例如管子指出市场交易时"士受资以币,大夫受邑以币,人马受食以币",货币用来借贷、纳税、付息等经济活动。而且管子已经阐明黄金是世界各国贸易的通用支付手段,即今天"世界货币"的功能。《管子》中明确记载他和鲁国、楚国等商人在布匹贸易、生鹿贸易、粮食贸易中的"汇率结算",最终以黄金为衡量各国币值的支付手段。

第四,货币本位制和货币铸造。管子将货币分为上中下三等:珠玉为上币,黄金为中币,刀布为下币。居于核心的黄金具有调节功能,"高下其中币,而制上下之用",因为珠玉一般不流通,所以,一旦市场下币过多,抛出珠玉,可以大量回笼市场中流通的货币量,而国家掌握的黄金数量大体可以不动,这是管子货币理论中最值得称道的制度设计。"维稳"是一国政治的头等大事,物价腾跳,则民心不安,民心不安则国家动荡,管子的货币数量调节理论是十分精妙的。而且,把齐国刀币和黄金的兑换比率钉在4000:1上,即一斤黄金可兑换4000齐国刀币,刀币的购买力随着黄金的价格变动而调整。

管子的货币制度设计和当时齐国的地理环境息息相关。齐国靠海,可发渔盐之利,是自周朝建国之初起于姜尚的治国方略,但是齐国不产黄金珠玉,产地皆在千里之外,所以国家易于控制来源。控制好本国刀币的铸造,就完全把货币的主权掌握在手中。"人君铸钱立币,民庶之通施也",所以不允许私造,"使民下相役耳,恶能以为治乎?"

9. 价格理论。管子认为绝对稳定的价格对经济发展不利,价格在"衡"的一定幅度内上下波动,是货物随着市场行情自然发生的现象,才会有利于经济发展,"衡者,使物一高一下,不得常固",而且国家对均衡的价格数不能强行计划控制,否则就会违反万物自然的起伏波动而造成祸害,"(衡数)

不可调，调则澄，澄则常，常则高下不二，高下不二则万物不可得而使固。""岁有四秋，而分有四时。已有四者之序，发号出令，物之轻重相什而相伯，故物不得有常固。故曰衡无数。"管子去世后2566年，也就是1921年，西方经济学的"芝加哥学派教父"弗兰克·奈特出版《风险、不确定性和利润》一书，指出不确定性是利润的来源。奈特说的市场价格不确定性其实是管子说的"衡无数"，价格被西方经济学认为是所有市场信息的体现，市场的不确定性就集中体现在价格不确定上面。奈特的说法误导了一大批西方经济学家，因为奈特没有看清楚利润的真正来源是德行（劳动、信誉、智慧等），就像大雾迷江，然后艄公告诉你说航道就在大雾里，这样的船有几个人敢坐？

  管子经济学正是利用市场货物价格的天然波动，因势利导，才能利用价格政策调节国家经济，这是自然伦理的天然要求。如果强行稳定价格不变，不但违反自然伦理经济的规律，还失去了调控经济的机会和手段，是有害无利的。例如，运用价格政策，提高谷物价格以奖励农民的耕作，把谷物价格由国家规定低于囤积居奇的投机商人的价格，打击商人的投机暴利，既可以稳定市场，又可以增加国家财政收入，即"谷贵则万物必贱，谷贱则万物必贵，两者为敌，则不俱平。故人君御谷物之秩相胜，而操事于其不平之间。故万民无籍，而国利归于君也。"新中国成立后，上海资本家曾经挑战政府的经济管理能力，认为中国共产党政府政治和军事厉害，但是经济管理是外行，就想利用囤积煤炭、棉花和大米等要害物资在市场上给新政府一点颜色看看，结果以陈云为首的经济管理层以其人之道还治其人之身，先是从东北和华北源源不断地调进投机商人囤积收购的物资，满足他们大量收购的愿望，耗尽他们的资金量，然后国营商店以相对低廉的价格大量供应市场需求，使投机风浪应声而落，投机商人叫苦不迭，漂亮地打赢了这场"两白一黑"的经济战。追本溯源，陈云的经济战法最早就出于管子经济学。

  管子还利用商品之间的相对价格来提高国家经济收入。例如，在国家掌握大量布匹的情况下，对织布的原料麻征税，麻价因征税而大涨，原材料上涨则造成成品布的价格以更高的幅度上涨，由此国家大量获利。"君守布，则籍于麻，十倍其价，布五十倍其价，此数也。"

  10. 国家贸易理论。管子关于贸易的理论分为两个方面，一个是国内贸易；另一个是国际贸易。

第六章 经典经济学在中国本土的验证（上）：道德的感通

管子国内贸易理论同样是中道伦理经济的体现，一方面鼓励贸易，另一方面限制大商人兼并，尽力保持农工商三业均衡。"政有缓急，故物有轻重，岁有败丰，故民有羡不足，时有春秋，故谷有贵贱，而上不调淫，故游商得以什伯其本也。"国家必须保持对市场的观测和调控，但是又不能"有为"，不能破坏市场贸易的正当自主性，这就是一直被误解的"为无为"。

鼓励国际贸易，优待国际商人的做法始于周文王。西岐曾经发生物质匮乏、日用品紧张的情况，为了增加货物流通，满足人们的生活需要，活跃经济发展，文王下令对各国贸易商人的到来给予良好的招待，以鼓励贸易，解决饥馑，增加财富。到了管仲的时代，为了扩大国际贸易规模，制定了固定的供吃供住的制度，"请以令为诸侯之商立客舍，一乘者有食，二乘者有刍菽，三乘者有伍养，天下之商贾归齐若流水。"其实就是我们中国改革开放后"招商引资"的做法，类似投资100万美元的给税收优惠，投资1000万美元的批地建厂房，投资1亿美元要上新闻联播等等，至于建五星级酒店等居住娱乐配套设施是必不可少的。富商云集，"车如流水马如龙，花月正春风"，齐国焉能不富？

秦汉以前，特别注重经济发展，先行富有财政而建国的人，值得一提的有两个人：姜尚和管仲。太公治齐，始发渔盐之利，建立了齐国，后来子孙才得以富国强兵，历七八百年而不衰。管仲治齐，也是先由发展经济入手，后做到"一匡天下，九合诸侯"的霸主局面。《了凡四训》有言："凡天将发斯人也，未发其福，先发其慧。"

○ 佛法传入中国之前，管子是先于孔子对心性学说有独到见解的人。

管仲被后人轻易列入"政治家"行列，然而管子是在佛学传入中国之前，先于孔子对心性学说有着独到见解的人，其文化思想的成就绝不在其事功之下。换句话说，如果没有文化思想上的高深造诣，他不会有那么大的经济成就。

说苑云，"齐桓公使管仲治国，管仲对曰：'贱不能临贵。'桓公以为上卿，而国不治，曰：'何故？'管仲对曰：'贫不能使富。'桓公赐之齐市租，而国不治。桓公曰：'何故？'对曰：'疏不能制近。'桓公立以为仲父，齐国大安，而遂霸天下。孔子曰：'管仲之贤而不得此三权者，亦不能使其君南面而称伯。'"

《孟子》中记载：景子曰："内则父子，外则君臣，人之大伦也。父子主恩，君臣主敬。丑见王之敬子也，未见所以敬王也。"

孟子曰："恶！是何言也！齐人无以仁义与王言者，岂以仁义为不美也？其心曰'是何足与言仁义也'云尔，则不敬莫大乎是。我非尧舜之道，不敢以陈于王前，故齐人莫如我敬王也。"

景子曰："否，非此之谓也。礼曰：'父召，无诺；君命召，不俟驾。'固将朝也，闻王命而遂不果，宜与夫礼若不相似然。"

曰："岂谓是与？曾子曰：'晋楚之富，不可及也。彼以其富，我以吾仁；彼以其爵，我以吾义，吾何慊乎哉？'夫岂不义而曾子言之？是或一道也。天下有达尊三：爵一，齿一，德一。朝廷莫如爵，乡党莫如齿，辅世长民莫如德。恶得有其一，以慢其二哉？故将大有为之君，必有所不召之臣。欲有谋焉，则就之。其尊德乐道，不如是不足与有为也。故汤之于伊尹，学焉而后臣之，

○ 大有为之君，必有所不召之臣。董事长做老板，一定要肯放下架子真诚地向"下属"高人求教，则"不劳而王"。

故不劳而王；桓公之于管仲，学焉而后臣之，故不劳而霸。今天下地丑德齐，莫能相尚。无他，好臣其所教，而不好臣其所受教。汤之于伊尹，桓公之于管仲，则不敢召。管仲且犹不可召，而况不为管仲者乎？"

二、范蠡：谦退自处，成商家之圣

范蠡，字少伯，生卒年不详，春秋楚国宛（今河南南阳）人。是中国最著名的"财神爷"。他自称出身"衰贱"，饮食起居极为俭朴，但博学多才，与楚宛令文种相交甚深。当时楚国政治衰败，"非贵族不得入仕"，范蠡便和文种投奔越国，为上将军，经过22年的努力，辅佐越王勾践强盛越国，吞灭吴国，一雪会稽之耻。范蠡知道勾践可与共患难，不可同安乐，行道家"功成、名遂、身退，天之道"的教化，挂印而去，归隐江湖。范蠡从齐国写信给文种说："飞鸟尽，良弓藏；狡兔死，走狗烹。越王为人长颈鸟喙，可与共患难，不可与共乐。子何不去？"文种接信后称病不朝。于是就有人向越王进谗言，诬告文种要作乱，越王就赐给文种一把剑，说："子教寡人伐吴七术，寡人用其三而败吴，其四在子，子为我从先王试之。"种遂自杀。

《史记》载："范蠡浮海出齐，变姓名，自谓鸱夷子皮，耕于海畔，苦身戮力，父子治产。居无几何，致产数十万。齐人闻其贤，以为相。范蠡喟然叹曰：'居家则致千金，居官则至卿相，此布衣之极也。久受尊名，不祥。'乃归相印，尽散其财，以分与知友乡党，而怀其重宝，闲行以去，止于陶，以为此天下之中，交易有无之路通，为生可以致富矣。于是自谓陶朱公。"

范蠡自述谋略方法出自"计然子策"，在《国语·越语下》《史记·货殖列传》《史记·越王勾践世家》《汉书·食货志》中均有记载；《汉书·艺文志》记有范蠡兵法二篇，但皆已流失。今天能够从史书见到的一些较为准确的观点叙述如"与时逐而不责于人"，"平粜各物，关市不乏，治国之道也"，"夏则资皮、冬则资絺、旱则资舟、水则资车，以待乏也"，足见其经国治生的基本原则和顺应天时的智慧。范蠡主张诚信经商，"逐什一之利"，秉承中国本土经济学一贯的伦理原则。他在入世时拥有治国平天下的雄图大略，可谓儒家典范；功高盖主能够舍弃一切全身而退，出世时循道家"功成、名遂、身退，天之道"的主张，堪称道家典范；荣辱贫富处之泰然，物来则应，过去不留，远离颠倒，心无挂碍，可谓释家居士楷模。

中国古代也没有学科界限，圣人的境界，为商之道，就是治国之道，就是兴家之道，就是大学之道，就是中庸之道。但是能够有机会在相国的任上治理国家经济成功，又在平民基础上白手起家而富甲天下的人，恐怕只有范蠡一人。他说"夫国家之事，有持盈，有定倾，有节事。持盈者与天，定倾者与地，节事者与人。"就是说治理"国"和"家"有三件事要注意，强盛时要设法保持叫"持盈"，将要衰败时要挽狂澜于既倒、扶大厦之将倾叫"定倾"，和平安稳时期治国和齐家要恭俭谦约，不能多事，即"治道贵清静而民自定"。其实他的忠告成为后世中国经济国家的不二法则。今天被西方经济学吹捧上天的"市场自由而不许国家干预"的思想不过是被涵盖在"节事"中的一个方面，因为"节"中还有"当管则管"之义。

虽然现在人们以为范蠡的"真经"失传了，但是本人从中国经典经济学总结的经验中得到启示，就是范蠡的策略没有失传，全部都在，而且不损毫毛。只是不用心者不能全部领悟。正如本书在序言中所说，中国本土经济学可以用"善财"两个字来概括一样，有心人可以因为一句话而"千之万之"，发扬光大，所谓"假传万卷书，真传一句话"，运用之妙，在乎一心。根据《史记》《资治通鉴》《国语》《越语》《吴语》《越绝书》等典籍中确凿的点滴记载，我们可以试着"恢复"范蠡的"经济学"理论，管窥一下"计然子策"——您当然可以总结自己的版本。

1. 天人相参论。"天人相参"是范蠡全部经济理论的基础。他认为"夫人事必将与天地相参，然后乃可以成功。"范蠡对天地世界的认识，完全相同于《黄帝内经》所载的内容。他认为天地有长久的"恒制"，也就是我们今天所说的自然规律，按照这个恒制行事的人"可以有天下之成利"，悖逆恒制的人"逆于天而不和于人"，于人于国皆大凶，指出阴阳天时为万物的纪纲，"顺之有德，逆之有殃"，从阴阳天时之理，"知斗则修备，时用则知物，则万货之情可得而观矣。"而《黄帝内经·素问·四气调神大论》中说："夫四时阴阳者，万物之根本也。所以圣人春夏养阳，秋冬养阴，以从其根，故与万物沉浮于生长之门；逆其根，则伐其本、坏其真矣。故阴阳四时者，万物之终始也，死生之本也，逆之则灾害生，从之则苛疾不起。"由此可知中国本土经济之道一脉相承。

把握阴阳天时的变化规律，观察万货之行情，未雨绸缪，得时机之先，

第六章 经典经济学在中国本土的验证（上）：道德的感通

是范蠡顺应天道伦理的过人之处。

2. 经济循环论。天时变化有恒常的规律，则"靠天吃饭"的农业社会的经济状况必然与自然变化状况紧密相连。范蠡利用古代的天文学知识来把握农业年景的时运规律，得出社会经济和"天行有常"一样循环往复。"太阴三岁处金则穰，三岁处水则毁，三岁处木则康，三岁处火则旱。故散有时积，粜有时领，则决万物不过三岁而发矣。""天下六岁一穰，六岁一康，凡十二岁一饥。"

我国在东汉以前，春秋时期，天文纪年采用"岁星纪年法"，"太阴"不是月亮，是指木星，也称"岁星"或"太岁"，木星在天空的位置不断变化，十二年一个循环。中国古代把天空分为十二宫（注意《黄帝内经》中说人体有十二官，有十二经分别对应一天十二个时辰），分别用十二地支命名，每宫有两到三个固定的星座为标志，结合五行，确定纪年。范蠡的经济循环论就建立在这个天文学的基础上，等于今天说掌握了最先进的科学知识，拥有科技上的优势。如果12年、24年、36年以后的收成都可以提前预知，那么丰年积储，衰年卖出，怎会不在以农业为主的市场上游刃有余？

3. 两仪贸易论。在掌握天时、阴阳、五行的循环规律基础上，范蠡的贸易就进行得如鱼得水。这个原则就是"待乏"，"水则资车，旱则资舟"，犹如阴极阳生，阳极阴生，按照变化节奏，顺势贸易。丰年谷贱时大量低价收购，歉收的年景自然高价卖出，一反一正，获利十倍。"阴且尽之岁，亟卖六畜、货财，以益收五谷，以应阳之至也。阳且尽之岁，亟发粜，以收田宅、牛马、积敛货财，聚棺木，以应阴之至也。此皆十倍者也。"

范蠡的做法不是囤积居奇，反而有平衡市场、稳定价格的作用。当谷因丰年而贱的时候，大量收购自然会在一定程度上阻止价格下跌；当衰年狂涨时大量抛售，会平抑市场价格。虽然是个人行为，也相当于国家在做"公开市场业务"，相当于平准制度。"天之道，利而不害"，哪里需要竞争？他是在自利还是他利？

在股市上"追涨杀跌"的朋友，应该拜范蠡为师。

4. 物价调控论。"贵出如粪土，贱取如珠玉"，范蠡在贸易上"无敢居贵"，当机立断，该卖的时候卖如粪土，物价便宜时买如珍珠美玉，决不主张囤积居奇，自然地利用"贵上极反贱，贱下极则返贵"的涨跌规律，恒顺

291

"天道",获利十倍。

正是对涨也涨过头、跌也跌过头的市场有清楚了解,范蠡主张对市场价格进行调控,将其波动幅度限制在合理的范围之内,避免"谷贱伤农,谷贵伤工"的市场无知。正因为市场无知才需要政府"主明",变市场的昏昧为有常,方为一国经济治理的上策。他说"夫粜,二十病农(本),九十病末(工商),末病则财不出,农病则草不辟。上不过八十,下不过三十,则农末俱利。平粜齐物,关市不乏,治国之道也。"这就是和气生财的道理,一个行业取暴利,另外的行业必受剥削,收入分配结构不合理,民怨四起,和气一失,与国大危。犹如人体十二官,相互平衡,五行顺畅,一团和气,人体自然健康舒适。突然某个器官打破平衡,例如肝火旺盛,木气一现就是病态了。

人体要调和,国家要调控。二者都要求"主明"。所以曾子著《大学》,任何人不过格物致知、诚意正心这一关,就会身不修、家不齐、国不治,一切免谈,谈也是不知所云,胡说八道。

5. 流通不积论。范蠡主张"货无留,无敢居贵",而且还要"无息币",不存过多的货币,把它用来"务完物",就是尽量收购地段好的土地,质量好的谷物,成色好的商品,不但升价快,而且在"以物相贸"时会迅速出手。只有使货物和资金"行如流水",才能以最快的速度获取最多的利润。

在当今的市场上我们看到,在任何种类的物品中,"完物"的价格都是上升最快的:城市中好地段的物业租金上涨速度会比一般地段高几倍;世界五大酒庄的红酒、十大品牌的名表都以每年固定的比例上涨,仍然供不应求;张大千1983年去世,距今不过27年,其泼彩佳作的拍卖价格已经在2010年超过1亿元人民币,而钟永圣的作品白送人家都找不到地方张挂(一笑),可见范蠡"务完物"以待价而售,非常高明。

6. 薄利善财论。大家都知道范蠡不谋取暴利,苦身戮力"逐什一之利",而至于天下称富。是何道理?是天道伦理。在房地产市场流行"暴利说"的时候,我读到王石说万科只赚25%的利润,其他房地产商都怀疑,可是万科稳坐中国房地产市场头把交椅;一脸憨厚的冯军当年在中关村倒腾键盘,靠一句"我就赚你5块钱"发了家。是何道理?是天道伦理。

7. 勤俭致富论。此为古往今来,天下致富大经。至今定陶一带仍在流传《陶朱公生意经》,据说是根据范蠡的思想加工整理而成的,又称《陶朱公商经》《陶朱公商训》《陶朱公经商十八则》。①

生意要勤快，懒惰百事废。
用度要节俭，奢华钱财竭。
价格要证明，含糊争执多。
赊欠要证人，滥欠血本亏。
货物要面验，滥入质价减。
出入要谦慎，潦草错误多。
用人要方正，歪斜托付难。
优劣要细分，混淆耗用大。
货物要修正，散漫查点难。
期限要约定，马虎失信用。
买卖要随时，拖延失良机。
钱财要明慎，糊涂弊端生。
临事要尽责，委托受害大。
账目要稽查，懈怠资本滞。
接纳要谦和，暴躁交易少。
主心要宁静，妄动误事多。
说话要规矩，浮躁失事多。
工作要精细，粗糙出劣品。

从文字功底上看实在粗糙，我相信一定是后人伪造。但是"话糙理不糙"，即使陶朱公复生，也不会对内容的主旨持否定态度，很可能一笑了之。还有《陶朱公理财十二则》传世，也可能是后人托名伪作，但是见贤思齐、敦睦教化的心意可圈可点，内容如下：

能识人：知人善恶，账目不负。
能用人：因财器便，任事可赖。
能知机：善贮时宜，不致蚀本。
能倡率：躬行以率，观感自生。
能整顿：货物整齐，夺人心目。

---

① 录自人民网 2010 年 8 月 24 日济南电。又见百度百科之"范蠡"词条。

能敏捷：犹豫不决，到老无成。

能接纳：礼义相交，顾客者众。

能安业：弃旧迎新，商贾大病。

能辩论：生财之道，开引其机。

能办货：置货不拘，获利必多。

能收账：勤谨不怠，取讨自多。

能还账：多少先后，酌中而行。

范蠡辅佐勾践复国灭吴，用了二十二年；归隐江湖，发家致富三致千金用了十九年。四十一年间，前期随主卧薪尝胆、励精图治、志在复国；后期全身自保，功成、名遂、身退，顺依天道，吉祥如意。世人不明自然之理，常常抱怨"世事不如愿者，十有八九"，不知是自己的意愿违反伦理，随顺一己无明私意，怎能不处处碰壁？《四十二章经》告诫大家，"甚勿信汝意，汝意不可信"。只有证到孔子"随心所欲不逾矩"的解脱自在的境界时，才可相信自己的意欲。

范蠡的经济之道和治生之术出自计然子之策，学术归类当属于道家学问，足见后世儒释道划分泾渭分明的做法何其愚执。计然子之策并非惶惶的大部头巨著，仅仅是"策七"。这就是"经"，以这种"经"用于国家事务，表现为"宏观经济学"，就是经济之道；用于自身个人企业，就是"微观经济学"，就是经济之术。掌握了经的人，就是通达了事物规律的本质，而临场应用，要随机应变，没有成法定法，所以经中没有"定法"，没有"案例"。这样中国自古以来人们求取真经的关键在于得"经"，而不求"用"。任何学问其实都是"法无定法"，否则都是"刻舟求剑"，作茧自缚。心为形役，心为法缚，心为自格，则一切拘执，全是死规矩，哪里来的"生生不息"呢？由此看，现世这个样子，不是中国文化不行了，中国文化的典籍与精神一直都在；是作为传承的人不行了。把金箍棒当成了烧火棍，所以才让西方的妖孽伴着本地的土鳖兴风作浪，祸国殃民。

三、白圭：智仁勇强，号治生之祖

白圭（公元前370年—公元前300年）名丹，战国时人，出生在东周的都城洛阳，梁（魏）惠王时在魏国为相，期间治水，除魏都城大梁黄河水患。

第六章 经典经济学在中国本土的验证（上）：道德的感通

白圭对自己治水颇为自负，曾经对孟子说"丹之治水也愈于禹。"孟子说："子过矣。禹之治水，水之道也。是故禹以四海为壑，今吾子以邻国为壑。水逆行，谓之洚水。洚水者，洪水也，仁人之所恶也。吾子过矣。"孟子之言，对于白圭来说，不啻于当头一棒！应使自负的白圭幡然醒悟自己的过错。

大概白圭被孟子折服，曾经向孟子请教治国赋税之道："吾欲二十而取一，何如？"孟子回答说："子之道，貉道也。万室之国，一人陶，则可乎？"白曰："不可，器不足用也。"孟子曰："夫貉，五谷不生，惟黍生之。无城郭、宫室、宗庙、祭祀之礼，无诸侯币帛饔飧，无百官有司，故二十取一而足也。今居中国，去人伦，无君子，如之何其可也？陶以寡，且不可以为国，况无君子乎？欲轻之于尧舜之道者，大貉小貉也；欲重之于尧舜之道者，大桀小桀也。"孟子所言，其实是"中道"，告诉白圭，国家税赋的收取，在于满足必要的国用，二十取一而足的地区，二十取一是合适的，但是在"去人伦，无君子"的中原地区，怎么能够满足国家的财政支出呢？

白圭和范蠡有一个相似之处，就是都有弃政从商的人生经历。这是中国本土经济学几位著名代表人物的共同之处，就是都曾经身居丞相或者相当的职位，经济天下国家绝非空谈书生之见。白圭因魏国政治腐败，游历中山国和齐国后，脱离政途，专事从商。

《史记·货殖列传》载有："白圭，周人也。当魏文侯时，李克（应为李悝）务尽地力，而白圭乐观时变，故人弃我取，人取我与。夫岁孰取

○ 白圭为什么会向孟子请教治国赋税之道？孟子是财政学家吗？正是"般若无知，无所不知"。

谷，予之丝漆；茧出取帛絮，予之食。太阴在卯，穰；明岁衰恶。至午，旱；明岁美。至酉，穰；明岁衰恶。至子，大旱；明岁美，有水。至卯，积着率岁倍。欲长钱，取下谷；长石斗，取上种。能薄饮食，忍嗜欲，节衣服，与用事僮仆同苦乐，趋时若猛兽挚鸟之发。故曰：'吾治生产，犹伊尹、吕尚之谋，孙吴用兵，商鞅行法是也。是故其智不足与权变，勇不足以决断，仁不能以取予，强不能有所守，虽欲学吾术，终不告之矣。'盖天下言治生祖白圭。白圭其有所试矣，能试有所长，非苟而已也。"

白圭根据古代的岁星纪年法和五行知识，运用天文学、气象学的知识，总结出一套农业收成丰歉的规律，奉行"人弃我取，人取我予""欲长钱，取下谷，长石斗，取上种"的经济原则，丰年买进粮食，出售丝、漆；蚕茧结成时，买进绢帛绵絮，出售粮食。若当年丰收，来年大旱，今年就大量收购粮食，屯积货物。想让粮价增长，就专买下等谷物；想让成色提高，就专买上等谷物。当商品积压时，奸商会等价格更低再大量购进，而白圭却用相对较高的价格来收购；等市场匮乏时，奸商们囤积居奇，白圭却以低廉的价格售出，平抑物价，稳定市场。白圭的经济策略既能使自己获利丰厚，又能调节商品供求和价格，在一定程度上保护农民的利益。白圭生活俭朴，在节制嗜好欲望上动心忍性，与奴仆同甘共苦。深入市场，对行情了如指掌。说到此处，我们可以说白圭和范蠡是"同道"，是"同志"，主要的经济思想完全一致。这恰恰印证了中国本土经济学的一贯存在。

白圭将自己的经济法则称为"仁术"，为后

○ 体会白圭将经商的学问称为"仁术"的本土经济学内涵。

世商人效法和借鉴,是中国经典经济学的重要代表,真实地说明"无商不奸"是一个误解,以仁心和符合道德的方法可以成为巨富。战国时期,人们将商人分为两类,一类称为"诚贾""良商",另一类称为"贪贾""奸商"。而白圭正是战国时期良商的典型代表。中国古代商人把他奉为祖师爷,宋景德四年,真宗封其为"商圣"。

白圭"人弃我取,人取我与"的经济策略对现代金融证券市场同样具有极强的指导意义。如果大家都自私自利,想赚快钱,想赚别人的钱,起念就错了。股市赚钱的关键是何时买、何时卖。依照白圭的做法,正是中国经典经济学的他利和自利统一的原则,就是满足市场上其他人的愿望,当大家都想卖的时候,你就尽可能买一些,当大家疯狂想买进的时候,你就卖出,永远平和地满足大家,永远满足最广大股民的愿望。可是大家也都会知道,做到这一点,一定会赚钱。但也不是说其中没有时机的把握、大势的判断和买卖额度的确定。所以"趋时若猛兽挚鸟之发","犹伊尹、吕尚之谋,孙吴用兵,商鞅行法"。当市场都想卖的时候,肯定是市场一片恐慌,哀鸿遍野,你此时在大家都绝望的时候买入,等于救市救人;而当大家都想买进,一定是市场狂热的阶段,垃圾股都会跟着飞上天,你此时卖给那些还想买的股民,抽身离场,实际上既是把一部分利润让给他人,也是见好就收,降低市场热度。

同样的行为,心理不同,结果会有天壤之别。由于你心态平和,不贪婪,不恐惧,所以你就能够实现大家梦寐以求的低吸高抛。而且,如果你的真实行为没有作秀虚假的成分,你一定会常逢好时,常逢好股,就是你买的时候正是底部,你卖的时候恰好事后证明是顶部。要"智足以权变,勇足以决断,仁能以取予,强能以有守",方可奏效。时机的把握,关乎赔赚、成败乃至生死,临机决断,每每以生死观之,绝不草率,绝不轻举妄动,方可胜券在握。有多大的心胸成就多大的事业,有多大的定力就可招徕多大的财富。所以,思路方法虽然简单,似乎人人可行,然而芸芸众生中百万无一做到者,皆因德行不具,信心不固,自以为计,结果聪明反被聪明误,人算不如天算。心地不纯不善,而求所愿顺遂,天下没有这样的道理。

四、晏婴:救民百姓而不夸,行补三君而不有

《史记·管晏列传》载:"管仲卒,齐国遵其政,常强于诸侯。后百余年

○ 贪鄙者，头脑会越来越昏沉迟顿；清廉敦德者，头脑会越来越清晰敏捷。

  这是伦理贯通生理的事实。

而有晏子焉。"晏婴（公元前595年—公元前500年），字仲，谥平，世称晏子，夷维人（今山东莱州），齐国上大夫晏弱之子，齐灵公二十六年（前556年）晏弱病死，晏婴继任为上大夫。晏婴以生活节俭，谦恭下士著称，辅政齐灵公、齐庄公、齐景公三朝50余年。周敬王二十年（公元前500年）病逝。孔子曾赞曰："救民百姓而不夸，行补三君而不有，晏子果君子也！"

  "仁政爱民"是晏子施政的中心内容。晏子非常推崇管仲的"欲修改以平时于天下"必须"始于爱民"。他坚持"意莫高于爱民，行莫厚于乐民"。遇有灾荒，国家不发粮救灾，他就将自家的粮食分给灾民救急，然后动谏君主赈灾，深得百姓爱戴。对外则主张与邻国和平相处，不事挞伐。齐景公要伐鲁国，他劝景公"请礼鲁以息吾怨，遗其执，以明吾德"，景公"乃不伐鲁"。

  晏子主张"廉者，政之本也，德之主也"，辅佐齐国三公，勤恳敬事，秉公无私，清正廉洁，既谦让自持，也敢于犯颜力谏，以雄辩敏捷闻名天下。晏子自己吃"脱粟之食"，穿"缁布之衣"，虽有狐裘皮草一件，但是一穿30年；住"近市湫隘嚣尘，不可以居"之陋室，驾"弊车驽骊"，却把自己的俸禄布施出去："亲戚待其禄而食者500余家，处士待而举火者亦甚众。"

  晏子身行清净，不贪女色。景公以其妻"老且恶"，欲以爱女嫁之，他坚辞不纳。说："去老者，为之乱；纳少者，为之淫，且夫见色而忘义，处富贵而失伦，谓之逆道"。晏子虚怀若谷，闻过则喜。他辞退"三年而未尝弼过"的高纠，孔子评说"不以己之是，驳人之非，逊辞以避咎，义也夫!"晏子生性乐观,对生死淡然视之,认为人都是要死的,不论仁者、贤者、贪者、不肖者概莫例外;因此从来不"患死"、不"哀死",把生老病死看作是自然规律。他始终保持乐观大度的心情,身心健康延年益寿。

司马迁读罢《晏子春秋》后叹言:"假令晏子而在,余虽为之执鞭,所忻慕焉。"

五、萧何与曹参:萧规曹随,同得治道之要

当今的公务员一定要仔细研究"萧规曹随"的含义,结合老子《道德经》原文,仔细体会,才能得"无为"之奥妙。以为"无为"是消极的看法是大错特错的愚见。老子的"无为无不为""为无为"才是政府执政的最高境界,一旦"有为",就如彭子益论五行时所说,病态就出来了。

萧何(公元前257年—公元前193年)是秦泗水郡丰邑县(今江苏丰县)人。性格随和,很善于识人,因为看重韩信的军事才能对楚汉相争具有重要作用,曾经"月下追韩信",被刘邦冤枉地一顿臭骂,却被后世传为美谈。萧何早年任秦沛县狱吏,职业关系加上机敏聪明,使他对先前历代法律深有研究。秦末辅佐刘邦起义。攻克咸阳后,他接收了秦丞相、御史府所藏的律令、图书,掌握了全国的山川险要、郡县户口,对日后制定政策和取得楚汉战争胜利起了重要作用。

楚汉战争时,萧何留守关中后,安抚百姓,恢复生产,建立汉的统治秩序。他颁布实施新法,修建城郭,开放秦朝皇家园地,让农民耕种,减免租税,使生产迅速得到恢复,建立了稳固的后方,为军队提供了稳定的经济保障。萧何施政有方,让百姓自行推举德高望重、年龄在50岁以上的人,任命为"三老",每乡一人;再选各乡里的三老为"县三老",辅佐县令,教化民众,同时免除徭役,年末赐给酒肉,以示嘉奖。

萧何在秦六法基础上,增加《兴》《厩》《户》三律,主张"无为",遵循"黄老之术"形成汉的《九章律》,直到东汉仍是稳定社会生活的基本法律。

公元前202年二月初三,刘邦即帝位。认为萧何、张良、韩信是他最得力的功臣,这三人亦被称为"汉初三杰。"其后,刘邦论功行赏。定萧何为首功,封他为酂侯,食邑最多。高帝十一年(前196年)又协助高祖消灭韩信、英布等异姓诸侯王。高祖死后，他辅佐惠帝。惠帝二年（前193年）卒，谥号"文终侯"。作为开国丞相萧何，买田宅必居穷僻处，为家不治垣屋。曰："令后世贤，师吾俭；不贤，毋为势家所夺。"

萧何死后，汉以曹参为相国。曹参（？—公元前190年）字敬伯，江苏沛县人，西汉开国功臣。秦二世元年（公元前209年），跟随刘邦在沛县起兵反秦，身经百战，屡建战功，攻下二国和一百二十二个县。汉高祖刘邦即皇帝位后，把长子刘肥封为齐王，任命曹参为齐国相国；高祖六年（公元前201年），赐爵平阳侯，食邑平阳一万六百三十户。孝惠帝元年（公元前194年），改命曹参为齐国丞相。任齐相九年，并从刘邦击破陈豨、英布。在齐时采用盖公的黄老之术，百姓安定，称为贤相。

曹参起初跟萧何关系融洽，等到各自功成名就，论功行赏常在伯仲之间，便有了微妙的隔阂，但是各自心照不宣。到萧何临终时，孝惠皇帝问萧何谁人可以接替为相，萧何委婉地推荐曹参。曹参接替萧何做了汉朝的相国，做事情没有任何变更，一概遵循萧何制定的法度。《汉书》载："始，参微时，与萧何善；及为将相，有隙；至何且死，所推贤唯参。参代何为相，举事无所变更，一遵何约束：择郡国吏木讷于文辞、重厚长者，即召除为丞相史；吏之言文刻深、欲务声名者，辄斥去之。"

史书记载曹参继任相国之后的情形，非常精彩："日夜饮醇酒。卿、大夫以下吏及宾客见参不事事，来者皆欲有言，参辄饮以醇酒；间欲有所言，复饮之，醉而后去，终莫得开说，以为常。见人有细过，专掩匿覆盖之，府中无事。参子窋为中大夫。帝怪相国不治事，以为"岂少朕与？"使窋归，以其私问参。参怒，笞窋二百，曰："趣入侍！天下事非若所当言也！"至朝时，帝让参曰："乃者我使谏君也。"参免冠谢曰："陛下自察圣武孰与高帝？"上曰："朕乃安敢望先帝！"又曰："陛下观臣能孰与萧何贤？"上曰："君似不及也。"参曰："陛下言之是也。高帝与萧何定天下，法令既明。今陛下垂拱，参等守职，遵而勿失，不亦可乎？"帝曰："善！"

参为相国，出入三年，百姓歌之曰："萧何为法，较若画一；曹参代之，守而勿失。载其清净，民以宁壹。"（《资治通鉴·汉纪四》）

曹参见别人有细小的过失，总是隐瞒遮盖，因此相府中平安无事。曹参继任汉丞相，并遵照萧何所制定的政策治理国家"萧规曹随"传为历史佳话。

以上几位经济学家的寿命,除萧何曹参不到70岁外,管仲85岁,白圭70岁,晏婴95岁,范蠡虽然生卒年不详,但是从辅佐勾践22年、19年三致千金、晚年听任子孙息业等有确切记载的事迹来看,不会低于70岁,1000多年以后的唐代大诗人杜甫有"人生七十古来稀"的诗句,足以印证孔子"仁者寿"的说法。

○ 人生如何"上场"(出生)不那么重要,重要的是如何"下场",需真修养、真功夫。

第五节 仁者寿:百年老店的道德出发点对企业生存的作用

家庭、组织、企业和国家的财富运势,与个人的道理完全相同。本节以同仁堂为例说明百年老店的道德出发点对企业生存的作用。①

同仁堂(原名同仁堂药室,同仁堂药铺)是乐显扬创建于中国清朝康熙八年(1669年)的一家药店,自1723年开始供奉御药,历经八代皇帝188年。在300多年中,同仁堂始终以"修合无人见,存心有天知"为宗旨,制药过程精益求精,以"配方独特、选料上乘、工艺精湛、疗效显著"而享誉海内外。2006年同仁堂中医药文化进入国家非物质文化遗产名录。

从最初的同仁堂药室、同仁堂药店到现在的北京同仁堂集团,经历了清王朝由强盛到衰弱、

---

① 本例资料引自百度百科,网址为:http://baike.baidu.com/view/23242.htm。

几次外敌入侵、军阀混战到新民主主义革命的历史沧桑，其所有制形式、企业性质、管理方式也都发生了根本性的变化，但同仁堂在海内外信誉卓著，树起了一块金字招牌。同仁堂为何可以三百年长盛不衰？

不管外在形式如何变化，同仁堂的宗旨在实质上没有变，"仁"字是同仁堂300多年长存的命脉所在。1702年，三子乐凤鸣继承了乐显扬的家业，在同仁堂药室的基础上开设了同仁堂药店。他精钻医术，搜求丸散膏丹各类型配方，分门汇编，提出"炮制虽繁，必不敢省人工；品味虽贵，必不敢减物力"的质量原则，为同仁堂制作药品建立起严格的选方、用药、配比及工艺规范，世代相传，形成同仁堂卓著的商誉。"同仁堂不管炮制什么药，都是该炒的必炒，该蒸的必蒸，该炙的必炙，绝不偷工减料"。像虎骨酒制成后要先放在缸里存两年，"再造丸"炮制后要密封好存一年，使药的燥气减少，以提高疗效。

同仁堂金字招牌长盛不衰，其根本就在于身体力行中华民族的传统美德。有道德的企业必定经得起时间和市场的检验。这是一个简单的事实，也是最深刻的伦理。例如，代顾客煎药是同仁堂药店的老规矩，从未间断，也从未发生任何事故。如在1985年，当时每煎一副药就要赔5分钱，但药店为方便群众，把这一服务于民的做法坚持了下来。现在药店每年平均要代顾客煎药近2万副。同仁堂历代传人都免费赠送"平安药"，冬办粥厂夏施暑药。

同修仁德，济世养生。同仁堂的创业者把行医卖药作为济世养生、效力社会的高尚事业来做。

○ 百年企业，需有百年之德。

历代继业者恪守诚实敬业的品德，对求医购药的八方来客，无论是达官显贵，还是平民百姓，一律以诚相待，始终坚持童叟无欺，一视同仁，所以同仁堂的事业能够越做越兴旺。有德者必有天助——按照王凤仪先生的说法，人民大众就是天，百姓的爱戴和口碑就是最坚实的"利润来源"，就是最稳定的"市场份额"。这不是和谁竞争来的，这是自己正身修德感应来的。

未来的中国企业，要想成为百年企业，必须是道德企业。企业的前途在于企业家是否有理想、有眼光、有雄心壮志又脚踏实地，能够领导企业从卓越走向伟大。我们关注一下2010年2月28日王石在中国企业家论坛第十届亚布力年会闭幕主题演讲"未来的商业机会"的发言，① 应该能够感受到未来中国百年企业应有的担当和力量。王石说，"到2020年如果万科所有的新建住宅是绿色的住宅，达到国家的三星标准，采用工业化的建筑标准，建筑材料节能30%，使用能耗比普通住宅低20%，可再生能源利润率占10%，万科2002年的节能量相当于中国当年节能总量的0.2‰。"一个企业在整个国家的节能贡献率是千分之一，是非常值得自豪的事情，非常了不起。如果建造和使用节能的水平相当，则整个中国建筑行业在中国当年节能目标的贡献率是12.42%。2001年，万科明确公布将不再建毛坯房。以哈尔滨为例，精装修房只有5%，95%是毛坯房，一套毛坯房额外产生的垃圾是两吨，全国每年的商品住宅房是600万套，现在精装修是20%，也就是说500万套是毛坯房，仅这一项，额外产业建筑垃圾的增长是1500万吨。绿色三星是建设部2007年公布的一个环保的指标，旨在强调降低能耗，房子厚，不漏风。截至2009年，住房和城乡建设部（原建设部）公示认可的达到绿色三星级别的项目，只有万科的第四期。而万科更宣布将北京、上海两个最主要城市在2010年新开工的共计面积超过100万平方米的项目全部打造为绿色三星。

在2008年全世界产生的垃圾是4.9亿吨，中国是1.5亿吨，占了31%，人口没有达到这个比例，但是我们的垃圾已经达到了这个比例。现在中国的城市的生活垃圾堆存量是70亿吨，平均每个人摊5吨。万科从2010年开始，在三个城市进行试验，一直到2012年，万科将在中国所在的33个城市全面进行垃圾的推广及分类，根据万科掌握的资料，全球华人生活的社区当中垃圾

---

① 详见凤凰网财经报道全文，2010年2月28日。

分类最好的是台北，是马英九当台北市市长的时候推广的垃圾分类，万科认为台北能做到，上海一定能做到，上海能做到，深圳、广州、北京一定能做到，就像万科能做到的，同行也一定能做到。万科到了 2012 年，在 33 个城市能做到垃圾分类，一年将减少 14 万吨垃圾，如果北京、上海做到了，减少的垃圾是 474 万吨，如果北京、上海、广州都做到了，能够减少的垃圾就是 1600 万吨，33 个省会城市和副省级城市能做到的，减少的垃圾就是 7116 万吨，面对绿色挑战，当然不仅仅是垃圾分类，比如说万科要推广竹材，继续试验低收入住宅的廉租屋等。

网络时代，信息公开的时代，将使道德的企业更加迅速地展现伦理经济的力量。因为隐瞒的成本在急剧地提高。不论像同仁堂、万科、阿里巴巴这样自觉地追求伦理经济的企业，还是被迫按照伦理经济的要求行事的企业，都是人性道德伦理在经济上的体现，能够长盛不衰。

第七章 经典经济学在中国本土的验证（下）：败德的相应

积不善之家，必有余殃。
——《易经》

Man himself has become our greatest hazard and our only hope.
——John Steinbeck's Nobel Prize Acceptance Speech[①]

"天之在我者，德也"。自古推究人世之运，无非应天时而奉行，谓之得天时，即"德"也。天时转化，周流不息，《易》之属也，是以"德"亦有"运"，德运循五行变化之律而

---

① 人类自身已经成为我们这个世界最大的危险，同时也成为了惟一的希望所在。——约翰·斯坦贝克1962年诺贝尔文学奖演说。

变易。齐国威、宣之时，邹衍论著说明水木火金土五德之运，到了秦始皇兼并天下，齐人把邹忌的著作上奏。始皇信服，采用其说，根据推算认为周朝得"火德"，秦朝建立取代周朝，从生克关系上，灭火者为水，是以秦应得"水德"，水在青、红、黄、白、黑五色中对应黑色，"始改年，朝贺皆自十月朔；衣服、旌旄、节旗皆尚黑，数以六为纪。"（《资治通鉴·秦纪二》）

世间学说，都如整个世界的起源一样，究其本源，都是"无中生有"。本性具足，心生万法，如理施行，理事相应，则"事实证明理论正确"。可是空谈理论，徒有其表，倒行逆施，反过来以为"事实证明理论不正确"，何其愚钝！五行德运之说，可以演绎而得，亦可以归纳而得，然而不论何种得法，总需要人应之于人事。周朝的建立，取商纣之暴虐天下，解百姓之厄，总归是德。继而文王、武王、周公诸大圣人相继垂法后世，以德治天下，何德不有？水润天下，木立天下，火化天下，土养天下，金分天下，可谓五德俱全，何来单单周得火德？何来秦得水德？水滋润天下，秦暴虐天下，岂是挂个黑旗就说自己有水德？道是走出来的，德是行出来的，是谓"德行"，口说无凭。所以，人身就是"天德"，事在人为，不在于口头上理解的"天德时运"有何规律，全在于人的心理和行为，德行则兴，败德则衰，所谓天德完全应之于人事。

第一节　末代君王的德行有亏和国破家亡的关系

一、末代君王德行有亏的主要方面

1. 残暴：自性无明，火烧功德林。善不积不足以成名，恶不积不足以灭身。凡是不能够无疾而终的，都是积恶所致。人或以为病死应算善终，其实不是。病者，过也。不良的习气就是过错，就是自己杀死自己的慢性毒药。喜好生气上火者，很难善终。一旦拥有势力，必成暴虐之人，其势必不长久。秦始皇如此，秦二世如此，项羽也是如此。太史公曰：羽起陇畮之中，三年，

第七章 经典经济学在中国本土的验证（下）：败德的相应

遂将五诸侯灭秦，分裂天下而封王侯，政由羽出；位虽不终，近古以来未尝有也！及羽背关怀楚，放逐义帝而自立；怨王侯叛己，难矣！自矜功伐，奋其私智而不师古，谓霸王之业，欲以力征经营天下。五年，卒亡其国，身死东城，尚不觉寤而不自责，乃引"天亡我，非用兵之罪也，"岂不谬哉！（《资治通鉴·汉纪三》）

以暴力争夺者，或者可以暂时得逞，但是古往今来，没有长久的，因为伦理上没有这样的结局。

2. 乱伦：破坏伦常，即乱世道。乱伦就是破坏伦理，究其根本，是愚昧加乱色淫心。没有不感得国破家亡的。

3. 乱色：自染祸水，伤身即祸国。弗洛伊德和福科等人都曾不同程度地指出：性欲可以极其深刻地影响人的行为。例如，有观点认为埃及艳后的美艳是引发浩大战争的根源。如果她的鼻子矮一点，眼睛小一点，总之不管哪里不那么性感一点，可以避免一次生灵涂炭。同理还有海伦引发的特洛伊之战、吴三桂的冲冠一怒、杨玉环的"君王不早朝"等。孔子曰"饮食男女，人之大欲存焉"、"吾未见好德如好色者"。食色之性，人皆有之。古今中外的乱色史实果真证明了"红颜祸水论"吗？

前文已论述身外五伦就是身内五脏，五伦和五脏不分内外皆是五行。正是五行运转着世间的五伦关系和身内的五脏关系。如是反观所谓的"红颜祸水论"，不过是肚子疼埋怨灶王爷罢了。红颜，是眼遇之而成色相，心不着相何来红颜？自己着相不要紧，色心一起，随即照破。若能"发乎情，止乎礼"，何祸之有？及至随顺色心，放纵邪意，肾精外泄，连累脊髓、脑髓下流，动心

○ 非是美色性感，而是见者心有所染。纯净之童心，若近美色可有邪念？

而驰神,主昧自然十二官危。自然之理,自取灭亡,与红颜何干?作为君主,哪怕是一个单位的小头目,都依照其天命职务高低而负有大小不等的责任,自身衰败就是国家或者组织衰败,自身有祸就会祸及国家组织。所以万通董事长冯仑在《野蛮生长》一书中说"伟大是熬出来",心胸是委屈撑大的,凡是一时快意感官的都容易诱发堕落。

汉文帝、汉景帝节俭自制,所以有文景之治;唐太宗克己复礼,君道自处,所以有贞观之治。真正的大英雄,不是马上征服天下的枭雄,而是征服自己欲望的人,谓之"大雄"。从经济学的角度说,征服自己的本性之欲,不论是性欲、食欲、贪欲,就一定可以征服市场。与其说被市场捉弄,不如说被自己的猴性捉弄;与其说市场阴晴难定,不如说自己心性不定。因为市场就是人性,市场就是众人心性的总体反应。

○ 大英雄是征服自己欲望的人。入"大雄宝殿",当思本性清净无染。

更进一步,我们可以根据中国经典揭示的宇宙真相,我们还可以在影响人类行为的宗教、经济和性欲三种因素外加上第四种影响因素,就是伦理因素。例如通过儒家学说、道家学说和《内经》学说对中国人言行和社会行为模式的影响。西方经济学可以根据斯密的《道德情操论》和森对斯密经济学的解读,重新建立西方经济学的伦理体系。因为只有认识到伦理其实是人类世界的科学规律,精确如天体运行,顺之则昌,逆之则殃,才能将当前人类的许多愚昧荒唐的生活逻辑扭转过来。

4. 荒政:在位不谋,人天爵俱失。人之常情,以为末代君王的境遇,荒淫无道啊,残害忠良啊,似乎怎么糟蹋都不过分。但是往往未必尽然,也有想做中兴之祖而成亡国之君的。虽然中国历史常曰天命,亦归之于人事。所痛惜的,是德行不俱,时运不济,未能践行精光大道,以改身命世运。归其一点,诚不能至诚,行未至笃行,乃至金石不开,气数不改,为性所格,遂成命运。若能化性而行,破格而做,唯善是务,唯贤是用,非但守成可得,中兴、创业也非难事。真正之难,难在道理不明,性格不化,怎能不为命数所拘。此亦天理。至于那些荒废朝政,根本无心振兴的末代君主的细行,其失其败,古来多陈,此不赘述。

这里想费笔墨而提醒的是,通常未明伦理常道之人行事,善恶参半,心有偏私,去中道而行,某些圣君明主有时亦难以避免。识人断事,不可不察,不可不自知。汉高祖刘邦时定下规矩,分封加爵"非有功不侯"。汉武帝时"欲侯宠姬李氏,而使广利将兵伐宛","不欲负高帝之约也。"司马光认为,"夫军旅大事,国之安危、民之死生系焉。苟为不择贤愚而授之,欲徼幸咫尺之功,藉以为名而私其所爱,不若无功而侯之为愈也。然则武帝有见于封国,无见于置将;谓之能守先帝之约,臣曰过矣。"史称雄才大略如汉武帝,亦有此自欺欺人的荒唐政令,也是荒政之实例,在位期间亦多邪僻之事,盖自私心感得,未能例外。曾子《大学》所谓"人之其所亲爱而辟焉","故好而知其恶,恶而知其美者,天下鲜矣。"此之谓也。

二、几位典型的末代君王的事例

1. 商纣王:盖世之材,混世之魔。第六章第二节已略述,此处仅举证两位圣人之言稍加评述,以消读者疑问。

王凤仪先生说,一个人如果五行逆转,就会使人生颠倒错乱,称之为"混世魔王"。① 商纣王的所为完全倒逆五行,违反了自然规律,身为天子如何运得万类?必然要灭身亡国。

齐宣王问曰:"汤伐桀,武王伐纣,有诸?"

孟子对曰:"于传有之。"

曰:"臣弑其君,可乎?"

曰:"贼仁者谓之贼,贼义者谓之残,残贼之人谓之一夫。闻诛一夫纣矣,未闻弑君也。"

---

① 王凤仪:《王凤仪讲人生》,中国华侨出版社2009年6月第1版,第97页。

2. 周幽王：感得天灾，自取人祸。周幽王名宫湦，西周末代君主。是周宣王的儿子，宣王四十六年（公元前782年）即位，以明年为元年。《史记·周本纪》记载"幽王二年，西周三川皆震"，说他继位后，自然灾害严重，泾、渭、洛地区都发生地震。伯阳甫曰："周将亡矣。夫天地之气，不失其序；若过其序，民乱之也。阳伏而不能出，阴迫而不能蒸，于是有地震。今三川实震，是阳失其所而填阴也。阳失而在阴，原必塞；原塞，国必亡。夫水土演而民用也。土无所演，民乏财用，不亡何待！昔伊、洛竭而夏亡，河竭而商亡。今周德若二代之季矣，其川原又塞，塞必竭。夫国必依山川，山崩川竭，亡国之征也。川竭必山崩。若国亡不过十年，数之纪也。天之所弃，不过其纪。"当年，"三川竭，岐山崩"。

即位第三年，即公元前779年，周幽王征伐有褒国，褒人献出美女褒姒乞降。"王之后宫见而爱之"，生子伯服，幽王竟废去王后申氏和太子宜臼，以褒姒为后，立伯服为太子。"褒姒不好笑，幽王欲其笑万方，故不笑。幽王为烽燧大鼓，有寇至则举烽火。诸侯悉至，至而无寇，褒姒乃大笑。"周幽王为取悦褒姒，数举骊山烽火，失信于诸侯。

周幽王不但感得天灾，恣行无度，废嫡立庶，还任"为人佞巧，善谀好利"的虢石父为卿用事，惹得"国人皆怨"。申侯为报废后之仇，联合缯侯和犬戎各部攻周。幽王虽然烽火报警，但诸侯以为儿戏，置之不理。结果镐京被破，幽王带褒姒逃到骊山山麓，被犬戎兵杀死于骊山之下，西周灭亡。

3. 秦二世：祖德已失，现德不俱。秦始皇病死后，次子胡亥篡改遗诏即位，并伙同赵高疯狂地屠杀自己的兄弟姊妹。先是在咸阳的"市"处死了十二个兄弟，后又在杜邮碾死了六个兄弟和十个姐妹，逼得其他兄弟悉数自尽。对亲人尚且如此，何况是他人？不久，战功卓著的蒙恬俩兄弟、右丞相冯去疾、将军冯劫相继被胡亥除去。

胡亥认为尧舜等先王勤俭为国不可信，云"凡所为贵有天下者，肆意极欲，大臣至欲罢先君所为"。向李斯询问如何才能长久享乐。李斯著《行督责之术》一文，向胡亥建议"独断专权、酷法治民"的法家治国方法。胡亥有了李斯提供的"理论依据"就放肆自己的欲望，"郦山未毕，复作阿房"，修造阿房宫和骊山墓地，调发五万兵士守卫咸阳。禁止各地向咸阳供粮的人吃咸阳周围三百里以内的粮食。常年无偿的劳役，日益加重的赋税，秦民不堪

第七章 经典经济学在中国本土的验证（下）：败德的相应

压迫，最终导致了陈胜吴广起义的爆发，直至秦朝灭亡。

秦国自穆公、孝公"开业至美"，到秦始皇席卷天下九合诸侯，功业至伟，为什么仅仅二世而亡？后世以天道伦理论之，以朝代兴衰更替验之，无非同一个结论：君行仁义，国祚绵长，子孙隆昌；君行暴虐，不日而亡，子孙涂炭。经济天下国家之道，无非经济人身之途。始皇家中子孙自相残杀，五伦大逆，一家不治，何以治国？曾子《大学》所述"三纲八目"是天理，是"客观定理"，岂是虚言！后世不知教诲，恣意妄为，自召万世苦报，祸害天下，至为可怜。

下面摘录一段西汉颍阴侯骑贾山上书汉文帝言治乱之道的文章，体会文言之美，体会治乱的德行根源：

"臣闻雷霆之所击，无不摧折者；万钧之所压，无不糜灭者。今人主之威，非特雷霆也；执重，非特万钧也。士犹恐惧而不敢自尽；又况于纵欲恣暴、恶闻其过乎！震之以威，压之以重，虽有尧、舜之智，孟贲之勇，岂有不摧折者哉！如此，则人主不得闻其过，社稷危矣。

"昔者周盖千八百国，以九州之民养千八百国之君，君有馀财，民有馀力，而颂声作。秦皇帝以千八百国之民自养，力罢不能胜其役，财尽不能胜其求。一君之身耳，所自养者驰骋弋猎之娱，天下弗能供也。秦皇帝计其功德，度其后嗣世世无穷；然身死才数月耳，天下四面而攻之，宗庙灭绝矣。秦皇帝居灭绝之中而不自知者，何也？天下莫敢告也。其所以莫敢告者，何也？亡养老之义，亡辅弼之臣，退诽谤之人，杀直谏之士。

○ 好的文言文章，可以调节身体气息，常读不但益智，还可健身。读者不妨一试。

是以道谀、媮合苟容，比其德则贤于尧、舜，课其功则贤于汤、武；天下已溃而莫之告也。

"夏、殷、周为天子皆数十世，秦为天子二世而亡。人性不甚相远也，何三代之君有道之长而秦无道之暴也？其故可知也。

孔子曰：'少成若天性，习贯如自然。'习与智长，故切而不愧；化与心成，故中道若性。夫三代之所以长久者，以其辅翼太子有此具也。及秦而不然，使赵高傅胡亥而教之狱，所习者非斩、劓人，则夷人之三族也。胡亥今日即位而明日射人，忠谏者谓之诽谤，深计者谓之妖言，其视杀人若艾草菅然。岂惟胡亥之性恶哉？彼其所以道之者非其理故也。鄙谚曰：'前车覆，后车诫。'秦世之所以亟绝者，其辙迹可见也；然而不避，是后车又将覆也。

孔子曰：'听讼，吾犹人也；必也使毋讼乎！'为人主计者，莫如先审取舍，取舍之极定于内而安危之萌应于外矣。秦王之欲尊宗庙而安子孙，与汤、武同。然而汤、武广大其德行，六七百岁而弗失，秦王治天下十馀岁则大败。此亡他故矣：汤、武之定取舍审而秦王之定取舍不审矣。夫天下，大器也；今人之置器，置诸安处则安，置诸危处则危。天下之情，与器无以异，在天子之所置之。汤、武置天下于仁、义、礼、乐，累子孙数十世，此天下所共闻也；秦王置天下于法令、刑罚，祸几及身，子孙诛绝，此天下之所共见也。是非其明效大验邪！人之言曰：'听言之道，必以其事观之，则言者莫敢妄言。'今或言礼谊之不如法令，教化之不如刑罚，人主胡不引殷、周、秦事以观之也！"

《佛说长寿灭罪护诸童子陀罗尼经》云："复次文殊，我灭度后，浊恶世时，若有国王，杀父

○ 看看经文所述，像不像为一个反映残暴统治的纪录片配录的"画外音"？

第七章 经典经济学在中国本土的验证（下）：败德的相应

害母，诛斩六亲，不依王法，广兴兵甲，侵讨他国，忠谏之臣，枉遭刑戮，淫欲炽盛，违先王法，破塔坏寺，焚烧经像，水旱不调，因王无道，国界饥饿，疾疫死亡。如是国王，现世短命，死入地狱，堕大阿鼻。"

4. 隋炀帝：欲图伟业，耗财亡国。隋炀帝杨广是文帝次子，在 20 个皇子中战功最著。公元 589 年，拜为隋朝兵马都讨大元帅，统领 50 多万大军南下，灭陈统一，年仅 20 岁。据说隋军纪律精严，所向披靡，一举突破长江，最难能可贵的是对百姓"秋毫无犯"，对于陈朝国库钱财"一无所取"，"天下皆称广以为贤"。杨广完成了中国的统一大业，结束了近百年的分裂，平息了长达三四百年的战乱。

从历史文献和现今能够看到的部分事实推知，隋炀帝应该是文韬武略皆有过人之处的皇帝，一生中"修运河""创科举"，正面影响后世中国 1000 多年；本来隋炀帝开凿大运河将钱塘江、长江、淮河、黄河、海河连接起来。使黄河流域长江流域成为一体，使中国水运畅通、发达，为中国后世的繁荣富庶打下牢固基础。只是"修运河""开西域"本应增加国力，富裕人民，却因耗费巨大，反成亡国之因。或者可以这样看，隋炀帝以亡国为代价换取了后世 1000 多年中国南北方水运经济的空前繁荣；加之"西巡张掖""东征高丽""拓疆东南"超过军力、民力和国力极限，遂起反叛，灭身亡国。所以，自恃财力雄厚、智力过人的人，如果不能谦约自守适可而止，那么不论贩夫走卒，还是皇帝总统，都难逃晚景凄凉的结局。撒下什么种子，

○ 美国开国总统华盛顿说："不要承担你完成不了的事，但一定要信守诺言。"（Undertake not what you cannot perform, but be careful to keep your promise）

结什么果。

隋炀帝的文治本来也有可彪炳之处。隋文帝即位以后，废除九品中正制，开始采用分科考试的方式选拔官员。大业二年（公元 606 年），隋炀帝始建进士科，典定科举制度，这是中国历史上具有划时代意义的大事。大业三年（公元 607 年），炀帝诏令："文武有职事者，以孝悌有闻，德行敦厚，节义可称，操履清洁，强毅正直，执宪不挠，学业优敏，文才秀美，才堪将略，臂力骠壮十科举人。"科举制度的创建，重才学品质而不重门第，削弱了门阀大族世袭的特权。这种"任人唯贤"的改革，为选拔下层优秀知识分子提供了极好的机会。同样提倡"德行敦厚，节义可称，操履清洁"，由于自己没有在品行上真实做到，即使贵为皇帝，也逃脱不了自然伦理的规律惩罚。"炀帝即位，户口益多，府库盈溢，乃除妇人及奴婢、部曲之课。其后将事辽、碣，增置军府，埽地为兵，租赋之人益减矣。又频出朔方，西征吐谷浑，三度讨高丽，飞刍挽粟，水陆艰弊。又东西巡幸，无时休息，六宫及禁卫行从常十万人，皆仰给州县，天下怨叛，以至于亡"。挥霍无度的人，必定贫亡；好大喜功的人，必定虚耗；在其位而荒废政事的人，必定被他人取而代之。这三样，隋炀帝占全了。《素书》所谓"民困国残"。大业十四年春天，天下大乱，隋炀帝终日饮酒浇愁，杯不离手。结果部将兵变，被逼缢身亡。由于挥霍无度，据说死后连个像样的棺材都没有，是皇后和宫女等人以床板做了一个小棺材，偷偷地葬在江都宫的流珠堂下。

唐太宗亲身经历隋朝灭亡的过程，对前朝灭亡之因多有反思，中心之意可以概括为"君天下者，惟须正身修德"。兹录三段言辞，与经济学者共思之。

贞观二年，太宗谓黄门侍郎王珪曰："隋开皇十四年大旱，人多饥乏。是时仓库盈溢，竟不许赈给，乃令百姓逐粮。隋文不怜百姓而惜仓库，比至末年，计天下储积，得供五六十年。炀帝恃此富饶，所以奢华无道，遂致灭亡。炀帝失国，亦此之由。凡理国者，务积于人，不在盈其仓库。古人云：'百姓不足，君孰与足？'但使仓库可备凶年，此外何烦储蓄！后嗣若贤，自能保其天下；如其不肖，多积仓库，徒益其奢侈，危亡之本也。"

贞观四年，唐太宗曰："隋炀帝性好猜防，专信邪道，大忌胡人，乃至谓胡床为交床，胡瓜为黄瓜，筑长城以避胡。终被宇文化及使令狐行达杀之。

又诛戮李金才,及诸李殆尽,卒何所益?且君天下者,惟须正身修德而已,此外虚事,不足在怀。"

贞观五年,太宗谓侍臣曰:"天道福善祸淫,事犹影响。昔启民亡国来奔,隋文帝不吝粟帛,大兴士众营卫安置,乃得存立。既而强富,子孙不思念报德,才至始毕,即起兵围炀帝于雁门。及隋国乱,又恃强深入,遂使昔安立其国家者,身及子孙,并为颉利兄弟之所屠戮。今颉利破亡,岂非背恩忘义所至也?"

三、朝代由盛转衰君王的事例

1. 唐玄宗:内乱伦常,外感安史之乱。孟子曰:"周于利者,凶年不能杀;周于德者,邪世不能乱。"世间人如果在自然伦理德行上有亏,纵使贵为皇帝总统,也难逃自然之数。这是宇宙的法则,古今中外无一例外。唐玄宗一生行事,众所周知,此处不必细述。至为可惜的是,他如果不见色起意,如果见色起意而能自净其意,难忍能忍,难行能行,戒除"饱暖思淫欲"的所谓人之常情,就破除了轮回之圈,必然会"主明而天下大安","开元盛世"就不会转为"安史之乱",整个人生的轨迹乃至整个中国的历史都将转变,将是一代转轮圣王。然而德之不周,夺寿王妃而宠之,自乱伦常大理,怎么不感得天下大乱!

2. 宋徽宗:内淫无度,外蒙靖康之耻。宋徽宗,名赵佶(公元1082—1135年),神宗11子,哲宗弟。哲宗病死,太后立他为帝。在位25年。赵佶在位期间,过分追求奢侈生活,大肆搜刮民财,穷奢极侈,荒淫无度,败光当时世界上百分之七十的财产。

赵佶未继位之前就迷恋声色犬马,身边虽有花容月貌的侍女,仍以亲王之尊,经常微服出入青楼寻花问柳,京城名妓,皆有所染。甚至还将妓女乔装打扮带入王府,长期据为己有。当上皇帝以后,赵佶生活更加糜烂。尽管后宫佳丽三千,仍频频出宫寻找刺激。经常到名妓李师师家过夜。天子不惜九五之尊,游幸青楼妓院,为礼法不容,秘书省正字曹辅曾经上疏规谏,被徽宗以"诬蔑天子"治罪,发配郴州。

荒淫无度,罪及善臣,就是死不悔改,咎由自取了。公元1126年金兵南下,攻破汴京,宋徽宗与子赵桓被废为庶人。公元1127年3月底,汴京被掳掠一空，金帝将徽、钦二帝押送北方，北宋灭亡，史称"靖康之变"。宋徽宗在被押送的途中，受尽了凌辱。先是爱妃王婉容等被金将强行夺走，后被命令与赵桓一起穿着丧服谒见金太祖完颜阿骨打的庙宇，意为金帝向祖先献俘。尔后，宋徽宗被金帝辱封为昏德公，关押于韩州，即今天辽宁省昌图县；后又被远远地迁到五国城，就是今天黑龙江省依兰县。宋徽宗被囚禁了9年，公元1135年因不堪精神折磨而死，时年54岁。

《宋史》记载："迹徽宗失国之由，非若晋惠之愚、孙皓之暴，亦非有曹、马之篡夺，特恃其私智小慧，用心一偏，疏斥正士，狎近奸谀。于是蔡京以猥薄巧佞之资，济其骄奢淫逸之志。溺信虚无，崇饰游观，困竭民力。君臣逸豫，相为诞谩，怠弃国政，日行无稽。及童贯用事，又佳兵勤远，稔祸速乱。他日国破身辱，遂与石晋重贵同科，岂得诿诸数哉？昔西周新造之邦，召公犹告武王以不作无益害有益，不贵异物贱用物，况宣、政之为宋，承熙、丰、绍圣椓丧之馀，而徽宗又躬蹈二事之弊乎？自古人君玩物而丧志，纵欲而败度，鲜不亡者，徽宗甚焉，故特著以为戒。"元代脱脱撰《宋史》的《徽宗纪》，不由掷笔叹曰："宋徽宗诸事皆能，独不能为君耳！"

宋徽宗是一个艺术家，瘦金体的独创者。如果不当皇帝，做一个风流才子，祸不及国家百姓。然而作为职业皇帝，以今天的角度说，他是犯有渎职罪，君德大亏。宋代是中国历史上非常富庶的朝代，以修养来看，虽说北宋皇帝秉承祖训，仁义治国，不忍战争中百姓生离死别、肝脑涂地，宁可以金银财货获取和平，但是还是缺少了勇的骨气和强的霸气。"富贵不能淫，威武不能屈"，一个都没有做到。史传宋徽宗每隔七日御一处女，荒淫无度，令人发指。一方面，七天一次，显示他懂得《黄帝内经》人体肾精生成以七天为一个周期的道理，遗憾的是，他没有能够运用《黄帝内经》诸如"以为天下则大昌"的天理大道，白白糟蹋了经典大用，比今日一些人用《易经》看相算命这般小机小用还不如；另一方面，作为人君，行下贱之事，蹂躏百姓良家幼女，即使贵为九五之尊，也是不合伦理，乖虐法度，丧尽天良，必召祸患。被金人掠去，置于枯井，正是天理循环。为什么他会被置于枯井呢？大家仔细格物其间的宇宙常道伦理，自然知晓。他的处境不正是"下流干枯"的映照吗？天理运行岂会无缘无故！明此理者，循道守分；昧此理者，自取其辱；初闻此理者，胆战心惊；欲悔改者，亡羊补牢。

世间有两种人最为稀有难得：一种是从不恶行，另一种是闻过能改。圣人有言，"君子好色而不淫"，做到"发乎情，止乎礼"确是为人必需的修养。必如《素书》所言："贬酒阙色，所以无污"。齐宣王曰："寡人有疾，寡人好色。"孟子对曰："昔者大王好色，爱厥妃。《诗》云：'古公亶甫，来朝走马，率西水浒，至于岐下。爰及姜女，聿来胥宇。'当是时也，内无怨女，外无旷夫。王如好色，与百姓同之，于王何有？"

无论政治还是经济，无论企业还是个人，假如有乱事、邪事而致于功业不能克谐，主要负责人要自思检点悔过。以为神不知鬼不觉，干些偷偷摸摸的勾当，苟且快意，殊不知"人之视己，如见其肺肝然，则何益矣。此谓诚于中，形于外，故君子必慎其独也。"洁身自好就是经济，而且是确定的经济。摒除邪念就是投资，而且是稳赚的投资。经济中最大的不确定性是自己的秉性；投资中最大的风险是自己在道德行为上的铤而走险。一切赔赚，全部是自己决定的。有本事敢干，就要有本事承当。

唐玄宗是大音乐家，精通音律；李后主是词中圣手，有人说如果历史可以改写，他还是宁愿李后主亡国而取其词，因为中国文化已经不能没有李后主的词作；宋徽宗是大书法家，独创瘦金体，在星汉灿烂的中国书法史上居一席显要地位。单就艺术成就而论，他们都足以青史留名。可是，就天命而言他们忘本了，"玩物丧志"，"素富贵行乎富贵"，素位而行是天命，是本性，是伦理，

○ 经济中最大的不确定性源于自己秉性的不确定。

是德行，他们都舍本逐末，是谓"缺德"。身为帝王，一国的安危系之，岂可疏忽儿戏！所以圣人讲"无为无不为"，讲"动心忍性"，不兢兢业业于自己的天赋职责就是不认命，不认命就是不要命！名为帝王，其命就是帝王，不做好本职工作去填词谱曲，就是不要命，其后的人生苦楚是咎由自取，害得国家动荡，万民不安，乃是罪大恶极。

唐玄宗杨贵妃和梨园弟子的欢唱可以不要，李后主的亡国词可以不要，宋徽宗的瘦金体也可以不要，中华文化不损失什么。真正的中国文化，"无始以来，转读不尽，不损毫毛"。即使有损失，也不能以天下大乱生灵涂炭为代价。这就是中国的"经济"，这就是中国经典经济学的基本原则。改一下林则徐的句子，就是"苟利国家生死以，岂因文艺趋避之！"宁可让李后主亡国也要其词，不客气地讲，这是文人习气、居心不仁。自古"宁为太平鸡犬，不为乱世黎民"，若让这些人生在安史之乱的时代，生在"最是仓惶辞庙日"的时代，生在金兵掳掠的时代试试看，哭都来不及啊！还有工夫作画？还有心情附庸风雅？

○ 您知道什么是"文化"吗？

第二节 权臣德行有亏和社会经济动荡的关系

昏君和权臣是孪生兄弟。正身的君主能够压

镇邪佞的大臣，致使朝纲不乱。朝纲不乱，国家就会国泰民安。清朝雍正帝曾经对两位地方官说：你们为官要注意了，调到湖南，湖南水灾；任职安徽，安徽旱灾；转任甘肃，甘肃冻灾。为官者当思正身修德，为官一任，造福一方。

古代如此，今天也不会例外。任职父母官，德行不修，百姓遭难，其咎在人。和谐的可贵，就在于各人依照伦理处事，相安无事。一旦有暴虐的权臣，国家必亡；一旦企业中有因裙带关系而自恃娇宠的"高管"，事业岌岌可危；一旦家中有不合伦理而娇贵的成员，伦常大乖，轻则吵闹不休鸡飞狗跳，重则家破人亡。家和万事兴就是这个道理，和气生财也是这个道理。

一叶落而知秋。看到一件悖理的事情，就能推知它的结局。

一、赵高与秦朝覆亡

赵高本是秦国某位国君之后，他的父亲是秦王的远房本家，因为犯罪被施刑，其母受牵连沦为奴婢，赵高弟兄数人世世卑贱。秦始皇因其精通律令，便提拔他为中车府令，并命他教胡亥刑案之事。赵高善于观言察色、逢迎献媚，很快就获得了秦始皇和公子胡亥的赏识。秦始皇死后，他与丞相李斯合谋伪造诏书，逼秦始皇长子扶苏自杀，另立始皇幼子胡亥为帝，并自任郎中令。他"管事二十余年"，期间独揽大权，结党营私，赋役繁重，为政暴虐。公元前208年设计害死李斯，继为秦朝丞相。

赵高严刑峻法，将有罪之人连坐诛族，对心怀不满的大臣及诸公子一概灭绝。因忌惮耿直的蒙恬和蒙毅的重兵在握，赵高"日夜毁恶蒙氏，求其罪过，举劾之"。终于借胡亥之手除掉蒙氏兄弟，转而开始清除秦王室中的异己，怂恿胡亥残杀手足。"自作孽，不可活"。子婴在当公子时便已耳闻目睹了赵高的种种罪行，为了不蹈胡亥覆辙，与贴身宦官韩谈设计斩除了赵高，并夷其父、母、妻三族。

咸阳城内悖逆天理，咸阳城外就必定战乱四起。陈胜、吴广起义失败后，项羽、刘邦领导的反秦义军势头更加猛烈。秦二世三年巨鹿之战中，项羽大败秦军主力，活捉大将王离，章邯率12万大军投降。秦始皇梦想的万世基业，就毁在秦二世与赵高这对暴君奸臣令人发指的统治上。

二、杨国忠、李林甫和安史之乱

物必自朽而后虫生之,人必自乱而后人乱之。开元之治晚期,国家承平日久,唐玄宗怠政,不思百尺竿头更进一步,丧失"苟日新,日日新、又日新"的道德精神,宠幸杨贵妃,耽于享乐,由提倡节俭变为挥金如土,曾将一年各地之贡物赐予李林甫。从其一人的精神状态与行为观之,国家大乱与走向衰败是必然的"外现"。改元天宝后,是一个"拐点",标志着一个太平时代的结束,一个动乱的时代开始。除了皇帝德行衰败,与之相应的是李林甫、杨国忠相继把持国政,政治愈加腐败。李林甫是口蜜腹剑的宰相,任内凭着玄宗的信任专权用事达十九年,杜绝言路,排斥忠良,巩固权位,杜绝边将入相之路,建议玄宗用胡人为镇守边界的节度使,继而放任胡人拥兵自重,便宜行事。因此安禄山得以兼三大兵镇独掌 20 万的兵力而有叛唐的实力及野心。李林甫死后遭杨国忠诬陷,未及下葬便被削去官爵、子孙流放岭南,家产没官。杨国忠因杨贵妃得宠而继李林甫出任右相,只知搜刮民财,以致群小当道、国事日非、朝政腐败,且好大喜功、穷兵黩武,因忌恨安禄山而最终引发了安史之乱。唐朝因此由盛转衰。

○ 复习一下汉代大师董子仲舒的"天人感应"。

后世分析认为这次历史事件,是当时社会各种矛盾所促成的,原因是多方面的,是各种社会矛盾的集中反映。从中国经典经济学的伦理视角看,安史之乱的根本起因在于人。首先是唐玄宗自乱宫闱,而后外感国家动乱,此其相应者一也;

其次,权臣当道,朝政邪佞,将相失和,内心勾斗,而后外感兵戎相见,此其相应者二也;最后,主不明下则不安,不安则乱,乱则废,遂生叛将逆臣,兴风作浪,此其相应者三也。

第三节　个人德行优劣与家道、企业兴衰

其实帝王、权臣德行对于国家安危和社会经济的影响,和普通百姓的德行对于自己家道兴衰的影响,其道理完全相同,毫无二致。之所以不惜笔墨层层分说,意在"反复叮咛,反复提醒",使不能通达看世间的人可以方便地"对号入座",避免重蹈覆辙。

一、不义而行,破身败家

举两个例子:汉代的大将军霍光,现代的"网络红人"郑立。二者都是先辉煌后凄凉,皆因人生中途不义行事,悖逆伦理道德。霍光之事取自《资治通鉴》,茂陵徐生、班固和司马光三人的评述极为精彩,原文照录,胜过作者转述十倍。

1. 霍光久专大柄:人主蓄愤于上,吏民积怨于下。初,霍氏奢侈,茂陵徐生曰:"霍氏必亡。夫奢则不逊,不逊必侮上。侮上者,逆道也,在人之右,众必害之。霍氏秉权日久,害之者多矣。天下害之,而又行以逆道,不亡何待!"乃上疏言:"霍氏泰盛,陛下即爱厚之,宜以时抑制,无使至亡。"书三上,辄报闻。其后霍氏诛灭,而告霍氏者皆封,人为徐生上书曰:"臣闻客有过主人者,见其灶直突,傍有积薪,客谓主人:'更为曲突,远徙其薪,不者且有火患。'主人嘿然不应。俄而家果失火,邻里共救之,幸而得息。于是杀牛置酒,谢其邻人,灼烂者在于上行,馀各以功次坐,而不录言曲突者。人谓主人曰:'乡使听客之言,不费牛酒,终亡火患。今论功而请宾,曲突徙薪无恩泽,焦头烂额为上客邪?'主人乃寤而请之。今茂陵徐福,数上书言霍

氏且有变，宜防绝之。乡使福说得行，则国无裂土出爵之费，臣无逆乱诛灭之败。往事既已，而福独不蒙其功，唯陛下察之，贵徙薪曲突之策，使居焦发灼烂之右。"上乃赐福帛十匹，后以为郎。

帝初立，谒见高庙，大将军光骖乘，上内严惮之，若有芒刺在背。后车骑将军张安世代光骖乘，天子从容肆体，甚安近焉。及光身死而宗族竟诛，故俗传霍氏之祸萌于骖乘。后十二岁，霍后复徙云林馆，乃自杀。

班固赞曰：霍光受襁褓之托，任汉室之寄，匡国家，安社稷，拥昭，立宣，虽周公、阿衡何以加此！然光不学亡术，闇于大理；阴妻邪谋，立女为后，湛溺盈溢之欲，以增颠覆之祸，死财三年，宗族诛夷，哀哉！

臣光曰：霍光之辅汉室，可谓忠矣；然卒不能庇其宗，何也？夫威福者，人君之器也。人臣执之，久而不归，鲜不及矣。以孝昭之明，十四而知上官桀之诈，固可以亲政矣，况孝宣十九即位，聪明刚毅，知民疾苦，而光久专大柄，不知避去，多置亲党，充塞朝廷，使人主蓄愤于上，吏民积怨于下，切齿侧目，待时而发，其得免于身幸矣，况子孙以骄侈趣之哉！虽然，向使孝宣专以禄秩赏赐富其子孙，使之食大县，奉朝请，亦足以报盛德矣；乃复任之以政，授之以兵，及事丛衅积，更加裁夺，遂至怨惧以生邪谋，岂徒霍氏之自祸哉？亦孝宣酝酿以成之也。昔椒作乱于楚，庄王灭其族而赦箴尹克黄，以为子文无后，何以劝善。夫以显、禹、云、山之罪，虽应夷灭，而光之忠勋不可不祀；遂使家无噍类，孝宣亦少恩哉！

2. 郑立：不义取财，自毁前程。① 郑立，1982年生于重庆，国内知名网站"分贝网"的创办人。他创立的163888音乐网成为当时国内最大的音乐门户网站，后改名为"分贝网"。2006年，分贝网获得"中国最佳原创音乐网站"和"互联网最具活力奖"荣誉，同时，多个国际风险投资商共为公司投入数千万元。郑立被称为"身家过亿的'80后'CEO"。

有人说"少年得志是人生一大灾难"，不无道理。到了2008年6月，"分贝网"每况愈下，屋漏偏逢连阴雨，外资的"风投"也出现问题。郑立看到别人经营视频聊天网站，很快就淘到"第一桶金"，便和自己过去的合作者戴某找到刘某，要求开发flash视频软件。2008年12月，郑立、戴某、刘某3人

---

① 本例资料整理自百度百科，网址为http：//baike.baidu.com/view/524683.htm。

第七章 经典经济学在中国本土的验证（下）：败德的相应

分别以3家正规注册公司的名义签订了一份视频聊天室的合作协议。为了扩大影响，郑立等人利用广告联盟的广告效应，使网站点击率不断提高。他们以色情视频聊天网站为基础，以广告联盟为平台大力推广，通过视频网站进行淫秽色情表演从中谋取利益。招揽数十名年轻女子在虚拟世界"宽衣解带"。短短半年，获暴利1980万元，光顾这些视频聊天网站的注册人员高达317万。色情视频聊天网站暴露出道德沦丧、人性乖邪和对金钱的贪婪。在公安部立案侦查时该网站累计访问量高达7.3亿次，独立访客达3891万人次，独立VIP会员高达到2953万个。

身家过亿的"80后"CEO走向堕落，表面上是一场人生悲剧，实质上暴露了中国伦理经济观念教化的空白。郑立固然要为自己的行为负责，但是没有正确的财富经济的伦理观念教育，是谁的责任？如果社会的主流教育机构、宣传机构以中国本土的伦理经济学教育大众，提醒大众，诸如郑立这样的人生悲剧可以避免。

○ 大众没有能够接受正确的财富伦理观念，是谁的责任？

二、百年老店倾覆败亡的失德根源

为什么古语言"富不过三代"？为什么很多企业在"二世祖"的领导下就衰落了？表面上像经济学问题，其实是道德问题，是人性问题。首先，富贵的环境容易使人堕落。这是人的德行问题，不是"铜臭"的问题。不能自己堕落却埋怨钱多，如同自己好色丢了江山的皇帝不自省反却罪怪"红颜祸水"。其次，管理层逐渐被深受西方经济学污染的人替代；对经济决策的指导由原来的经济之道变成西方经济学的原则教条。最后，

○ 不会做人，就不会做企业。

领导人不再节俭谦约。

中国目前每年新增数十万个商业品牌，但品牌平均生命周期竟然不足2年。排除被"抢注"的因素以外，品牌如此短命的根本原因是什么呢？以中国本土经济学的眼光看，一点不复杂，就是企业的负责人"不会做人，不会过日子"！因而也不会做企业。做企业归根结底就是做人，这不但是中国经典的通透智慧，也是当今许多在现实中摸爬滚打过来的企业家的切肤体验。说不会做人，是在诚意正心上不下工夫，不尊重市场，不尊重顾客。既不下功夫研发与众不同、质量上乘的产品，也不加强学习增加企业的发展后劲，仅仅为了虚名，利用巨额资金进行铺天盖地的广告轰炸，就是比拼烧钱的速度和量级。这和秦二世胡亥"郦山未毕，复作阿房"有什么区别吗？所以，读通曾子《大学》的人，看看老板的生活习惯，了解他的家庭状况，就可以断定企业的前途了。

中国现在的百年老店，绝大多数都是和饮食相关的，药店、饭店、茶店或者酿酒公司。为生者讳，隐恶扬善，纵然知晓一些老店覆亡的道德原因，也不宜付之笔端。知古鉴今，反过来，可以观今知古。以下列举一例中国百年老店的覆灭和两例当代名企继承人的操守与困亡的遭遇。观一推万，知者会心，当识其要。中国正在走入富庶的社会，创业者和"二世祖"们当细心思量，伦理经济学的道理，是可顺不可逆的。

第一例是日升昌退出历史舞台：时运还是德行。[①]

---

① 本例资料整理自百度百科，网址为 http://baike.baidu.com/view/85027.htm。

第七章　经典经济学在中国本土的验证（下）：败德的相应

清代中叶，当时全国最大的票号共有 17 家，平遥人开的就占了 7 家，其中最大的票庄是"日升昌"。它原是颜料行，于道光四年（公元 1824 年）转为票号，其他还有"南通北达，二盛二协"，即日开通、口升达、百川盛、万源盛、协同庆、协同泰。这几家大票号的总号设在平遥，分号除京城外，遍及全国各大城市及商埠码头，平遥城成为当时中国最大的票号中心城市。

日升昌是中国第一家票号，是中国现代银行的开山鼻祖。从成立到歇业，历经一百多年，分号遍布全国 35 个大中城市，业务远至欧美、东南亚等国，以"汇通天下"而著名，开中国民族银行业之先河，并一度掌控 19 世纪整个清王朝的经济命脉。

1824 年，"日升昌"在太原设立分号，主要业务是"票"（汇票）。票的制作和书写，其保密性有极为严格的要求，绝不允许有任何的差错。日升昌引进当时世界上最先进的印刷技术，太原票号的汇票采用"水印"法印刷，并在关键部位加盖戳印。汇票的印数及领用均有严格控制。为防止泄密，汇票书写时实行以汉字代表数字的密码法，并且定期改换。中国历史博物馆存有一份"日升昌"太原票号的防假密押，内容是："谨防假票冒取，勿忘细视书章"，表示 1~12 个月；"堪笑世情薄，天道最公平。昧心图自私，阴谋害他人。善恶终有报，到头必分明"，表示 1~30 天。"坐客多察看，斟酌而后行"，表示银两的 1~10。"国宝流通"，表示万千百两。票号在 5 月 18 日给某省票号分号汇银 5000 两，其暗号代码为"冒害看宝通"。这些密押外人是根本无法解密的。在"日升昌"太原票号的经营史上，还从未发生过款项被人冒领之事。

1914 年 10 月，日升昌票号倒闭，"于全国金融影响甚大"。有人在《大公报》上撰专文分析倒闭原因：一是日升昌营业之中心点，在南不在北，南方各省码头最多，两次革命均受很大影响。二是日升昌之款项，未革命之前均分配在南方各省。自革命后各省纸币充斥，现金缺乏，由南省调回现金，往返折扣，每百两亏至三十五两及五六十两。此种亏耗实足令人惊异。三是革命时，日升昌欠外数目约五百万，欠内之数七八百万，出入相抵，有盈无绌。然欠内之数目，成本已付诸东流，遑论利息。欠外之款项，该号为支持门面，维持信用起见，三年之中均未停利，此项亏耗又其一也。

○ 子曰：人存政兴，人去政息。

以上三项，均是间接原因。导致日升昌快速破产的直接原因有三：第一，广西的官款催迫甚急，动辄率兵威胁，计一年之中提取十余万两，犹日日前往催取。第二，经理人内乱，该号正经理郭斗南、副经理梁怀文，就资格论梁应居正；惟梁为人公正朴实，自革命后对于东家提用款项极力阻止，因此不能得东家之欢心，梁无可奈何遂于去岁出号。梁在号中素为大家所推崇，梁去人心为之瓦解。第三，京号经理因号事吃紧，托病回晋，一去不归。

诸因并发，日升昌百年老店倾覆败亡。时代大潮的影响，所有人和企业在所难免，为什么有些老店能够存活并且发展成现代企业呢？为什么票号没有转成现代银行呢？即使大陆不能私人办银行，在香港地区、台湾地区或其他国家也可以经营啊？请注意直接原因的第二和第三条，特别是第二条，"人心为之瓦解"，这是这家百年老店倒闭而无余脉的根本原因。为人公正朴实的人，人心就是"天心"，这样的人是企业的顶门柱，是主心骨。孔子曰：人存政兴，人去政息。所以让有德之人寒心而走，企业必然败亡。

伦理的道理，一旦悟通，天下没有神秘的事情。

第二例是"美国强生公司的女继承人凯西·强生在洛杉矶的家中神秘死亡"[①]，被发现尸体时已经死亡多日，死因当时不详。警方称凯西死得很自然，没有谋杀迹象，不过还是会进行调查并

---

① 本例资料综合整理自新华网和央视网 2010 年 1 月 6 日新闻。

做毒物学检测。年仅 30 岁的凯西是美国最知名豪门之一的强生家族的继承人，富可敌国，风华正茂，何以突然死亡？我想列举几件关于她"地球人"都知道的事实，大家应该不再会对其死亡感到"神秘"：

（1）凯西是女同性恋者，死前刚刚宣布和同性恋女友蒂拉·特奎拉订婚，并送给对方一枚 17 克拉的大钻戒。（2）曾和姑妈抢男友。（3）偷过密友珠宝内裤。（4）因为大学宿舍不能带狗，第一学期没上完就退了学。（5）与高中同学芭莉丝·希尔顿形影不离，夜夜胡闹，跳钢管舞、吃棒棒糖，公开征集性伙伴，让人们对"美国贵族接班人的形象面目一新"，"是欲望和财富的代名词，却总无法摆脱丑闻的纠缠"。（6）凯西 3 岁时，举家搬往曼哈顿第 64 大街的豪华公寓，她和两个妹妹有各自的奶妈和佣人。10 岁时，凯西拥有了自己第一个香奈尔包，16 岁时还没有驾照就得到第一辆车时，"我想要什么，就能有什么。"当她的吉娃娃小狗把巴黎雅典娜广场酒店房间的地毯弄脏时，她父亲二话没说，马上掏出 2 万美元赔给了酒店，地毯转而被空运到了纽约凯西小狗的卧室里。（7）酗酒吸毒。（8）住所不但断电，而且老鼠横行，泳池长满苔藓。

强生公司是世界上最大的制药企业之一。1887 年由理贝·强生的曾祖父罗伯特·伍德·强生与两个兄弟共同创立的。传到理贝的祖父小罗伯特·伍德管理的时候，公司已经是如日中天了。但是小罗伯特对自己的独生子（理贝的父亲）很不喜欢，最终把他赶出了强生公司。当时，理贝只有 14 岁。从中国经典经济学的伦理立场来看，驱逐独子、骨肉乖离已经埋下了公司不振的祸根。如今其继承人又壮年夭亡，更是大伤元情。虽然现代企业制度，"所有权与管理权分离"，有职业经理人打理，可以在一定程度上推迟衰败的速度，但是自然伦理不可改变，且拭目以待。

天下有可得的不义之财吗？没有，不可得。"善不积不足以成名，恶不积不足以灭身"。未来富庶的中国社会，会有多少凯西·强生？会有多少阿莱格拉？真心希望未来一切世界能够以中国的经典经济学的道理教育人民，免于众苦。

第八章 中国经典经济学参照系下的西方经济学危机及其拯救

> If you shut your door to all errors, truth will be shut out.
>
> The echo mocks her origin to prove she is the original.
>
> In its swelling pride the bubble doubts the truth of the sea, and laughs and bursts into emptiness.
>
> ——Tagore, *Stray Birds*①

○再一次提醒读者仔细体会泰戈尔诗句的哲理,本章所论尽在其中。

诺贝尔经济学奖1974年得主哈耶克认为把诺贝尔奖授予经济学研究会引来巨大的误导,

---

① 若是你将所有的谬误都拒之门外,真理也会被一并拒之门外。

回声取笑她的原声,以证明她才是那原声。

在膨胀的自傲中,水泡怀疑大海的真理,它大笑起来,便碎裂成一团虚无。泰戈尔《飞鸟集》114,170。

使经济学家获得超过自身智慧的话语权，影响政府决策和大众行为。从世界经济和社会发展的现实来看，不幸被哈耶克言中了。更为令人担忧的是，西方经济学本身的发展越来越病入膏肓，不但不能提供有效的知识，反而以"负熵"的状态增加人类知识的负担和思想意识秩序的混乱。诺贝尔经济学奖1976年得主弗里德曼、1986年得主布坎南、1991年得主科斯、1992年得主贝克尔等人统统认为经济学的发展误入歧途：远离真实、滥用数学、架设空中楼阁。诺贝尔经济学奖2001年得主阿克洛夫和希勒在2008年的金融危机后重新提出"动物精神"理论来解释人类的经济动机，以替代西方经济学对现实毫无解释力的有关假设及其理论，更暴露了西方经济学在认识人类自性问题上的无知与无能；最要西方经济学命的，是索罗斯在2010年4月出版的《超越金融：索罗斯的哲学》一书中提出双向作用、互为因果的"反射理论"，"有理、有据、有节"地否定了西方经济学赖以生存的"自利"假设和引以为傲的"市场有效性"假说。也就是说，整个西方经济学的大厦如果还不承认已经轰然倒塌，至少已经是风雨飘摇、千疮百孔、穷途末路。

○ 您认为哈耶克说对了吗？

第一节 为什么说西方经济学穷途末路？

西方经济学在逻辑假设和几个基本观念上的错觉，导致整个理论大厦在发展成庞然大物的阶段，顾此失彼，矛盾百出，以至于难以自圆其说。主要表现为：（1）人性自利假说的以偏概全；（2）竞争理念的错误解释；（3）资源有限性认识的局限性；（4）财富来源认识的模糊性；（5）市场和政府本质认识的对立性；（6）宏观微观的割裂性；（7）个体与整体利益的矛盾性，等等。

本节以下所述六种不利于西方经济学"声誉"的评价标题，全部出自西方经济学内部堪称"大师"级学者的争吵，并非出于中国本土经济学立场的"愤世嫉俗"和"恶语相向"。正是应了孟子所说的"人必自侮，然后人皆侮之"。中国文化的立场，是惩前毖后，治病救人，细数西方经济学的"家丑"，不是落井下石或者幸灾乐祸，而是为了把脉察证，而后开方施药。正是《老子》所谓："是以圣人常善救人，故无弃人。常善救物，故无弃物。是谓袭明。故善人者不善人之师。不善人者善人之资。不贵其师、不爱其资，虽智大迷，是谓要妙。"

一、似是而非的前提假设

经济人的自利假设开始于亚当·斯密，并被认为是斯密"石破天惊的发现"。其实这个观点是受到《人性论》作者大卫·休谟的启发。斯密出于对历史和现实的考察，认为人类在物质生产和经济利益上的合作，是以自利为前提的。我们在第四章第一节已经论证，亚当·斯密所发现的自利，实质上仍然是自利与他利统一的行为。他只认识到事实的一半。不论在道义上还是私利上，不能他利就不能合作。你问问自己，你会和一个在心理上和事实上都不能给你带来任何利益的人

○ 亚当·斯密认识到事实的一半。

合作吗？斯密的观点，与其说在西方经济学上意义重大，还不如说他的观点为突破当时已经僵化了的道德哲学观念找到了"救命草"。并不是合作需要他利的观念有什么错误，而是当时刻板走形的社会风气过于压抑人们的思想自由和物质追求，"哪里有压迫哪里就有反抗"，被过度扭曲的人性要恢复自由和尊严，受到制约的个人经济利益需要发展，斯密的理论恰好迎合了时代要求，于是就顺理成章地被推上巅峰。在伦理道德下降的社会，无论他利还是自利，过于强调某一方面，一定带来不良的后果。今天的社会，如果不能提振人性他利的一面，仍然鼓吹自利的一面，危机不可避免，崩溃不可避免，灭亡也不是危言耸听。不需要什么理论分析，你站在大街上看一下人群或者车流，答案不言自明。

以反对"黑板经济学"著称的罗纳德·科斯认为"自利假设既没有必要，也会引人误入歧途"。也有学者认为"经济人"不是什么假设，就是对全体人性的抽象概括。而弗兰西斯·福山反对这样的看法，他认为"人类行为确有百分之八十的情况符合此模型，问题是隐匿的另外百分之二十，新古典经济学派只能提出难以服人的解释。"非"经济人"于现实中的广泛存在，说明"经济人"并非"一种不容置疑的经验事实"，只能是一种假设。

美国最近有一本研究"可预知的非理性"（Predictably Irrational）的著作，通过对个体行为的海量调查分析，认为人的"非理性"是可以预测的，有系统，有结构性。说明决定个人及群体选择的不一定是自利的追求，他利的非理性是与生俱来的基因存在。在事实面前，自以为理性的西方经济学家其实也是"非理性"的。连自己都不知道自己怎么回事儿，怎么知道他人心中的经济算盘？用哈耶克的话说，就是"致命的自负"。这些情况说明，如果不能认识清楚人类自性，西方经济学永远是一团雾水。如果西方经济学家能够从视野狭窄中走出来，看看中国的经典，答案就在眼前。

可是，身处中国本土的学人，有几人能够识心见性？自性蒙昧，欲说明白话，怎么可能？只能是随着美国人去谈"动物精神"，自甘堕落。孟子云："人之异于禽兽者几希！"

1993年诺贝尔经济学奖得主道格拉斯·诺斯认为，"人类行为远比经济学家模型中的个人效用函数所包含的内容更为复杂。有许多情况不仅是一种财富最大化行为，而是利他的和自我施加的约束，它们会根本改变人们实际作出选择的结果"① 在先天上，他利是本性纯善的必然逻辑，即使没有恢复先天圆满的自性，圣人"仁者爱人"的伦理道德教化，也会使人做到"己所不欲勿施于人"，人人谦约自守，不损人；人人自强不息，不累人，就此天下太平，无争端，无不轨，是真正的经济万民。而假定人人自利，就会在很大程度上误导为自私，中人以下者全部被教导为获利为己，正是《礼记·礼运篇》所言"大道既隐，天下为家"，"谋用是做，兵由此起"，纷争不断。即使能够在物质上达到富裕，也很难得到内心的安宁，世界会因此逐渐变得冷漠和无情。这是对万民的误导，这是对万世的污染。中国历史上大禹、汤、文王、武王、成王等领导人则当此世"谨于礼，以著其义，以考其信"，"示民有常"。"如有不由此者，在势者去，众以为殃"。

二、自相矛盾的逻辑体系

假设的错误，加上对假设的误解和对理论的割裂式理解，为西方经济学自身的混乱埋下基因。现在的西方经济学由于内部体系存在逻辑矛盾，如果不是有意愚民的学术，如果不是学术外衣掩盖下的意识形态，那么误入歧途之深实在令人费解。它会把明白脑袋教糊涂了，把聪明人教傻了，把简单的事情搞到复杂得一筹莫展的程度。

说西方经济学有缺点并不稀奇，也不过分，因为事实如此。但是突然倒塌的体系也往往并非一无是处。2000多年奉为真理的亚里士多德落体定律，在比萨斜塔下一朝烟消云散。张五常写作《佃农理论》，此前积累了200年的老佃农理论被"手起刀落，斩于马下"，是什么道理？太史公曰：差之毫厘，谬以千里。西方经济学的理论出发点和鼓吹竞争的理论，与声称要造福人类的诉求自相矛盾。曼瑟尔·奥尔森说，在严格坚持"经济人"及其行为的假定下，"理性经济人"不会采取行动以实现共同的或集团的利益。也就是说在自利的假定下，不会有合作的发生。这个观点等于否定了亚当·斯密"石破天惊"的自利发现。信奉从自利假设开始的经济学道理的商家，又信誓旦旦地宣扬"顾客是上帝"，明明是打着算盘如何把上帝口袋里的钱掏出来利益自己。这样虚伪的学说不令人可怕吗？我们想象笑容背后的冷冷意图，难道不

---

① 道格拉斯·C.诺斯（刘守英译）：《制度、制度变迁与经济绩效》，上海三联书店1994年版，第27页。

第八章 中国经典经济学参照系下的西方经济学危机及其拯救

令人不寒而栗吗?怎么会是给人带来福音的经济学呢?

西方经济学貌似严密的形式下隐藏着诸多不被人发现的漏洞。因为如果没有深入地了解,就只能相信经济学家的论述,只有不骗人的经济学家才能诚意正心地指出那些骗人的陷阱。例如,琼·罗宾逊早就指出,生产投入的种类不胜枚举,不可能用统一物理单位来衡量,更不可能采用价格总和形式衡量,因为价格变化,生产函数就会发生变化。这与生产函数的设计初衷是纯粹考察投入产出之间的物物关系相违背。可是生产函数仍然被当作标准的经济学知识传授。

○ 以常识去反思经济学。

西方经济学鼓吹自由放任是他们的"常识",可是如今"公司治理"成为西方经济学中重要的理论区域。什么叫治理?为什么公司治理可以堂而皇之,而国家治理就成了"国家干预"必除之而后快?哪一个公司是自由放任的?世界 500 强中找得到一个自由放任的公司吗?如果市场经济是自由放任的,那么为什么需要"企业家才能"?没有"企业家才能"如何"公司治理"?

中国一句"治道之要,贵在不扰",整个西方政治经济学全部废掉。斯文在兹,奥妙在兹,经济在兹。再举一例关于生产函数自相矛盾的内容:西方经济学的"生产四要素"指资本、土地、劳动和企业家才能。但在生产函数中,只有劳动和资本出现,没有土地和企业家才能。唯一合理的解释,只能是构造生产函数的"经济数学表演艺术家"认为,为了函数的完美和"科学性",边际分析是必不可少的。由于土地的"边际技术替代率"不存在,而企业家才能也无法施展"边际收益递减律"的表演,为了自圆其说,经济学家就干脆把他们砍掉,这让人联想起《红楼梦》中的"甄士隐"(真事隐去)和"贾雨村"(假语村言)。另外,西方经济学教科书上总是把生产要素市场和产品市场分开,也是根本性的错误。

中国自古认为"天地有好生之德",世界生人就有足够的生活资料养活这些人,靠山吃山,靠水吃水,便利而经济。随着科技进步和贸易发展,互通有无,自然而互利地提高生活水平。而西方经济学倡导的发展模式,是且战且退的自杀模式,环境已经破坏了再呼吁环保,资源已经濒临耗尽再想起可持续发展,金融工具的发展也走向寅吃卯粮的极端,人们拼命工作却缺少幸福。告诉人们资源具有稀缺性,只有竞争才会幸福,这种逻辑培养人的贪婪,鼓动和纵容人性中的丑恶。这哪里是教育,分明是教唆!这哪里是学说,分明是邪说!世界变成今天这个样子,关注环境保护,提出可持续发展,搞低碳经济,本质上源出于西方经济学矛盾的理论指导,乃至人类行为举止失措。没有破坏性的经济理论怎么会有破坏性的经济发展?没有教唆人们学坏的经济理论世界怎么会变得冷漠?如果不是魔由心生、如果不是妖由人兴,资本有什么肮脏的想法?愚民的理论和欺骗的逻辑从今可以休矣!南怀瑾先生说:"我说世界上的经济学家,欧美的经济学家,是强盗的经济学家,都是为一个国家、一个观点,写了许多经济学的书。你们学经济不要乱跟他们。从《原富论》开始,通通不对。没有一个学者研究全体人类的经济学,马克思有一点像,还不完

○"从《原富论》开始,通通不对"!

全，他在那个时代还看不清楚。"①

虽然可以说长时间以来一直有西方经济学家从偏好、需求、预期、效用这些涉及心理研究的领域上寻找经济学的真理，但是由于缺乏"真实"的证明，而收效甚微，于人类智慧和经济福利的改观作用不大。尽管张五常教授总结一生所学，认为"需求"是虚构出来的概念，在真实经济世界中不存在，但是由于解决不了西方经济学自身的逻辑前提问题，所以只好勉强容忍这一虚无的存在，并容忍将其设为经济学的公理，否则西方经济学无从谈起。这种自相矛盾和无可奈何已经充分说明了西方经济学在真实的智慧追求方面陷入了尴尬的境地和死胡同。

三、自以为是的模型设计

西方经济学的主流经济理论假定：人是自利的经济行为人，因而能够进行"理性的计算"，有能力形成"完全理性的预期"。乔治·卢卡斯的全部理论都试图说明市场处在均衡中，价格包含一切必要的信息，足以指导人们作出自利的理性决策。基于这些自我理想化的假设建构起来的经济模型，排除了市场危机的可能性。自以为是地通过模型计算，认为市场崩溃是"十万年才可能发生一次的小概率事件"。所以，经济衰退的问题已经得到解决，世界经济会在今后几十年里平稳运行。卢卡斯获得了 1995 年的诺贝尔经济学奖，今天面对世界层出不穷的经济危机，我们是笑对书生之见呢，还是跟着诺贝尔在天之灵哭泣？

○ 您是否有足够的胆量，"稍微"想一下：西方经济学是近 200 年来人类思想史上的一件"皇帝的新装"？

---

① 南怀瑾：《漫谈中国文化——金融·企业·国学》，东方出版社 2008 年 10 月第 1 版，第 11 页。

○ 西方经济学的游戏还要玩多久？

事实证明，按照西方主流经济学理论建立起来的经济模型，无论是美联储还是欧洲央行，无论是政府研究室还是大学的科研报告，都没能发出预警信号。甚至金融危机都席卷世界了，所谓的预测都木然无对。经济问题真的深不可测吗？连"世界上最杰出的经济学家"都理解不了吗？根本不是这回事！中国俗语说：一叶落而知秋。你只要放眼周围，一目了然啊。2008年2月，马云就向阿里巴巴员工发出《冬天的使命》信件，就是明确的预警。可是，当时大家不都以为他自己遇到寒风了吗？有多少人重视呢？"春江水暖鸭先知"，你能够相信不下水的人躲在书斋里的判断？

耶鲁大学经济学的教授 Geana Koplos 认为现行的经济学模型的基本假设前提有严重缺陷，曾经专门撰文说明"杠杆周期效应"（leverage cycle）可以轻而易举地把市场拖垮。约翰·布拉特更是指出所有经济模型"都不是数学运用于现实世界的经济问题"，而是把高深数学运用于"一种完全虚构的理想世界"。有些模型设计被认为是最杰出的经济学成就，实际上是纯粹的数学演算，不仅没有经济内容，而且没有数学价值。这些成果的作者"既不是数学家，也不是经济学家"。经济学理论的假设和模型设计，严重脱节于现实，略具常识的人也都能一望即知。它犹如皇帝的新衣，一直穿着，并且还要传下去。因为教授要吃饭，学生要学位，既得利益的"经济学家"还要继续浑水摸鱼。大家心照不宣，游戏就这样玩下去。

四、一知半解的现象解释

资本主义的发展，极大地提高了人类的物质

幸福，极大地提高了人类生活的舒适与便利，是拜西方经济学所赐吗？完全不是，那是科学家的贡献，是工程师的贡献，是技术人员的贡献，是劳动人民的贡献，是时代潮流使然，和西方经济学的看法与分析没有什么关系。不管亚当·斯密是否分析英国的国民财富性质，世界的经济发展都会按照它开始的逻辑进行下去。注意张五常教授对西方经济学的定义是"经济解释学"，解释现象是经济学的唯一用途：做什么事，是决策的问题；怎样做，是工程学问题；做得好不好，是伦理学问题；只有解释为什么，是科学问题，才是经济学的领域。可是，现在的西方经济学家好像"万能学家"，做什么、怎么做、怎样做好和为什么这样做，全在行，说起来头头是道，一到危机爆发就哑口无言，顾左右而言他。2008年金融危机席卷全球，英国女王视察英国皇家学会，问为什么这么大和严重的危机事前经济学家一点警觉都没有？女王的提问让在场的经济学家非常尴尬。这让我们想起鲁迅先生在《孔乙己》里面的一句话：有他在的时候，大家过得很快活，没有他的时候，别人也那样过。马克·布劳格调侃经济学家，说"请不要和我谈论现实，我们是经济学家！"①

○ 女王一问传天下，学者惘措皆无言！

可是近100年来的世界经济发展状况，就和西方经济学的存在有很大关系了。由于科技日新月异，快速地改变着人类的生活方式，社会分工的发展，也让人们误以为西方经济学家会和物理学家、计算机科学家那样可以提供值得相信的专

---

① 马克·布劳格（贾根良译）："现代经济学已露游戏人生之病象"，《经济学消息报》2003年6月20日。

家意见。以逻辑著称,以模型的精美自诩,以社会科学王冠上的明珠自居的西方经济学,却不知自己对现实经济现象的解释和理解实在错得天玄地远。结果世界"指着破鞋扎了脚",在曲解和偏执的市场经济观念下,世界经济越来越陷入经济危机的泥潭而不能自拔,世界被自利和竞争这样的错误观念引导向崩溃的边缘:环境破坏,灾难频发,人心忧苦紧张。在自利和竞争错误观念的熏陶和培养下,一代又一代天性善良的人在市场中被教唆成争名夺利的自私动物,在市场中蜕变得像丛林中弱肉强食的贪婪野兽。不是祸国殃民是什么?如果孔子再生,恐怕会再一次杀掉经济学家里的"少正卯"。

○ 以莱特兄弟为起点,现代飞行器已能载人到月球,以亚当·斯密为起点,现代西方经济学能帮助人类干什么?"一旦脚踏实地……几乎什么经济现象也不理解,也几乎什么事情都不会做"。

李扬教授在谈到西方经济学的解释力时说过:"尽管我们背熟了难以胜数的概念、范畴、规律和推论,似乎也把握了纵横几千年的社会经济发展脉络,但是,一旦脚踏实地……几乎什么经济现象也不理解,也几乎什么事情都不会做。"[①] 如果西方经济学真的既不能帮助人们发财,也不能帮助政府制定正确的政策,那么,与其学习200年的经济理论,还不如自己进行20天的经济实践。学习汽车制造可以造汽车,学习烹饪可以做菜,为什么大家学习了西方经济学却不会"经济"?张五常教授说如果他事先阅读了已有的佃农理论,那么就不会有他后来的佃农理论。这是一个重大的启示,就是科学研究的起点绝不是首先查阅文献,而是心中起疑情,也就是产生一个疑问,发现一个问题。接下来也不是到书中查找答案,而

---

① 李扬:《财政补贴经济分析》,上海三联书店1990年版,第2页。

是先自己依靠直觉和灵感来发现答案，找到结果后，自己用逻辑语言把它建构起来，然后再和已有的理论相对比，看看高下优劣，决定是否有价值，是否需要修正，是否值得发表。诚如科斯的主张，遇到问题要靠直觉先预见到答案，再寻求合乎逻辑的论证。爱因斯坦也强调过：一切科学结论最初都不是逻辑的结果，而是始于灵感的发现。

五、宏微分裂的经济分析

在中国本土经济学的观念中，治国的道理和治家的道理没有不同，宏观和微观的分立是不可理解的。即使在西方经济学内部，反对宏观和微观的声音也一样不绝于耳。2001年诺贝尔经济学奖联合得主之一约瑟夫·斯蒂格利茨认为，作为经典教材，萨缪尔森的《经济学》所表述的宏观经济学和微观经济学根本就没有什么内在联系。宏观和微观脱节，方法上难以沟通，意识形态上的分歧与对立，经济学到了"分久必合"的时代。

在本书前面的章节中，曾经强调理解《黄帝内经》关于整体性、系统性和协调性的重要性。宏观和微观的分裂，相当于"十二官"相互独立，互不通气，以此为天下，则大危。为什么我们现在在各国的货币政策效果不如人意，原因之一就是决策的依据在宏观和微观上不全面，不协调，存在决策参考上的盲区。幸好由于人们头脑越来越清醒，加上西方经济学家的声誉不佳，政府领导人往往在听取建议的时候大打折扣，按照正确的思路设计政策，才得以在关乎亿万民众福利的

○ 学会运用《黄帝内经》，以整体性、系统性和协调性的思维方式去理解经济现象。

决策上避免更大的失误。事实上，经济政策制定的思路和原则非常简单，不需要什么花哨的理论。张五常教授认为福利经济学是废物，关于福利，任何人都可以是"专家"，不需要读过经济学。200年来，经济学无法证明，从一人手上拿一元钱，放到另一人手上，社会福利会变好还是会变差。

宏观和微观分裂的西方经济学在琼·罗宾逊的眼中是这样的形象：用一条没有经过检验的假说的跛脚，和一条根本无法检验其结论是否正确的瘸腿，步履踉跄地四处跋涉，不知所终。

六、缺乏诚意的理论辩护

○ 经济学家的首要素质是诚实。

西方经济学1982年诺贝尔奖得主乔治·斯蒂格勒曾经"严厉"批评西方经济学者在理论研究上一涉及现实就顾左右而言他的毛病，直言不讳地指出部分"经济学家并不打算面对现实的挑战"。2002年，我在《经济学醉语》系列专栏文章中，写过一篇题为《经济学家的首要素质是诚实》的短文。主要想法是读书时一瞬间的感悟，认为经济学家如果内心不诚实，那么害人误己是不可避免的。今天才更加深刻地知道，诚实是一切人类学问所需的首要素质。其实也就是曾子《大学》中所谓的在"格物致知"的过程中必须要"诚意正心"的内涵。《中庸》曰："自诚明，谓之性。自明诚，谓之教。诚则明矣，明则诚矣。"真正的明白人一定诚实，一定是"真语者，实语者，如语者，不诳语者，不异语者"。这诚实不是迂腐，不是刻板僵化的死原则，他是活的原则和灵魂，是对自然伦理的尊重，是对客观规律

第八章　中国经典经济学参照系下的西方经济学危机及其拯救

最彻底的尊重。

意诚者并非没有权宜之计。今天经济学里充斥着虚假的研究,与真实的学问研究毫无关系。和哈耶克共同获得1974年诺贝尔经济学奖的冈纳·缪尔达尔曾经批评过专业经济学家的文章没有和大众交流的诚意,无法写出一般民众能够理解的著作,而只能在极其狭窄的所谓学术圈子里交流。这使经济学逐渐走向怪诞的深渊,等于自掘坟墓。由于绝大多数经济学家都缺乏市场打拼的经验,所以他们的学说往往成为"花瓶",被别有用心的人或者其本人当作炫耀的"皇帝的新装"。这不禁让我想起泰戈尔说的:"为了让他们自己泼洒出来的墨水有用,他们把白天写成黑夜。"① 想一想,真是让人忍俊不禁,乃至捧腹大笑!

索罗斯关于西方经济学市场有效性假说已经被结论性地否定的论述,已经使一切缺乏市场实践经历的理论辩护黯然失色。这是一切缺乏诚意的经济学研究必然要遭受的结果。

金融市场上,衍生工具等杠杆手段助长了寅吃卯粮的行为,据说美国人已经把后世第四代人的财富都消费光了。现代金融制度可以在一代人之内调剂资金的余缺,是创举,是进步,但是一旦侵蚀到下一代甚至下几代的利益,就过了头,中国古语说"天道好还",客观规律永远没有打盹的时候。把后世的能源和资源都消耗殆尽了,是砍根而望叶茂的自欺欺人,自然界中没有这种道理,在中国古代,这就叫作"反天时,逆地理,倒行逆施",是"恣意妄为,自取灭亡"。做足格物致知功夫的人,诚意正心的人,决不会做这种饮鸩止渴、后患无穷的傻事。

西方经济学的发展,特别是1968年瑞典中央银行决定设立诺贝尔经济学纪念奖以来,使人们几乎没有思维能力和破谜开悟的勇气来反省乃至反抗西方经济学的无知、武断、霸道和自以为是,人们的心灵被其中一些错误的观念蒙蔽,行为受其中一些似是而非的理论影响,全世界都被笼罩在自私、偏狭和逻辑混乱的西方经济学迷雾中,以至于整个社会常常在陷于可怕的危机之中时,还要反过来向它求救;以至于一些学者看到生活中的真实经济现象不符合西方经济学理论的要求,不但不思推翻错误的理论,反而说"经济生

---

① To justfy their own spilling of ink they spell the day as night.

○ 建议暂时取消颁发诺贝尔经济学奖给西方经济学家，等经济学真正"靠谱"了再发也不迟。

活中的悖论与反常现象"，称为"赢者的诅咒"。借用张五常教授的话说就是"蠢到死！"，明明就是理论错了。不是经济生活中有悖论，而是西方经济学本身的错误，使相信西方经济学理论的人误认为现时生活中的现象反常。没有反常的现象，只有错误的理论。到目前为止，除了本书，大概还没有第二个身处"经济学界"的学人说西方经济学几乎整个错了。大家都是在吵吵闹闹、修修补补、敲边鼓似的羞羞答答，只有索罗斯、曹仁超等几位不在学术圈内讨饭吃的实干家，有勇气说"市场有效性假说被结论性地否定了"或者"有效市场理论破产"[①]，却被某些"大牌"经济学家批以"理论粗糙"。迄至本书面市，更没有一个人敢于冒天下之大不韪，宣布"中国有自己的经济学"，勇于把她从经典中总结出来，敢于把她从历史中请到当代，以期一剑封喉、"扫清一切牛鬼蛇神"。其实，张五常教授发现西方经济学只剩下需求定理，并且需求定理赖以建立的假设也不存在时，已在无意中宣布了西方经济学的破产。

具有远见卓识的领导人、企业家在抛开那些荒谬的理论指导独立决策时，他们的直觉也许会告诉自己：如果听信那些根本不懂什么叫经济的西方经济学家的意见，自己恐怕死无葬身之地。世间有许多事，被中国人形象地比喻为"被人卖了，还要替人数钱"，相信西方经济学就是这样的一件事。我当然希望结束这一荒唐的历史。至少，指出经典的道路，会为那些困惑于西方经济学的

---

① [美]乔治·索罗斯：《超越金融：索罗斯的哲学》，中信出版社2010年4月第1版；曹仁超：《论性》，中国人民大学出版社2010年6月第1版。

渎职而无所适从的政府官员、企业家和致富的民众提供可靠的中国本土经济学智慧，简单实用又蕴义无穷，解决燃眉之急又没有后顾之忧。中国经典经济学是可以实现让一部分人先富起来的学问，是可以让困扰道德君子2000年的诸如"义利之辨"这样的问题得到圆满解释的学问，是真正当生就可以实现财富自由的学问，而不必因为行善的结果只能来生才能享受因而丧失行善动力的学问。选择就在当下，有了救命的稻草仍然不抓的人大有人在，如果人类是能够吸取教训的族群，东方所说的"大同世界"早已实现，西方所说的"理想国"也早已实现。道在脚下，怎么走，上天堂下地狱，自己负责。

下面请大家共同欣赏一篇高考满分的作文，作为本节的结束。因为是网上流传，且高考作文即使满分也不会公布作者的姓名，所以只能说明是全文引用，而无法交代作者的姓名。但是，我和妻子认为这位小作者有"大师风范"，几百字的临场作文表达了我需要十年经典阅读、两年写作、30万字的书稿所要表达的内涵：

话说诚信被那个"聪明"的年轻人投弃到水里以后，他拼命地游着，最后来到了一个小岛上。诚信就躺在沙滩上休息，心里计划着等待哪位路过的朋友允许他搭船，救他一命。

突然，诚信听到远处传来一阵阵欢乐轻松的音乐。他于是马上站起来，向着音乐传来的方向望去：他看见一只小船正向这边驶来。船上有面小旗，上面写着"快乐"二字，原来是快乐的小船。

诚信忙喊道："快乐、快乐，我是诚信，你拉我回岸可以吗？"快乐一听，笑着对诚信说："不行不行，我一有了诚信就不快乐了，你看这社会上有多少人因为说实话而不快乐，对不起，我无能为力。"说罢，快乐走了。

过了一会儿，地位来了，诚信忙喊道："地位地位，我是诚信，我想搭你的船回家可以吗？"

地位忙把船划远了，回头对诚信说："不行不行，诚信可不能搭我的船，我的地位来之不易啊！有了你这个诚信我岂不倒霉，并且连地位也难以保住啊！"

诚信很失望地看着地位的背影，眼里充满了不解和疑惑，他又接着等。随着一片有节奏的却不和谐的声音传来，"竞争"们乘着小船来了。诚信喊道："竞争，竞争，我能不能搭你的小船一程？"

竞争们问道："你是谁，您能给我们多少好处？"诚信不想说，怕说了又没有人理，但诚信毕竟是诚信，他说："我是诚信……""你是诚信啊，你这不存心给我们添麻烦吗？如今竞争这么激烈，我们不正当竞争怎么敢要你诚信？"言罢，扬长而去。

正当诚信感到近乎绝望的时候，一个慈祥的声音从远处传来："孩子，上船吧"。一个白发苍苍的老者在船上掌着舵道："我是时间老人"。

诚信问道："那您为什么要救我呢？"老人微笑着说："只有时间才知道诚信有多么重要！"在回去的路上，时间老人指着因翻船而落水的"快乐""地位""竞争"，意味深长地说道："没有诚信，快乐不长久，地位是虚假的，竞争也是失败的。"

○ 只有时间才知道诚信有多么重要。

第二节　西方经济学危机的内部因素分析：伦理分裂和远离真实

"真理的河流流过无数谬误的河道。"[①]泰戈尔《飞鸟集》中的这句话简直就是为西方经济学画像，惟妙惟肖。当然，也是整个人类文明史的写照。200年的西方经济学说史充满了谬误。"大师"辈出，观点相左，非凡热闹，其乐无穷。只是

---

① The stream of truth flows through its channel of miskakes.

第八章　中国经典经济学参照系下的西方经济学危机及其拯救

可怜那些等待理论支持的政府决策者和抱着发财梦等待行为指导的大众投资者，何去何从，不知所措。西方经济学自从产生以来，就存在两条线的发展脉络：简单地说一条是伦理的道路，一条是理性的道理。前者更符合本质，但是由于缺少科学性的外衣而逐渐被抛弃；后者逐渐盛极而衰，走向了唯理性主义的泥潭，导致危机和灾难的频繁暴发而不知其解。

西方经济学的发展大略可以分为三个阶段，即古典经济学、新古典经济学与现代经济学。

古典经济学从17世纪中期开始到19世纪70年代为止。包括英国经济学家斯密、李嘉图、西尼尔、穆勒、马尔萨斯，法国经济学家萨伊。以斯密为代表，其1776年出版的《国富论》标志着西方经济学的诞生，后世学者多认为该书建立了以"自由放任"为中心的经济学体系。古典经济学代表性的教科书是穆勒《政治经济学原理及其在社会哲学上的应用》。

新古典经济学是从19世纪的"边际革命"开始到20世纪30年代为止，包括英国经济学家杰文森、马歇尔，法国经济学家瓦尔拉斯。边际效用价值论的提出被说成是西方经济学的第二次革命，它标志着新古典经济学的开始。

现代经济学开始于20世纪30年代凯恩斯主义的产生。包括英国经济学家凯恩斯、琼·罗宾逊、斯拉法，以及美国经济学家萨缪尔森、弗里德曼和卢卡斯。凯恩斯在1936年出版的《就业利息和货币通论》标志着现代宏观经济学的产生。

亚当·斯密开创西方经济学230年后的今天，马歇尔发表《经济学原理》120年后的今天，凯恩斯革命70年后的今天，人们发现西方经济学已经分崩离析。五花八门的解释都有些隔靴搔痒，不能切中肯綮，一针见血。在中国本土经济学的参照系下，西方经济学的分裂轨迹，主要在于伦理的缺失和理性主义的狂妄。

一、马歇尔：皇家学会讲话对经济学伦理分离倾向的担忧

亚当·斯密之后，经济学理性逐渐成为"主流概念"。马歇尔将"经济理性的假定"进一步发展为"人是始终如一追求自利的"。在今天看来，尤其是从中国经典经济学的立场观看，马氏的理性定义显然是在"强奸民意"。在这个世界上，始终追求自利的人不是没有，但是始终追求他利的人也并非凤毛

麟角，绝大多数人他利和自利参差参半。卡尔波·普尔关于科学的方法论影响深远：科学不是求对，再多的证实也不能完全证明命题的绝对正确，但是一个反例就足以证伪。显然马歇尔的理性假定已经很离谱了。

不过马歇尔的灵性毕竟还在，他在发展经济理性的同时已经意识到这种背离经济伦理的倾向是危险的。在英国皇家经济学会第一届年会上，马歇尔发表演讲（后刊于 1891 年的 *Economic Journal*），明确表达了对经济学脱离伦理的担忧。指出经济学整体应当包含伦理学，经济学不应当只研究人类的思想（mind），还应当研究人类的灵魂（heart），他为经济学者只注重人性在理智方面的研究而遗憾，指出正是这种偏颇使经济学的研究走入歧途并失去了公信力。

然而西方经济学后来的发展并不顾忌"大师"的担忧。为了划清经济学和伦理学的界限，后来的"芝加哥学派教父"弗兰克·奈特在 *The concept of Normal Price in Value and Distribution* 一文中提出用序数效用取代基数效用，认为经济学作为一门科学，不应当研究诸如"正常价格"这样的"伦理概念"。然而奈特本人承认，张五常也在《经济解释》中一再声称，如果"我们"接受序数效用，那么西方经济学的内容就只剩下需求曲线了。西方古典政治经济学中的"使用价值"，在当代西方经济学中已经简约成"效用"，即"utility"，张五常认为译为"功用"更恰当①。非常遗憾地，当经济学家把"使用价值"简约为"效用"时，对财富客观价值的衡量却莫名其妙地变成了主观判断，以至于斯蒂格勒（1982 年诺贝尔经济学奖得主）在 *The Development of Utility Theory* 一文中追溯一百多年以来效用理论的思想史，得出"效用理论的进展，对人类行为的解释力微乎其微"的结论。1915 年，斯鲁特斯基（E. E. Slutsky，俄国学者，1880－1948）用意大利文发表文章（1952 年译为英语）指出：如果用效用理论解释人的行为，那效用的概念就要与主观的快乐或享乐脱钩。所以，张五常认为"可取的功用定义"就是"以数字排列选择"（Options Fanking），不代表快乐，不代表享受，也不代表福利。"客观地分析与主观的喜恶可能连带在一起，这没有什么不妥，虽然有时可能使读者或听者有了混淆。重要的问题是，从事经济学的人要将主观与客观分辨清

---

① 张五常：《经济解释》，商务印书馆 2001 年 8 月版，第 109 页。

楚，绝不可以让主观的判断影响客观分析"。① 从而，"不可以判断什么是好什么是坏"的经济学，其范畴包括三部分：其一，在约束条件（constraints）下，推断竞争准则；其二，根据竞争准则，推断人的行为、资源的使用和财富的分配状况；其三，解释规则是怎样形成的。例如，什么是国家？为什么要有国家？为什么要有税收？

这样，在马歇尔的担忧之后，奈特的论述将经济分析的核心议题引向价格的一般均衡理论，也等于让经济学放弃对价格的伦理学研究。这是西方学术囿于学科分类的"门户之见"，自误误人，流弊深远，至今不绝。

二、哈耶克：理性人不会以经济目的为最终目标

以阴阳和谐的方法论看，西方经济学偏于一侧，由斯密开创时的"伦理学与经济学合一"的"政治经济学"逐渐走上了理性主义一枝独大的数理经济学道路，正是由于在方法论上的不均衡和工具理性的狂妄，导致西方经济学总在"国家干预"和"自由主义"的偏见里徘徊，互以对方的缺失为产生危机的根源。所谓"阴阳不调和"，即是病态。

被弟子称为"跨学科研究大师"的哈耶克同样指出了西方经济学"阴阳不平"的病症。他通过《感觉的秩序》表达了经济机制似乎依赖于自然的人的神经系统和心理结构的秩序，而所谓的经济理性非常类似于"计划"，这种"致命的自负"会把社会引向"通往奴役之路"。他对法律、立法和自由的研究，使他获得了"通过自律达到自由"的认识，所谓自律，就是以知识贵族的精神，遵守自然伦理的约束，由此获得自由才是真正的积极的自由。

人们提到经济问题，往往忽略了它的政治一面。如果一种制度真正能够使人们摆脱对基本生活、社会公平的忧虑，因此使社会生活成为"甘其食、美其服、高下不相慕"的和谐状态，那么，谁还会愿意怀疑和贬低这样一种制度手段呢？如果"经济活动"真的仅仅涉及生活中的物质目标，那么理想的结果就是让财政机构去考虑这些物质的目标，使人们的心灵得以自由地追求生活中更高尚的事物。这种社会分工是不是更有效率更能促进社会和谐呢？哈耶克关于对计划的考察提醒人们，"不幸的是，人们从这样一种信念所得到

---

① 张五常：《经济解释》，商务印书馆2001年8月版，第100页。

○ 没有"经济动机",只有作为我们追求其他目标的条件的经济因素。

的保证是完全不可靠的。这种信念认为,施加于经济生活的权力,只是一种施加于次要问题的权力,它会使人忽视我们从事经济活动的自由所面临的威胁;这主要是一种错误的观念所造成,即认为有一些纯粹的经济目的,与生活的其他目的是毫无关系的"。然而,"除去守财奴的病态案例以外,根本就不存在纯粹的经济目的。有理性的人大都不会以经济目的作为他们活动的最终目标。严格说来并没有什么'经济动机',而只有作为我们追求其他目标的条件的经济因素。"哈耶克批评的纯粹的经济动机是不存在的,从西方哲学的理论看,事物普遍联系,正如怀特海所论的"关系束",没有脱离于其他事物的联系而孤立存在的事物;从中国经典方法论的角度看,"孤阴不生,独阳不长",矛盾着的对立面互相依存,否则事物就消亡解体了。独立的经济动机不存在,那么相应地,独立的经济理性也就不存在。

三、科斯、张五常:"经济学"已经成为与真实毫无关系的学科

2008年美国金融危机以前,经济学的"最新进展"就已经令年逾九旬的科斯感到失望。作为新制度经济学和法律经济学两个学科的开创人,他要等到年过80的1991年,才被授予诺贝尔奖。支持他获奖的主要著作就是两篇不长的论文,分别是《企业的性质》和《社会成本问题》。虽然一直有人批评他写得不清不楚,可是"交易成本"的概念已经和物理学中的"摩擦"概念一样尽人皆知。他自己也说过,复杂的思想不容易表达清楚。由于《社会成本问题》表达的结论和当

第八章 中国经典经济学参照系下的西方经济学危机及其拯救

时经济学的"常识"相悖，发表前饱受诘问。最后他说：就算错，我也错得新颖，那你就应该给我发表吧！直至今日，年近百岁的科斯仍然关心真实的经济现象和社会问题，我想中国的经济学人在读到他为纪念中国改革开放30年芝加哥学术研讨会所作的感言，不会无动于衷吧。科斯对经济学中的所谓理性倾向并不直言不讳地批评，他只是温和地表达失望和不理解，认为"新制度经济学是经济学本来就应该是的那种经济学"，而对那些声称实证研究却与现实没有关系的经济理性研究，他称之为"黑板经济学"。他写信给张五常教授："有趣的经济学在西方完蛋了，你可以在中国再搞起来吗？"①

张五常教授说："有时我想，如果50年代的弗里德曼继续他的价格理论研究，继续集中于解释现象，今天的经济学发展不会使科斯、贝克尔、布坎南等人那样失望，而我也用不着那样劳气了"。② 金融危机后，经济学家的曝光率明显增多，身价暴涨，有的出场费甚至涨至六位数，按照张五常教授对西方经济学发展的洞察和评价，我们应该感慨的是：政府和人民在一定程度上和一定范围内实在是被西方经济学家愚弄和出卖了！在替他们数钱的同时，还要毕恭毕敬地说声"谢谢啊"。幸亏中国中央政府在大多数情况下"不为所动，不为所惑"，我们才能有今天的局面。

西方经济学界浮躁之风盛行，使得经济学正走向穷途末路。全球金融危机以来，中外经济学家你方唱罢我登场，吵闹不休，有的甚至互相对骂，这在自然科学领域是很难见到的。雨后春笋般地涌出数百篇解释危机的文章，在张五常教授看来"没有一篇能为危机开出良方"。"以诺贝尔奖得了最多的美国为例，他们的经济学家都很聪明啊。可危机却最先发生在这个国家，这时那些聪明的经济学人哪去了？"当年的经济学家对真实世界经济现象的学术研究非常深入，而今一些经济学家拿出的数据，都是由调查者提供给的，不是亲自现场调查而来的，从中衍生的经济学术界浮躁不实之风愈刮愈烈。在总结西方经济学的发展的时候，很多潮流让他感到不解和困惑，但是却发展得汹涌澎湃，大略如下：③

---

① 张五常：《多难登临录》，中信出版社2009年11月第1版，第96~97页。
② 张五常："弗里德曼的学术贡献"，载《五常学经济》，中信出版社2010年1月第1版，第247页。
③ 张五常：《多难登临录》，中信出版社2009年11月第1版，第25页。

（1）有搞数的，称数学经济，其实就是数；（2）有搞统计的，称计量经济，其实就是统计，比前者"运情好一点"；（3）有说故事的，用方程式说，称博弈理论，名副其实，从事者是搞博弈游戏，无从验证，与真实世界是扯不上关系的；（4）有为改进社会的，称福利经济，其实是自我陶醉，或希望有政府招手；（5）有搞预测的，其实是看风水；（6）经济解释学。这是张五常教授认为的是开始于亚当·斯密的传统，以基础概念和理论解释人类行为和由这些行为构成的现象。遵守这个传统的经济学家大致为斯密、李嘉图、密尔、马歇尔、费雪和罗宾逊夫人、弗里德曼、科斯等。

显然，上述前五个领域中任何一位"经济学家"都可以轻而易举地批驳张五常教授的"调侃"，但是毋庸置疑的是，经济学确实"在一定程度上"迷失了。甚至"经济学"已经成为与现实世界毫无关系的学科，无数人"单靠纸上来去就可以安身立命"。

张五常教授反复强调、被世人所知的重点在于：

（1）学者专注于理论或技术上的发展，忽视真实的经济现象；（2）为了方程式好看，简化局限条件，其中最大的错误是假设交易费用是零；（3）以经济理论解释世界，假设的局限一定要与真实世界的局限吻合；假设的局限要看得到、摸得着，要真有其事，而推断会发生的现场也同样要看得到、摸得着。

○ 困惑来源于西方经济学的含混错乱。

张五常的"两个凡是"非常耐人寻味：30年来，凡是中国人自己想出来的经济政策大都走对了路；凡是从西方进口的皆害人无数。无独有偶，本书也多次提到马云在亚布力论坛上指出，这些年的成就和经济学家无关，问题也和经济学家无关。而阿克洛夫和希勒也指出，"在大多数时间里，领导人的直觉是正确的，虽然他们也非常困惑，但政策方向基本上是正确的。"①

四、阿马蒂亚·森：呼唤伦理考量回归经济学研究

1986年，阿马蒂亚·森在加州伯克利分校讲座，讲座内容出版为《伦理学和经济学》②，指出经济学与伦理学的割裂导致了经济学的分裂和福利经济学的贫困，呼唤经济学的伦理学回归，认为亚当·斯密的"祖师西来意"在很大程度上被经济学家误读了、肢解了。误读的结果是把斯密的学说阐述为"自由"主义的经济学，扔掉了斯密更为强调的关于"自律"的道德情感基础，也就是当前备受关注的"市场经济的道德基础"；肢解的结果是自由的市场经济与自律的道德基础分离，经济学与伦理学分家，结果经济学"主流"沿着理性主义的道路狂奔百年。森因为重新复原斯密的完整的经济学，被称为"经济学的良心"，并因对贫困和饥荒的研究获得1998年诺贝尔经济学纪念奖。森把实质自由作为经济发展的目标，符合了中国阴阳调和意味着身心健康的理念，身心健康的人拥有实质自由的可能，是以纠正西方经济学"阴盛阳衰、阴阳不平"的危机，能够让社会经济健康发展。

五、阿克洛夫和希勒：《动物精神》"新认识"

阿克洛夫是伯克莱加州大学的经济学讲座教授；希勒是耶鲁大学经济学讲座教授，凯斯希勒房地产指数的开发者之一。《动物精神》（Animal Spirits）是两人在金融危机后的作品，想要寻找新的西方经济学理论框架。主流经济学面对经济现状和发展趋势越来越失去解释力，2008年金融危机的巨大破坏力使西方经济学的公信力降至冰点。从前提假设到模型方法，从资源配置到

---

① [美]乔治·阿克洛夫、罗伯特·希勒：《动物精神》，中信出版社2009年7月第1版，第5页，前言。
② [美]阿马蒂亚·森（王宇、王文玉译）：《伦理学和经济学》，商务印书馆2000年5月第1版。

市场制度、从理解社会现象到决策建议，西方经济学饱受调侃和非议。与其说他们抬来"动物精神"质疑传统的西方经济学，不如说是在西方经济学内部进行重建和拯救。

"动物精神"是凯恩斯在其《就业利息和货币通论》里提出的概念，借以表达人性在情绪上的波动，并且具有乘数效应。用在经济分析里，指经济处于良好平稳运行期时，"动物精神"是正面的，人们相信对方守约、相信生产和利润会持续增长。当"动物精神"变得过于膨胀，就会成为各种"经济泡沫"的心理动力。例如，美国金融危机最初就是建立在对住房等资产价格持续上涨的假设上面，建立在银行资产和金融体系稳定的基础上。一旦风吹草动，动物精神就会草木皆兵，溃败如潮。惊慌失措的人开始走入另外一个极端：违约、减产、裁员、悲观乃至绝望。

读者诸君以为如何？"世界上最伟大的经济学家"卑之无甚高论！阿克洛夫和希勒的《动物精神》无非就是讨论人的心理变动，述说人的情绪对于经济波动的作用。中国经典经济学说"万法唯心所变"，任何市场现象就是心灵现象的外化。不是动物精神，是人性识不定的自然表现。这个道理哈耶克在《感觉的秩序》中也类似表达过。可能西方人真没有看懂，没有理解哈耶克的真实意思，结果把个"动物精神"当宝贝！

人真是奇怪极了！在新古典理论框架里，人被假定成十足理性的，于是众多人士就亦步亦趋，人云亦云理性，浑然不觉自己的人生根本就不是那么回事。一旦理性的谎言破产，还没有回过神来找谁清算，就被"动物精神"吸引过去，顶礼

○ 学者之可贵，无论对错，要有独立之思考，而不可以跟风附和、人云亦云。

膜拜！难道明天另一个披着诺贝尔奖光环的"世界上最伟大的经济学家"说动物精神不好用了，只有"魔鬼精神"才能解释疯狂的人类市场经济，难道这些人就跟着魔鬼精神山呼万岁？

别糟蹋动物了！"动物精神"，请问哪种动物的精神呢？大象的沉稳？耕牛的勤恳？虎毒不食子？兔子不吃窝边草？公鸡的早卧早起？猿猴的饮食有节？大雁的起居有常？松鼠以备不时之需的远见？别把人性不定的丑恶面嫁祸于动物了，人类自己的问题就是出在人的精神上，与动物何干？金融危机的根本原因，很简单明了，就是人不守道德所致。为什么会有《动物精神》这样的书出来解释人的行为？名不正言不顺，不就是说"金融危机中的人是动物"嘛。人之所以异于动物，人类社会之所以称作文明社会，就是因为人类有道德。考察金融危机中人的欺诈行径，就是催动人身而行不道不德、不仁不义、不信不和的"个别禽兽"行为，失去了人的精神道德，那就只能叫"动物精神"了。天地间没有一事不和自然伦理相应。在这个时代，以"动物精神"解释人类社会，并且叫好声一片，不是暗示所谓的文明社会已经在道德精神上堕落回丛林吗？

直接骂人"动物"，恐怕会找打，虽然人在生物学意义上也是动物。但是说你是哪种动物你愿意听？以学术的名义，以经济学的名义，送给所有人一顶"动物"帽子，不但人人接受，还赞不绝口，"跪呼万岁"，这两个经济学家的"帽子戏法"玩的是真高明！索罗斯说："人们已不太在意追求真理。越来越复杂的操纵技巧使他们已习惯于不在意被欺骗，甚至看起来是在积极请求被欺骗。"①

凯恩斯定义"动物精神"为 unconscious mental action，就是"无意识行动"或者"本能行为"。据说名为"动物精神"，是为了区别于人的"理性计算"。但是西方经济学把人类的灵性和直觉命名为"动物精神"正表明了在理性乃至觉性上的无知。看看世界的文明现状吧！人类赖以自豪的文明世界，解释来解释去，一句"动物精神"的解释竟然引起世界范围的恭维赞誉！这个文明世界真又轮回到"动物世界"了吗？《楞严经》中说："此诸众生。去觉渐远。邪师说法。如恒河沙。"中国经典，从黄帝时代开始就

---

① [美]乔治·索罗斯：《超越金融：索罗斯的哲学》，中信出版社 2010 年 4 月第 1 版，第 43 页。

阐明了"心者,君主之官,神明出焉"的道理,"主明"就是心明啊,以之养生则寿,以之为经济,则天下大安。怎么到了5000年后其子孙面对西方人一句似是而非的"动物精神"就敬若神明、顶礼膜拜了呢?2500年来,中国儒释道诸家经典无非强调心理为万法之原,万境之根,"诸法所生。惟心所现。一切因果。世界微尘。因心成体。"怎么就忽弃芳华,拣选枯枝败叶而如获至宝呢?经典盛意,句句分明,舍本逐末,如何得知?

○ 去觉渐远,邪说流行。

阿克洛夫和希勒具有世界性的声誉,前者还有诺贝尔奖的光环,可是"不识本心",因为没有中国文化体悟传统,所以不知道源头是什么,只好借用源自古罗马后被凯恩斯阐扬的"动物精神"概念,来表述自己的认识了。

六、索罗斯:提出"反射理论"结论性地否定市场有效性假说

"实践是检验真理的唯一标准。"不管这一判断在哲学上还存在怎样的争议,至少大家相信,索罗斯一生的投资战役除了在进攻港元上未得手以外,其他的大小战役几乎攻无不克,他可不是象牙塔里凭着想象和聪明鼓捣理论和模型的经济学家所能够比拟的,他的经济智慧和生财之道更符合大众对理想中的经济学家及其学说的预期:说到做到,真金白银,立竿见影。之所以说索罗斯要了西方经济学的命,是因为他以学术的方式,在波普尔哲学的影响下,基于其大半生的金融市场实践经验建构了与西方经济学针锋相对的一整套学说框架。

第八章　中国经典经济学参照系下的西方经济学危机及其拯救

索罗斯指出，"检验的机会在于，我对金融市场的解释与有效市场假说直接冲突，而这一假说是迄今金融市场上占主导地位的理论。这一假说宣称，市场趋于均衡，偏离会随时发生，而且可归因于外来的冲击。如果这个理论是正确的，那我的就是错误的，反之也一样。"① 根据经历过的金融危机，索罗斯指出，"由于市场可以自我调节这一错误观念，超级泡沫促成了一系列的金融危机。"例如1982年国际银行业危机，1987年10月投资组合保险的崩溃，1989~1994年以不同形式出现的储蓄和贷款危机，1997~1998年的新兴市场危机，2000年互联网泡沫的破灭。"每一次金融危机出现时，监管当局都进行干预"，"这些措施强化了不断增长的信贷及杠杆主导趋势；但只要奏效，这些措施也强化了可以放任市场去自我调节的主导错误观念。这是一种错觉，因为其实是政府的干预挽救了金融体系。尽管如此，这些危机变成了对一个错误观念成功检验的证明，使超级泡沫进一步膨胀。"②

索罗斯的分析意味着，政府必须承担金融监管的责任，以防止泡沫变得过大。这在中国经典经济学中，就是要政府维护"中道"，面对伦理自由的市场，承担伦理自觉的任务。格林斯潘说，如果市场不能识别泡沫，那么政府监管者也不能，这个判断在没有中国体察功夫的人眼里没有错，但是在为政者的德行智慧上，是必须的素质。所以，中国经典首先就培养人自觉的般若智慧。《中庸》有言："至诚之道，可以前知。国家将兴，必有祯祥"；"祸福将至，善，必先知之；不善，必先知之。故至诚如神"。为什么曾子著《大学》要求"诚意正心"而后"修齐治平"？那不是谁说谁有理的"理论"，是不以人的意志为转移的"定律"。

"令人印象深刻的尝试是经济学的理论，它从一开始就假设认知是完美的，当这个假设站不住脚时，又有越来越多的扭曲的观点来维护行为是理性的这一谎言。其结果使经济学得出了一种理性预期的理论，认为人们对未来有一种单一的最好的看法，这一看法符合未来的情况，而且最终所有的市场

---

① ［美］乔治·索罗斯：《超越金融：索罗斯的哲学》，中信出版社2010年4月第1版，第21页。
② ［美］乔治·索罗斯：《超越金融：索罗斯的哲学》，中信出版社2010年4月第1版，第29页。

参与者都将围绕这个观点会集到一起。这一假定是荒谬的，但是又是人们所需要的，以便使经济学理论能有如同牛顿物理学定律那样的模式"。①"想估计正确，需要知道所有其他参与者的决定及其后果，而这是不可能的。理性预期理论试图回避这种不可能，它假定只有一种正确的预期，而且人们的看法会趋于以这一看法为中心。这种假定与现实不符，但却是目前大学里讲授的金融经济学的基础。"②

索罗斯的哲学显然动摇的不仅仅是西方经济学的基础，连枝叶都要扫入历史的垃圾堆。他不是空口说白话的"学院派专家"，西方经济学的学院派的存在，是世界为了解决一部分"有特殊偏好的人"的就业和饭碗问题，而他们所宣称的研究内容，就是科斯所说的"黑板经济学"，真实的世界里不存在。索罗斯以反射论对市场的解析，得到了历史真实事件的支持。但是那些自命学院派的专家们作为有效市场假说的支持者"面对所有这些证据"，仍然在维护显然被事实证伪了的市场有效论。作为既得利益者，这些被供奉为"经济学家"的学者，一方面害怕自己从事的"学术"一朝被证明是从根本上错了的，很没有面子；另一方面，担心自己的饭碗丢了将来如何生存。"皇帝的新装"不得不硬着头皮"穿"下去。在人类的求知史上，这种事情不是没有发生过，每当人们看到意大利的比萨斜塔，难免会心

○ 面对市场，实践了一生并胜算无数的索罗斯和象牙塔里的诺奖获得者，谁值得相信？

---

① ［美］乔治·索罗斯：《超越金融：索罗斯的哲学》，中信出版社2010年4月第1版，第15~16页。

② ［美］乔治·索罗斯：《超越金融：索罗斯的哲学》，中信出版社2010年4月第1版，第26页。

第八章 中国经典经济学参照系下的西方经济学危机及其拯救

一笑。历史有时会和人开些玩笑,它并不考虑当事人是否感到窘迫。

"人们越来越普遍地感到,我们需要一种新的范式,而且我认为我的理论比现有的其他理论可以提供更好的解释。行为经济学正日益得到认可,但他只触及反射性的一半,即对现实的误解,而没有研究错误定价改变基本面的途径。""我知道我关于金融市场的理论还是很不完善的,需要进一步研究,而且显然对其充分拓展不是我一个人能承担的。因此将我的理论称为新的范式也许还不成熟。但是有效市场假说已被结论性地否定,金融市场急需新的解释。更重要的是,建立在市场可自我调节的错误基础上的全球金融市场大厦,必须从根本上重建。"① 市场的健康状态应该是什么样子呢?是《老子》有关"至治之极"的论述所描述的状态。如果您认为那"太老了",距离现代社会也太遥远了,那么,"大道至简"您能相信吗?如果能够信实,您体悟和关照自己的身体,人的身体健康运行的状态,就是市场健康运行的状态。而决定自己身心健康的,就是那个"神明出焉"的君主之官,就是你自己的"心"。市场的"心"在哪里?政府。如果政府"中""诚""明",那么政府就真的是"端正"之府,市场会随之安定、有序、平稳。就又回到曾子"诚意正心"的大学之道上去了。全部政府管理学,就一个字就够了,诚也行,正也行,明也行,夫子

○ 行为经济学只触及反射性的一半。

---

① [美]乔治·索罗斯:《超越金融:索罗斯的哲学》,中信出版社2010年4月第1版,第33页。

所谓"为政以德,比如北辰,居其所而众星共之。"

波普尔的开放社会观念是建立在认知功能优先于操纵功能的隐含假设基础上的。经济学没有考虑到经济现实可能是人为操纵的结果。一厢情愿地认为供求条件是既定的,自我封闭地想象完全经济条件下的资源最佳配置。索罗斯指出需求曲线不是孤立存在的,而是受广告操纵。① 启蒙期谬误也深深扎根于有效市场假说及其政治衍生品——市场原教旨主义之中。两个理论中的这个谬误,被金融体系的崩溃以令人震惊的方式暴露出来。中国经典经济学认为,市场是人的市场,市场的不可捉摸是人自己搞的,市场不过是按照自然伦理的逻辑把所有行为人的后果集中展示出来。所以,对市场的迷茫,就是对自己的蒙昧。在黑暗中指手画脚,怎么会有光明的未来。市场是全部人性的联结,不了解自己的自性,就不会了解市场。与其面对市场迷茫,不如返身观察自己的人性。西方经济学因为把市场当作"看不见的手",正是证明了他们根本不了解人性。由于不了解人性,才会对人性假设五花八门,导致理论上的漏洞越发展越大,捉襟见肘,缝补不迭。他们实在应该到中国留学,补补中国经典的课程,看看《坛经》了解自性,看看《唯识论》了解人心,然后回去重新展开自己的经济学研究。

不过,他们也许不用来了,索罗斯对西方经济学的批评是彻底颠覆性的。他们首先要过索罗斯这一关。在《超越金融》一书的56~60页,索罗斯揭示了市场有效性假说产生道德下降、市场价值不合适地延伸到社会生活的其他方面、给个人利益和利润动机以道德上的许可、允许其取代诚实正直和为他人着想的美德等等错误和弊端,指出西方经济学在政府行为上的"完全错误的逻辑"。以他们的文化传统和理解力,索罗斯的教导恐怕就够西方经济学消化几十年吧。

七、何新:反国家主义经济学

何新在2010年3月出版一本厚厚的《反主流经济学》,为西方经济学在

---

① [美]乔治·索罗斯:《超越金融:索罗斯的哲学》,中信出版社2010年4月第1版,第43页。

第八章 中国经典经济学参照系下的西方经济学危机及其拯救

中国的本土表现充当掘墓人。何新大胆地提出，无论是国内学者编的《政治经济学》，还是苏联的《政治经济学教科书》，都"远远脱离经济现实"；无论是马歇尔还是萨缪尔森的"那套玩意儿"，都是让人读不懂的理论。至于中国目前流行的经济学，只是新自由主义的一个浅薄的衍生品，而且其理论内容颇为混杂。①

何先生是少数敢于站出来全面批评西方经济学的中国学者。但是何先生接下来这句话就露怯了："我认为中国还从来未形成中国人自己的原创性经济学体系"，证明何先生没有真正了解中国文化（抱歉一笑）。或者是受了西学思维的误导，对中国自己的原创经济学视而不见。这倒不能怪何先生，更加敢冒天下之大不韪的本书此时不还正写着嘛！（抱歉一笑）中国的经济学，或者按照中国自己的表述，"经济之道"，犹如化在海里的盐，不提炼出来是看不见的；犹如散在空气中的花香，不用鼻子闻是无法了解它的存在的。

何新认为，经济理论存在多种类型，存在着极其矛盾的体系和至今未见最后分晓的复杂辩论，因此目前还没有建立而且难以建立一种普遍适用的"形式经济学"。因为支配经济逻辑的基本动力和原理还远不能被确定。现在一切经济学家（无论是否获过诺贝尔奖）所说过的一切都是可疑的、可争论并且事实上也存在争论的。因此经济学还远远不是一门真正的科学。如果决策者相信世界上只有一种经济学类型可以存在，甚至以为现存的是唯一一种"科学经济学"，并据以制

○ 何其直率！何其过瘾？让我想起《皇帝的新装》中的小男孩，和那句石破天惊的童语真言：but he has nothing on！

○ 决策者如果相信世界上只有一种经济学类型存在，并且相信现有的西方经济学是唯一科学的类型，得到的将是糟糕的误导。

---

① 何新：《反主流经济学》，时事出版社 2010 年 3 月第 1 版，第 119~120 页。

359

订国家政策，那么就很可能会被一种糟糕的经济意识形态所误导。

本节到了索罗斯那里，其实已经不是西方经济学危机的内部因素分析和拯救，而是内部瓦解；到了何新那里，已经有"跳出来"对着干的决心，只是还没有"找到组织"，没有找到中国本土经济学的大本营。只有树立起中国本土经济学的"光辉旗帜"，我们才能"高举旗帜"一百年不动摇，才能破除西方经济学造成的路线上的阴霾。

第三节　西方经济学原旨探微：伦理经济学的本来面目

一、西方思想史上的美德财富观

在英文经济学著作中，财富一词以"wealth"表达，wealth是"存量"（stock）的财富；流动的收入是"income"，"流量"的财富用"flow"表达。19世纪末期，美国学者亨利·乔治（Henry George）对财富的界定为："凡是能够节约未来人类努力的事物都叫作财富（wealth）"。这是隐含着财富作为伦理道德结果的观点。奥地利学派创始人卡尔·门格尔使用"goods"来表达"商品"的内涵，而不是用"wealth"，"goods"非常直观地带有"美德""好"的伦理内涵，直观地表达出财富与道德的本质关系。

西方学术界对财富是美德结果的认识可以追溯到亚里士多德。他在《尼各马可伦理学》第二册中认为"美德"（virtue）分为两种："智德"和"性德"。前者可以通过教育得到，而后者是道德，仅靠知识教育是难以获得的。这与中国的传统如出一辙：通过修身达到至善，福慧俱足。判断实践行为的标准是"适度"，"过多"或"过少"都不好。用中国经典的表达是"中庸"，在"道德的美德必定以适度为其实质"这一点上，东西方的看法"英雄所见略同"。然而经济学家特别是那些持效用最大化假设的经济学家，总是偏离了亚里士多德的美德财富定义。显然西方经济学走上了一条

第八章　中国经典经济学参照系下的西方经济学危机及其拯救

"歧路":出发时为了寻找幸福,可是脚下的路却越来越远离幸福。西方经济学可以被认为是关于选择的学问,如果经济学家没有能够告诉世人如何选择,是不是说明经济学本身选错了研究方向?当经济学家越来越不会"合作",越来越不能处理"自利"和"他利"的关系,越来越使"伦理"远离生命,是不是在自我毁灭?

亚里士多德认为"美德就是一种与选择有关的品质状态","选择的过程依赖于理性原则,具有实践智慧的人运用理性原则选择中间道路。"如果经济学被定义为选择的学问,那么它就应该选择中国的"中庸之道",而不是西方经济学的"效用最大化",这是经济学的伦理基础和原则。也就是说,依赖于理性的选择要合乎美德,而美德的标准必定要符合中庸之道。换句话说,西方经济学研究的理性,不可以脱离美德,不可以建立在最大化假设基础之上。这意味着西方经济学的"地基"建错了地方。

财富是美德践行的后果。在希腊文中,财富和自由有着天然的文化联系。作为人们熟知的词汇"Liberality"除了"自由"的意义,还有"慷慨"的涵义。而我们知道,在中国经典经济文化中,布施就意味着慷慨,慷慨是大富的德行前因。借鉴中国文化立场并使用中国文化的专有词汇表达,亚里士多德认为自由是关于财富的"中庸之道",财富是满足人们幸福感的一种形式,但是人不可以过于贪婪,否则就本末倒置,变成财富的奴隶,从而失去了自由。这是阿马蒂亚·森"以自由看待经济发展"的西方文化来源。

我们看今天的市场与经济学现状,即使不能说市场没有了道德基础,经济学失去了灵魂与良心,其走向也不能不让关注、践行伦理的人深感忧虑。市场上充斥着人们为了谋利而做出急功近利甚至丧心病狂的丑行:三鹿奶粉中加三聚氰胺,鸡蛋中加苏丹红,普通白酒加敌敌畏勾兑茅台……这些事件充分说明脱离了美德的财富是丑恶的,这样追求财富的人最终也会失去人身的自由。

似乎可以这样下结论,在西方文明的"大师时代",理性、自由、美德和财富也是不可分的,即使从亚里士多德开始就建立了分科的"学术体系"。一旦各自独立为学术的目标,就会割裂其本质联系,误导人们错误的视线和实践。现代西方人认为在柏拉图时代,人们会压抑情感而追求理性,理性是人类理智的极致道德目标;到了休谟写《人性论》的时候,西方社会自我转变历史的脉络，接受"理性是激情的奴隶"的教唆。从《易经》的立场观之，这次"变卦"是事物演变过程中的必然，必然会物极必反且矫枉过正；但是它的好处是西方人的"思想解放"，用邓小平的立场观之，是西方人以思想解放的方式解放了生产力，从而从18世纪开始西方资本主义大发展，主导世界潮流。但是，200多年过去，新一轮的"变卦"已经开始了。"9·11"事件和2008年席卷全球的金融危机就是"初爻变动"。再过一个甲子，西方能否和东方平分秋色？关键是能否站在伦理的车辙里。

二、亚当·斯密的原意与局限

犹太教关于以赛亚带领信徒参观天堂和地狱的故事广为流传①，故事的重点是：就因为参与人的自利与他利的动机决定了行为模式不同，使原本同样的场景，有了天堂和地狱的差别。自利的人只想着把食物送进嘴里，结果事与愿违，个个欲食不能，大家痛苦不堪，使生活环境整体呈现地狱的场景；他利的人却能够把原本不利的现实条件，变为彼此互助的手段，就着方便用长勺子把食物送给对面的人，使大家各自服务对方，结果生活环境展现为天堂的图景。

不知道西方的经济学家尤其是信仰宗教的经济学家想过没有，这是西方智者的经济学寓言。今天世界呈现出来的主要问题，就是拜西方经济学的自利假设所赐。那些声称尊亚当·斯密为鼻祖的西方经济学人，是"扛着红旗反红旗"，他们显然患上了严重的"视觉狭窄"的毛病，盯着亚当·斯密的某一段文字断章取义，然后采用归谬法把一个错误的理解发扬光大，无异于管中窥豹，无异于盲人摸象，还嫁祸于人，说，那是"经济学的鼻祖"说的，他们从不想或者故意隐瞒自己并未精读亚当·斯密原著的"可怕事实"。阿马蒂亚·森说："如果对亚当·斯密的著作进行系统地、无偏见地阅读和理解，自利行为假设的信奉者和鼓吹者是无法从那里找到依据的。"② 一个尽人皆知的事实是：亚当·斯密根本不是什么经济学学者，而是格拉斯哥大学杰出的

---

① 关于故事的详细叙述，可以参见《犹太人致富术》，天津教育出版社2010年第1版，第16页；也可以参见《素书》，经济日报出版社2009年1月版，第66页。
② 阿马蒂亚·森（王宇、王文玉译）：《伦理学与经济学》，商务印书馆2000年5月第1版，第27~29页。

第八章 中国经典经济学参照系下的西方经济学危机及其拯救

道德哲学教授；平生用力最多、修正最勤的著作不是被奉为西方经济学开山之作的《国富论》，而是《道德情操论》。那么，难道亚当·斯密被误读了200年？西方经济学如何撇开了他的鼻祖更为重视的伦理？是智识的低下还是视而不见的蓄意阴谋？

在西方经济学史中，有一个"斯密之谜"：就是指亚当·斯密在《道德情操论》中，从人具有的同情心出发，论述了利他主义的伦理观；在《国富论》中，又从利己的本性出发，论述了利己主义的利益观。后世学者把这种"矛盾"称为"斯密之谜"。

在宇宙世界中，本来没有任何谜。任何被称为"谜"的事物和现象，只是证明观察者不理解。人们把无法理解的事情称为"谜"。认为存在"斯密之谜"的学者，就是还没有对人性有清楚的认识。由于对人性不清楚，所以解释不了种种人类行为现象。

斯密之谜本不存在。在前面的章节中我们论述过"自他不二"，不能够利他的，也不能够利己，而且只有真正地做到利他，才能真正利己。在所有人的心中，也可以说在所有人的脚下，同时有两条路：利他，向善，是真正的利己之路；相反，利己，趋恶，是事与愿违的悲惨之路。这不是什么"利他主义"和"利己主义"在人性中的"完美结合"，而是真实的本质：在人的自性中，一切因果缘具足，存好心、说好话、做好事，行得真、做得正，不欺人天、不欺暗室，则吉无不利，道路越走越宽，事业越来越发达，越来越顺；相反，就会南辕北辙，欲利己反而害己。此中至理，是古今中外一切贤圣实践的体证，只有识心见性者能够确知。

如果说有一个"斯密之谜"，那我认为应该是指斯密本人的迷惑：看不见的手到底是什么？我们已经论证过了，说"看不见"不是肉眼有毛病，而是人的慧眼未开，不是"看不见"，是"看了"但是"未见"！在中国经典文化的立场中，没有看不见的规律。自己眼睛近视，不能以为别人也一样看不清楚。所以"看不见的手"才是斯密自己的"斯密之谜"。而且，即使作为道德哲学教授，斯密对人性和富人的判断都是很不合理的。在《道德情操论》中他说："面对各种东西，富人只选择那些最稀有和最惬意的。他们的消费并不比穷人多。尽管他们天性自私和贪婪……但他们也和穷人分享他们所改进的成果。他们被一只看不见的手所牵引，对生产出来的生活必需品所进行的分配，与所有居民均分土地时的结果几乎相同。"后来，即使在《国富论》中被认为是"正确论断"的最大化观点也是一个逻辑错误和公理性错误，因为事实本身不是那样。"个人利益极大化意味着所谓国民收入的最大化"是不可能的事。正是"市场经济"学家"信奉"这一理论，才会导致自利的逻辑、竞争的逻辑，导致市场分化严重、波动严重，导致西方经济学在"既不是数学也不是经济学"的领域中寻找"极值"，寻找臆想的"帕累托最优"，导致世界人民迷惑于经济现象的理解和实践。

○ 个人利益最大化作为经济学原则反用于人体生理机制，就是癌症的发生机制。

本书在"《黄帝内经》的经济意蕴"一节中明确指出人体系统就是宇宙间最经济的系统，一切经济系统的问题都可以在人体系统的运作机制中找到答案。您仔细想过亚当·斯密"个人利益极大化意味着所谓国民收入的最大化"的观点为什么违反了自然伦理吗？以人体类比国家经济系统而言，个人好比国家经济体内的无数个细胞，如果"个人利益极大化"，意味着一个细胞可以在人体内"极大化"，很明显，现代医学知识已经在分子生物学的层次上告诉我们，这是癌症发生的机制，良性肿瘤和恶性肿瘤的最明显的区别是恶性肿瘤没有界限，"边缘不锐利"，肆意生长。允许个人利益极大化无异于有意地培养恶性肿瘤。在自利的前提下，鼓吹个人利益最大化，绝不是个人和国家的福音。

古今中外一切关于人性的学术研究，如果研究者本人没有明心见性，其认识就不能彻底，往往语焉不详或者一知半解、似是而非，徒增学人迷惘，流弊无穷。亚当·斯密的贡献在于他既指

第八章 中国经典经济学参照系下的西方经济学危机及其拯救

出了利他主义的伦理观，也指出了利己主义的存在观，但是他没有解决和说明二者如何水乳交融于人性之中。更严重的是，论述分成两本书，使西方学人画地为牢，要么把《道德情操论》列入伦理学，要么把《国富论》划入经济学，而不曾把二者合并在一起来通盘考虑，导致自利主义成为西方经济学的基石，偏颇发展的结果是误解丛生、危机不断。市场自由原则被奉为神圣的法则，每当社会被市场经济的泛滥行为肆虐，政府即使在出手治理时也往往因为找不到行动的依据而瞻前顾后、战战兢兢、缩手缩脚。如果一个社会被利己主义统治，那将是没有希望的灾难，就如以赛亚带领大家观看的地狱场景。错误的认识必将导致错误的行为。所以必须用正确的观念教育社会国民，不能任由错误的见识戕害民众的心灵。到了请亚当·斯密走下西方经济学神坛的时候了。

《易经》六十四卦，唯谦卦六爻皆吉。我们在真正的经典面前，要放下傲慢和偏见，诚意正心地阅读，才能真正领会经典的含义，才能把人类千百年来积累的智慧激活，服务于当代社会。在分工的时代，学者的责任就是要吃透真理，而不能是一知半解，贻误世界。面对变化无端的人性，如何把握？由于人的修养智慧未达到特定的境界，就会怀疑、倒退、反复，不能够把善念累积相积，所以人生充满了无谓的风险和不确定性。如果心识心性定下来，一切合乎自然法则，坚持不懈，就会变风险为助缘，化不确定性为确定性，结果自知，财富自来。所以，人贵有自知之明，在自己没有足够的智慧时，相信经典，依教奉行，

○ 在没有达到孔子印证颜回所达到的"坐忘"境界前，我们不能轻易相信自己的意识是正确的。

而不是自以为是。

三、承认亚当·斯密以两本书开创西方经济学

当前西方经济学理论界认祖归宗的共识是：亚当·斯密在 1776 年出版的《国富论》奠定了古典政治经济学的理论体系，开创了西方经济学。但是这种判断忽略了亚当·斯密是一个道德哲学教授的历史事实，尤其忽略了他本人更加重视的 1762 年出版的《道德情操论》对准确理解斯密学说的意义。所以，抛开斯密在人性认识上的不足和在经济解释上对世界的误导，如果公认亚当·斯密是西方经济学的鼻祖，那么他实际上是凭借《道德情操论》和《国富论》两本书开创了西方经济学，这一经济学的意义涵盖了伦理同情和经济自由，涵盖了经济学与伦理学（或者叫道德哲学），是自律与自利和谐统一的经济学。对于西方经济学来说，亚当·斯密的伦理传统无论如何不能丢弃，否则不出一百年，当今的"主流经济学"会成为历史的笑话。亚当·斯密的经济学是实证传统的经济解释学，解释因为人的行为而引起的经济现象，是"西方经济学本来应该是的那种经济学"。

由于在源头上片面地理解斯密的理论，使完整的斯密经济学逐渐走向了反斯密经济学，经济学与伦理学的分离使"市场"和"财政"都被赋予了割裂的内涵，从而在学术发展和社会演化的过程中，导致经济学的三次危机和现实经济的三次世界性危机。[①]

在西方文化立场上，斯密对西方经济学的贡献不仅在于将自由主义的政治、经济解释正式引入对经济现象的思考，还表现在先于《国富论》14 年出版的《道德情操论》一书中对同情、承诺等人类伦理情感自律的阐释，从而赋予了古典经济学的伦理本质内涵。这一点却常为后人所忽视。其结果，是西方经济学在各个分支领域能够取得"小打小闹"的成果，但是很难有真正的进步。例如在财政理论领域，20 世纪末西方数理经济学、计量经济学、博弈论的发展为传统经济思想中的财政理论研究提供了新的思路和工具：戴尔蒙与米尔利斯（P. Diamond and J. Mirrlees）合作发表了一系列论文（1978 年，

[①] 钟永圣："关于财政的本质"，《财政研究》2009 年第 7 期。

第八章 中国经典经济学参照系下的西方经济学危机及其拯救

1986年，1993年），指出了以市场机制的方式来配置失业风险、退休风险与老年人医疗风险等所存在的问题，这为由社会统一提供安全保障的机制提供了理论依据。米尔利斯与维克里（1996年诺贝尔经济学奖得主）建立了"不对称信息下的刺激理论"，并从不对称信息条件下的税种设置优化入手考虑如何将经济行为主体的刺激因素置于税收政策的决定和其他财政决策过程中，修缮了"最适课税理论"。麦金农（R. Mckinnon，1997）、钱颖一、罗兰（Qian and Roland，1998）、温格斯特（B. Weingast，1995）与怀尔德森（D. E. Wildasin，1997）引入了激励相容与机制设计学说，提出了新财政分权理论。但是，虽然主流经济学试图借助计量、数学、博弈论等新工具来弥补自身缺陷并取得了一定的成效，但正如阿特金森和斯蒂格利茨对财政理论发展的评价："尽管近年来不少理论经济学家和计量经济学家投身于该领域的研究，但许多重要问题仍然处于探讨阶段，更谈不上得到解决了。"解决这一源于经济学伦理本质缺失导致的难题需要复原经济学的伦理本质，找回古典经济学诞生之初的财富本质涵义。

自由主义进入到新古典经济阶段，由奥地利经济学派和芝加哥经济学派的米尔顿·弗里德曼、路德维希·冯·米塞斯和弗里德里希·哈耶克发展成为新古典自由主义。在当代，阿马蒂亚·森从个人自由与帕累托最优关系的福利经济学角度进一步阐发时代经济背景下的自由主义，从而引导当今学术界回归斯密经济学的伦理本质，重塑经济学的伦理层面。

按照中国经典经济学的视角，《道德情操论》

○ 把斯密的《道德情操论》也看作经济学的开山之作，才可能拯救西方经济学。

可以说是西方经济学"道"的层面,《国富论》是西方经济学"术"的层面。完整地看待和理解斯密的学说,把他的两本书同时认作西方经济学的开山之作,使经济学回复到亚当·斯密的传统上去,是西方经济学内部唯一的可以自我拯救的出路。

第四节　中国本土经济学和西方经济学的贯通、融合与发展

一、东方经济学的复兴和西方经济学的拯救

不了解整个中国文化的系统性、整体性、彻底性和辩证性,就不会看到中国文化的"体系",就不会了解中国经济之道的自然性、前瞻性和实用性。没有把握中国文化整体的见识和功力,就会落入"中国文化是零乱、落后和无系统"的无知断见当中。

在以前很长的时间内,我不知道为什么宣扬自私自利的学说竟然被称为"经济学";我不知道为什么鼓吹人与人之间要竞争牟利的学说竟然被大家称为"经济学";我也不知道为什么一门不能给人带来道德上的崇高、智慧上的通达和心灵上的宁静的学说会在今天被当作"经济学"大行其道。不是200年从来如此的事情就是对的。即使流传了2000年的"真理"也可能在两个铁球同时落地的瞬间土崩瓦解。所以,投入精力研究之前,最好先观察清楚。其实,我认为我们大家知道(因为我们的本性觉能完全一样)西方经济学并不是我们期望中的"经济"学问。可是"习以为常",它是我们最近几代人"一出生就有"的学说观念,"生来如此"如何破除?唯有从当下中"跳出来",站在历史的上空俯瞰,才知道哪里是"主流",哪里是"正道"。乘坐过飞机的读者,想必对这种感觉绝不会陌生,但是能应用到生活和思考中的,不多见,所以更多地迷失在地面上的格局中而茫然不知所出。刚开始的疑惑和正确的直觉经过西方经济学"熏陶"一段时间,我们的头脑就被驯服了、

第八章 中国经典经济学参照系下的西方经济学危机及其拯救

就范了、跟从了。之所以如此,源于我们心中与他利共同存在的自私之念和争名夺利的禀性,是这些"后天染习"驱使我们与西方经济学的错误理念"合二为一"。

可是,我们心中还有慷慨、还有慈悲、还有"己所不欲勿施于人"的仁心,还有舍己为人的良心,还有为国家社稷鞠躬尽瘁死而后已的感恩的心,还有直线的路径,还有阳光的法则,还有并行不悖的生财大道。谁来分析这样的人性、这样的人类会有怎样的"经济学"?

孟子说人性本善;荀子说人性本恶;告子说人性善恶参半。谁说得对?王凤仪先生说,都对,孟子说的本善是指天性,天性圆满,纯善纯净;荀子说的本恶是指禀性,禀性纯恶,禀性是什么?就是不良的习性积累而成的;告子说的可善可恶是指习性,也就是生活环境造成的可好可坏的影响,"蓬生麻中,不扶而直",所谓近朱者赤,近墨者黑。陈寅恪先生在《唐代政治史述稿》中提到北方书生,言谈全是骑马射箭,毫无孔孟仁义儒雅之态,感叹环境文化塑人,几有再造之功。何异于今日西方经济学治下的世界,张口自利,闭口竞争,唯名利是务!这个世界的阴晴圆缺、妍媸美丑,全在于人文教化。我们的心灵变现了世界,我们的文化观念塑造了心灵。服膺何种文化,生死攸关!

南怀瑾先生数十年前讲过,"今日的世界,由于西方文化的贡献,促进了物质文明的发达,如交通的便利,建筑的富丽,生活的舒适,这在表面上来看,可以说是历史上最幸福的时代;但是人们为了生存的竞争而忙碌,为了战争的毁灭而

○ 文化塑人,有重生再造之功。

惶恐，为了欲海的难填而烦恼，这在精神上来看，也可以说是历史上痛苦的时代。在这物质文明发达和精神生活贫乏的尖锐对比下，人类正面临着一个新的危机。"① 西方经济学由于认识不到自然、人生和财富的本质及其关系，仅仅就现象进行分科式的分析，从偏颇的假设开始，繁衍出错误的结论，使人们误以为只有竞争才能生活得更好，为了抢夺资源进行战争是有理由的，顺从人的欲望而看问题是正常的，这种缺乏根本反思的学术体系给世界带来无尽的误导和伤害。

没有自利假设就没有西方经济学。没有市场竞争就没有西方经济学。没有需求定律就没有西方经济学。张五常教授认为需求定律是经济学的基本定律，"不容许有任何例外，因为如果有例外，理论就不可以被人的行为推翻，无从验证，所以不能解释人的行为"。然而吉芬物品的存在（价格下降需求量跟着下降、或者价格愈高需求量愈大的物品）推翻了需求定律。波普尔的科学方法论揭示，只要有一个反例，就足以证伪。西方经济学为何对此视而不见？如果死守需求定律，对存在的反例装作没看见，以维持原理论的解释力，这是什么学问和逻辑？难道为了一个需求定律就对真理放弃了？张五常教授承认："逻辑说，吉芬物品可以存在，正如逻辑说万有引力可以失灵。这就是困难：如果吉芬物品被容许在真实世界存在，而我们不能事前划分哪些是吉芬物品哪些不是，那么人的任何选择行为都不可能被需求定律推翻，也即是说该定律无从验证，于是半点解释力也没有。"而妇孺皆知的"常识"是，现实中经常发生价格上升、成交量增加；价格下降、成交量下降的反需求定律的现象。这在高档品市场、房地产市场、证券市场是司空见惯的事情。而且，真实的市场只有"成交量"，没有"需求量"，需求量是西方经济学家虚构的概念，存在于想象的黑板经济学中。

这是西方经济学的两处致命伤：（1）"吉芬现象"存在；（2）需求量不存在。张五常教授知道："所有的经济学概念及其他理论皆要与需求定律挂钩，没有该定律，经济学的整个架构就会倒塌下来。"② 中国的房地产市场、证券市场、奢侈品市场已经证明需求定律和吉芬现象不能融合。名表、法国

---

① 南怀瑾："东西精华协会"，载《中国文化泛言》，复旦大学出版社2003年12月版。

② 张五常：《经济学要怎样学才对》，中信出版社2010年第1版，第222页。

第八章 中国经典经济学参照系下的西方经济学危机及其拯救

红酒,每年固定以一定的比例涨价,是真实的世界经济现象,可是成交量不降反升,请问西方经济学作何解释?

中国的经典明白地晓谕世人:世界上有两种人最为稀有难得,一是从来不做恶的人;二是知错能改的人。王凤仪先生说,知错不改是第一等大恶人。圣贤之言,天理昭彰。以经济解释为自豪的西方经济学,不能掩耳盗铃,不能怙恶不悛。张五常教授是在 2001 年 4 月到东北财经大学讲座把我拉回经济学这片美丽的海的人,不论他的"狂生傲语"激起别人多少一知半解的批评浪花,我都对老人家保有如一的尊敬。但是在他发现了西方经济学的"阿喀琉斯之踵"之后,却不能像当年构建《佃农理论》那样"手起刀落",转而构建"中国人自己的经济学",别开生面,另辟洞天,是让作者这样的后生晚辈为之惋惜的。我认为不能为了让经济解释学存在而"网开一面"接受需求量的虚幻存在,从而让西方经济学的错误继续下去。在当年争论的旋涡中,爱因斯坦明确表示,如果有人真的掌握了足以推翻相对论的证据,他将放弃相对论。拼命要把自己打扮成"科学"的西方经济学,能不能首先具有"科学的精神"?没有精神,橱窗里装扮得再美丽的木偶,也不是活生生的真人。

如果抛弃需求定律,西方经济学就只剩下西北风了。但是需求定律不是没有救,从中国经典经济学自性圆融的观察视角来看,既然可以根据人的习气秉性而分为三六九等之群,那么需求定律也应该处理成为分段函数,这样才能挽救西方经济学的现实解释力。所以,留下需求定律但是处理为分段函数,或者可以挽救西方经济学的命运。

被人们称为"经济学"的"西方经济学"不是人们心目中可以赚钱、可以出具富国策略的经济学,就像哈耶克担心诺贝尔经济学奖的设立会误导大众那样,这产生了非常混乱的社会观念和非常严重的后果:人们期望的经济学和实际存在的西方经济学有很大程度的错位,甚至完全不是一回事儿。如果以科学的立场划分,人们很清楚物理学要解决的问题,但是西方经济学的错位使社会的认知发生很难清理的混淆,精致的形式,深奥的论证,使不明真相的人们膜拜的同时,更增加了理解世界和处理经济事物的负担。

理论要有经济内容。弗里德曼认为瓦尔拉斯的一般均衡理论是没有经济内容的。张五常教授解释说:"为了理论的处理需要简单化,经济学者在有意无意间假设交易费用是零。再后来搞出笑话:以 Walras 为首的一般均衡理论分析，因为明确地假设拍卖（交易）费用是零，逻辑上不仅不可能有生产要素市场，产品有多少种类根本无从界定，而严格来说这样的世界是不会有任何市场的。方程式好看，内容空洞，半点解释力也没有，W 与追随者搞的是艺术作品，科学怎样也谈不上。"

世界是普遍联系的，世界的时运也是此起彼伏相续不断的。当西方经济学走入"亢龙有悔"之际，也就到了中国经济学进入"一阳来复"之时。虽然二者的本质迥异，但并非格格不入。既然都是人类追求文明的成果，就一定有共同造福人类的可共通之处。道并行而不悖，光同照而不扰。如果能够取长补短，相得益彰，那将是人类的皆大欢喜。

二、西方经济学需要借鉴的基本方法论：东方的贯通式、体悟式和践行式研究

中国经典的道理，通达的是一，宏观不离微观，微观不异宏观。西方经济学束缚于自私的误解、自利的障碍、伦理的缺失、理性的狂妄、心理的局限而混乱不堪。它的思维的框架、科学的精神和实验的方法要吸收东方文明的贯通式、体悟式和践行式求知方式才能拨乱反正。贯通的方式有助于避免自相矛盾和逻辑混乱和作茧自缚的思维局限；体悟式有助于获得"整体的、系统的"的根本道理，一通百通，不至于陷溺于形式主义的跨学科泥潭而悲叹穷庐；践行式有助于避免理论与实践脱节，避免经济学家穿着"皇帝的新装"吆喝着"黑板经济学"招摇过市。

1. 中国经典体悟、贯通和解行相应的致知方法。在朱熹注解《大学》中说："右传之五章，盖释格物、致知之义，而今亡矣。闲尝窃取程子之意以补之曰：'所谓致知在格物者，言欲致吾之知，在即物而穷其理也。盖人心之灵莫不有知，而天下之物莫不有理，惟于理有未穷，故其知有不尽也。是以大学始教，必使学者即凡天下之物，莫不因其已知之理而益穷之，以求至乎其极。至于用力之久，而一旦豁然贯通焉，则众物之表里精粗无不到，而吾心之全体大用无不明矣。此谓物格，此谓知之至也。'"程子、朱子皆是位列"宋之六子"的学问大师，在中国的文化传统内，"有德者必有言"，德者，得也。得个什么呢？就是得这个"一旦豁然贯通"！而后"则众物之表里精粗无不到，而吾心之全体大用无不明矣"。何谓"大"？心中不起对待、人我对立消融、能所双亡为大。所以,"大师"不是乱叫的,没有贯通的学养境界,还是有界,还是有"格",还有"学科的概念",乃至还有"跨学科"的概念,乃至还有"大"的概念,就不称其为大。

同列"宋之六子"的张载,有"为天地立心、为生民立命、为往圣继绝学、为万世开太平"四句士子圭璋传世,那不是口号啊,是真实的学养境界!六子"百世同称大儒",是有来头的,这个"来头"就是"为往圣继绝学"。宋之理学实在是传承的学问,而非创造的学问。本书前面提到过,中国经典文化"从一开始"就是圆融完备的,传统里没有创造。这一点,惟有深入中华原典,沉潜体察,融会贯通方能体察。执着于文字表象的差别,还体会不到古今一理贯通的妙奥,还是徘徊于中华经典文化的门外。他们传承的是什么学问呢?宋之上为唐,唐朝最有代表性的经典不是唐诗,是皇家主持翻译的佛经。如果有人说那是"外来的",不算中华经典,那就大错特错了!因为没有《易经》、《黄帝内经》和儒道两家经典文化,经文如何翻译?你一个字都张不开口啊!后世中土不见一本梵文佛经,大家想过没有?那是完完全全的融入。"中人以下者,不可语上",因本人没有学养评价唐代发生的那次世界性的文化大融合,所以跳过唐代,直接到汉代的董仲舒和春秋诸子那里寻找源头。

堪称一代大儒的董仲舒,一言以毕之其学说即"天人感应"。"天人感应"其实就是"贯通",是继承了孔子传与曾子的"一以贯之"。古代以贯串钱,大家熟悉;通呢?我们也提到过,颜回

○ 简单梳理一下五千年文明传承的核心脉络,才知道我们的文明有"家谱"。

三次向孔子报告学习心得，第一次忘仁义，第二次忘礼乐，第三次"坐忘"，何谓坐忘？"堕肢体，黜聪明，离形去知，而通于大通"。孔子之道，传于曾子，曾子作大学之道；曾子再传子思，子思作中庸之道；子思再传孟子，孟子曰："学问之道无他，唯求其放心而已矣"。儒门的心法就在"心"之学。

反观孔孟儒学到了宋代称理学，理学诸子追求"吾心之全体大用无不明"；降至明代，时人已经不能理解宋儒所谓理学何指，谩骂批评诋毁，真是老子所说"下士闻道大笑之。不笑不足以为道。"直到王阳明"龙场悟道"，发现"心学"，才又别开时代生面，影响后世几百年直至民国乃至当今的日本学界。其实王阳明的"知行合一"和宋代理学的"四为"和"理一分殊"，和唐代佛经翻译讲究"解行相应"，和汉代的"天人合一"，和孔子的"一以贯之"，是千古一脉相承。

再往上溯，孔子之前，因为孔子自称"信而好古，述而不作"，绝非虚言，证明孔子也不是发明创造，是传承。诗书礼乐来自周、商、夏、禹、舜、尧乃至黄帝。《黄帝内经》讲述了"天人本一"的内涵，且以中医为实践，为证明。黄帝的老师广成子，是"广成"而合于大通的隐者，教黄帝也是采用"用力之久，而一旦豁然贯通焉，则众物之表里精粗无不到，而吾心之全体大用无不明矣"的方法。

黄帝之前，有伏羲氏画卦，把天地万象统归于阴阳两仪，"万象归一"，论之极也，是对"世界文明"的最伟大贡献，其理洁净精微，记录在《易经》里。所以自古尊称《易经》为群经之首。这就是体悟、贯通和解行相应的致知方法的简明"家谱"。现代人，特别是很多炎黄子孙，不明就里，时常诟病中国经典的致知方式，以为不科学，以为"东方神秘学"，其实是其人自昧。《楞严经》云："如世间人。目有赤眚。夜见灯光。别有圆影。五色重叠。""此若灯色。则非眚人何不同见。而此圆影。惟眚之观。""是形非形。离见非见。此亦如是。目眚所成。"自己的心眼有病，见灯光恍惚重影，是灯光有毛病吗？曾子"日三省吾身"，我们呢？

2. 西方经济学跨学科教育途径的尝试与真正的跨学科研究方法。天下大势，物极必反。西方分析式思维发展到极致，弊端百出，促生了跨学科教育在美国的兴起。1942年，以西方经济学芝加哥学派教父弗兰克·奈特为首的三位芝加哥大学教授发现美国大学研究院的分工越来越细、硕士和博士生的

第八章 中国经典经济学参照系下的西方经济学危机及其拯救

研究越来越专业化，三人感受到了这种只见树木不见森林的细化危机，开始思变，并向时任芝加哥大学校长的罗伯特·哈钦斯说了改革的一些想法。哈钦斯叹言，"到了芝加哥大学做了校长，跟芝加哥大学的教授一谈才晓得自己原来没有受过完整的教育！"于是筹建了一个有独立的学系、教授和预算的文明委员会，即现在的社会思想委员会。每年最多招收三个博士生，由来自十几个不同领域的大师级学者共同对学生进行"跨学科"培养。

林毓生教授早年在台湾大学历史系时受殷海光先生影响，就对跨学科研究有所接触。当时殷海光先生出于思想史国际实证论的背景写了几篇论文，强调研究学问要有跨学科背景。当时用的名字叫"科技整合"，跨学科英文叫作 interdisciplinary approach，当时台湾翻译 interdisciplinary 就是不同学科的相互连锁的关系的途径。五四传承的流行的说法是，要用科学的方法研究历史。这个科学当然是指社会科学。社会有各方面，从研究各方面的某些专题就需要有某些广博的背景来研究。五四传统科学主义的一个结果就是用"科学的"这三个字代表"正当性"，这个想法主要是受胡适对于"科学是什么的理解"的误导。林毓生教授认为，五四时代，以胡适为主，对科学的理解，是科学主义的了解，而不是科学的了解，是科学主义对科学的了解，而不是科学对科学的了解。所以在这种思想传承之下，当时一些人从事研究就受到形式主义跨学科的危害。

林教授后来去芝加哥大学社会思想委员会攻读博士，师从哈耶克先生，对跨学科方法有了真

○ 正确的科学研究方法，事后看是跨学科的。事前提跨学科研究是不得要领。

切的了解和体验。林教授认为，真正的跨学科的途径就是正确的科学研究方法，"科学研究不是胡先生所讲的那一套。胡先生讲的那一套是非常粗浅的归纳法"。科学上取得突破的灵感就是理性的直觉（intuition of rationality），不是搜集材料用归纳法得到的。理性的而不是非理性的，但是还未得到证明之前没法说它是正确的，但是他觉得对，这样促使科学发展。爱因斯坦的相对论的起因，是他从小就有一个奇怪的问题，从牛顿的力学来讲，这个怪问题是不合理的，但他觉得这个问题是合理的。这个问题是，一个车子跟光一起比赛是什么结果。换句话说，五四时期的科学方法全部错误，归纳法是演绎法反面的论证。这句话的意思是，归纳法如果论证有用的话，实际是不演绎的演绎。也就是说，科学发展去发现的时候并不是把所有这种关系的东西都了解了以后分类看看有没有共象，这是归纳法做不出来的，因为你在做实验的时候必须有一个正确的想法，这个想法就算不正确也不能太偏激，这个想法作为指导去找寻材料，如果发现错误随时纠正。如果你把所有的材料都找来，那样不但浪费时间而且也做不出结果来。

灵感和实际了解的结合才能促使科学发现，这个配合的关键在于灵感指导做归纳，这也就是说归纳实际上是"不是演绎的演绎"。西方的科学不是用粗浅的归纳得到的，西方的这种科学是用科学家的灵感做指导，而且科学家的灵感是真正的灵感带领他们去找证据找到的。

经济学的教育，不能让学者一开始只对一个很小的范围知道得很多，要先使他有一个很宽厚的思想基础。要建立宽厚思想基础，就不能不研究代表西方思想原创力量的原典，例如不能研究别人研究柏拉图的著作，要研究柏拉图本人的著作，不能研究别人研究莎士比亚的著作，要研究莎士比亚本人的著作。芝加哥大学社会思想委员会的实践，要求学生去研读自己本专业以外的原创经典，包括印度跟中国的经典，老子庄子的都可以。

使学生培养西式的原创力，自己琢磨，自己体会，慢慢会有自己独立的思想，至于怎么研究就自己摸索，不必老师指导。本书前面提到，美国大萧条时，农业部长华莱士采用了王安石的青苗法思想帮助美国农业和农民渡过了难关。而今这个阅读原创经典的学习方法，您想到了什么了吗？那就是曾子《大学》：诗云："瞻彼淇澳，菉竹猗猗。有斐君子，如切如磋，如琢如磨。瑟兮僩兮，赫兮喧兮。有斐君子，终不可諠兮！""如切如磋"者，道学也。

"如琢如磨"者，自修也。"瑟兮僩兮"者，恂慄也。"赫兮喧兮"者，威仪也。"有斐君子，终不可諠兮"者，道盛德至善，民之不能忘也。

不论东方还是西方，皆如汤之《盘铭》曰："苟日新，日日新，又日新。"不管中国的"贯通"还是起源于美国芝加哥大学的"跨学科"，其实质就是让人通过经典的桥梁，恢复本来圆融无碍的自性觉明。只不过，跨学科的智慧程度，还没有办法指明一条超越"心理"界限的道路，只要思维里还有学科可跨，就是着相了，就是落入了形式主义跨学科的泥潭，认识不到心理背后的决定性的自性能量。也就是说，凡是在研究之前就有跨学科概念存在的，就是形式主义的跨学科研究，皓首穷经的结果一定是竹篮打水、一业无成。因为，"跨学科研究"的实质，是以"真问题"为导向的不受界域束缚的科学研究，事后总结得到的研究结果，可能是跨越了多个学科的领域，使用了多门学科的知识才能得到的结果，因此称之为"跨学科"。关键的主旨，是跨学科是"事后的评价"，而不是"事前的方法"。研究之前就说要进行跨学科，一定是钻入了形式主义的罗网。所以，到目前为止，在已知进行跨学科财经教育的中国大陆高校中，还没有真正意义的跨学科研究与教学。"画虎不成反类猫"，在形式主义指导下的跨学科教学，会把学人引向前路多歧、茫然无措的境地。

○ 研究一个问题之前就有"跨学科"的意图，就落入了形式主义跨学科的泥潭。

三、从孔子到哈耶克："从心所欲不逾矩"和"通过自律达到自由"

能够把孔子和哈耶克连接起来的，是"自

由"的实质,而不是自由的概念。子曰:"吾十有五而志于学,三十而立,四十而不惑,五十而知天命,六十而耳顺,七十而从心所欲,不逾矩。"孔子所说的"从心所欲不逾矩"就是哈耶克所谓的"通过自律达到自由";反过来,哈耶克所谓的"通过自律达到自由"也就是"从心所欲不逾矩"。健康的、积极的自由是什么呢?就是完全符合道德的自律。不合道德伦理的人没有真正的自由。对于遵纪守法的人,国家法令和惩罚措施形同虚设,这就是自由。一旦超出规范、制度、伦理,就会有相应的管制措施、惩罚措施乃至暴力措施。懂得了这个道理,就会真正明白没有"天灾",咎由自取,全是"人祸"。所以守法者自由,违法者不自由。

> ○ 积极的自由就是道德上的自律。没有自律,就没有自由。

推论而言,还能够把孔子和哈耶克连接起来的,是中国的"贯通"方法和西方的"跨学科"方法。因为从中国经典的立场上看,学者一旦贯通,必定进入解脱的境界,也就是自由的境界;从西方"跨学科"的立场来看,没有一个学术上真正的问题不是由在各个学科里分立者的知识联合解决的,一旦真正进入了破解真问题的境界,那么各个学科之间的界限也就消融了,当然就"自由"了。东方的贯通传统,是本没有学科,世界本来是贯通的,还跨个什么?西方是另外一条文化学术路径,是条条道道都要有清楚的界限,但是一旦到达罗马,发现"道"不用界限也是可以走得通的。

孔子教学,因材施教,达到弟子明白"一以贯之"为止;哈耶克被林毓生先生称为"跨学科大师",他思想论证基础的主要作品是西方分科文化的异数,例如《感觉的秩序》,经济学者以为是理论心理学作品,心理学家以为是经济学家的作品,更像"贯通"的作品。正因为如此,以分科的视角来研究哈耶克思想的学者都不得要领。所以林毓生教授说"国内研究哈耶克先生的论文都不能看"。①

中国文化的精神贯穿于中国文化的每一个领域,因而有"贯通"的传统,"君子不器","兵无常形",都是贯通之后的"自由"。西方有分科的传统,是切割自由的枷锁,所以要"跨学科"才能自由。这是对僵化割裂的"反革命"。所以哈耶克认为在日常用语中被误导性称为"经济动机"的东西,只不过意味着对一般性机会的希求,没有什么动机是纯经济的而不带有其他领域的信息和动机。这本身就是经济学研究必然需要跨学科方法的事实依据。更正确地说,钱是人们所发明的最伟大的自由工具之一,可是当代人多为钱所困,不得自由。人们常常对斯密开始说的"自由"产生严重的误解,斯密的自由是建立在道德情操基础上的,而哈耶克的"自由"观念,是通过自律达到的自由,二者是一脉相承的。按照中国经典经济学的方法论,自律的"自由"才是和谐的自由。不自律的财富追求,就是通往奴役之路。

东西方是可以在思想内核上沟通的。孔子所说的"从心所欲不逾矩"和哈耶克先生所谓的"自由"完全是一致的。君子的修养就是贵族的品位,儒家的传统和知识贵族没有分别,自由是道德自律的结果。中国有君子的传统,西方有贵族品位的追求,二者在人类道德本质上的追求是一致的。伪君子和没落贵族的出现,是误解的结果,是道德堕落的结果。

四、从老子到亚当·斯密:中国的"为无为"和西方的"守夜人"

准确理解老子的治国思想,准确理解亚当·斯密的国家管理思想,就能够发现,老子所说的"无为",和斯密所说的"守夜人",表达的是同一个意思。可谓"东方有圣人出焉,西方有圣人出焉,此心同,此理同"。我们知道,汉朝曹参在齐地为相,得到道家隐士盖公的指导就是"治道贵清静而民自定"。

自汉代大一统以来直到清朝康熙年间,中国历代兴盛的王朝在和平时期

---

① 林毓生:"东北财经大学演讲录",2008 年 5 月 10 日。"一阳来复学术小组"记录整理。

都遵循"不扰"的原则。所谓清净不扰,就是国家统治者不要越位,不要干扰民众正常的经营和生活。我们在第六章里比较详细地列举了汉文帝和唐太宗为了不干扰农时,不滥用民力而克己节俭的史实,来说明他们真的能够做到"不扰"。所以,国家经济迅速发展起来。实质上,如果出于中国经济建设的需要和中国固有文化的"信、达、雅",把斯密"守夜人"的根本思想意译成中文,应是"治道之要,贵在不扰",而不是"放任自由"。

"治道之要,贵在不扰"的思想,源自《老子》的"无为"。《老子》第二章:"是以圣人处无为之事,行不言之教。万物作焉而不辞。生而不有,为而不恃,功成而弗居。夫唯弗居,是以不去"。古代圣人治世,以德取天下,以德治天下,以德传天下。所以老子所说的圣人,不是我们通常人认为的"教书先生",而是"国家领导人"。领导人如果"处无为之事,行不言之教",就是领导人素位而行,不好大喜功,清静而不扰民,则天下大化。所以老子在第十章中问:"爱国治民,能无为乎"?并且在第三十七章告诫天下的领导人:"道常无为而无不为。侯王若能守之,万物将自化。化而欲作,吾将镇之以无名之朴。无名之朴,夫亦将无欲。不欲以静,天下将自定"。"天下将自定"翻译成西方人能够懂的意思,就是"市场能够自动调节",自动恢复到稳定的状态。

老子知道妙意难传,所以反复叮嘱,生怕后世程度越来越差的子孙不明白,又在第四十三章强调"无为"的妙处:"不言之教,无为之益天下希及之。"但是作为领导人,常常会技痒,就像黄宏小品中演的擦鞋匠,有时"下雨阴天会闲得膀子难受",他总要"没事找事",针对这种性识不定的情况,老子在第四十八章警告说:"无为而无不为。取天下常以无事,及其有事,不足以取天下。"政府领导人若不能清静自定,或者整天忙着穿梭救火(例如被金融危机搞得焦头烂额),又怎能安天下?

西方经济学的一个弊病就是懂与不懂、知道与不知道的人都高举亚当·斯密的大旗,但是好像从来不认真了解斯密的原义到底是什么,然后大帽子底下开小差,以斯密的名义干自己的勾当。"守夜人"是什么意思?没事就太平,大家相安无事;一旦有事,那就是警察啊!怎么会"自由放任"?夜晚打更的人如果蒙头大睡,那叫"自由放任",会不出事?早晚会出事。出了事,人都快死了或者火要上房了,出来看一下,说"他自个儿会自动恢复",然后回去等着一切恢复正常——这就是所谓的"西方经济学市场有效性假说"。天下竟然有这样愚蠢的逻辑！难以置信的是竟然有无数人深信不疑！倘若胡佛总统知晓孟子的"尽信书不如无书"，及时出手救市，恐怕 20 世纪最伟大的美国总统轮不到罗斯福。

作为道德哲学教授，斯密不会想到他的学说会被歪曲到远离基本的事实、远离基本的逻辑、远离基本的伦理。没有任何一个脑子清楚的人会不问青红皂白地放弃国家管理，没有任何脑子清楚的人会没事找事地四处干预。历史已经证明，凡是走极端的国家都不会有好日子过。

政府清净无为，不是消极，不是放任市场自由，而是不干扰市场自由。但是时时警觉，随时准备"抓小偷"，这才是守夜人的职业道德。政府无为，仍然意味着在市场需要扶助、调整和纠错时作政府本来应该做的事情。犹如医生针对病人开方下药，是临机察证，因病开方。如果无病无痛，也就无方无药。方因病出，药因方用，量不可重而伤身害命，亦不可轻而劳而无功，履中道而行，求恰到好处。当药到病除，病人恢复健康，就好像医生没有开过方下过药，病人没有得过病一样。这样就是政府"为无为"。为无为就是履中道，就是把握了"度"，就是合道，就是把本来应该做的做了。

所以，其实亚当·斯密意义上的西方经济学是中国经典经济学在"自性"学说或者"不易"层次以下学问体系的局部版本，只是还没有透过伦理、生理和心理，达到自性伦理的本元。如果西方经济学在哈耶克心理经济学方面进一步突破，

○ 再提一次可怜的胡佛总统！真是印证了孟子"尽信书不如无书"的告诫。

并借鉴佛家理论的八识学说和自性心识变现世界的体证，在一定程度上和一定范围内吸收中国的经典经济学所揭示的经济之道、数理之法和生财之术，西方经济学会也会呈现不可限量的文明气象。而不是像现在这样，陷于数理游戏，分裂伦理和理性，偏离道德哲学传统，远离真实的经济世界，成为过街老鼠，被全世界诟病。

五、从管子到阿马蒂亚·森："仓廪实而知礼节"和"伦理缺乏导致经济学分裂"

诗圣杜甫在《自京赴奉先县咏怀五百字》中写道："朱门酒肉臭，路有冻死骨！"是说社会分配极为不公造成的悲惨现象，在现代观念看来，是"文明社会"的一大耻辱。阿马蒂亚·森经过多年的西方经济学研究得出结论：饥饿主要不是因为粮食缺乏造成，而是不合理的分配制度造成的。从伦理经济学的角度看，个人领受自己的结果，并不能怨天尤人，但是社会作为整体受到了伤害，所以社会必须扮演伦理自觉的角色，"干预"社会福利的分配，使无家可归、无亲可依、无物可食、无衣可穿的社会公民得到起码的"人道主义援助"，这正是己所不欲勿施于人的慈悲心。这就是社会选择。杜老的"安得广厦千万间，大庇天下寒士俱欢颜"，也是社会必须要承担的选择。

阿马蒂亚·森因为"加深了人类对于社会选择、福利衡量和贫困问题的研究，在理论和实证工作中，对福利经济学作出了基础性的贡献"而获得1998年西方经济学诺贝尔奖。可是人们也许很难想到，以中国本土经济学整体贯通的观点来看，以钻入内部的方式来揣测庐山的整体面貌是断然不可行的。

同样对于社会选择、福利衡量和贫困问题，管子经济学就通透有效得多。社会选择必须是有实践意义的伦理标准。事实上经济问题并不复杂，因为理解的方法问题，导致人们对一目了然的事实居然要等到学术论证才承认：不是因为粮食不够吃，而是有的多，有的少，才导致贫困和饥饿。我们知道，管子坚持"富民"政策，把国家安危、政治清浊全部归结到能否使广大人民的物质生活需要得到满足和发展上："富上而足下，此圣王之至事也。""善为政者，田畴垦而国邑实，朝廷闲而官府治，公法行而私曲止，仓廪实而囹圄空"。天下经济，没有比这更高的伦理，社会选择，没有比这更好的目标。这就是"发展是硬道理",满足人们日益增长的物质文化需求。我们正在做的事情,就是管子的伦理政治经济学的固有之义。

阿马蒂亚·森论述了伦理缺失对经济学造成的危害,指出经济发展的实质是人类自由的增加,倒是这一观点足够分量。也是本书将其勉强与管子相提并论的主要原因,因为这一认识显示他可以把物理的现象和伦理的实质统一起来,在西方经济学内部有这样的贯通能力的实在不多,可以和哈耶克伯仲其间。因为森的存在,西方经济学还有"良心",这永远是西方经济学的希望所在。

第九章 中和经济：通往和谐之路

> We read the world wrong and say that it deceives us.
>
> ——Tagore, *Stray Birds*①
>
> 科学不是也永远不会是一本写完了的书，每一个重大的进展都带来了新问题，每一次发展总要揭示出更深的困难。
>
> ——爱因斯坦《物理学的进化》1938年

○ 谁来写一本《经济学的进化》？

从地道的中国文化观念来看"经济"，"经济学"只在中国才有，西方没有经济学。今天被称为"经济学"的西方经济学，不论从中国经典文化的立场，还是从世界本源的事实层面来说，都不能叫作"经济学"。

---

① 我们误读了这个世界，却说这世界蒙骗了我们。——泰戈尔《飞鸟集》109页。

第九章 中和经济：通往和谐之路

经济形态是文化的结果。有什么样的文化就会产生什么样的经济。中国以天人本一为主旨的和谐文化必然产生中道和谐的经济形态，是"自竞而不争"的经济。中国经典经济学所倡导的经济，既不是单纯的计划经济，也不是单纯的市场经济，而是二者水乳交融的"中道经济"，或者叫"中和经济"。中国政府在改革开放30年的实践中，已经践行了"中道经济"，"社会主义市场经济"就是两种手段的综合运用：社会主义毫无疑问隐含着国家治理，市场经济毋庸置疑宣扬着市场自由。只有二者很好地结合才能"合道"，才能"科学"，才能符合"事物的本来面目"，才能按照"不以人的意志为转移的客观规律"办事。不再偏向计划经济，也不迷信市场自由，是我们改革开放30年来取得巨大成就的根本原因。中国政府领导人"理性的直觉"是中国文化熏陶的自然结果，它使我们不迷信西方的经济学而有正确的决策，阿克洛夫和张五常教授分别从理论和现实层面肯定了这一点；中国本土企业领导人取得的"公司的力量"，也是通过中国式的管理实现的，在表面上好像学习西方，学习美国，其实根本上还是本土"中道管理"在起决定性作用。马云通过自身的经历明确地表达了这一点，曾仕强教授在讲解《易经》时在文化理念上揭示了这一点。

从计划经济到市场经济再到中和经济，中国在实践中经历了"左→右→中"的探索过程。现在有一种危险的向"右"倾向，就是在论述经济形态时，特别是在"经济学界"，只有"市场经济"而没有"社会主义"，这意味着让国家放弃对经济的正常监管，这将把中国的经济置于自生自灭的境地。如果未来中国真的走"纯粹的市场经济"道路，放弃国家必须承担的监管责任，中国的经济绝对没有前途。香港金融界许多人士认为1997年的亚洲金融危机是实质上的第三次世界大战，战争的武器变成了货币、金融衍生工具和信息。香港从1997年7月到1998年10月，房价下跌41%，大众资产损失将近1800亿美元，相当于失掉金融体系总储蓄量的一半。

没有自己的文化观念，就不能在文明世界独立。没有自己的经济理念，就不能取得真正的经济成功。古往今来，没有例外。任何学习和借鉴都是为我所用的，绝不能让它喧宾夺主。中华民族要实现伟大复兴，就必须首先复兴自己民族的文化，复兴自己民族的经济学。这不是民族情绪，而是天道使然。正如何新先生所说："中国政府绝不能听任国民经济放任自流，一切任由

○ 复兴,首先是文化的复兴。

国内外大资本集团作经济主宰。国家有责任充当调节社会资源配置、调节社会分配、保护本国资本和资源以及民生经济的强有力而看得见的手!今日的中国亟须一种导向社会公正和正义的新经济学——通往社会和谐之路的经济学"。我们从管子经济学的内容和实践上就应该燃起信心,齐国全部经济命脉牢牢地掌握在齐国管理者手中,但是他奉行"不烦不扰而民自富"的经济之道。所以我们的目标,应该是理直气壮地建设"社会主义市场经济",因为其实质内容不是西方的,而是中国本土的"中和经济","中道"方向会把中国带向和谐之路。

第一节 中和经济的中道伦理本质

时下对"中庸之道"的误解很深。例如有人竟然说"中庸就是折中,是中国人的劣根性",实在是无知、自负和狂妄。在经济学界,还有人认为"西方顶级的经济学家们也爱玩这个(中庸)",就是认为从古典经济学绝对的自由,到凯恩斯合理的管制,体现了中庸思想。其实,就像阿马蒂亚·森说的,如果你仔细研究斯密的原著,你不会发现古典经济学有什么"绝对自由"的立场。本书前面分析过,"守夜人"不意味着自由放任。自由市场决不能"放任",自由放任的观念,是对经济自由的错误理解。政府的管制只要

"不烦不扰",是伦理自觉的必要体现。经济管理必须致中和才能健康,这是自然伦理的要求,就像天体运行一定要在既定的轨道中运行一样。中国经典中"中道"的意思,就是"既定的轨道"。任何事物偏离轨道都只能是衰亡毁灭。

"中和"之语,源出于《中庸》:"喜怒哀乐之未发,谓之中;发而皆中节,谓之和;中也者,天下之大本也;和也者,天下之达道也。致中和,天地位焉,万物育焉"。纯计划太"左",纯市场太"右",唯有中和,才是"正道"。中国已经经历了计划经济的民困国乏,也不能偏向市场经济的丛林法则。和谐社会的道路只能是中和经济的道路。

一、大道自然为无为的经济

清静无为不是不作为,是为无为;经济国家"不烦不扰"不是撒手不管,是管而不管,贵在不扰;天下的道理是贯通的,比类取象而得之。小孩子在成长过程中,总有一天会自理,那是他自立的开始。在那之前,父母只要提供必要的衣食住行。这时的"管"更多的是协助、帮助、提醒,而不是越俎代庖,不是强人从己,这种管就是管而不管,就是"不烦不扰",使其按照天性自然生长。种植农作物,耕地、培垄、打池、撒种、浇水、施肥、除草、间苗,都是必须的农田种植管理,但是在这之后,作物就会有一段自我生长的过程,好像不需要人管,这时的管是"看青",只是随时观察它的长势,根据天气变化,决定是否有必要浇水、补肥、剪枝、掐尖等等。这一段时间的管理,就是清静无为,就是任运自然,就是为无为,不是放任不管。为无为呢?为了,但是为的是"无为",说白了就是干了本应该干的活,干完了也看不出来人工的迹象,一切自然。叫作"为无为,事无事,味无味","为无为,则无不治。"

政府与市场的管理,道理同此。政府就相当于种植者,市场就是作物,政府要时刻关注市场的动向又不能轻举妄动,市场有自我成长的要求和规律,又不能肆无忌惮恣意妄为。这个"度"的把握,就是"中道"。不偏不倚,灵活多变,时刻警惕,绝不是没事找事。这也就是经典中"无我"的道理。"我",没有一个既定的、僵化的、或者"死规矩"守在这里,像守株待兔一样等待着事物撞上来,而是"物来则应,过去不留"。一切按照事物本身所需要的处理，随机应变，无一固定法可得，无一固定法可遵循，就是"清静无为"，就是"为无为"，就是"为而不为"，就是"无所住而生其心"。

现在世界各国都在"自由放任"和"国家干预"的两难中摇摆，其实在大部分时间里，各国政府应该既不是自由放任，也不是国家干预，而是"为无为"，该干嘛干嘛，做自己该做的事，掌握经济运行的宏观方向，制定合理而有效的法律体系，维护国家的安全与稳定等，至于企业的经营，如果没有危机出现，如果没有违法，任其自由发展，个人可以自由地追求自己的财富梦想。政府切实奉行中国本土经济学理念，等待时、势、运、等几大因素的到来，走上和平互利的强国道路，才是中道正途。无论自然资源是丰富还是贫乏的国家，理念上不要过分依赖自然资源来发展经济，而应该因地制宜，主要依靠智力和劳力资源来发展经济。这符合德本财末、财自性得的中国经典经济学的认识。因为智力是无形的，更能体现德行的特性，更能说明心智是本性的显现的真相。美国在"二战"后的人才归附，为美国成为科学中心奠定最坚实的人才基础。得民心者得天下，欧洲战火，天下大乱，美国趁机敞开怀抱，容纳了这些一流甚至二流的学者，结果一举把美国推向了世界超级霸主的地位。自古以来，凡有天下英才归之的国家，必将兴盛。这也是大道自然的体现。

作为经济之道的践行者，要理解中国文化的比类取象，要眼疾手快，要当机立断，要有形意拳"象形取意"的功夫，要有中医"临症察机"的眼光，要有兵家"不战而屈人之兵"的智谋。经济国家，造福万民，绝非纸上谈兵、弱不禁风的书生可以担当。要有慈悲心肠，要有圣贤慧眼，更要有霹雳手段。世间事，不会有"一点儿征兆没有"这回事。春江水暖鸭先知，秋风未动蝉先觉。这就是《黄帝内经》所言"治未病"、"治未乱"的道理。不能知微见著、化危机于无形者，不配担当经济国家的重任。在中医上工那里，本没有方，是因病起方，没有一个固定的方子等着病撞上来。在武学顶尖高手那里，也没有什么固定的招数，心是定的，也可以说是空的，如李仲轩先生所说"一切招式都根据对方来"，后发制人也"不是等对方动手了我再动手，而是对方动手的征兆一起，我就动了手，不是爱使什么招就使什么招，要应着对方，适合什么用什么，平时动心思多练，一出手就是合适的。"

在经济学上，经世致用的妙招也不会有什么"成法"，同样是"适合什么用什么"，一切以时间、地点等条件为转移。薛颠说："有象有意，不成妙意；即象即意，不可思议"。一国之内，市场与政府截然分开是分崩离析，是"身子不听使唤"或者"心猿意马、心不在焉"，所以，说"市场必须自由而政府不能干预"是痴人说梦的一派胡言，世界上哪个国家的市场能够在缺少强有力政府的情况下获得繁荣的？英国在"日不落帝国"时期，首先是英国政府的强大，而不是市场的强大；美国在一战之后逐渐强大，也首先是政府的强大，而后有市场的繁荣。市场与政府相互配合，也不是上乘境界，真正的中道经济要阴阳和谐：政府的动作就是市场精神，市场的行为就是政府的精神，才是经济之道。"一阴一阳谓之道"，把阴阳截然分开，何道之有？《老子》六十二章云："道者万物之奥。善人之宝，不善人之所保。"经济国家者，不能窥测万物之奥，如何经济为善大利天下？僵化理解，分割论述，让百姓以何依靠？

世间没有不相通的道理。表象上有不同，但是实质上是相通的。市场是人性的聚集，是一切缔约的可能性，是自然伦理秩序，它有伦理自由，这意味着如果她在伦理的渠道内运行，她就永远是自由的，不会有"国家干预"这样的紧箍咒。通过伦理达到自由，通过自律达到自由；政府和市场同样是自然伦理秩序，但是政府必须承担伦理自觉的责任。确如詹姆斯·布坎南所说，同样一个人，在经济市场中和政治程序中本来没有不同，都要依伦理而行，但是她必须承担相应的责任。不是说市场是伦理自由，她就没有伦理自觉，只是分工决定了政府必须要承担这个责任。政府

○ 薛颠，20世纪中华武学奇才，形意门大师级人物。

承担伦理自觉的管理职责，不意味着市场失去伦理自觉而放任恣行。比如身体，各个系统自然运行，分工各有不同，但是统一于五行，统一于阴阳，统一于人体自然伦理的规律。身体健康的时候，你的觉性不会指挥自己跑到医院去求医生开药方治病；当它阴阳不调、寒暑不适的时候，你就必须知冷知热地保护它，必须求医问药以使它恢复到正常的轨道。这就是"治道之要，贵在不扰"，就是大道自然，就是永远积极、警觉、睿智和果断的"为无为"。治病和治理国家，在分工技术的表象上截然不同，但在本质的道理上完全相同。成为良医和良相所需的专业知识会泾渭分明，但所需的智慧没有不同。

二、伦理体现为物质的中和经济

把伦理内涵和真实的生活分离，把伦理内涵和经济物质分离，是人们认识世界和自身的根本障碍之一。实质是管子所指的"仓廪实而知礼节，衣食足而知荣辱"的问题，是马克思论述的"经济基础和上层建筑"的关系问题。需要特别注意的是，被学术划分表述为有"对立"关系的两个学术概念在现实中往往是一体贯通的两面，是一不是二。

索罗斯认为，"市场原教旨主义给本来是非道德的市场机制赋予了一种道德特性，即将对个人利益的追求变为一种美德，类似对真理的追求。它是靠操纵的力量而不是靠理性的力量获胜的。它被一个强大的资本雄厚的宣传机器所支持，扭曲公众对自身利益的理解。例如，如果不是这样，为什么取消只适用于人口1%的上层人士的遗产税的游说会如此成功？"[①] 他的批评指出了西方经济学以美德掩饰丑恶的逻辑，一针见血地指出市场原教旨主义德财对立的非道德本质。中国从《易经》开始的圣贤经典，就反复阐明"富有之谓大业，日新之谓盛德"、"是故君子先慎乎德。有德此有人，有人此有土，有土此有财，有财此有用。德者本也，财者末也。""未有不善理财而为贤圣"等伦理道德和财富功业一理贯之的道理；中国从黄帝到汉文帝到唐太宗，从管仲到萧何到王安石和叶适，无不把经济天下和德行仁义视作一体贯通的事业。若说中国文明传承5000年而不绝有何秘诀，这就是那个秘诀。

我们把治理国家最高境界的经济形态称为"中和经济"，或称中道经济。

---

① [美] 乔治·索罗斯：《超越金融：索罗斯的哲学》，中信出版社2010年第1版，第61页。

第九章 中和经济：通往和谐之路

中和经济就是贯通中庸之道的经济之道，就是应用在经济领域的大学之道。从中国本土文化的立场看，人体中和，阴阳平衡，人是健康无忧的；国家经济中和，国家经济的阴阳即"财"与"政"匹配协调，国家是繁荣稳定的。乃至于天下万事万物莫不如此。孔子曰："一阴一阳之谓道"，所谓经济之道也必然有阴阳两个方面，阴阳理论贯通表现的经济之道，有两个层次，第一，从物质与制度的角度，有"财"与"政"两个方面，阴为有形，阳为无形，所以，政为阳，财为阴。所以国家的财政经济就表现为财与政在阴阳理论下的互根互生、和谐演化。根据"阳主阴从"的原则，财政中起主导作用的是"政"；这里财政是典型的、地道的中国经典经济学词汇，也可以说是中国经典经济学在阴阳理论下的精确概括，而不是日本人神田孝平翻译自英文的"经济学"中的财政学，不是当今学科目录中"应用经济学"之下的"二级学科"财政学。第二，从"政"的角度，或者政策、制度的角度，计划与市场也表现为阴阳变化规律，"计划"其实是国家意志，是无形的，属阳；"市场"其实是整个经济机体，是一合相，是有形的，属阴。政府要把国家带向何方，就是阳主阴从的过程。例如，中国政府在中共十一届三中全会之后决定以经济建设为中心，就是"君主之官，神明出焉"，而国家经济体随之改变。中道经济，就是阴阳平衡的经济，就是社会和谐的经济。

西方的经济学是"解剖学"，是对社会经济现象的"事后解剖"，也可以叫"现象分析学"，"数量关系学"，或者说他们有"投资学"、"成功学"或者"致富学"，但是没有经济学，因为他们不知道何谓"经"，也就不知道如何"济"。中国的"经济"，是意在千秋，不会饮鸩止渴，不会因小失大，不会不义取财再回头原罪。千百年来，无论东方西方，最大的迷障就是把义利对立，把自然道德伦理和现实功业财富分开。这是中国读书人最大的耻辱。中国的祖先知道文化传承的重要，发明文言作记录，几千年后的子孙仍然可以得到清晰的指导；尽量消除蛊惑人心的奇物、音乐，以涤清后世子孙的心灵；把从来就如此的"经"流传下来"济"千秋万世的子孙生活。不但关心吃穿，更关心精神状态和文化追求，"以保我子孙黎民"，这是"经济"，全世界没有第二家有这样的经济学。之所以说西方的"经济学"不是中国经典经济学，是因为它弃置伦理而发展的后果。例如以污染环境为代价发展经济，回过头来遭到惩罚后又道貌岸然地倡导"低碳"呼吁"环保"；再例如发明

"最先进"的金融衍生工具,到了无耻之徒的手里,可以祸国殃民,可以利用杠杆效应花光后世几代子孙的财富。净空法师在解释离开美国的原因时说,美国人的钱已经花到身后第四代了,美元早晚会一文不值。"不听老人言,吃亏在眼前",且拭目以待。

诚如阿克洛夫所言,"在大多数时间里,领导人的直觉是正确的。"根本在于,担负国家安危和万民幸福的领导人,如果真正出于大众的福祉考虑,会把他的思维导向世界的伦理本质,获得正确的"灵感",遵循这种灵感或者直觉的指导,通常会找到正确的办法和道路。科斯和张五常都说靠直觉找答案,用理性来论证;爱因斯坦说一切科学理论最初都是靠直觉获得的,都不是逻辑的结果。

○ 政府实施救援的"度"很难把握,一定会引起"自由主义经济学家"的批评。

一旦思考者或者领导者的思维被某种现成的理论束缚,就违反了"不唯上、不唯书、只唯实"的自然伦理准则,很容易犯错误。例如前文所举的美国前总统胡佛因深信自由市场经济理念而错失救市时机导致美国大萧条的例子。反观2008年的经济危机,美国国会最初也拒绝通过财政部长亨利·保尔森的7000亿美元紧急救援计划,导致道琼斯指数大跌778点,全球股市应声而落。如果美国坚持不实施救援计划,那么此次金融危机的后果会比现在要严重得多。

在全球范围内,仍然抱定"市场经济自由"的经济学者,仍然喋喋不休地批评各国政府的"干预",仍然鼓吹"通货膨胀论",仍然用僵化的、偏颇的、根本是错误的理论来鼓动民众向政府施压,说政府"拿纳税人的钱打水漂",不明就里的书生之见只能"妖言惑众、祸国殃民"。要把这个问题看得清楚，了解得彻底，就一定要吃透中国经典经济学的主旨，就一定要吃透中道经济学的精髓，才能达到罗宾逊夫人的目的："我学习经济学的目的，就是为了不受其他经济学家的欺骗"。未明大道的市场经济学可以休矣！鼓吹自利的经济学可以休矣！鼓吹竞争的经济学可以休矣！鼓吹"萧条经济学回归"的经济学业可以休矣！代之以他利和自利统一的经济学，代之以自性和谐的经济学，代之以道德与财富相应的经济学。

第二节　中和经济的四要素

一、道德自律的经济

不能体悟中国文化传统所说的中道的读者，可以粗略地以"既有计划经济的长处又有市场经济的优点"来理解"中和经济"。如果仍然半信半疑，不妨彻底抛开一切西方经济学的理论解释，仔细观察中国经济从1979年至今这30年的发展，慢慢地会有一个自己的清晰的认识。当你完全相信西方市场自由理论时，请考虑一下苏联解体和东欧剧变的经济形态因素；当你完全相信西方自由贸易理论、完全相信资本自由流动、资本项目放开的理论，请想一想这30年中1992年欧洲货币体系危机、1994年墨西哥金融危机、1995年日本金融危机、1997年亚洲金融危机、1998年俄罗

○ 不要死了以后再想回到生前。

斯金融危机、1999 年巴西金融危机，再想一想为什么时至今日也没有发生中国金融危机？问题永远会有，可是如果身在福中不知福就是忘恩负义。只看别人毛病而不知感恩是我们生活中招致苦难的根本心源之一。难道非得亲身经历一次金融危机，自己经历一次失业、资产缩水一半以上，才能相信自己祖宗的学说吗？

有人说，几乎所有金融危机都是美国人蓄意发动的金融战争，连 2008 年美国金融危机都是他们在蓄意演戏。姑妄言之，姑妄听之。关键是我们自己要做好自己的事。孔子说：己所不欲勿施于人；美国前总统肯尼迪在著名的就职演说中说"与虎谋皮的人最终会葬身虎腹"。玩火者必自焚，不是咒语，而是伦理。中和经济是具有平和中正的王者之风的经济，害人之心没有，防人之心警觉。是一切都在伦理自律当中的经济，讲伦理道德体现在日常经济活动中；讲经济建设都在伦理道德中体现。想要真正体验中和的妙不可言，就要有修身自律的功夫和学养。否则只能"下士闻道大笑之"，自取谤法之咎，也是伦理。没有曾子诚意正心格物致知的自律，没有子思发而皆中节的自律，不会有真正的道德自由，不会有真正的财富自由。

卡尔·波普尔开放社会的概念，其实是中国经典中所谓的"人各素位而行，道并行不悖"的社会，也就是随心所欲不逾矩的道德伦理社会，通过自律达到自由的社会。

只有鼓励、宣扬和实践道德的社会，才会真正的长治久安、和谐幸福。中华文化 5000 年的绵延不绝，印证了这一点。宣扬自利乃至自私，鼓励为财利竞争的社会，就会变成多数人自私的冷酷社会，变成为一己私利而斗争的社会，斗争的升级，就会有械斗和战斗。西方经济学理论对今天世界的丑恶和经济混乱负有不可推卸的责任。

孟子曰："人皆有不忍人之心。先王有不忍人之心，斯有不忍人之政矣。以不忍人之心，行不忍人之政，治天下可运之掌上。由是观之，无恻隐之心，非人也；无羞恶之心，非人也；无辞让之心，非人也；无是非之心，非人也。恻隐之心，仁之端也；羞恶之心，义之端也；辞让之心，礼之端也；是非之心，智之端也。人之有是四端也，犹其有四体也。有是四端而自谓不能者，自贼者也；谓其君不能者，贼其君者也。凡有四端于我者，知皆扩而充之矣，若火之始然，泉之始达。苟能充之，足以保四海；苟不充之，不足以事父母。"简而言之，道德自律的人，"治天下可运之掌上"，"足以保四海"；不道德没有自律的人，居一家"不足以事父母"。

不要以为道德伦理是空洞的说教，不要像刘宗周批评袁了凡那样以为把道德伦理和求取功名富贵连接起来是扯淡。也许"草色遥看近却无"，也许还看不到当代的商业模式和规范因网络诚信、网商、网规而发生的巨变，但是应当看到依靠掠夺和不平等关系维持的商业时代已然衰败，应当看到依靠道德自律维持的商业时代已然启幕。马云的阿里巴巴就是这个新商业时代的"风起于青萍之末"。电子商务使中小企业获得了更平等、更广阔的商业发展空间，使中间商退出历史，降低了信息成本。"成本10元钱的酒就应该卖二十或者三十，而不是800元。"得先机者得天下，不要做潮流过去了还懵懂无知的第三等人。

市场中真正"看不见的手"，就是道德伦理。虽然看不见，但是来龙去脉你自己心知肚明。孟子曰："子路，人告之以有过则喜。禹闻善言则拜。大舜有大焉，善与人同。舍己从人，乐取于人以为善。耕、稼、陶、渔以至为帝，无非取于人者。取诸人以为善，是与人为善者也。故君子莫大乎与人为善。"相信2000年被尊为圣人的话，你的功业不会少于200年的流传；相信200年一知半解的理论，你的成功不会持续20年。不是算命，是"天命"，是自然伦理。

班固评价说："玄菟、乐浪，本箕子所封。昔箕子居朝鲜，教其民以礼义，田蚕织作，为民设禁八条，相杀，以当时偿杀；相伤，以谷偿；相盗者，男没入为其家奴，女为婢；欲自赎者人

○ 有什么样的教化，就有什么样的社会。

五十万，虽免为民，俗犹羞之，嫁娶无所售。是以其民终不相盗，无门户之闭，妇人贞信不淫辟。其田野饮食以笾豆，都邑颇放效吏，往往以杯器食。郡初取氓于辽东，吏见民无闭臧，及贾人往者，夜则为盗，俗稍益薄，今于犯禁浸多，至六十馀条。可贵哉，仁贤之化也！然东夷天性柔顺，异于三方之外。故孔子悼道不行，设浮桴于海，欲居九夷，有以也夫！"（《资治通鉴·汉纪十二》）

失败的人总是找借口，成功的人总是找方向。财富如水，水自身没有方向，按照河道流淌。市场聚水散水，没有河道。人法地，地法天，地上河道要效仿天道。天道无亲，常与善人。何谓天道？自然伦理。何谓善人？遵守自然伦理的人。由此可知，财富按照道德自律的伦理河道流淌。不自律，不自觉，就是自性河道决口，财富随之流走，顺着"天道"，流给"善人"。所以，本书在导论中说，如果用两个字来概括中国经典经济学，就是"善财"。其主旨是：伦理道德这只看不见的手，指挥着财富在崎岖不平的人性心地上，按照伦理的自然轨道流淌。

每个人，上至总统，下至贩夫走卒，都要修身为本，修身就是经营，修身就是事业，就是通往富足之路，就是人类的福祉之路。修身断恶就是"风险控制"，修身为善就是包赚不赔的"稳健投资"，修身就是经营企业。道德提高就是事业发展。福德积聚就是财富积累。

二、合约自由的经济

通过自律达到自由，意味着以道德伦理为基础缔结合约，互利互惠，诚实守信，公平交易，是交易成本最低的经济制度。

尊重市场经济，而不是放任市场经济；维护市场经济，但是不干扰市场经济。政府与市场的行为皆从中道，才是最本质合乎自然秩序的经济。

五四运动废除文言教育以来，很多人误认为圣贤的经典教育是束缚人性的，是束缚人类的自由的。真正的情况是，圣贤并不约束人，而且认为约束别人是很不道德的事情。中国的古圣先贤是"行不言之教"。之所以教育上有约束，有《弟子规》，是教人弃恶向善，束缚的是人的恶言恶行，凡是违背性德的，都会导致恶果。所以中国的教育是在人无知的时候，在没有开悟的时候设立规范，随着人的成长而逐渐放开。孔子70岁达到真正自由，这个自由

第九章 中和经济：通往和谐之路

是绝对没有丝毫弊端的。就是"七十而从心所欲不逾矩"。标准是十二个字："孝悌忠信、礼义廉耻、仁爱和平"。不违背这十二个字，就是不违反伦理道德，能够得大自在。这十二个字就是自性的性德。

○ 违背性德，必有恶果。

西方市场经济讲究"自由竞争"，中国的经典经济学倡导中和经济，主张"自与时逐而不与人争"，但是不是消极懦弱，而是"天行健，君子以自强不息，地势坤，君子以厚德载物。"在"与人竞争"的理念下，合约是自由的吗？与人争就破坏了自律，失去自律就没有真正的自由，所以，竞争之下没有自由合约。商家的价格战，竞争的结果打成"同行是冤家"，市场定价也是合约啊，你能看到其中有自由吗？不论结果如何，双方没有赢家。有人认为竞争杀价利于消费者，消费者当然希望物美价廉、货真价实，但是消费者的自律要求不能存心歹毒，望着商家价格战，亏本经营，而于一旁幸灾乐祸。企业的自律要求诚实有信、童叟无欺，这次才是真正的自由的合约。

星云大师在台湾经常往来于高雄和台北两地，中途在彰化午餐，一元五角的素食阳春面，他付五元；在香港乘坐计程车，总是付双倍的车费。他是希望商人因受其惠而继生出善行的信心，希望商人因经济条件改善而更注重改良产品品质的创新。这是把世界引向和谐的经济之道。

反观一些消费者，因贪利而过分地与商家杀价，商家为了生存只有偷工减料、以次充好。长此以往，市场能好吗？假冒伪劣从哪里来的？从一

○ 每一个人，无论买家和卖家，都要为自己过分的行为负责，并付出代价。

397

念不善来的。在这样的环境下，在这样的市场条件下，合约是自由的吗？不是的，都是被迫的。名义上是自由缔约，实则身不由己。世界就只能在这样的不自由中日渐沉沦，遭遇经济危机是迟早的事。

孟子曰："夫物之不齐，物之情也；或相倍蓰，或相什伯，或相千万。子比而同之，是乱天下也。巨屦小屦同贾，人岂为之哉？从许子之道，相率而为伪者也，恶能治国家？"

三、政府自觉的经济

政府自觉就是《黄帝内经》所言的"主明"。政府是机构，要求政府自觉就是要求在政府内工作的人自觉。政府内的主导是"元首"，是整个国家这个身体的"首脑"，一身正邪觉昧关乎国家兴衰治乱。所以《大学》说"自天子以至于庶人，一是皆以修身为本。其本乱而末治者否矣。其所厚者薄，而其所薄者厚，未之有也。此谓知本，此谓知之至也。"所以孟子说："君仁莫不仁，君义莫不义，君正莫不正。一正君而国定矣。""不信仁贤，则国空虚。无礼义，则上下乱。无政事，则财用不足。"

黄石公所言"恭俭谦约"的理念，可以理身、理家、理国。我们已经说过，市场和政府同是伦理秩序，市场是伦理自由的秩序，政府是伦理自觉的秩序。市场是分开的民智，政府是合观的民智。分开的民智有时愚，合观的民智常常近觉。简而言之，就是"人民群众的智慧是无穷的"。政府就是要做集中民智的代表，负有伦理自觉的责任。

国家在任何时候都需要"秉本执要，常勤精进"。古代的农业社会重农，今天的社会需要重实业（包括农业、工业和各类取得技术进步的网络公司）。要么能够提升社会劳动生产率，生产出满足人们不断增长的物质和精神需求、有国际竞争力的产品；要么提高商品流通渠道效率的商业模式。日本、美国和欧洲都经历或者正在经历资产的"贵贱无常，时使物然"，就是大家通常说的"泡沫破灭"。中国只有走"中和经济"才能独善其身。而中和经济的建设，必须要求政府自觉，政府的工作人员有伦理自觉的修养是中和经济的前提。就是回到决定世界现状的根本心源，循理出发，才能经济天下。

俗话说"根深叶茂"。领导人的修身德行是天下的大本。如果树根常年露在外面，怎么会长成参天大树。所以做领导的人，绝大部分时间应该远离聚光灯，聚精会神，锲而不舍。即使有了财富积累也绝不炫富奢靡，享受适可而止。把精力更多地用在事业上，再接再厉，才能使更多有相同理想的、有能力的人凝聚过来。孟子曰："伯夷辟纣，居北海之滨，闻文王作，兴曰：'盍归乎来！吾闻西伯善养老者。'太公辟纣，居东海之滨，闻文王作，兴曰：'盍归乎来！吾闻西伯善养老者。'二老者，天下之大老也，而归之，是天下之父归之也。天下之父归之，其子焉往？诸侯有行文王之政者，七年之内，必为政于天下矣。"这就是固本培元的修身经济学。

○ 行文王之政者，七年之内，必为政于天下矣。

泰戈尔说"消耗的终结就是死亡，可是圆满的终结却是永恒"。所以政府还要减少消耗，领导人要减少奢侈的花销。中国历史已经证明，真正节俭的帝王天下大治，如汉文帝、唐太宗；朝代真正兴盛的时候，无不轻徭薄赋，如"夏后氏五十而贡，殷人七十而助，周人百亩而彻，其实皆什一也"，至汉文帝时有三十税一；在没落的时候无不赋役繁重。孟子曰："诸侯之宝三：土地，人民，政事。宝珠玉者，殃必及身。""有布缕之征，粟米之征，力役之征。君子用其一，缓其二。用其二而民有殍，用其三而父子离。"

政府的自觉还要求政府能够"正"，能够"镇"，中医讲"正气不足，邪气外干"，人必患病。现在，在受西方经济学谋利之说的教唆下，举国皆言"市场经济"，置伦理于不顾，唯利是图不惜杀身害命，连婴儿的奶粉安全都不可保障，其形式非常类似汉朝严安上书所说的情形："今天下人民，用财侈靡，车马、衣裘、宫室，皆竞修饰，调五声使有节族，杂五色使有文章，重五味方丈于前，以观欲天下。彼民之情，见美则愿之，是教民以侈也；侈而无节，则不可赡，民离本而徼末矣。末不可徒得，故缙绅者不惮为诈，带剑者夸杀人以矫夺，而世不知愧，是以犯法者众。"（《资治通鉴·汉纪十》）此时政府有自觉的责任，有扶助正气的责任，"为民制度以防其淫，使贫富不相耀以和其心；心志定，则盗贼消，刑罚少，阴阳和，万物蕃也"。

商鞅变法对中国历史最大的影响，是使后世明白"依法治国"的弊端。正如老子所警告的"法令滋彰，盗贼多有"，特别是秦朝的迅速灭亡给后世留下了深刻的教训，严刑酷法的结果一定会导致江山易主。所以从汉代开始，儒家"以德治国"的观念和道家"与民休息、清静不扰"的观念并称为太平年代的不易法宝。只是今人对"以德治国"的内涵理解大部分都错了。以为"以德治国"就是不要法律了，怎么会那么笨！怎么都没有读懂孔子也是要杀人的！就如中医"火神派"鼻祖郑钦安先生所说："人都说我是姜附先生，却不知道我并不是非要用姜附不可，而是病人的病况应当服用姜附！"政府自觉就是要成为合格的医生，当社会出现毛病，那么就应该对症下药。"上医以德治国"，道德不修，就只能"中医以礼齐人"，对于那些自染病患的，只好"下医以刑治病"。

千里之堤毁于蚁穴。伦理上一念的不自觉，会造成千里崩溃，乃至国家灭亡。网络时代，这种"乘数效应"更加猛烈。例如，2010年1月13日《南方日报》报道，发"黄段子"可能导致手机短信功能被关停。如果要重新开通短信功能，就得带着身份证到公安部门写一份以后不发不良信息的保证书。政府公安部门开展手机违法短信息的治理范围包括：假冒银行或以银行名义发手机违法短信进行诈骗或者敲诈勒索公司财务的，散播淫秽、色情、赌博、暴力、凶杀、恐怖内容或者教唆犯罪、传授犯罪方法的，只要涉及其中一项，哪怕只发送了一次，被通信公司检测系统发现或被客户投诉确认，就会被关停短信功能。这就是政府的伦理自觉。还有更应该严加治理以保证经济发展自由的："只需要提供他的号码，就可以知道他与任何人的通*话记录和短*信内容。是商业竞争的好助手。先测后付款。联系13976739177王经理"。这是我在2010年10月3日下午14时16分收到的短信，发信号码是13396174326。可能公安部门对此有防范，所以短信中的"通话"和"短信"两个词汇中间加入了*以逃避屏蔽。注意这样一句话："是商业竞争的好助手"，这样竞争下去会有好吗？自古圣人（领导人）"观乎人文以化成天下"，而今让西方经济学的理念来"化"天下,我们是不是要返回丛林呢?绝不能再让西方经济学的错误观念肆虐泛滥下去了。

四、藏富于民的经济

藏富于民是中国本土经济学千古不易的法则。《管子·治国篇》中说:"凡治国之道,必先富民。民富则易治也,民贫则难治也。奚以知其然也?民富则安乡重家,安乡重家则敬上畏罪,敬上畏罪则易治也。民贫则危乡轻家,危乡轻家则敢陵上犯禁,陵上犯禁则难治也。故治国常富,而乱国常贫。是以善为国者,必先富民,然后治之。"《管子·小问篇》中又说:"富上而足下,此圣王之至事也。"

《老子》第七十七章曰:"天之道,损有馀而补不足。人之道,则不然,损不足以奉有馀。孰能有馀以奉天下,唯有道者"。《素书》有言:"柱弱者屋坏,辅弱者国倾。足寒伤心,民怨伤国。山将崩者,下先隳;国将衰者,民先弊。根枯枝朽,民困国残"。

孟子曰:"尊贤使能,俊杰在位,则天下之士皆悦而愿立于其朝矣。市廛而不征,法而不廛,则天下之商皆悦而愿藏于其市矣。关讥而不征,则天下之旅皆悦而愿出于其路矣。耕者助而不税,则天下之农皆悦而愿耕于其野矣。廛无夫里之布,则天下之民皆悦而愿为之氓矣。信能行此五者,则邻国之民仰之若父母矣。率其子弟,攻其父母,自生民以来,未有能济者也。如此,则无敌于天下。无敌于天下者,天吏也。然而不王者,未之有也。"

所有的圣人都不会骗人,总观中国历史,有一个现象令人印象深刻:越是轻徭薄赋的时代,

○ 圣人绝不骗人。

国家越太平，百姓越富足。孟子曰："易其田畴，薄其税敛，民可使富也。"我们今天看到香港的税率很低，税制也不复杂，可是政府富有，民众富有，按照曹仁超的统计，这个"弹丸"之地是世界上亿万富翁最密集的地区之一。

近100多年以来，大家接受了西方经济学错误的经济学理念，以为积财才能富足，以为竞争才能富足，其实都被假象欺骗了。《老子》八十一章曰："圣人不积。既以为人己愈有。既以与人己愈多。天之道利而不害。圣人之道为而不争。"所以恢复中国本土经济学布施"为人己愈有"才能致富的理念十分迫切和重要。伦理经济学强调布施绝不排除自己有私产，反而强调藏富于民，让大家有充足的生活条件，上养父母，下育儿孙。孟子曰："无恒产而有恒心者，惟士为能。若民，则无恒产，因无恒心。苟无恒心，放辟，邪侈，无不为已。及陷于罪，然后从而刑之，是罔民也。焉有仁人在位，罔民而可为也？是故明君制民之产，必使仰足以事父母，俯足以畜妻子，乐岁终身饱，凶年免于死亡。然后驱而之善，故民之从之也轻。今也制民之产，仰不足以事父母，俯不足以畜妻子，乐岁终身苦，凶年不免于死亡。此惟救死而恐不赡，奚暇治礼义哉？王欲行之，则盍反其本矣。五亩之宅，树之以桑，五十者可以衣帛矣；鸡豚狗彘之畜，无失其时，七十者可以食肉矣；百亩之田，勿夺其时，八口之家可以无饥矣；谨庠序之教，申之以孝悌之义，颁白者不负戴于道路矣。老者衣帛食肉，黎民不饥不寒，然而不王者，未之有也。"

如何让民众知晓如何通过自修德行、学习先人包括当代财富大师的智慧、自我致富，是一国

○ 以为竞争才能富足，是被假象欺骗了。

政府的重要责任。它不仅涉及国民的思想境界、道德品质，直接关系到国家盛衰、民族兴亡。政府每年要花大力气、大量财政资金补贴贫困者、低收入者，"救急不救贫"，关键是要民众懂得如何通过有尊严的投资行动致富，民安则国稳，不易之理。

《孙子兵法》云："上下同欲者胜"，同理于"性心身合一者大吉"，民众果能自强，则国家自然强大。政府要向先祖和经典求解智慧，百姓也要真正继承和发扬经典智慧，上下同心，才能国富民强。经典中的智慧，不是教条的法则。得其道者其实无一法可得，若有一法可得，就会执着、拘泥而受束缚，最后在变化的环境中死在僵化的法则下。是以最高的法则是"法无定法"。

例如，中国自古以来，民众有储蓄的习惯，以备不时之需。这样做对不对呢？毫无疑问是对的，是美德。但是如果不能"与时偕行"，陷入僵化的教条，就会不合时宜，饱尝苦痛。

大家都会记得刻舟求剑的故事，但是真的懂了它的含义吗？懂了的人中又有几人可以随机应变？在金属货币流通的社会中，在和平稳定的社会环境下，储蓄就是可以让人通过节俭而致小富，晚年衣食无虞。社会在一种极为稳态的状态下存续，储蓄和节俭自然会充足应对养老和不时之需。但是在纸币的社会环境中，每年的通货膨胀率会吃掉利息，几十年的储蓄，换来的不是晚年的安详富足，而是购买力的丧失，岂不痛哉！根据曹仁超先生提供的资料，1971 年，35 美元可以兑换 1 盎司黄金，到 2009 年 3 月上旬，920 美元才能兑换 1 盎司黄金，以黄金价格计算，38 年间美元

○ 短短两年后，1 盎司黄金要 1800 美元！

失去了96%的购买力；1971年2.4元人民币可以兑换1美元，到2009年，人民币的购买力只等于38年前的1%，失去了99%的购买力。2009年，3300万港元约等于20世纪70年代100万港元的购买力。

所以，中国的民众要"达天时"，而不能僵化死守。要充分明白《易经》的变化之理，随机应变，使自己立于不败之地。当中国政府要求一部分人富起来的时候，那些自诩品德兼优的君子就不可"君子固穷"，而是要响应号召，见贤思齐，带领大家勤劳致富、阳光致富、美德致富，致力于"举而措诸民"的事业，才是真正的贤人君子。依靠读几本西方经济学教科书就自诩专家学者，坐而论道，空拿国家俸禄，有失圣贤教诲。

谁是贤人君子？那些带领大家合法脱贫致富的企业家就是真正的贤人君子。他们理应受到国家的表彰、民众的支持。不能够领导大家致富的，起码要勤奋努力，不成为国家的负担；受过高等教育的专家学者，更不能光说不做，误导群生。从西方经济学的许多观点看，例如教人自私自利，教人竞争，抢夺市场份额，争夺资源，钻国家法令的空子，都是祸国殃民的理论。读书人不能搜尽书中真义，向天地间传达真确的理念，误人子弟，戕人慧命，乃万死不能辞其咎的行为。

中国的民众从此应该知道，中国的经典里包含着世间最彻底的经济学；从此应该反求自己这个救世主，"天行健，君子以自强不息"，实现自己的财富自由。不是说不要节俭了，而是要应对时变，学会经典智慧的灵活运用，学会基本的投资理财，以中国的经典经济学立场保护自己的血汗钱不被纸币社会中的通胀吞噬掉，安然度过一生。

中国要想扩大内需，就必须实现由"国富民穷"的分配格局转向"藏富于民"的格局。唯有藏富于民，才能"仓廪实而知礼节"，才能全面提升人口素质，把作为出产低附加值和低技术含量的"世界工厂"转变为出产本土名牌产品的"世界设计室"。

最后请诸君欣赏载于《资治通鉴·汉纪十一》的一个小故事：世宗孝武皇帝中之上元狩四年（壬戌，公元前119年）初，河南人卜式，数请输财县官以助边，天子使使问式："欲官乎？"式曰："臣少田牧，不习仕宦，不愿也。"使者问曰："家岂有冤，欲言事乎？"式曰："臣生与人无分争，邑人贫者贷之，不善者教之，所居人皆从式，式何故见冤于人！无所欲言也。"使者曰："苟如此，子何欲而然？"式曰："天子诛匈奴，愚以为贤者宜死节于边，有财者宜输委，如此而匈奴可灭也。"上由是贤之，欲尊显以风百姓，乃召拜式为中郎，爵左庶长，赐田十顷，布告下天，使明知之。未几，又擢式为齐太傅。

○ 藏富于民，把中国由"世界工厂"变成"世界设计室"。

第三节 "社会主义市场经济"的实质是中和经济：中国改革开放30年实践的本土经济学解读

中国改革开放30年的经济成就，不是按照所谓的西方经济学的指导取得的。中国是按照事物发展的本来规律"摸着石头过河"走过来的。从"商品经济"到"社会主义市场经济"摸索了近15年（1978—1992年），才找到一个既不迷信市场也不遵从计划的"中和经济"，使两种手段的应用逐渐显示他回归本来的巨大威力。实际上，是政府的决策在自然中应用了中国本土经济学的伦理原则。正是《素书》所指的"道者，人之所蹈，使万物不知其所由。""道者，不可须臾离也，可离非道"。所以"权不可豫设，变不可先图。与时迁移，应物变化，设策之机也。"（《资治通鉴·汉纪二》）

今后的中国，要高举自家经济学的旗帜，才能彻底摆脱西方经济学的羁绊，才能够顺应经济的四时，"与万物沉浮于生长之门"。现在，仍然

○ 任何潮流的转变都不神秘，都充满了无数的公开信号。

把孩子送到西方学习西方经济学的父母，会使孩子在未来20年内落后于在中国本土学习经典经济学的孩子。南怀瑾先生已经回到大陆，居住在江苏；罗杰斯看好中国，只是留了一步，定居在东西合璧的新加坡，却让两个女儿学习中文。请尽量读懂历史公开发出的信号。未来，决定于现在。投资，是投资于未来。着眼于过去数据、曲线和"实证检验"的投资，赔多赚少。能够抢占先机的，必定在未来立于不败之地。如果你习惯了现在的西学教育视角，你可以不喜欢中国的传统，但是南先生的言行是风向标，是被过去近70年的历史证明了的；你可以不喜欢罗杰斯这个人，你也可以和他的判断相左，但是一个以事实显示智慧的成功投资者，其判断往往就是历史潮流的"天机泄露"。

读《易经》者，知道"易乃不易之常理"；老百姓也常叨念"风水轮流转"。"一战"之后，世界经济重心由欧洲转向美国；"二战"之后，世界科学中心也转向美国，标志性事件是以爱因斯坦为首的科学家由欧洲转向美国。美国得风气之先，从1951年到2001年，在战后发达了60年，也就是中国人说的"一个甲子"，开始了时运的转变：2001年的"9·11"事件和2008年金融海啸的发生，开始了世界上又一次经济重心的转移。不论1978年12月党的十一届三中全会时中国有多么一穷二白，都是为一个时代转变开启大门。30多年的发展，不过是打下一个基本的物质基础，真正的"中国世纪"要靠中国自己的经济之道发挥作用"打出来"，中国如果不能够摒弃西方经济学的错误理念，想要成为真正的世界

第九章 中和经济：通往和谐之路

级强国是不可能的，一个人不可能靠跟在别人后面成为独立自主的人，更不可能指望别人的头脑和灵魂让自己强大起来。一切靠自己。

中国经典经济学的运势学说告诉世人：国家时运的变化就像春夏秋冬的变化一样，有繁荣有衰落，就像有夏天的繁茂也必有冬天的凋零一样。4个月前是繁花锦簇的夏天，4个月后是花果凋零的深秋或者初冬，是时运，是天理，是自然，是规律。

美国在20世纪90年代开创了"网络时代"，创造了现代经济史上最长的经济增长周期，所有经济指标在发达国家中名列前茅。现有的经济学没有令人信服的深刻解释。近代资本主义400多年的历史显示出一个规律，就是没有一个国家可以在现代世界经济中长久保持的巅峰状态，"海上马车夫""日不落帝国"都成为历史，一个个历史上的强国相继被后来者超越。"皇帝轮流坐，今年到我家"似乎是一条历史定律。我们不用思考就知道，没有哪一个国家会把"头把交椅"拱手相让，他们都曾经想永葆世界经济强国地位，就像美人希望永葆青春一样。但是"时光只解催人老"，没有哪一个国家可以经受时间的考验。

但是中国历史有一个解释，就是德行与气数的运势说：一个朝代开创者的德行决定了一个朝代的气数，一个领导者的德行决定了一个组织的气数。后世子孙和继任者如果诚意正心、修身自守、合道明德，那么气数还可以增加，反之背道而驰、灯红酒绿、纸醉金迷、败德恶行，也可以减少气数。就像一个人，如果能够做到《黄帝内经》上所说的"法于阴阳、合于术数、起居有常、

○ 欲知事业是否千秋万代，只问自己德行是否圆满。

食饮有节、不妄作劳",就能"形与神俱,度百岁乃去";而如果"以酒为浆、以妄为常、醉以入房、以欲竭其精,以耗散其真,不知持满、不时御神",就会年半百而动作皆衰。

现代工业的产品,在出厂时已经大体上知道产品的寿命,例如一个电灯泡可以开关 3 万次;一辆汽车可以安全行驶 100 万公里;现代生理学进展已经进入基因时代,只要掌握全部基因序列,就可以预知一生的健康状况和寿命长短。这是今天的"科学",带给人们许多神奇的感受。中国古代另有一套学问,可以进行同样的预测,可以称之为古代的"前沿科学"。通达《黄帝内经》者,可以通四时阴阳变化,如医圣张仲景可以提前 12 年预知病人在 40 岁时眉毛脱落,半年后丧命;通达《易经》者,可以测算人的生死、物的存亡、国家的盛衰,如邵康杰的《皇极经世》和《梅花易数》。广布天下的《了凡四训》中孔先生就是以邵子易数预知袁了凡一生的穷通富贵,比今天的基因学说还要"骇人"。今天的科学有"伪科学",古代的优良传统也有"滥竽充数"和"鱼目混珠"。历史有规律、天地有规律、国家社会人生莫不有规律。不知运势,不知涨潮与落潮,沧海扁舟,凶险万端。

陈志武教授在《金融的逻辑》一书中阐述的是西方经济学的逻辑,中国经典经济学的逻辑不是这样,中国的史实也不是这样。美国虽然立国之初负债累累,后来富甲天下,绝不是说金融技术就是美国强国的论据。说"中国历朝之初国库满满,但之后每况愈下"是不了解中国的历史,是不懂得德本财末和时运变化的中国本土经济学。

以中国经典经济学的视角考察,美国经济的长期匀速发展得益于契合了黄老之术的清净无扰。但是美国人还没有领略黄老之术的另一层精要:无为重要,为无为更重要。只有懂得为无为的政府,才能真正为国家掌舵,造福万民。无为是不扰民,为无为更是不扰民,而且是在关键的时刻能够采取关键的措施保证无为的自由发展。

以中国经典经济学的视角考察,中国改革开放的最大政策就是"解放生产力",其实是把原来的扰民转变为不扰民,让农民自由发展,让企业自负盈亏,都是在落实无为的措施。

从汉代的萧何曹参到清代的康熙帝,大凡取得盛世成就的,其共同特征就是不扰民,垂拱而治,政府的政策行为都具有为无为的特点。就像打扫卫生，干完了好像没干过什么。因为本来就应该是有秩序地自然干净。

一、解放思想、释放活力：从计划走向市场

1978年12月以来，近30多年的经济改革实践，使中国由原来大一统的中央计划经济转向"解放生产力"的市场经济，财政由原来的"生老病死无所不包"转向具有"为无为"特征的与市场经济形态相适应的财政，学习西方理论知识的热潮也带来了西方财政学知识。似乎我们只有通过学习西方经济学知识才能建设社会主义市场经济。然而西方经济学非但无法解释中国的快速发展，在其指导下的西方本土经济也时常陷入经济危机：自由竞争导致"市场失灵"就呼吁加强国家干预，国家干预过程中自由主义就鼓吹自由竞争，如此反复，周而复始。2008年的美国金融危机引发了现代经济学的第三次危机①，马克思的经济学说和凯恩斯国家干预主义得以"新生"。《庄子》："方其梦也，不知其梦也。梦之中又占其梦焉，觉而后知其梦也。且有大觉而后知此其大梦也，而愚者自以为觉"。中国"摸着石头过河"的经济实验，显然有着中国国运经济发展的内在文化逻辑，用由不同于中国的文化传统基础孕育的西方经济学鉴之，恐力有未逮和龃龉之处。改革自上而下，知微见著，财政体制是最能体现社会最高管理阶层意图的领域，值得研究详察。

齐宣王见孟子于雪宫。王曰："贤者亦有此乐乎？"孟子对曰："有。人不得，则非其上矣。不得而非其上者，非也；为民上而不与民同乐者，亦非也。乐民之乐者，民亦乐其乐；忧民之忧者，民亦忧其忧。乐以天下，忧以天下，然而不王者，未之有也。"经济天下，与民同乐，与民同忧，计划而民不得利，"人不得，则非其上"；市场而民不安乐，"为民上而不与民同乐者，亦非也"。

二、矫枉过正、问题涌现：警惕市场的极端

当今中国经济学界掌握影响民众话语权的学者，多半是西方经济学的门徒。当中国1978年开始改革开放，打开国门之后，一些得风气之先和祖先

---

① 宋小川："经济学的第三次危机与第二次凯恩斯革命"，《经济学动态》，2008年第5期。

○ 为什么那么多留学国外的经济学者没有一个"通古今之变,成一家之言"?

○ 30 年经济改革,摸索 10 年,试验 10 年和发展 10 年。

荫庇的留学生率先留学海外,情形大类农村孩子进城读大学。① 三五年后,谓"学成回国",其实西学未明,本土情形不知,却恰逢中国要建设商品经济和市场经济,需要了解"商品"、了解"市场",了解一系列的"国际惯例"和"先进的理念",于是即使是仅仅看过猪跑的学者也乘东风扶摇而上,堂而皇之地以"经济学家"自居,上欺领导,下惑百姓,至道未明,轻言政策。如张五常教授所言,无一人有"一家之言",无非贩卖西方旧学,炒他方冷饭。因"成名趁早",遂成前辈,多有学霸,上下俱受其害。30 年的经济改革的发展,大略述之,不过"摸索十年,试验十年和发展十年"。摸索谓小岗村血书、计划与市场之争与发展阶段的认识;试验谓确定"社会主义市场经济"后的以市场为核心的全面经济建设试验,包括过去被认为完全是资本主义独有的股票期权等;发展谓中国在 1997 年和 2008 年两次经济危机中坚守自我固有原则,安然度过,有惊无险,自主意识得到认证、增强和巩固,理论自觉趋于成熟,不再唯西学经济观念是听,传统智慧得以被尊重;其中的一个重要标志是中国传统节日的恢复。以中国的本土智慧观之,中国的成就乃是人遂时运使然。成就跟西方经济学家没有什么关系,问题和经济学家也没有什么关系。

20 世纪 80 年代中期到 90 年代中期,中国经济学界在讨论战后各国市场经济发展的时候,总是把日本视为经济高速发展的榜样,把美国当作腐朽落寞的典型。很多人认为 21 世纪是"日本的

---

① 南怀瑾:《漫谈中国文化:金融企业国学》,东方出版社 2008 年 10 月第 1 版,第 17 页。

世纪"或者"东亚的世纪",唯独不认为是"美国的世纪"。可是 1997 年东南亚金融危机让国内谈论世界经济的专家们大跌眼镜,似乎一夜之间日本模式或者东亚模式完蛋了,而美国已经在被"中国经济学家遗忘的角落"率先进入"知识经济时代"。国内经济学学术界不想暴露无脑、跟风、人云亦云的庐山真面目,对"美国经济突然好转"总得有个像样的解释,于是那一段时间,人们听到所谓的专家学者热议"知识经济"和"新经济",误导大众和众多经济学子。"对世界各国经济和美国经济的这种研究方法和认识只能说明我们还没有在较深层次理解世界各国和美国、理解经济发展的机理。"①

是的,中国的"主流经济学家"没有把国家经济的机理说清楚,跟着西方人云亦云,跟着宣扬自利,想努力论证不是"自私",但是说着说着就乱了逻辑;跟着鼓吹竞争,但是自己也承受着"竞争"的苦果。当经济问题不断涌现的时候,中国的"主流西方经济学家"仍然按照教科书那一套做着牵强附会的解释,批评政府,抱怨体制,鄙视民众;仍然赞美市场,天真地相信市场的魔力会使一切恢复正常,"预言"政府的救助行动会使未来更糟糕——感谢这些西方经济学的"学迷",是他们对西方经济学市场有效性不知所云的顶礼膜拜,让我明白孔子杀掉少正卯的"动机"。

很简单,政府不太可能做对所有的事情,但是市场也不是总有效。当索罗斯直言不讳地撕裂市场有效性假说,阿克洛夫等人间接承认市场的无效性,仍然呐喊"市场经济是人类最伟大的创造,是人类进步最好的游戏规则"就显得怙恶不悛了。但是,混淆视听是可以祸国殃民的,这种昏聩不堪的论调才是对中国经济发展的威胁,因为它会把经济航船误导进极端的方向,把大众的思想认识引向浅薄和迷惑。"一个人在思想上病得久了,会不知道自己有病"。中国文化久久"不入主流",未闻大道者胡言乱语也是见怪不怪的了。"中人以下者不可以语上",好自为之吧。

三、反思历史、科学发展:中道经济的和谐

如果西方经济学能够解决问题,我们认真地谦虚学习;如果不能解决现实问题,我们将自行寻找解决问题的答案。《庄子》曰:"圣人不从事于务,

---

① 邱询旻:《美国可持续竞争力与制度因素分析》,吉林人民出版社 2001 年 6 月第 1 版,序言(孙刚)。

不就利，不违害，不喜求，不缘道，无谓有谓，有谓无谓，而游乎尘垢之外。夫子以为孟浪之言，而我以为妙道之行也。"中国自古以来便有自己完备的经济学，由一部分知行合一的本土经济学家用以经世济民，一直指导着各朝历代的经济，取得了辉煌的成就。今后中国经济的建设，也要靠这种本土经济学指导。而实际上，改革开放30年的成就取得，也是依靠政府领导人、企业家和人民大众在实践中运用了本土经济学的智慧。只是大家没有意识到，我们真正管用的是自己的经济学。这是历史文化的时运造成的。所以，新的思想解放就是要解放我们中国人自己的经济学。

○ 百姓日用而不知。

第一次解放思想，展开真理标准的大讨论，中国由阶级斗争为纲转向以经济建设为中心，实行家庭联产承包责任制。极端计划的干扰逐渐被废除，中国经济开始复苏。它是中国国运的自我转变，和西方经济学的"指导"没有关系。

○ 第一次解放思想，讨论真理的标准；

第二次解放思想，破除意识形态束缚。

那么，端正经济理念，能否成为第三次解放思想的潮流。

第二次解放思想，邓小平南方谈话，破除意识形态枷锁，指出计划和市场都是手段，历史开始向中道自然的状态恢复。中国高举"中国特色社会主义市场经济"的大旗，经济飞速发展，举世瞩目。

现在，我们处于怎样的历史关头呢？理论上，被一些人奉为金科玉律的西方经济学市场有效性理论已经穷途末路；现实中，国际上金融危机不断，能源危机不断，环境危机不断，国内则房价飞涨，贫富悬殊，民众忧心不安。已经到了呼唤第三次思想解放的时候了：那就是摒弃西方经济学错误的学说理念，重新捡拾中国经典经济学的智慧，"挽狂澜于既倒，扶大厦之将倾"，既不放

第九章　中和经济：通往和谐之路

弃国家治理的职责，也不沉溺市场经济的泥潭，按照本土经济学揭示的理念发展人与自然和谐、人与人和谐的中和经济，建设富强的和谐社会。

"中道"是中国儒学富国强兵的不二法门。不深研经典者当然不知奥妙。《资治通鉴》记载：汉元帝皇太子柔仁好儒，见皇上所任用的人多半是执法强硬的官吏，"以刑绳下"，就曾经在服侍的时候从容地建议说："陛下持刑太深，宜用儒生。"汉宣帝作色曰："汉家自有制度，本以霸王道杂之。奈何纯任德教，用周政乎！且俗儒不达时宜，好是古非今，使人眩于名实，不知所守，何足委任！"乃叹曰："乱我家者，太子也！"司马光评道，"王霸无异道。昔三代之隆，礼乐、征伐自天子出，则谓之王。天子微弱不能治诸侯，诸侯有能率其与国同讨不庭以尊王室者，则谓之霸。其所以行之也，皆本仁祖义，任贤使能，赏善罚恶，禁暴诛乱。顾名位有尊卑，德泽有深浅，功业有巨细，政令有广狭耳，非若白黑、甘苦之相反也。汉之所以不能复三代之治者，由人主之不为，非先王之道不可复行于后世也。夫儒有君子，有小人。彼俗儒者，诚不足与为治也，独不可求真儒而用之乎？稷、契、皋陶、伯益、伊尹、周公、孔子，皆大儒也，使汉得而用之，功烈岂若是而止邪！孝宣谓太子懦而不立，闇于治体，必乱我家，则可矣；乃曰王道不可行，儒者不可用，岂不过甚矣哉！殆非所以训示子孙，垂法将来者也。"

非先王之道不可复行于后世，求真儒而用之，功烈岂若是而止？

非先王之道不可复行于后世，求真儒而用之，功烈岂若是而止！

非先王之道不可复行于后世，求真儒而用之，功烈岂若是而止。

| 第十章 | **结语：新经济学、新学派和新财经教育**

○ 当前的市场经济中，人们朝思暮想地要成为当代"最可怜的人"！

> The most pitful among men is he who turns his dreams into silver and gold.
> ——Gibran, *Sand and Foam*①
>
> 新理论代替旧理论，不是因为新理论有多么正确，而是因为坚持旧理论的人都已经死去。
> ——普朗克

本章此处所言"新"者，实乃"本有"之义。然当今世情蒙蔽，不见本有，忽出而示之，闻生来闻所未闻，见生来见所未见，大有"新鲜"之感，遂有"新经济学、新学派和新财经教育"之谓也。方家鉴之，实乃"旧相识"，老生

---

① 最可怜的人是那些将自己的梦想变为金银的人。——纪伯伦《沙与沫》

第十章 结语:新经济学、新学派和新财经教育

常谈也,不值一哂。所谓"陈言岂尽真如理,开卷倘留一笑缘!"

第一节 春去春又回:中国本土经济学的重生

本书提出中国有自己的本土经济学,从当前的学术界而言,是"冒天下之大不韪",违反"常识"并且要推翻"从来如此"的定论。但是实际上这并非打破常规,只是恢复历史的本来面目而已。"不识庐山真面目,只缘身在此山中",置身于当代社会,早已习惯了当代的思维。然而,当回顾中国5000年的历史,所谓的当代成了短短一瞬。谁是谁非?习惯了冬天的人们,难道真的会在听到"春天来了"的预报时感到慌张和恐惧?

中国经典经济学"弥漫"在经典中,就像弥漫在空中的空气,每个人每天都在或多或少地应用着它,或多或少地得到它的指导,只不过大家没有意识到它的存在。又像流淌在身体中的血液,每个器官都离不开她。但是在身体的外部,你看不见她的确切存在。

如果你以前学过西方经济学,并且对她的理论体系耳熟能详,那么从西方经济学(如果她还没有垮掉)的立场来看,中国经典经济学是以他利自利统一论、物质决定时空的相对论和财富境遇的德行相应论三个基本理论建立起来的经济学。所谓建立中国本土经济学的说法,不过是请大家换一个角度去看一个本来的巍然存在,或者如我等"好事者船载以入",取先祖圣贤之意而随机应时变通说之。就今天所谓的科学规范和学术逻辑来说,特别是非要让中国本土经纶济世的大道穿上一件西学体型的外衣,大有使祖宗绝学削足适履之不当,着实唐突委屈了。然而当今群伦普陷私利深渊,沉迷堕落之法,撞南墙而不知回头,奉邪说而为至理,怀珠乞讨,心中忧苦,身体困疲,前途凶险,为使明德者身心安乐,生活富足,家庭和乐乃至社会和谐,不惜眉毛扫地而为说之,想来不韪上天好生之德,不负先贤为天地立心、为生民立命、为往圣继绝学、为万事开太平之厚望也。"此亦救世之心,聊以补名贤之不逮,亦大快事也,高明谅之"。①

---

① [清]郑钦安:《医学真传》,学苑出版社2007年3月第1版,序言。

"中国没有自己的经济学"长久以来被当作"常识"。这个常识将成为历史。现在,我们正处于历史的关口,正处于文化方向的转折点上。

一、中国经典经济学的主要内容回顾

中国本土经济学就是沉潜于中国古代经典中的经济之道,历经 5000 载时代更迭,经无数古圣先贤的提炼、总结和实践,在中国历史上有着充分的验证,久而弥新。

人的一切正、邪、善、恶的思想和行为,必然会引致出相应的吉、凶、福、祸的现象,经济学其实就是改正自己的不良习气以增进美好生活的学问。财富既然是善德的结果,那么经济风险的规避,就是一个弃恶扬善的行为问题。要想得豆须先种豆;要想得瓜须先种瓜;要想事业顺遂、驱除风险、规避不确定性,自己的心性必须定下来,不造恶因,自性清净无染、自心坦荡无私、自身中正无邪,自然"得道者多助",好事自然来,风险消除,不确定性转变为确定性,所愿圆满,财源滚滚。善恶两个出发点,分别应对着盈亏、益损、成败、祸福的终点。善也不出伦理,恶也不出伦理。一切都逃不出伦理相应的轨道。明此方为不昧。不要怨天尤人,一切是自己决定的。如果沽名钓誉、阳奉阴违,纵使嘴上说得天花乱坠,你的心念和行为也是掩饰不住的,身体的变化,事业的状况,在贯通经典的智者看来,是透明的,"望而知之者为圣"。

当今大众的经济观念亟须转变!认识到经济问题本质上是道德行为问题,是伦理问题。千万不要以为经济问题仅仅是真金白银的现实问题,和道德伦理无关。只有真正洞悉曾子"德本财末"的人,才是窥探了经济之道"天机"的人。否则,暗中为恶,却期望明里出人头地,天下没有此理,最终"人算不如天算","早知如此,何必当初"!所以,不知中国经典经济学德本财末道理的经济学人,是假的经济学人。即使获得诺贝尔奖,也是中国文化"经济"的门外汉。

真人学到假货,指着破鞋必扎脚,应及早回头。不论读者对本书的叙述持何种态度,请试着放弃西方经济学有关自利、竞争的观念,开始学习中国本土的经济智慧。如果一时看不懂文言经典,就看南怀瑾先生这样有修有证的大德的讲解,不要看时下的"学术著作",纸上谈兵的将军会葬送整个军队

第十章 结语：新经济学、新学派和新财经教育

的性命，西方经济学家的"黑板学术"解决不了人民的贫穷、困苦，如今的经济学"学术论文"，用毛泽东主席的一句批语形容就是"文章硬如铁，读得满嘴血！"请睁开双眼，打开慧眼。

经济学的内容在古代中国就叫"食货"，商代箕子《洪范》八政，是有文字记载以来中国最完整最宏大的国家经济大纲，一曰食，二曰货，民以食为天，食居首位。司马迁的《货殖列传》和《平准书》开创了中国本土经济学"统计年鉴"的先河，班固把二者"抄"成了《食货志》，在康熙、雍正年间，汇编《古今图书集成》，把几千年的一切财经内容囊括其中，称为《食货典》，中国本土的经典经济学就在那里面，"把五千年农业社会的经济、税务的收入、国家财政的给配、商业的行为、政策的安排，都收录在其中"。① 可是一百多年来，对于以"食货"为名的"自己的经济学"，号称"经济学家"的本土学者们并不"识货"，"朝扣富儿门，暮随肥马尘"！

简单地说，本土经济学是这样的经济学：（1）建立在"天人合一"世界观人生观基础上的他利与自利统一的经济学；（2）建立在"德本财末"财富观基础上的伦理经济学；（3）建立在"天行健，君子自强不息"奋斗观基础上的和谐经济学，是"自与时竞而不与人争"的和谐经济学。中国的本土经济学，是教人向善的经济学，是让社会和谐的经济学，是造福天下万民万世幸福的经济学。"新经济学"推崇的理想经济形态不是"市场经济"，是"中道经济"或者"中和经济"，惟有中道经济观才能导致科学发展、社会和谐。名称提法上，不喜欢"道"字的，可以称"中和经济"，推崇儒家理论的也不妨称"中庸经济"，时髦的西学派，当然可以理解为计划经济和市场经济之后出现的"综合经济"。但是不论怎样称呼，那个本质上无法言说的"中道"实质和"中和"境界，要有真实的体悟和把握，否则难免东施效颦、画虎类猫之尴尬。

中国只要坚持"社会主义市场经济"，坚持国民经济置于国家的监管之下而"不烦不扰"，社会主义市场经济就是中道经济，就能够实现经济的中和状态，就能够建设一个美好和谐的社会。只有恢复中华民族赖以传承的文化精髓，复活中华民族先祖悲天悯人、舍己为人、自强不息、厚德载物的文化精

---

① 南怀瑾：《漫谈中国文化：金融企业国学》，东方出版社2008年10月第1版，第13页。

神，把"利而不害""取之有道"的经济智慧和"为人民服务"的政治素养贯通起来，融传统于现代，化西学于国粹，创造华夏文明"飞龙在天"的成就，中华民族的伟大复兴才能在未来的一甲子内得到实现。

二、本书未尽之处

1. 用实验经济学方法验证中国的历史符合伦理经济学理论。2002年弗农·史密斯因实验经济学获得诺贝尔奖，被经济学的学术界认为是主流对实验经济学的承认。实验方法在经济学领域被冷眼观瞧了半个多世纪，即使获得了诺贝尔奖也仍然抹不去许多人的怀疑：经济学怎么能够作实验？作为一种科学方法，实验的科学性在于可控条件下的可重复性。按照此思路，我发现中国的经济历史可以看作是一个在至少3000年的时间里被无数人重复了无数次的实验，实验条件（国土面积、人文环境、风俗传统、价值观念、制度环境）大体相同。三千年的历史，无非印证"积善之家必有余庆，积不善之家必有余殃"的规律。这个规律，是通达宇宙的大道，一切事项因缘而生，因缘而灭，来则当来，去则当去，不会没有可靠的实验结论。但是规模过于庞大，暂时"存而不验"。

2. 综合检验《皇极经世》和《食货志》的一致性。《皇极经世》是天时应人事和人事顺天时的著作，将其与历代《食货志》综合起来，检验中国的历史数据是否印证邵子的理论。真实的历史记录，真实的经济数据，应该"无不奇中"，应该有张五常教授从台湾农业资料中发现佃农理论的那种"科学"发现吧。

第二节　自觉自立、救世兴邦：中国本土经济学派的崛起

当我们发现西方经济学有不完善和错误的地方，为什么不能想到有没有另外一种正确的可能？一直想迎合别人的失误乃至错误，是我们智慧的耻辱。

第十章 结语：新经济学、新学派和新财经教育

为了要迎合"西方经济学"，没有怀疑到她可能是错的，才使我们畏首畏尾、越趄不前。其实我们应该立刻充满信心：我们本身就是经济学领域的开创者，我们就是中国经典经济学的发现者，我们就是要在世界学术之林树立起中国本土经济学派的旗帜。我们就是要把亿万经济学子从西方经济学的迷雾中带领出来，走入光明晴朗的地界。我们学习经济学的目的，就是为了不受其他经济学家的欺骗，就是为了获得真知。"吾爱吾师，吾更爱真理"。一切独立人格成长于独立的思考，真知来源于无畏的探索，在我们的领域，我们只听从真理的指导。请跟作者一起学习"自己的经济学"。

一、中国本土学派的"建立"

中国本土经济学派，并不需要成立一个组织，一个学会，论资排辈选出会长、常务理事、理事等，那其实和真理无关。这个建立只是"发现"和"宣布"，只是让世界知道，中国文化有自己的传统，中国经济学有自己的法宝，中国的智慧自成一派，"风景这边独好"。黄永玉曾经对中央电视台的采访记者说：他的一个美国弟子说要在美国成立"黄永玉画派"，结果被黄永玉臭骂一顿，说"狼才需要成群结队，狮子不用！"拿破仑不是说中国是沉睡的雄狮吗，我们只是要告诉世人，这头狮子已经醒来！当年毛泽东主席以"雄关漫道真如铁，而今迈步从头越"宣告中国人在"政治上"觉醒，现在轮到我们在"文化上"的觉醒，新一代中国人不但要在"经济领域"觉醒，而且要在全部文化领域发大云雷音、做狮子吼！让中国人重新认识自己的文化，重新建立对自己文化的信心，重新建立伦理之教化。"俱往矣，数风流人物，还看今朝"！

新的经济学派，中国本土经济学派，不但可以帮助大家圆融地解释世界经济和中国改革已经取得的成就，还能够帮助大家"和平"地取得未来的成就。站在中国本土经济学阵营的学者，不过是需要把中国古代的智慧做现代的发挥而已。因为中国本土独特的世界观、方法论和认知方式，需要大量的解说和阐扬的工作，才能让被西学蒙蔽了多年的灵魂认识到自身的精深微妙、任重道远。中国本土经济学也是召之即来、来之能战的学问。每一个践行该学问的人，都可以身心安乐、家庭幸福、事业顺遂，都能够做到智勇双全、仁强兼备，当生实现财富自由。之后，可以像曹仁超先生一样，结合现代技

○ 中国本土经济学派是老树发新芽。

术，运用太极理论，成就亿万财富，回馈社会，潇洒地说上一句："今时今日，谁还敢说我老曹蠢！"

改变固有的思想观念，就是思想的革命。"革命"，并非总是宏大的主题，往往青萍之末的一丝风动，就是革命的号角。无论如何，随着本书的出版，"中国本土经济学派"的旗帜就已经树立起来了。它不同于以往的任何西方经济学学派，因为无论是德国历史学派、奥地利学派、英国剑桥学派、还是美国芝加哥学派、麻省理工学派和亚利桑那学派，都是西方经济学内部的分歧，都是西方经济学的自我更新、自我超越和自我完善，而这次是完全不同的文明形态中自生自长的"学派"的涅槃重生，从基本观念到基本结论都不同于西方经济学，单单从中国本土经济学追求的既不偏计划经济也不偏市场经济的中道经济目标来看，就是打开了一个"全新"的领域。而这个看来全新的目标，其实是"自古有之"，只是人们碍于时代语言和观念造成的隔阂，导致对其不得而知罢了。

从西方经济学已经吵闹喧天、混乱不堪的阵营看，我们本土经济学这边似乎只有我一个人，但是"杀鸡焉用牛刀"？要手起刀落，挑贼将于马下，我一个人也就够了！"自反而缩，虽千万人吾往矣"，面对一个在错误的起点上狂奔了200多年的理论体系，不需要那么多人去解构他。找到关键点，一剑封喉！何况我知道在我身后，同道何止千万！无量无边的古圣先贤就在我们心中，可以真切地感觉得到。所以，这不是一个人对千万人的"战争"，在前面横刀立马、挑枪叫阵的

第十章 结语：新经济学、新学派和新财经教育

也不是一个人，华夏五千年文明成果的深邃智慧，无数经典孕育的炎黄子孙在"按兵不动，蓄势待发"，何惧之有？

当我把中国经典经济学的主旨讲述给身边的人时，他们一听之下即说：没错，是这样！在中国经典的旗帜下，振臂一呼，应者云集。站在中国经典经济学的旗帜下，命运就已经在当下开始改变，"春风又绿江南岸"就在眼前。

二、中国本土学派的任务

从现代所谓的经济学术圈而言，中国本土经济学体系的总结和提出，对于垄断世界经济学市场的西方经济学来说，这个事件无疑是一次"事变"：解构了西方经济学的传统和体系，瓦解了它的理论基础和主要理念。但是同时，它也是一次拯救。不仅仅是对学术的拯救，而更重要的是对人类心灵的拯救，以使大家清楚、全面地认识自己的人性，从自利的困境中解脱出来，从竞争的疲惫不堪中解脱出来，从似是而非的知识体系中解脱出来，重新开始让内心充满喜悦的财富追求，重新开始自强不息的创富里程，重新开始济世救人的魅力人生。

中国经典经济学面临的新环境，一是社会化大生产；二是网络时代；三是"养在深闺人未识"。跳出财富看财富，跳出历史看历史，我们才能够看得清楚。没有出离的心和解脱的智，永远是"只在此山中，云深不知处"。千百年的文化遗产，使大家产生了太多的迷惑、怀疑、错解和敌视，唯有正视她才能看清楚她，唯有看清楚她，才能理解她，并使我们自己得到真实的帮助。一

○ 中国本土经济学需要"做"，而不是"说"，需要"行"，而不只是"知"。

知半解的见识，似是而非的观点，望文生义的曲解，造成了对于经典认识的多少冤假错案！例如提到孔子，大家的理解，犹如一千个人读《王子复仇记》有一千个哈姆雷特一样。而很多重要的事件被忽略了，结果就造成了对孔子和儒家学说的错误理解，贻害无穷。如果这些问题没有彻底搞清楚，就不能够真正理解儒家学说在治国安邦方面的作用。这些也都是中国经典经济学需要进一步研究的问题。

○ 稍微回想一下，现在的西方经济学有多少莫名其妙的概念、知识在迷惑着我们？

中国的传统，学者的责任是学究天人之际，关乎人文以化成天下。使人人懂得并做到"为天地立心，为生民立命，为往圣继绝学，为万世开太平"。"可是一百多年来，战乱加上内乱，中国人对外国文化和本土文化都没有真正深入了解，常常是脱离实际，忘记什么是基本，舍本逐末，被一些莫名其妙的概念、知识迷惑了。"① 今天，国家欲复兴文化，重振经济，实现兵强国富民安的意图，学者的本分，态度上要见贤思齐，功效上要钻透书中的道理，让转变立竿见影。是为"归根复命"，不负天地覆载、父母生养、师长教化、国家培育。

1992年，联合国教科文组织发布报告称中国是目前世界上唯一的一个舍弃自己传统的国家。当韩国申请"端午祭"为世界非物质文化遗产于2005年成功；当韩国某些学者宣称经络是韩国人发现的，宣称李时珍是韩国人，炎黄子孙做何感想？当一个韩国人在美国拿得世界上第一个堪舆学（就是大家熟知的"风水"）博士学位，炎黄

---

① 南怀瑾：《漫谈中国文化：金融企业国学》，东方出版社2008年10月第1版，第17页。

子孙做何感想?种种乱象显示,拯救和复兴中华文化已经刻不容缓了!

我们要从中国本土经济学的立场出发,总结中国的历史经验,提炼更加适用于当代的理论思想;我们要借鉴西方经济学的某些长处,总结更加符合现代阅读习惯和学术规范的中国本土经济学。我们要以中国经典经济学的观点解释世界经济现象,指导现实经济建设。一方面,我们要根据中国本土经济学的框架在二十四史中进一步梳理各个强盛朝代共同的经济举措,从中总结出强盛的财富之道;另一方面,我们要梳理各朝历代衰败的共同迹象,总结出财政枯竭的不易之径,揭示败德的行为最终导致败亡的规律,作为前车之鉴警醒世人免蹈覆辙。

学海浩瀚无垠,尝一滴而知味。表达和整理,挖掘和总结,提炼和综合,梳理和发展,继承和光大。这就是已经来到的中国本土经济学的任务,这就是未来的本土经济学派的责任。

第三节 知行合一、解行相应:财经教育的"本土经济学改革"

新的经济学意味着新的学派,新的学派要求新的财经教育。中国的大学如果仍然延续当前的财经教育模式和西方经济学内容,非但培养不出钱学森先生所期望的"大师",也培养不出曹仁超先生所谓的经济市场上的专业"人才"。那么,社会主义经济建设、政治建设、文化建设、社会建设以及生态文明建设如何取得重大进展?

"建国君民,教育为先"。倡导学习本土经典经济学,弘扬中华优秀传统文化,革新本土财经教育,培养知行合一、解行相应的中国本土经济学人才,为社会主义现代化和谐社会的建设打下经济专业的道德基础和智慧基础。

一、财经教育目前存在的问题

孔子讲"为政以德",不被当代人理解,是缺乏内证体验造成的。人们常

○ 现代财经教育内容中最大的缺失就是"缺德"。

常希望医生有医德,希望教师有师德,希望大家都有职业道德,为什么对"为政以德"的道理不能生出信心?《素书》有言"自信不疑人,疑人不信人",说明自己的内心对什么是道德不清楚,对道德的作用不了解。不怪大众,这是读书人、学者、教授、媒体没有把真正的道理讲清楚,如果讲清楚了,没有人会背道而驰、昧天而行。

正因为"缺德",才导致社会中的各种不良现象。医生吃回扣拿红包,医德受损;教师课上不尽力、课后招收学生辅导,师德不具。如是种种,皆因错误的"市场经济观念"的误导,以为赚钱和伦理道德、身心健康没有关系,恣意妄为,等到疾病上身、祸害临头时已经晚了。所以,只有提倡伦理道德的经典经济学教育,才能感化人心,挽救时运,拯救黎民于陷溺。

经济学的教育,首先要让大家知道经济规律的本质真相,然后引导大家善顺自然之理,善从自然之序,善取自然之利,就会"从心所欲不逾矩",无不合于天道自然,无往不利,吉祥自在,造福天下万世,恩泽天下万民。

"射人先射马,擒贼先擒王",财经教育的改变要从精英自觉开始,要从大学教育开始,要使大学成为人文文化的发源地。天文,本义是"自然的规律",文言古称"天道";人文,本义是"人类社会的规律",文言古称"人道"。以天地社会的总规律进行教学,就是以"文"化"天下"的过程。人,生于自然,长于自然,本来和自然就是一体的,自然的轨道与人生的轨道出于同一伦理秩序。所以认识自身的规律,和认识自然的规律,同等重要。大学教育要承担引领时代

第十章 结语：新经济学、新学派和新财经教育

文化转变的重任。

目前财经大学面临的教育困境，主要是盲从西方经济学理论、中国本土伦理传统昧失的结果。从近年社会评价、企业用人、学生体会等方面看，目前财经大学的教育有如下三种需要引以为戒的后果，也是未来的财经大学教育所亟待解决的部分问题：

1. 有教学没有教育。每个大学都在传授知识、技能，绝大多数学生也能够毕业，但是往往学生毕业时自己觉得"没有学到真东西"，用人单位精挑细选后的新人，仍然要在生活、行事、遵守规范方面进行岗前的"非技能培训"，积弊成常，已经见怪不怪了。究其根本，就是有教学没有教育，大学教育没有能够"行不言之教"，种种言谈举止、吃穿住行、和顺本性的基本规范未能入心，学生毕业后一片茫然，不知所"错"——不知道自己为什么干不好？为什么吃亏？不知道哪儿错了。近几年社会上兴起《弟子规》教育热，一方面说明传统文化的恢复，另一方面说明当前主流的教育从小学到中学，从中学到大学乃至研究生阶段，只有知识上的教学，而连起码的做人规范教育都空白或者无效。《弟子规》，不就是"学生守则"嘛！这个社会教育的兴起，是中国传统文化复兴之喜，是当今主流教育之耻。人行中道正真为大，心地光明磊落、心胸开阔有容乃大。读到大学之人，空有知识技能，缺少伦理规范之育，"大"在何处？

2. 有教育没有教化。套用鲁迅先生的话，说中国大学有教学没有教育，用于一部分则可，倘若加于全体，那简直就是诬蔑。颇有大学、有教师在教学之中、教学之余，教育学生大学之道，"明明德，亲民，止于至善"，但是因文化理念不通透，解行不相应，就不能"君子有诸己而后求诸人"，加上社会流俗与西方经济学中一些错误观念"黑云压城城欲摧"，不能真正令学生信服，乃至育而不化。

何谓化？即孔子所说的"随心所欲不逾矩"；即哈耶克所说的"通过自律达到自由"；理事相应，知行合一。不犯国法，不违常规，不悖伦理。能够诚意正心，修身齐家。能够任劳任怨，"全心全意为人民服务"。南怀瑾先生所说：第一等人有本事，没脾气；第二等人有本事，有脾气；第三等人没本事，有脾气。真正的化人，就是第一等人，有本事，没脾气。

3. 有专业没有专长。近几年，高校毕业生就业成了社会心病，等于用事

实说现在的教学安排没有因材施教。没有因材施教就必定干扰了学生的天性，阻碍了天赋的发展，导致"天生我材必有用"的材未得到很好的培育保养，用就不得用。表现就是一方面某些企业急需某方面的专才，另一方面是海量的高校毕业生找不到工作。为什么？有专业，却没有专长。大批的学生拿着专业毕业证，可是却不具备该专业里的专长，让企业怎么办？读了高校，水平还没有心气高，怎么办？念了大学，架子大、脾气大，"自反而缩"的志气却没有大，不能低矮谦卑就下，怎么办？大学教育是务本教育（明明德），是谦和教育（亲民），是圆满精进教育（止于至善）。

当今财经大学的教育困境有多方面的原因，但是根本性的，是用错误的教学方式教授了错误的经济学内容，用错误的经济学理念塑造了错误的行为。纪伯伦说："如果货币兑换商无法做一个好园丁，那是何等可惜。"①

二、知行合一的财经大学教育导向

孔子曰："始吾於人也，听其言而信其行；今吾於人也，听其言而观其行。於予与改是。"

《荀子》云："口能言之，身能行之，国宝也。口不能言之，身能行之，国器也。口能言之，身不能行，国用也。口言善，身行恶，国妖也。治国者敬其宝，爱其器，任其用，除其妖。"

"只有将愿望付诸于实际行动中，才能改写他们几百年都没有改变的故事。"② 孔子说"学而时习之，不亦悦乎"，是说学习要经常实践，要时刻注意应用，才能体会到由内而外生发出来的喜悦。只有理论与实践相结合，才能学以致用，才能"螺旋式上升"。现在的财经教育，"理论"与"应用"分家，学与用分开，势必导致学生对理论的厌倦乃至厌恶，乐趣一无，生机全无，学习靠毅力坚持，为了学位和毕业，不得不学习自己不喜欢的东西，真是"忍辱负重"，真是要"刻苦"才能学下去，结果呢？教师疲于奔命于教，学生疲于奔命于记，对未来职业生涯帮助不大，可谓"教学相苦，相得益

---

① It is a pity that money-changers cannot be good gardeners. ——Giboran, *Sand and Foam*, P127.

② 盛噶仁波切：《我就是这样一个活佛》，江苏文艺出版社2008年2月第1版，第264页。

第十章 结语：新经济学、新学派和新财经教育

谬"！这样如何培养钱学森先生所说的"大师"？被誉为投资大师的吉姆·罗杰斯在美国哥伦比亚大学经济学院教书时，总是对所有的学生说："学习历史和哲学吧，干什么都比进商学院好：当服务员，去远东旅行。"总之他认为学生不应该来读经济学院，这是浪费时间，因为算上机会成本，读书期间要花掉大约10万美元，这笔钱与其用来上学，还不如用来投资做生意，虽然可能赚也可能赔，但无论赚赔都比坐在教室里两三年，听那些从来没有做过生意的"资深教授"对此大放厥词地空谈要学到的东西多。

真的教育是"唤醒"，是"激发"，是"觉他"，是"因材施教"，不是"塑造"和"灌输"。"归家需问路，对镜不识人"。要向经典问路，要对境识本心。改变学习要"刻苦"的观念，恢复孔子"学而时习之，不亦悦乎"的快乐学习方式，"解放"因学习西方经济学中不适当的某些观念而处在"水深火热，人天交战"当中的万千学子和社会公民。中国政府在改革初期号召"让一部分人先富起来"，拉开了中国人致富的大幕。但是这一部分人是"哪个部分的"长期争论不休。在揭示中国经典经济学的道理后，我们可不可以旗帜鲜明地提出"让有道德的人先富起来"？因为只有这样，国民才能生财有道、知行合一，才能科学发展，才能物质文明、精神文明和政治文明，才能走上通往和谐之路。

财经大学教育的导向，就要遵循圣贤的教诲；经典中记录着圣贤教诲，所以大学财经教育中要学习经典，要做到解行相应；经过经典的文化精神长久熏修，个人的思想、意识和心理就随之改变，则行为随之改变，则人与人构成的伦理状态随之改变，校园和谐，社会和谐，天下太平，谓之"以德治校"。

孟子曰："君子有三乐，而王天下不与存焉。父母俱存，兄弟无故，一乐也。仰不愧于天，俯不怍于人，二乐也。得天下英才而教育之，三乐也。"大学治理的理想境界，应该是使大学成为君子的聚集地，使大学成为"得天下英才而教育之"的快乐场所。

如何教呢？孟子曰："君子之所以教者五：有如时雨化之者，有成德者，有达财者，有答问者，有私淑艾者。此五者，君子之所以教也"

教得好有什么好处呢？孟子曰："仁言，不如仁声之入人深也。善政，不如善教之得民也。善政民畏之，善教民爱之；善政得民财，善教得民心。"

大学之内，一切活动的旨圭在于：明道理，明伦理，明公理，明自然之理。理通法自明，任何事能够行得通，是明其理而行的结果；不通，是昧其理的结果。有明理而不通者，是其行者庸人自扰。教学的目的，是让学生明白已知之理；研究的目的，是使大家明白未知之理。明白贯通一切自然伦理之道，教学、教育和教化之事毕矣。

子思在《中庸》中说："非天子，不议礼，不制度，不考文。虽有其位，苟无其德，不敢作礼乐焉；虽有其德。苟无其位，亦不敢作礼乐焉。"大学教育，依赖于教育者有大德、有大位、有大学、有大勇、有大智，才能够德足以怀远，位足以发令，学足以服众，勇足以除弊，智足以明断，制其法度，以为人天师表。一切研究和科学发现都以能够增强人类文明、造福人类福祉为归宿。知行分离，闭门造车，自说自话，空谈屠龙之术是大学里最大的浪费，最大的不道德，也是对生命的极大不敬。千古事，寸心知。《论语·学而》有言："本立而道生"，不论修身、治国，还是企业、大学，无不以知行合一为准绳。

三、具体的措施建议

1. 中共中央宣传部理论局设置"中国传统经济学研究室"；国务院发展研究中心设立"中国传统经济学研究部"；中国社会科学院设立"中国传统经济学研究所"。

2. 国务院学位办、教育部、发改委和财政部等"有关部门"研究设立"中国传统经济学"专业，推广知行合一的财经教育，推广中国经典经济学教学。在学科目录中增加"传统经济学门类"，或者在现有"经济学门类"下增设"中国传统经济学"一级学科，设置相应的二级学科，大力弘扬和发展本土经济学文化。

3. 鼓励、资助全国各大高校设立"中国传统经济学研究院"，培养中国经典经济学意义上的毕业生，让社会主义现代化的经济建设者不再是"中皮西骨的香蕉人"。

4. 改变现在和实践脱节的财经教育，把"毕业实习"变成"学而时习之"，就是把毕业"实习"变成"时习"，鼓励学生在学习期间自主实践，创造条件让学生实践。比尔·盖茨、乔布斯都是在读大学的年龄，突然被灵感

"击中"，开始实践，正是孔夫子所说的"学而时习之"，正是白圭所说的"趋时若猛兽鸷鸟之发"，而其智足以权变、勇足以决断、仁足以取予、强足以有守，其坐言起行、雷厉风行之势，迅捷如孙吴用兵、商鞅行法。值得深思、审问和笃行。

5. 学制设计上，允许学生但不鼓励读书期间因创业而暂时中断学位课程学习，保留学籍十年。

6. 按照中国传统的传承方式培养师资，脱产封闭，学习原典，因材施教。毛主席说："星星之火，可以燎原"。

7. 重新设计中国的财经教育模式，改变财经教育的内容，培养学以致用的人才。

习近平总书记在2016年5月17日北京哲学社会科学工作座谈会上的重要讲话指出："要按照立足中国、借鉴国外、挖掘历史、把握当代，关怀人类、面向未来的思路，着力构建中国特色哲学社会科学，在指导思想、学科体系、学术体系、话语体系等方面充分体现中国特色、中国风格、中国气派。"这为我们在新时代构建中国特色社会主义政治经济学指明了方法和方向，历史蕴含丰富和经济智慧通达的中国传统经典经济学，能够为新时代的中国经济学构建提供丰富的理论来源。中国共产党第二十次全国代表大会上的报告指出："中华优秀传统文化源远流长、博大精深，是中华文明的智慧结晶，其中蕴含的天下为公、民为邦本、为政以德、革故鼎新、任人唯贤、天人合一、自强不息、厚德载物、讲信修睦、亲仁善邻等，是中国人民在长期生产生活中积累的宇宙观、天下观、社会观、道德观的重要体现，同科学社会主义价值观主张具有高度契合性""坚守中华文化立场，提炼展示中华文明的精神标识和文化精髓，加快构建中国话语和中国叙事体系，讲好中国故事、传播好中国声音，展现可信、可爱、可敬的中国形象"。这些论述为我们总结和提炼中华优秀传统文化中的经济学智慧，构建完全具有中国自主知识产权的经济学学科体系、学术体系和话语体系提供了方法论基础和价值观导向。我们要清醒地认识到，以中国经典为代表的中华优秀传统文化不复兴，我们就不会有自己真正的精神和灵魂；中华优秀传统文化不复兴，增强历史自信和文化自信将无处落脚；中华优秀传统文化不复兴，中华民族共有精神家园就难以欣欣向荣，民族凝聚力和创造力就难以增强。现阶段，我国已全面建成小康社会，全党全国各族人民迈上全面建设社会主义现代化国家新征程,向第二个百年奋斗目标进军,中华民族正在新时代的旗帜下向中华优秀传统文化回归,中华民族的伟大复兴正在谱写更加绚丽的华章!中华优秀传统文化经典中蕴含的经济学智慧一定能够为中国式现代化提供理论源泉和思想奉献。"日月光华,旦复旦兮"(《尚书大传·虞夏传》),愿中华优秀传统文化一阳来复之光永照中华!

未济之生,作为开始的结束

西谚云:"完美诚不易"(It's not easy to be perfect)。十年磨一剑,"千呼万唤始出来",还"犹抱琵琶半遮面"。莎士比亚说"简洁是智慧的灵魂",如果允许三千字成书,可能会说得更清楚一些吧。

2008年5月,林毓生先生在东北财经大学讲学时说起当年,有一句话令我印象深刻:"往事悠悠5000年而过,历史等待着你当下的表达"。如果读者能够通过我拙冗的表达而对中国固有的经济智慧产生信心,躬身施行,大利自身,大利天下,我将以此为荣。"举而措之天下之民,谓之事业。"如果我为此而生,我将以此为荣。

在过去的两年中,时而踌躇满志,时而精疲力竭;曾经"山重水复疑无路,柳暗花明又一村",曾经"驿外断桥边,寂寞开无主",但是,时代的大潮如奔雷猛电,以排山倒海的气势呼啸而来。

"近乡情更怯,不敢问来人"。今天是一个结束,也是一个开始。孙中山先生忠告:"革命尚未成功,同志仍须努力";毛泽东主席忠告:"宜将剩勇追穷寇,不可沽名学霸王"。本书不是"完成了",而是"开始了"。

我不但将终己一生成为中国经典经济学的阐述者,更为重要的,我还将终己一生成为中国经典经济学的实践者。

我在学校是一名行政工作人员,这一"出身"决定了我从事研究工作只能利用业余时间。从西方经济学"分工"的角度说,有那么多学者、教授专事教学和研究,似乎不必要我来多嘴,对"学术"之事"说三道四"。所谓"肉食者谋之,又何间焉"!但是,当渐渐发现一些胡说八道的人和乌七八糟的经济学理论也居然可以堂而皇之地在大学讲堂上招摇撞骗时,就忍不住路见不平,拔刀相助了。真是如南怀瑾先生所说,"白宫的门口都只看一看,进也进不去。你们懂什么啊?"。

一语惊醒梦中人!与其临渊羡鱼,不如退而结网,与其听他们不知所云,不如我自己弄个明白!古今中外的所谓"成一家之言",也不过是自圆其说而已。但是明确提出"中国有自己的本土经济学"是为了沟通时代的看法,没有什么是属于"独创"。时代变化需要这样的一个总结和表达,本土经济学核心内容从来没有变动增减过。孔子说"述而不作,信而好古",我亦如此,并"心向往焉"。

我付出全部努力,就是希望有这样一个局面:开始有人相信、关注和实践中国自己的本土经济学智慧,摆脱西学的羁绊,恢复自性的财富自由,而不再面对穷困和经济危机而茫然无措。

我付出全部努力,就是希望有这样一个结果:为中国经典的经济之道找到当代语言的最佳表达方式,让几千年来的古圣先贤的智慧造福于后世子孙。记得泰戈尔的《飞鸟集》中有这样一句话:"当你不期望表达完美的真理时,仗义执言便成了轻而易举的事情。"(to be outspoken is easy when you do not wait to speak the complete truth)它给了我表达的动力,虽然我从未对本书的主题有过一丝一毫的"轻而易举"之感。

我付出全部努力,就是希望有这样一个学派:依靠中国本土经典提供的智慧,研究解决当代社会经济问题,并与西方经济学取长补短,相得益彰。先贤悟得的真理,属于全世界生灵。学习经典,其实不是文字的阅读,而是精神的再现和行为的检验。这种方式才应该是真正的文化传承,否则只是典籍的文献学整理。

若说21世纪是中国经济强盛的世纪,不如说21世纪是中国本土经济学重放光芒的世纪。改革开放 30 多年的成就，既和美国的经济管理思想没有什么关系，也和日本的经济管理思想没有什么关系，都是中国式的经济思想借着时代的外衣实现的。"应以何身得度者，即现何身而为说法"。中国人早就具备这样的智慧水平了。只是，从今而后，不必"倚门回首，却把青梅嗅"了，大大方方地按照中国自己的经济学干就是了。"待到山花烂漫时，她在丛中笑"。

若没有东北财经大学的良好工作环境和难得的学习机会，我不会完成这项听起来便"不可能完成的任务"。

若没有时任校长艾洪德教授的气度和器重，我不会有机会在过去的几年中拜会、交往来自各个领域的学者高人，不会形成"贯通"的研究成果。

若没有我的博士导师寇铁军教授的理解和宽容，我不会"分身有术"完成此项"不误正业"的研究成果，他一直容忍我在学术思考上"天马行空"。

感谢我的同事。

感谢我的朋友。

感谢我的家人。

西风东渐，关河冷落，中国传统经典被束之高阁，"不当老大许久了"。不禁想到诗圣杜甫说"王杨卢骆当时体，轻薄为文哂未休。尔曹身与名俱灭，不废江河万古流"。当此完稿之日，正值农历九月十九，喜悦之情溢于言表，遂歌之曰："经济之道，唯心造化，德行累积财无限。至诚可格天。圣贤经典，光照满大千。"

钟永圣
2010 年 10 月 26 日于井外天书屋